Esoterik

Herausgegeben von Gerhard Riemann

Physik und Chemie haben im 20. Jahrhundert eine rasante Entwicklung hinter sich. Die Vertiefung der Erkenntnismöglichkeiten führte zu neuen Denkmodellen. Trotzdem sind viele Fragen – gerade im Bereich der Steuerungsmechanismen im Körper aufgrund elektrischer und biochemischer Vorgänge – ungelöst. Ja, man wird den Eindruck nicht los, daß jedes Mehr an Forschung ein Vielfaches hiervon an neuen Fragen aufwirft. Wir decodieren immer mehr Details und verlieren uns dabei in einem Dschungel von Einzelerkenntnissen.

Jeremy W. Hayward gelingt ein Brückenschlag zwischen Wissenschaftsempirie und direkter subjektiver Erkenntnismöglichkeit mittels meditativer Techniken. Analytisches Denken und ganzheitliches Verständnis werden zu einer sinnhaften Synthese verknüpft. Der Wissenschaftler erklärt uns, wie (optische) Täuschungen zustande kommen, und der Meditierende erkennt die Ganzheit hinter allem und erfährt eine neue Dimension jenseits von Sinnestäuschungen.

Deutsche Erstausgabe
© Droemersche Verlagsanstalt Th. Knaur Nachf., München 1986
Das Werk einschließlich aller seiner Teile ist urheberrechtlich geschützt.
Jede Verwertung außerhalb der engen Grenzen des Urheberrechts-
gesetzes ist ohne Zustimmung des Verlages unzulässig und strafbar.
Das gilt insbesondere für Vervielfältigungen, Übersetzungen,
Mikroverfilmungen und die Einspeicherung und Verarbeitung
in elektronischen Systemen.
Titel der Originalausgabe »Perceiving Ordinary Magic«
© 1984 by Jeremy W. Hayward
Umschlaggestaltung Dieter Bonhorst, München
Satz IBV Satz- und Datentechnik GmbH, Berlin
Druck und Bindung Ebner Ulm
Printed in Germany   5   4   3   2   1
ISBN 3-426-04157-X

Jeremy W. Hayward:
Der Zauber der Alltagswelt

Ein tieferes Verständnis der Wirklichkeit
durch Wissenschaft und intuitive Weisheit

Aus dem Amerikanischen von Martin Störmer
und Cornelia Labonté

Mit zwölf Abbildungen

Gewidmet

meiner Mutter und meinem Vater
in tiefempfundener Wertschätzung;

meinem Lehrer Tschögyam Trungpa Rinpoche
in grenzenloser Verehrung und Dankbarkeit.

ISBN 3-426-04157-X   1680

Inhalt

III ERFÜLLUNG: DER ZAUBER DER ALLTÄGLICHEN WELT

Vorwort

Die Shambhala-Lehren vom Pfad des Kriegers, die die philosophischen und praktischen Grundlagen dieses Buches bilden, sind eine für unsere Zeit konzipierte, nicht-religiöse
Darstellung der Möglichkeit, zu einer vollständigen, ag-
gressionsfreien Wahrnehmung dieser Welt zu erwachen,
und sie zeigen Wege zu dem sanften und furchtlosen Handeln, welches ein Teil dieser Wahrnehmung ist. Die Möglichkeit eines solchen Erwachens beruht, wie in der buddhistischen Tradition, auf der Übung von Bewußtheits- und
Achtsamkeitsmeditation. Sowohl die Shambhala-Lehren
als auch die buddhistischen Lehren weisen uns den Weg zu
einer völlig neuen und köstlichen Wahrnehmung der gewöhnlichen Welt, die für jeden von uns zugänglich ist,
wenn wir über unsere Vorannahmen und über die parteiischen und engen Sichtweisen hinausblicken, an die wir uns
gewohnheitsmäßig und oft ohne es zu wissen klammern.
Die Übung der Meditation ermöglicht es uns, unsere vorgefaßten Meinungen bis auf den tiefsten und innersten Kern
aufzudecken.
Die Geschichte der Wissenschaft ist eine Geschichte der
fortschreitenden Enthüllung von einseitigen, parteiischen
Wahrheiten, an die man sich angeklammert hatte, weil man
sie für die ganze und absolute Wahrheit hielt. Heutzutage
werden diese parteiischen Wahrheiten oft auch von der
Wissenschaft selbst aufgestellt. Dennoch scheint die Funktion der Wissenschaft weit mehr in der Aufdeckung von
Parteilichkeit zu liegen als in irgendeinem kontinuierlichen

Fortschritt auf etwas wie »die Wahrheit« hin. Wenn wir die Erkenntnisse der Wissenschaften auf der persönlichen Ebene anwenden, können auch sie uns dabei helfen, ein Licht auf die Überzeugungen zu werfen, die uns einschränken und gefangen halten. Unsere Wahrnehmung und Anteilnahme an der alltäglichen Welt der Wirklichkeit in all ihrer Unermeßlichkeit und Unaussprechlichkeit wird durch einseitige Wahrheiten eingeengt und beschränkt. Wenn wir beginnen, uns selbst von diesen Beschränkungen zu befreien, indem wir sie ganz deutlich als solche erkennen, können wir eine frische Wahrnehmung dieser Welt entdecken, eine Wahrnehmung, die von vorgefaßten Meinungen und engen Überzeugungen gereinigt ist. Dann können wir den alltäglichen Zauber wahrnehmen – eine Welt, die unermeßlich und unbedingt ist und dennoch voller Kraft, Wert und natürlicher Ordnung.

Wenn wir eine umfassende Sichtweise entwickeln wollen, die die Einsichten der Wissenschaft mit denen der Meditation in Einklang bringen kann, dann müssen wir mit einer sorgfältigen Überprüfung der grundlegendsten Voraussetzungen, auf denen sich die Wissenschaften aufbauen, beginnen. Dies ist ein Unternehmen, das in den dreißiger Jahren von Alfred North Whitehead mit großem Erfolg durchgeführt wurde. Die Prozeßphilosophie Whiteheads blieb mehrere Jahrzehnte lang eine stille Unterströmung in philosophischen Kreisen. Heute jedoch, in einer Zeit, in der positivistische und behavioristische Richtungen der Philosophie langsam schwächer werden und ihre Unbrauchbarkeit erkennen lassen, stellt die Prozeßphilosophie einen der wenigen Trends im Denken des Westens dar, die eine heilsamere Entwicklung einleiten könnten, die auch der Ebene des Herzens gerecht wird. Die Prozeßphilosophie gründet die Wissenschaft nicht auf hohe Abstraktion, sondern auf die allerdirekteste Augenblickserfahrung der menschlichen Wahrnehmung.

Dieses Buch beschäftigt sich also mit Wahrnehmung. Ich

möchte den Leser zu einer Reise einladen, auf der wir gemeinsam einige unserer eigenen Voraussetzungen und tief verborgenen Annahmen über unsere Welt entdecken können. Jenseits von diesen Annahmen werden wir vielleicht gelegentlich Eindrücke von der unermeßlichen und unvorstellbaren Wirklichkeit erhaschen, die gleichzeitig von der alltäglichen Welt, in der wir leben, nicht getrennt ist. Wissenschaftliche Einsicht in unsere tief verwurzelten Voraussetzungen kann uns bei unserer spirituellen Reise durch diese Welt eine Hilfe sein. Gleichzeitig kann die Ausübung der Meditation auf ein grundlegendes wissenschaftliches Verständnis von Körper und Geist des Menschen aufgebaut sein.

Das Buch wendet sich an den Laien; es werden nur sehr wenige Kenntnisse über Physik oder Biologie vorausgesetzt, und es wird keine Mathematik verwendet. Ich habe versucht, die Sprache so einfach wie möglich zu halten, nicht weil ich die offensichtliche Komplexität und Subtilität der Themen unterschätze, sondern weil das, was ich vermitteln möchte, im wesentlichen einfach ist. Vielleicht ist dieses Buch auch besonders für diejenigen interessant und vielleicht sogar hilfreich, die das große Erbe der Wissenschaft zu schätzen wissen und sich gleichzeitig für die Ausübung der Meditation interessieren und die sich fragen, ob diese beiden Disziplinen sich womöglich auf ein und dieselbe Welt beziehen. Ich vertrete den Standpunkt: Ja, sie beschäftigen sich mit genau der gleichen Welt, dieser einzigen, wunderbaren Welt.

Meinen tiefempfundenen Dank sage ich allen Freunden, die die verschiedenen Überarbeitungen des Manuskripts gelesen und kritisiert haben, und die im Laufe der Jahre viel zu den Gedanken in diesem Buch beigesteuert haben, den Lehrern des Programms für kognitive Wissenschaft am Naropa-Institut in den Sommern 1979 bis 1981, den Lehrern der Abteilung für buddhistische Studien am Naropa-Institut und den vielen buddhistischen Freunden in der ganzen

Welt. Ganz besonders möchte ich Dr. Reginald Ray und Dr. Francisco Varela für ihre ausführliche und unschätzbar wertvolle Kritik danken. Vor allem möchte ich meiner Frau Karen Hayward danken, deren herausgeberische Arbeit und detaillierte Anmerkungen auf jeder Entwicklungsstufe des Manuskripts ganz wesentlich zu seiner Klarheit und Verständlichkeit beigetragen haben. Samuel Bercholz, Freund und Herausgeber, gab mir den ersten Anstoß, dieses Buch zu schreiben, und ohne seine unablässige Ermutigung und sanfte Führung während des gesamten Prozesses wäre es bis heute nur eine Idee geblieben. Schließlich möchte ich meinem Lehrer in der buddhistischen und der Shambhala-Tradition, Vajracarya, dem Ehrwürdigen Tschögyam Trungpa Rinpoche danken. Es ist schwer, die Dankbarkeit, die ich ihm gegenüber empfinde, in Worten zum Ausdruck zu bringen. Wann immer ein wenig Verständnis in diesen Seiten aufleuchtet, ist es seiner Führung und Belehrung, seiner Geduld und seinem Humor zu verdanken.

Darüber hinaus möchte ich den Menschen vom Rocky Mountain Dharma Center meine dankbare Anerkennung für ihre Gastfreundschaft während eines Retreats aussprechen, in dessen Verlauf ich einen Großteil des Schreibens erledigte; ebenso möchte ich der OSCO Company und Flatirons Surveying dafür danken, daß ich ihre Textverarbeitungssysteme benutzen durfte. Und nicht zuletzt schulde ich Rene Evenson und Michelle deRaismes King sehr viel Dank für ihre unermüdliche und freudige Arbeit an der Schreibmaschine. Ebenso möchte ich meiner Sekretärin Mrs. King für ihre jahrelange freundliche und zuverlässige Unterstützung danken.

I GRUNDLAGE:
NICHT-BEDINGTE WIRKLICHKEIT

1 Nicht-bedingtes Gutsein

Ein Abend Ende September. Die Schatten über der in
Braun- und Gelbtönen leuchtenden Bergwiese, die immer
noch die Wärme eines Herbsttages ausstrahlt, sind länger
geworden. Der Wind pfeift durch einen Riß in der Hütten-
wand. Auf der anderen Seite des freundlichen Tals schwanken Kiefern im Wind, der in der Ferne heult. Eine dunkle,
graue Wolke zieht rasch auf und bedeckt die Abendsonne.
An einem Felsen hält ein Eichhörnchen einen Moment lang
inne, dann huscht es in die Sträucher. Große, warme Regen-
tropfen fallen nieder. An einer alten Feuerstelle sind viele
Insekten noch emsig beschäftigt. Es liegt etwas Erfülltes und
Friedliches in der Luft, und doch ist auch eine unheilvolle,
bedrohliche Schärfe spürbar.

Die auf den Kopf gestellte Welt

Wenn wir die Abendnachrichten hören, die Zeitung lesen
oder uns mit den eindringlichen Analysen des Zustands unserer Welt beschäftigen, überkommen uns Angst und Verzweiflung, Gefühle von Wut und Ohnmacht. Wir werden
vor einer möglichen atomaren Katastrophe gewarnt, vor
dem drohend bevorstehenden ökologischen Zusammenbruch, vor der Möglichkeit des Aussterbens unserer Gattung. Saurer Regen läßt Wälder sterben; Tausende von
Menschen werden Tag für Tag in Dutzenden von Kriegen

in der ganzen Welt hingemetzelt; Herzkrankheiten und Krebs, Streß und Geisteskrankheiten nehmen ständig zu; unsere besten Schüler verlieren den Mut bei ihren Studien und begehen Selbstmord oder verlassen die Schule. Diese Warnungen sind sehr eindringlich. Oft fällt es uns schwer, ein Bewußtsein für das enorme Ausmaß der Gefahr zuzulassen, mit der die Welt heute konfrontiert ist.

Unsere gegenwärtige Situation hat aber auch eine andere Seite: ein Gefühl von Respekt für das individuelle menschliche Leben; viele Kommunikationsmöglichkeiten, die uns immer stärker das Gefühl vermitteln, Teil einer weltweiten Familie zu sein; Aufgeschlossenheit für die enorme Vielfältigkeit und den Reichtum der menschlichen Kulturen überall in der Welt; die phantastischen Möglichkeiten, die uns die Computertechnologie eröffnet; die reale Möglichkeit, den Hunger in der Welt zu überwinden; die Tatsache, daß eine große Anzahl von Menschen – nicht nur die Eliten – durch eine allgemeine Bildung aus finsterem Aberglauben auftauchen kann.

Fast hat es den Anschein, als stünde die gesamte Menschheit kurz vor einem heroischen Neuanfang und einer wirklich freudigen Existenz auf diesem Planeten. Dennoch fühlen wir uns fast überwältigt von Furcht, Bedrohung, Angst und Verzweiflung.

Es gibt ein weitverbreitetes Gefühl, auf des Messers Schneide zu stehen, und es kursieren eine Vielzahl von sowohl wirklichkeitsfremden als auch vernünftigen Vorschlägen, wie wir diese Gefahren überwinden und zu einer harmonischeren Gesellschaft gelangen können. Im allgemeinen kann man sagen, daß alle diese Vorschläge die biologischen und historischen Ursachen und Bedingungen, welche die gegenwärtige Gesellschaft hervorgebracht haben, als gegeben hinnehmen. Statt diese Bedingtheit gründlich zu untersuchen, akzeptieren sie diese und versuchen Lösungen für ihre unvermeidlichen Konsequenzen zu finden, indem sie sich an eine bestimmte Richtung anklammern: die

Rechtschaffenheit der Vergangenheit, den Zukunftsoptimismus oder die Last der Gegenwart.

Die »Moralische Mehrheit« in den Vereinigten Staaten ist wohl das offensichtlichste und extremste Beispiel für den Versuch, an Worten und Methoden, die sich in der Vergangenheit als erfolgreich erwiesen haben, festzuhalten oder zu ihnen zurückzukehren, obwohl es noch nicht einmal sicher ist, daß eben diese Methoden überhaupt jemals eine angemessene Grundlage für die gesellschaftlichen Beziehungen gewesen sind. Jedenfalls hat der Wunsch nach klaren, unverrückbaren Richtlinien für richtiges Verhalten und die Befolgung dieser Richtlinien seine Wurzeln in puritanischem Pflichtgefühl, vielleicht sogar schon in der Ethik der Kreuzritter. Aber es gibt auch noch subtilere Versuche, Stabilität durch ein Festhalten an den Methoden der Vergangenheit zu erreichen: die Strukturen der politischen Systeme, die Lehrpläne der Schulen, die Geschäftsmethoden, ökonomische Systeme – sie alle haben notwendigerweise eine ihnen eigene konservative Tendenz, da sie die stabilen Strukturen bereitstellen, mit deren Hilfe sich eine Gesellschaft von Generation zu Generation ihrer Identität versichert. Weil diese Strukturen vertraut sind und Generationen gelernt haben, in ihnen zu leben, werden sie zu Bezugspunkten, an denen man sich festhält, wenn die Grundlagen der Zivilisation ins Schwanken geraten. Der Paedeia Proposal[1], ein vielgerühmter Bericht über eine Studie von angesehenen, theoretisch und praktisch tätigen Pädagogen, behauptet, daß die Lösung unserer Schulprobleme darin läge, alle Kinder, unabhängig von ihren Talenten oder Interessen, durch den gleichen Lehrplan zu überzeugen, der im wesentlichen darin besteht, die großen Ideen unserer Vergangenheit aufzunehmen. Viele Regierende, z. B. Reagan in den Vereinigten Staaten und Thatcher in Großbritannien, haben sich die Aufgabe gestellt, die alten Werte neu zu etablieren: unsere Familie, unsere Kirche, unsere Nation, unseren Gott.

Die gegensätzliche Tendenz zum Konservatismus ist der Futurismus. Einige Autoren sprechen von einer wachsenden Zahl von Menschen, einem Untergrund-Netzwerk oder einer »Verschwörung«, die dabei sind, ein neues Zeitalter (New Age) hervorzubringen. In allen Bereichen menschlicher Aktivität – in der Medizin, der Physik, der Neurobiologie, der Therapie, der Ökonomie usw. – machen diese Menschen Entdeckungen, die, wie man enthusiastisch glaubt, eine völlige Revolution unseres Lebensstils mit sich bringen werden.

Der Futurologe Alvin Toffler schreibt: »Eine mächtige Strömung durchzieht heute große Teile der Welt und erschafft eine neue, oft bizarre Umwelt für unser Arbeiten und Spielen. Die heutigen Veränderungen sind weder unabhängig voneinander noch sind sie zufällig. Sie sind vielmehr Teil eines weit größeren Phänomens: des Untergangs des Industrialismus und der Entstehung einer neuen Zivilisation.« Toffler spricht von drei Wellen der Zivilisation in der menschlichen Geschichte: Die erste Welle, die Tausende von Jahren dauerte, war vom Ackerbau bestimmt. Die zweite Welle, die nur noch 300 Jahre dauerte, war mechanisch-industriell. Jetzt stehen wir am Übergang von der zweiten zur dritten Welle. Toffler sieht in der Verwirrung, der Angst und der Lähmung, die so weit verbreitet sind, einen Zustand des Zukunftsschocks, der durch die Schnelligkeit, mit der sich dieser Übergang vollzieht, verursacht wird. Toffler hält sich jedoch nicht lange mit der Betrachtung dieses Zustands des Übergangsschocks auf, sondern geht schnell dazu über, für Hoffnung auf die Zukunft zu werben. »Viele von eben den Bedingungen, die die größten Risiken von heute hervorbringen, eröffnen auch faszinierende neue Möglichkeiten.« Wenn wir also schnell und reibungslos das neue Zeitalter zustande bringen (das allerdings in vielem auf eben den Bedingungen beruht wie das vergangene Zeitalter), dann werden wir die Menschheit erlösen.[2]

In *Megatrends* arbeitet John Naisbitt einige dieser neuen

Möglichkeiten heraus: Übergang von Zentralisierung zu Dezentralisierung, von der industriellen Gesellschaft zu einer Gesellschaft der Information, von Hierarchien zu Netzwerken, von institutioneller Hilfe zur Selbsthilfe, von gewaltsamer Technologie zur Hochtechnologie verbunden mit einem hohen Grad menschlicher Interaktion, von repräsentativer Demokratie zu einer partizipatorischen Demokratie.[3] Marilyn Ferguson faßt dies alles unter dem Schlagwort der *Sanften Verschwörung* zusammen, der Revolution der Menschheit gegen die Unterdrückung durch das mechanistische Denken, den Reduktionismus, die Industrialisierung und die übermächtige Bürokratie.[4] Dabei sieht es fast so aus, als würde diese Revolution unvermeidlich stattfinden, ohne daß wir große Anstrengungen dafür aufbringen müßten.

Die mittlere Position zwischen Konservatismus und Futurismus ist der Pragmatismus, die Rationalität und der gesunde Menschenverstand eines liberalen Humanismus, der nicht allzuviel erwartet, und den Pluralismus und die Verschiedenartigkeit des menschlichen Wesens anerkennt. Durch eine offene Diskussion aller Standpunkte können wir zumindest lernen, einander zu tolerieren. Und wenn wir dann noch lernen, unser Reden und Handeln in Übereinstimmung zu bringen, wird es uns vielleicht auch gelingen, die Barrieren, die uns trennen, langsam abzubauen. Diese Haltung versucht, in der Gegenwart zu leben und sie so, wie sie uns entgegentritt, zu akzeptieren, ohne allzusehr bei den ruhmreichen Ereignissen und Traditionen der Vergangenheit zu verweilen und ohne auf einen schnellen Fortschritt, geschweige denn auf eine grundlegende Veränderung zu hoffen. Sie ist gekennzeichnet durch ein reifes Auf-sich-Nehmen der manchmal recht schweren Bürde, ein Mensch zu sein.

Wir haben also drei Alternativen: die Rückkehr zu Überzeugungen und Institutionen der Vergangenheit; die Erwartung einer revolutionären Veränderung noch während unserer Lebenszeit oder die rationale und Grenzen anerkennende Annahme der Gegenwart. Jede dieser Einstellungen hat ihre eigene positive Sicht der Menschheit und den aufrichtigen Wunsch, eine Veränderung zum Positiven hin zu bewirken. Dennoch tobt der Kampf zwischen diesen Standpunkten schon seit Generationen. Tatsächlich findet in der gesamten Geschichte und in allen Kulturen im Prinzip immer wieder der gleiche Kampf statt.

Jeder Standpunkt basiert auf seiner eigenen Version von Gut und Böse. Jeder sieht gewisse Kräfte in der Welt und im Menschen als gut und gewisse Kräfte als schlecht an. Jeder glaubt, daß es einen Kampf zwischen diesen Kräften gebe, daß wir zwischen ihnen hin- und hergerissen seien und daß wir eine Entscheidung treffen müßten – vermutlich für das Gute. Auf diese Weise geht der Kampf zwischen Gut und Böse, Richtig und Falsch, Oben und Unten, Vergangenheit und Zukunft immer weiter. Solange wir an diesen parteiischen Sichtweisen, die auf bestimmten kulturellen, historischen und natürlichen Bedingungen beruhen, festhalten, wird der Kampf nicht enden. Parteiische Sichtweisen sind von Natur aus schwankend, unsicher und ausschließlich. Sie müssen aufrechterhalten und verteidigt werden und führen daher sowohl auf der persönlichen als auch auf der gesellschaftlichen Ebene unvermeidlich zu Aggression und Streit. Es ist das Hauptthema dieses Buches, daß keiner dieser Wege zu einer grundlegenden Veränderung führen kann.

Lebendige Lehren

Um eine solche Veränderung zustande zu bringen, müssen wir zu einer tieferen, grundlegenderen Ebene des Verständnisses vordringen. Dieses Verständnis ist jederzeit erreichbar durch eine Art Quantensprung aus diesen Bezugssystemen heraus in eine völlig andere Sichtweise. Es ist die Erkenntnis, daß das eigentliche Wesen des menschlichen Geistes und Herzens, ja der gesamten menschlichen Existenz, nicht-bedingt und daher grundlegend, fundamental gut ist. Jenseits aller Philosophien von Gut und Böse, von Gerechtigkeit und Sünde, von Moral und Unmoral, jenseits aller Theorien und jenseits aller denkbaren Theorien des Konservatismus, des Futurismus und des Liberalismus hat der Mensch ein grundlegend unbedingtes Wesen. Diese Erkenntnis ist immer neu und frisch, da sie auf direkter Erfahrung beruht und nicht auf abgedroschener Philosophie, Argumentation und Logik oder auf einem Wunschdenken. Diese einfache Entdeckung gab es zu allen Zeiten; sie ist unabhängig von der Geschichte der Rassen und Kulturen. Sie ist die Essenz der Lehren vieler religiös oder weltlich orientierter Menschen, die der Menschheit eine neue Richtung gewiesen haben: Sokrates, Jesus, Konfuzius, Mencius, Lao Tse, Buddha, George Fox, dem Gründer des Quäkertums, und viele andere. Für unser Jahrhundert könnten wir Ramana Maharshi erwähnen, einen indischen Weisen, der 1948 gestorben ist; G. I. Gurdjieff, einen Russen, der in der ersten Hälfte dieses Jahrhunderts in Rußland, Frankreich und Amerika lehrte; Krishnamurti, den kompromißlosen und weltberühmten Verkünder der Unbedingtheit des menschlichen Wesens und der dringenden Notwendigkeit, Engstirnigkeiten und feste Überzeugungen jeglicher Art zu überwinden; und Tschögyam Trungpa, einen Gelehrten und Meditationsmeister, der aus der Tradition des tibetischen Vajrayana-Buddhismus herkommt und der Gründer und Lehrer des Shambhala-Pfades des Kriegers ist.[5] Das nicht-bedingte Gutsein des menschlichen Wesens ist von den echten Führern der Menschheit immer und immer wieder verkündet, veranschaulicht und gelehrt worden. Sehr oft tauchen diese Lehren gerade in Zeiten wie der unsrigen auf, wenn die Kräfte des Konservatismus und der Veränderung aufgehört haben, zusammenzuarbeiten, und sich als krasse Gegensätze gegenüberstehen. In der Zeit, als Sokrates in Athen lebte, wurde das Gefühl von Sicherheit und

Größe durch wandernde Lehrer, wie auch Sokrates einer war, in Frage gestellt. Jesus lebte zu einer Zeit der Unterjochung und des Aufruhrs in der jüdischen Gemeinde. Konfuzius wurde in einer Periode des Chaos und sich bekriegender Parteien in China geboren. Buddha lebte zu einer Zeit, in der die einheimischen kulturellen und religiösen Kräfte des Volkes von Maghada (einer Provinz des indischen Subkontinents, die jetzt zu Nepal gehört) sich mit der erobernden Kultur der Anhänger Brahmas und des Kastensystems auseinandersetzen mußten.

Da diese Lehre die *nicht-bedingte* Wirklichkeit behandelt bzw. auf sie hinweist, ist sie, trotz ihrer Einfachheit, äußerst tiefgründig. Sie ist wie eine Zeitbombe, die, wenn sie erst einmal in einem Individuum oder in einer Gesellschaft Fuß gefaßt hat, unvermeidlich zu einer grundlegenden Veränderung führen wird. Die Möglichkeit einer grundlegenden Veränderung in unserer Zeit liegt nicht in dem Versuch, die Vergangenheit wiederherzustellen oder die Zukunft zu planen (was dann sowieso wieder eine Neuauflage der Vergangenheit ist), sondern darin, den Übergang zu erkennen, in dem wir uns jetzt gerade befinden. Jetzt, genau in dieser Zeit, kann ein Sich-Öffnen in unserem Geist und in unserer Kultur stattfinden, das die ursprüngliche Frischheit hereinläßt. Diese energiespendende und mächtige Möglichkeit entsteht aus der Tatsache, daß wir alte Glaubenssysteme und Formen der Konditionierung gründlich durchschaut haben, und nicht daraus, daß wir gleich wieder anfangen, neue Überzeugungen zu finden, die wir übernehmen und für die wir kämpfen können. Wenn wir die Angst erkennen können, die entsteht, wenn unsere Glaubenssysteme versagen, und ihr nicht ausweichen, wenn wir bei dieser Angst bleiben können und nicht möglichst schnell wieder auf eine Modewelle neuer Überzeugungen aufspringen, dann besteht die Möglichkeit der Öffnung zu einer unendlich weiten Sichtweise.

Wo immer diese Lehre erscheint, erscheint sie in genau der

Form, die für die Zeit, den Ort, die Umwelt und die Menschen passend ist. Sie spricht die Sprache der Zeit, sei es Griechisch, Aramäisch, Chinesisch, Maghadanisch oder Englisch, und sie kleidet sich in die Form der kulturellen Normen und der grundlegenden kosmologischen Überzeugungen der jeweiligen Menschen. Mit anderen Worten, sie stellt sich als eine direkte, lebendige Erfahrung dar. Wenn dann die Zeiten und Umstände sich ändern, wird die *Form*, in der diese Lehren übermittelt wurden, festgeschrieben und somit selbst zu einer Kraft des Konservatismus und der Starrheit. Dann ist es soweit, daß die lebendige Lehre neue Formen annehmen muß. Die Form der Lehre wird als ein philosophisches oder religiöses System festgehalten, welches von der direkten Erfahrung abgetrennt ist. Die Menschen werden verwirrt, da sie einer Form nachfolgen, von der sie annehmen, daß sie direkter Erfahrung entspringt, die sie jedoch in Wahrheit von dieser wegführt. Wenn wir daher die Lehre von der grundlegenden Nicht-Bedingtheit der Wirklichkeit und von ihrer Entdeckung und ihrem Ausdruck in der Welt verstehen wollen, müssen wir sie mit unserer eigenen Erfahrung in Verbindung bringen. Wenn wir sie nur als eine weitere philosophische Richtung auffassen, wird sie uns nicht sehr viel Positives einbringen.

Nicht-bedingtes Gutsein

Beschäftigen wir uns jetzt weiter mit der Bedeutung von nicht-bedingtem Gutsein. Ich sagte bereits, daß es das fundamentale Wesen unserer gesamten Existenz ist. Es ist die eigentliche Grundlage, die das menschliche Dasein ausmacht. Wir können verschiedene Theorien darüber aufstellen, daß dieser letzte, fundamentale Grund der Existenz »Materie« oder »Geist« oder was auch immer sei, aber wenn wir in unserer Erfahrung weiter zurückgehen als all diese Theorien, entdecken wir, daß dieser Grund etwas anderes, sehr viel Direkteres ist. Auf dieser Ebene hat Gutsein nicht das Geringste mit Moral, mit »gut« im Gegensatz zu »schlecht«, mit »für« oder »gegen« etwas zu sein oder mit irgendeiner Unterscheidung dieser Art zu tun. Warum wir den Begriff »Gutsein« verwenden, werden wir eher auf der Gefühlsebene allmählich verstehen. Wir könnten vielleicht auch von Wohltätigkeit oder gesunder Ganzheitlichkeit sprechen. All diese Begriffe haben eine ähnliche Bedeutung, aber es haften ihnen bestimmte philosophische Beiklänge an: »Wohltätigkeit« wird heutzutage meistens in einem religiösen Kontext verwendet, und »Ganzheitlichkeit« steht in Beziehung zu dem Begriff »holistisch«, der eine ziemlich spezifische und enge Bedeutung hat. Also verwenden wir den Begriff »Gutsein«, mit dem wir ausdrücken wollen, daß auf der fundamentalsten Ebene alles möglich ist, alles zusammenpaßt und alles funktioniert. Wir haben Augen, die sehen, und unsere Augen sehen Rot als Rot und Gelb als Gelb. Wir haben Ohren, die hören, Nasen, die riechen, Zungen, die schmecken, Haut, die Berührung empfindet. Es gibt Nahrung, die nährt, Wasser, das reinigt, Feuer, das wärmt, Luft zum Atmen, Eindrücke, die wir empfangen. Der Körper transformiert all dies und funktioniert mit einer ungeheuren Genauigkeit, selbst in der Krankheit. Es gibt den Herzschlag, den Puls und die Nerven-Energie. Der Mensch hat die Fähigkeit zu lieben, zu berühren, sanft zu streicheln, sich um seine Kinder zu kümmern, wütend zu werden und Aggressionen zu überwinden. Der Mensch hat eine fundamentale Aufgeschlossenheit für seine Existenz im Universum. Darüber hinaus ist das Universum selbst funktionsfähig: Atomkerne und Elektronen bilden Atome, aus diesen setzen sich Moleküle zusammen, die wiederum bilden die DNS, die Organe, Organismen usw. Berge, Flüsse, Täler, Tierarten, Pflanzen, alles wirkt zusammen. Auch die Erde selbst paßt sich Veränderungen an, als wäre sie ein lebendiger Organismus. Es gibt die Sonne, die wärmt, die Atmosphäre, die uns umschließt und für Zirkulation sorgt, den Regen, der Feuchtigkeit spendet, die Jahreszeiten, die Frische und Erneuerung bringen. Es gibt die Sterne, auf denen es vielleicht von anderen Formen des Lebens und der Intelligenz wimmelt.

Der Mensch hat auf einer sehr einfachen Ebene die Fähigkeit, dieses Gutsein zu sehen und zu fühlen, es nicht als selbstverständlich hinzunehmen. Unsere Wertschätzung dafür, daß wir Rot als Rot sehen und für unsere Kinder sorgen können, ist die Wertschätzung der Funktionstüchtigkeit des Gutseins der grundlegenden Existenz.

Das Universum ist kein statischer, monolithischer Mechanismus. Es verändert sich ständig auf unvorhersagbare Weise, es entwickelt sich und erschafft sich selbst. Weil es Veränderung gibt, gibt es Leben und Kreativität. Das Herz des Universums und damit auch unseres eigenen Wesens ist Veränderung, die gleichbedeutend mit Leben ist. Da unser fundamentales Wesen nicht-bedingt ist, steht uns jederzeit die Möglichkeit offen, Parteilichkeit und festgelegte Überzeugungen zu überwinden, die grundlegende Quellen der Aggression sind. So gesehen ist das Nicht-Bedingte unserer Erfahrung Gutsein, Ganzheitlichkeit, Gesundheit. Da das Nicht-Bedingte frei von allen Grenzen und Beschränkungen, frei von jeder besonderen Bedingung ist, ist es ohne jede Exklusivität, ohne jedes Gefühl einer Trennung des einen vom anderen. Das nicht-bedingte Wesen ist kein bestimmtes Ding, kein spezifisches, getrenntes Objekt unserer Sinneswahrnehmung oder unseres Denkens. Es ist kein Gott, es ist weder die Einheit noch das Nichts. Es ist auch nicht erhaben. Weil es nicht-bedingt ist, kann es von keiner endlichen verbalen Beschreibung eingegrenzt werden. Die Frage: Was *ist* dieses Nicht-Bedingte? können wir daher in dieser Form nicht beantworten. Es hat weder einen spezifischen Namen noch eine bestimmte Form. Selbst der Begriff »nicht-bedingt« ist keine angemessene Beschreibung. Beschreibungen von dem, was ist, von bedingter Realität, ob es nun einfache oder grandiose, holistische oder reduktionistische sind, können uns nur die Richtung weisen, in der wir möglicherweise unser nicht-bedingtes Wesen erkennen können. Aber eben diese Erkenntnis muß sich jeder von uns individuell und in jedem Augenblick selbst erschließen. Was wir jedoch sagen können, ist, daß diese Erkenntnis eine transformierte und völlig frische Wahrnehmung eben dieser Welt, in der wir leben, hervorbringt. Dieses Buch will die Möglichkeit vorstellen, diese neue Wahrnehmung aufzudecken.

Die Verwandlung der Wahrnehmung

Wir werden über eine transformierte Wahrnehmung dieser alltäglichen Welt sprechen, eine Wahrnehmung, die sehr persönlich, sehr real und tief empfunden ist. Obwohl wir scheinbar abstrakte Ideen von Raum, Zeit, Materie und Leben betrachten werden, möchte ich den Leser bitten, all diese Dinge immer persönlich auf sich anzuwenden. »Raum« bezieht sich auf den konkreten Raum, in dem du gerade sitzt, und auf den Raum zwischen den Atomen deines eigenen Körpers und Gehirns. »Zeit« bezieht sich auf genau den Moment, in dem du dies liest, »Materie« auf die feste Welt um dich herum und in dir drinnen und »Leben« auf die dir so vertraute Wahrnehmung deines eigenen Herzschlags und deiner unruhigen Gedanken. Über diese Welt werden wir sprechen, und in ihr können wir unsere nicht-bedingte Natur des Gutseins entdecken. Da sie ein inhärenter Aspekt unseres Wesens – unseres Geistes, unseres Herzens und unseres Körpers – ist, ist diese Entdeckung ein Entfaltungsprozeß und nicht etwas Fremdes, das in uns hineingelegt wird. Eine solche Entfaltung erfordert, ebenso wie das Erwachsenwerden, Disziplin und Übung. Wie können wir also die nicht-bedingte Dimension unserer Erfahrung entdecken?
Vielleicht sitzt du gerade am Küchentisch. Du hast das Frühstück beendet, das Geschirr gespült und willst gleich zu einer Verabredung gehen. Aber du hast es nicht eilig, und

du sitzt da und schaust aus dem Fenster auf die Straße. Es ist ein warmer Tag, und die Wolken stehen hoch am Himmel. Menschen in leuchtendbunten Sommerkleidern gehen auf dem Bürgersteig entlang – blaue Anzüge, ein Kleid in Rot und Gelb, ein weißes Hemd. Einige bewegen sich rasch, fast gehetzt, andere schlendern. Eine Hupe ertönt, ein Verkäufer preist seine Ware an, ein Kind lacht. Plötzlich streift dein Blick eine Fahne, die auf einem Dach auf der anderen Seite der Straße im Wind flattert. Einen Moment lang bleibt dein Geist bei der Fahne. Ein plötzliches Aufblitzen von Frischheit, fast von Freude, taucht in deinem Befinden auf. Dein Geist scheint plötzlich frisch und offen zu sein, dein Körper fühlt sich entspannt und warm an. Plötzlich ist eine Qualität der Leichtigkeit, des Humors, fast könnte man sagen der Zeitlosigkeit, da. Es ist sehr einfach. Dennoch fühlst du dich ohne ersichtlichen Grund für den Rest des Tages völlig erfrischt. Dies ist ein Geschmack des grundlegenden Gutseins.

Nicht-bedingtes Gutsein ist der direkteste, vertrauteste und alles durchdringende Aspekt unserer alltäglichen Erfahrung. Es ist immer da: Es ist nicht etwas, das kommt und geht. Unsere Erfahrungen damit mögen sehr flüchtig sein, aber sie hängen nicht von irgendwelchen besonderen Umständen ab. Wir können uns in einer sehr gewöhnlichen Situation befinden, so wie die eben beschriebene, oder in einer extremeren Situation. Ein plötzliches Aufblitzen von nichtbedingtem Gutsein ist immer möglich. Nach der Überlieferung sollen solche Erfahrungen am ehesten spontan in Momenten plötzlicher Überraschung auftreten, oder sie entstehen als Ergebnis der Meditationspraxis. Trotzdem kann das Aufblitzen der Offenheit in jedem Moment geschehen. Solche Momente sind ein erster Schritt. Wenn wir sie zu würdigen wissen und ihnen erlauben, in unser Leben einzudringen, dann fängt unser Leben an, sich Schritt für Schritt immer mehr zu öffnen; wir werden heiterer und fühlen eine natürliche Gesundheit und Würde. Wenn wir diese einfachen Erfahrungen nicht würdigen, werden wir sie wieder vergessen, und unser Leben wird in seinen gewohnten Geleisen weitergehen. Wenn wir solche Momente entdecken und würdigen, dann wird daraus eine Reise des Sich-Öffnens, die einiges an Disziplin und Übung erfordert.

Tschögyam Trungpa sagt: »Die Entdeckung wirklichen Gutseins entsteht durch die Würdigung sehr einfacher Erfahrungen. Wir reden nicht davon, was für ein gutes Gefühl es ist, eine Million Dollar zu verdienen oder endlich den Abschluß am College zu schaffen oder ein neues Haus zu kaufen, sondern wir sprechen hier von dem grundlegenden Gutsein des Lebendigseins – welches nicht von unseren Erfolgen oder der Erfüllung unserer Wünsche abhängt. Wir erleben ständig Momente, in denen dieses Gutsein aufleuchtet, aber oft erkennen wir sie nicht. Wenn wir eine leuchtende Farbe wahrnehmen, sind wir Zeugen des uns innewohnenden Gutseins. Wenn wir einen schönen Klang hören, hören wir unser eigenes grundlegendes Gutsein. Wenn wir unter der Dusche hervorkommen, fühlen wir uns frisch und sauber, und wenn wir aus einem stickigen Raum herausgehen, erfreuen wir uns an der frischen Luft. Diese Ereignisse dauern vielleicht nur den Bruchteil einer Sekunde, aber sie sind reale Erfahrungen des Gutseins. Sie passieren uns ständig, aber normalerweise ignorieren wir sie, weil wir sie für alltäglich oder belanglos halten.«[6]

Die Einfachheit und Natürlichkeit der Entdeckung des nicht-bedingten Gutseins kann nicht genug betont werden, da wir sehr stark von den philosophischen und religiösen Einstellungen unserer Kultur beeinflußt sind, auch wenn wir niemals Philosophie studiert haben oder besonders religiös gewesen sind. Gelehrte, Theologen, Materialisten und Okkultisten haben sehr viel Aufhebens um die »Realität« gemacht. Sie haben versucht, davon überzeugt zu sein und uns davon zu überzeugen, daß jedes Gefühl einer Verbindung mit etwas jenseits unserer eigenen Individualität, jede Verbindung mit einer tiefgründigen Basis unserer Existenz entweder unmöglich oder nur etwas für Auserwählte oder aber bedeutungslos sei.

Das Auftauchen der nicht-bedingten Wirklichkeit im Westen

Fragen nach der nicht-bedingten Wirklichkeit sind in der Welt der westlichen Gelehrsamkeit sicherlich nicht unbekannt und lassen sich in der Tat bis auf die ersten Anfänge des spekulativen Denkens im Abendland – noch vor Sokrates – zurückverfolgen. Aber in der kulturellen Hauptströmung hat immer die Vorstellung vom Nicht-Bedingten als leer, nichts, *nihil* die Oberhand behalten. Diese Idee wurde zu einem selbstverständlichen Teil der westlichen Kultur bis in unser Jahrhundert hinein. Welche Auswirkungen diese Einstellung zur nicht-bedingten Qualität der Erfahrung gehabt hat, tritt in der Geschichte der Begegnung des Westens mit der buddhistischen Lehre sehr deutlich zutage.[7] Bis zum 18. Jahrhundert und bis zur Etablierung der britischen Ost-Indien-Gesellschaft fanden solche Begegnungen nur sporadisch statt. Als William Jones 1784 begann, Texte des Mahayana-Buddhismus zu übersetzen und sie nach England zu schicken, begegnete man dem Buddhismus mit einer Mischung aus Abscheu und Abwehr und tat ihn entweder als gesellschaftliche Reformbewegung oder als Dämonenkult ab. Die Vorstellung vom Nirwana, dem nicht-bedingten Bereich, wurde am heftigsten angegriffen und am meisten mißverstanden. Da man meinte, es bedeute das *Nichts* und es oft als »leer« übersetzte, hielt man den Buddhismus für eine Art pessimistische, weltverleugnende Religion der Selbstzerstörung.

Fehlinterpretationen dieser Art hielten sich bis zum Beginn dieses Jahrhunderts, als zum ersten Mal lebende Repräsentanten der meditativen Tradition des Buddhismus anfingen, den Westen zu besuchen. Der erste dieser Besucher war

Soyen Roshi beim Welt-Parlament der Religion im Jahre 1893 in Chicago. Seine einfachen, praktischen Ausführungen beeindruckten die Teilnehmer, besonders durch den Kontrast, den sie zu ihren Vorurteilen vom Buddhismus als einer weltverleugnenden Religion bildeten. Soyen Roshi ließ seinen jungen Übersetzer D. T. Suzuki zurück, dessen Vitalität, Freundlichkeit und sanftmütige Gelehrsamkeit viel dazu beitrug, das westliche Mißverständnis vom Buddhismus zu korrigieren.

In den zwanziger oder dreißiger Jahren kamen andere Zen-Buddhisten ohne viel Aufsehens in die Vereinigten Staaten und fingen an, sich in kleinen Gruppen mit Intellektuellen- und Künstlerkreisen zu treffen. Diese Lehrer waren ein lebendiges Beispiel für die Möglichkeit des Erwachens in *dieser* Welt und gaben Unterweisungen in der paradoxen Praxis der Koans, bei der der Schüler über eine offenbar absurde Aussage nachsinnt, bis der begriffliche Geist seine eigene Begrenztheit erfährt. Diese Ideen sickerten langsam in die Kultur ein, wurden aber zunächst noch sehr intellektuell aufgenommen.

Wenn wir auf diese Periode zurückblicken, können wir erkennen, daß etwas sehr Tiefgründiges anfing durchzubrechen. Die Entdeckung der Relativitäts- und der Quantentheorie hatte die Überzeugung in Frage gestellt, daß die Wissenschaft uns die letzte Wahrheit über die Welt vermittelt oder daß eine solche Wahrheit überhaupt vermittelt werden kann; die logischen Positivisten des Wiener Kreises stellten die Bedeutung der Wahrheit überhaupt in Frage; die Mathematiker waren wie betäubt von Gödels Demonstration, daß ein vollständiges und konsistentes System der Logik unmöglich ist; Musiker, Maler und Tänzer begannen mit völlig neuen Arten des Hörens, des Sehens und Sich-Bewegens zu experimentieren. Man versuchte, die schwerfällige Rationalität, Selbstgerechtigkeit und Gewißheit, die noch aus dem 19. Jahrhundert stammten, zu durchbrechen und sich der konkreten, alltäglichen Welt zuzuwenden, um in ihr Inspiration und die abstrakten Prinzipien von Harmonie und Disharmonie, von Form und Chaos zu entdecken. Ein Gefühl von Neuheit und Kühnheit war weit verbreitet. Aber gleichzeitig ging auch etwas verloren. Indem man die Ketten der Tradition abwarf, gingen oft auch das profunde Wissen und die Weisheit dieser Tradition verloren.

In den vierziger und fünfziger Jahren waren viele Avantgarde-Künstler – vor allem John Cage – und die Dichter der Beat-Generation – Kerouac, Ginsberg, Whalen und andere – sehr stark von der buddhistischen Erfahrung des Nicht-Bedingten, des »Nichts«, wie es in jener Zeit meistens übersetzt wurde, beeinflußt, Calvin Tomkins berichtet: »Cage glaubt, daß die Welt sich sehr schnell verändert, und zwar viel drastischer, als es den meisten Menschen bewußt ist. Cage vertritt nachdrücklich den Standpunkt, daß die wahre Funktion der Kunst in unserer Zeit darin liege, den Geist und die Herzen unserer Zeitgenossen, von Männern und Frauen, für das ungeheure Ausmaß dieser Veränderungen zu öffnen, auf daß sie die Fähigkeit entwickeln, wirklich zu dem Leben zu erwachen, das sie in der modernen Welt leben.«[8]

Allerdings wurde der Leerheitsaspekt des Buddhismus überbetont und dafür das Gefühl für die Harmonie der Natur, wie wir sie z. B. in der japanischen Zen-Kunst finden, vernachlässigt. Das ist verständlich, da es darum ging zu zeigen, bis zu welchem Grad Musik, Malerei, Dichtung usw. schon konzeptualisiert waren, und den Durchbruch zu einer nicht-konzeptualisierten, spontanen Kunst zu schaffen. »Nicht-konzeptualisiert« wurde jedoch oft als bloße Formlosigkeit oder sogar als Antiform interpretiert. Und das folgenschwerste Mißverständnis war, daß man meinte, die »Leerheit des Geistes« im Zen bedeute, daß wir versuchen sollten, unseren Intellekt zu zerstören; als dann in den sechziger Jahren die Drogen aufkamen, gelang dies vielen jungen Leuten leider tatsächlich. Aber dies hat nichts mit der »Leerheit des Geistes« oder mit der Entdeckung des Nicht-Bedingten zu tun. Die Schärfe des unterscheidenden

Intellekts ist sogar ein sehr wesentliches Instrument dieser Entdeckung. Was diese Künstler erreichten, war, daß sie ihre Zuhörer zu einer intellektuellen Erkenntnis über das Ausmaß ihrer Konzeptualisierung und ihrer Erwartungen bezüglich Musik, Dichtung usw. führten; aber ein weiterer Schritt war vonnöten: eine Schulung, mit deren Hilfe die nicht-bedingte Dimension direkt aufgedeckt, genährt und in das tägliche Leben eingebracht werden konnte.

In den späten sechziger Jahren schließlich explodierte die Zeitbombe, die Anfang des Jahrhunderts gezündet worden war. Nicht mehr nur Randgruppen wie die Intellektuellen und die Künstler, sondern auch ein beachtlicher Prozentsatz der Bevölkerung der Vereinigten Staaten kamen immer mehr zu der Überzeugung, daß etwas sehr Wichtiges in ihrem Leben fehlte. Daniel Yankelovich, ein Meinungsforscher, der an der Harvard-Universität Philosophie studiert hat, setzt die Zahl bei ungefähr 17% an.[9] Darüber hinaus sollen nach Yankelovich weitere 63% von diesen Veränderungen zwar nicht sehr stark, aber doch in irgendeiner Form beeinflußt sein. So begann also der spirituelle Supermarkt und die Suche nach Selbstverwirklichung der siebziger Jahre. Es war eine Periode des Sich-gehen-Lassens, aber auch der Offenheit. Viele Menschen wandten sich von ihrer Familie und ihrem Beruf ab und verursachten bei sich selbst und anderen viel Leid bei der Suche nach ihrem »Selbst«. Es ist daher nicht verkehrt, wenn man die siebziger Jahre als das »Ich-zuerst-Jahrzehnt« bezeichnet. Aber es gab auch eine echte Suche nach einer tiefgründigeren Würdigung des Lebens. Yankelovich zeigt, daß viele von den Menschen, die in den siebziger Jahren verzweifelt nach »Selbstverwirklichung« suchten, in den achtziger Jahren angefangen haben, darüber hinauszublicken, dauerhafte Aufgaben zu übernehmen und nach Möglichkeiten zu suchen, anderen wirklich etwas geben zu können. Die achtziger Jahre erklärt Yankelovich daher zum »Jahrzehnt des Engagements«. Er glaubt, daß man diese beiden Jahrzehnte der siebziger und achtziger

Jahre mit der Erfahrung eines Jugendlichen vergleichen kann, der zunächst mit seinen Eltern und mit deren Werten brechen muß, um genau diese Werte dann später wiederzuentdecken und fähig zu sein, sie in eigener Verantwortung zu praktizieren statt nur in leerer Imitation.

Während der siebziger Jahre gab es eine lebendige Hoffnung, daß man den Rahmen des Lebens über die engen Grenzen, die vom Materialismus und Behaviorismus gesteckt worden waren, ausdehnen und die Krankheitsorientierung der Therapeuten überwinden könnte. Es gab ein ungeheures Streben nach einer besseren Welt. Psychedelische Drogenerfahrungen wiesen darauf hin, daß die Dinge vielleicht nicht so sind, wie wir sie normalerweise wahrnehmen, und das war für viele arglose Menschen ein tiefgreifender Schock. Bei der Suche nach einem weiteren Rahmen für das Verständnis und die Wertschätzung der Welt wandten sich viele Menschen östlichen Traditionen, insbesondere dem Hinduismus und dem Buddhismus zu. Diese Periode war wie ein sehr phantasievolles Fest: zahlreiche »neue Religionen« und selbsternannte Gurus tauchten auf und verschwanden wieder. Die Menschen kleideten sich in gelbe, rote und schwarze Gewänder, man sang, tanzte, meditierte, betete, praktizierte Vegetarismus, Fasten, Yoga, sexuelle Freiheit und lebte in Gemeinschaften zusammen. Es war ein wundervolles Experiment; einige wurden abhängig von den fremden Formen und gebrauchten sie als neue Krücke, etwas Neues, woran man glauben konnte; einige machten nur ein paar Experimente und gaben wieder auf, und einige fanden einen wirklichen Weg.

Eine der wichtigsten und dauerhaftesten Konsequenzen dieser Periode war die, daß lebende Meister der verschiedenen Traditionen eine Einführung (in das Sitzen) in Meditation gaben. Lehrer des Theravada-Buddhismus wie Munindra und Mahasi Sayadaw, Mahayana-Zen-Buddhisten wie Suzuki Roshi, Maezumi Roshi und viele andere, der Vajrayana-Buddhist Tschögyam Trungpa, alle lehrten im wesentlichen die gleiche Disziplin: Sitze achtsam und laß diese Achtsamkeit in deinem täglichen Leben wirksam werden. Es ist so einfach, und doch ist es die mächtigste Übung, um uns direkt unserer grundlegenden, unbedingten Natur zuzuwenden.

Die Wirksamkeit dieser Übung hängt nicht von ihrer Verbindung mit irgendeiner religiösen oder sonstigen Tradition ab. Die Praxis des Sitzens bzw. der Achtsamkeitsmeditation ist ein einfacher menschlicher Ausdruck der Anerkennung dessen, was wir sind. Es ist etwas eindeutig Menschliches, etwas, auf das viele Menschen stoßen, wenn sie ihre Probleme nicht länger durch das Jagen von Gedanken oder durch die Erfüllung aller Wünsche lösen können. Die Meditationspraxis ist ein Weg, den Geist zur Ruhe zu bringen, so daß er seinen Ursprung und seine harmonische Integration mit dem Körper und mit der Welt wiederentdecken kann. Sie ist ein mächtiges Werkzeug, um die Natur des Geistes und der Wahrnehmung klar zu erkennen und unsere Wahrnehmung zu trainieren, und sie ist mindestens ebenso wissenschaftlich wie die Verwendung eines Mikroskops bei der Untersuchung von Gewebe. In späteren Kapiteln werden wir sehen, daß es eine wissenschaftliche Grundlage für den Prozeß der Übung unseres Geistes gibt. Es ist ein natürlicher und notwendiger Übungsprozeß, wenn wir unsere menschlichen Möglichkeiten voll und ganz erfahren wollen.

Der große amerikanische Psychologe der Jahrhundertwende, William James, sagte einmal: »Die Fähigkeit, die abschweifende Aufmerksamkeit aus freiem Entschluß immer und immer wieder zurückzuholen, ist die eigentliche Wurzel von Urteilsfähigkeit, Charakter und Willenskraft. Niemand ist *compos sui*, wenn er diese nicht hat. Eine Erziehung, welche diese Fähigkeit fördert, wäre Erziehung *par excellence*. Es ist jedoch leichter, dieses Ideal zu definieren, als praktische Anweisungen zu geben, wie es zu erreichen ist.«[10] Anders als zu Lebzeiten von William James sind praktische Anweisungen, wie dies zu erreichen ist, heutzutage in der westlichen Welt öffentlich zugänglich. Die einfachste Form dieser praktischen Belehrung ist reine Aufmerksamkeit oder das Sitzen in Meditation.

Reine Aufmerksamkeit oder das Sitzen in Meditation ist eine Hauptübung vieler bedeutender kontemplativer Traditionen, sowohl religiöser als auch profaner Ausrichtung, insbesondere des Buddhismus, des Neokonfuzianismus und des Taoismus sowie einiger kontemplativer christlicher Orden. Es ist auch die Hauptübung der Shambhala-Lehren, einer auf unsere heutige Zeit zugeschnittenen, nicht-sektiererischen, nicht-religiösen Synthese von Buddhismus und Neo-Konfuzianismus. Die Shambhala-Lehren weisen einen Weg, der das Erwachen unseres eigentlichen Wesens in der alltäglichen Welt zum Ziel hat. Sie sind während der letzten zehn Jahre von Tschögyam Trungpa vermittelt worden und bilden die praktische und philosophische Grundlage dieses Buches.

Es ist wichtig, deutlich zu charakterisieren und zu klären, was hier mit Meditation gemeint ist. Wir können Übungen, die unter der Überschrift »Meditation« zusammengefaßt werden, ganz grob in zwei Klassen einteilen, die in ihren Grundannahmen, ihren Techniken und ihrer Wirkung recht verschieden sind.[11] Diese beiden Klassen könnte man als den Trance-Typus und den Offenheits- oder Zugangs-Typus bezeichnen. Die Grundannahme des Trance-Typus ist die, daß es eine andere Erfahrungswelt gibt, die in vieler

Hinsicht bedeutsamer ist als die alltägliche Welt, in der wir leben – sowohl tiefer »innen« als auch »höher«. Daher besteht die Technik des Trance-Typus der Meditation darin zu versuchen, die Aufmerksamkeit vor den Sinnen und selbst vor den Gedanken zu verschließen und nach innen zu wenden.

Der Zugangs-Typus der Meditation hat die Grundannahme, daß es keine Rolle spielt, ob es andere Welten gibt oder nicht; er geht davon aus, daß die Wahrnehmung der alltäglichen Welt vernebelt ist aufgrund ungeprüfter Vorannahmen und biologischer Dispositionen und daß es möglich ist, diese Vernebelung aufzuklären, indem die Aufmerksamkeit darauf trainiert wird, sich direkter mit den Sinnen und mit dem Gedankenprozeß zu verbinden und stärker auf die Details der Sinneswahrnehmungen und des diskursiven Denkens zu achten. Die Technik des Zugangs-Typus der Meditation ist die Übung der Aufmerksamkeit und die Identifikation mit dem Denken und der Wahrnehmung in der Praxis des Sitzens und in den Alltagsaktivitäten.

Ich sollte noch hinzufügen, daß manchmal auch Übungen des Konzentrations-Typus hilfreich sein können, um ganz bestimmte begriffliche Hindernisse zu überwinden, und daß daher die Anwendung dieser Übungen im Gesamtzusammenhang der Entwicklung von Offenheit nicht ausgeschlossen sind. Dennoch möchte ich auf den Unterschied zwischen diesen beiden Arten von Übung hinweisen und klarstellen, daß ich, immer wenn ich mich in diesem Buch auf Meditation, reine Aufmerksamkeit oder auf Achtsamkeit/Bewußtheit beziehe, den Offenheits- oder Zugangs-Typus der Praxis meine, die, wie Pelletier sagt, mit der »Lehre, offen und wertschätzend für jeden Aspekt der phänomenalen Welt zu sein«[12], in Verbindung steht.

Der einfachste Weg, unsere nicht-bedingte Natur für uns selbst zu entdecken, ist also die Disziplin des Sitzens in Meditation oder der Achtsamkeits-Bewußtheits-Meditation, die nichts damit zu tun hat, »höhere« Zustände, »andere«

Zustände oder die Vereinigung mit einer größeren Macht anzustreben. Meditation heißt hier auch nicht, *über* einen bestimmten Gegenstand zu meditieren oder nachzudenken. Es ist ganz einfach ein Weg, aufmerksam in bezug auf unsere Gedanken, Emotionen, Wahrnehmungen, körperlichen Empfindungen und unsere Umwelt zu werden, so daß wir anfangen, klar und deutlich zu sehen, wer und was wir sind. Wir sitzen in einer entspannten und aufrechten Haltung, mit gerader Wirbelsäule, offener Brust; die Hände ruhen natürlich auf den Oberschenkeln. Eine solche Haltung einzunehmen, bringt bereits die ursprüngliche Würde zum Ausdruck, die es bedeutet, ein Mensch zu sein. Die Tatsache, daß wir während aller Höhen und Tiefen unserer gedanklichen und emotionalen Prozesse in dieser Haltung verharren, drückt die grundlegende Zuversicht aus, mit der wir auf das nicht-bedingte Gutsein vertrauen. Die Augen sind offen und mit sanftem Blick leicht abwärts gerichtet; die gleiche Haltung nehmen wir mit den anderen Sinnen ein – offen, aber nicht fixiert oder willentlich danach strebend, etwas zu erfahren. Während wir dasitzen, lassen wir es geschehen, daß unser Geist sich mit unserem ausströmenden Atem identifiziert, mit ihm hinausgeht; dann, wenn der Atem wieder einströmt, kehrt der Geist wieder zurück, um achtsam auf unsere Haltung zu sein. Wenn Gedanken, Gefühle und körperliche Empfindungen auftauchen, nehmen wir sie zur Kenntnis und lassen sie sein, wie sie sind, versuchen nicht, sie zu vertreiben oder sie festzuhalten und in ihnen zu schwelgen. Wir fangen an, auf die präzisen Details unserer Gedanken- und Wahrnehmungsprozesse aufmerksam zu werden und werden uns auch der Beziehung zwischen ihnen bewußt. Gedanken oder Gefühle tauchen auf und verschwinden wieder. Woher sie kommen und wohin sie gehen – wer könnte das sagen? Aber gelegentlich erhaschen wir vielleicht ein Aufleuchten von Nicht-Denken, von offenem Geist. Ein solches Aufleuchten kann unendlich erfrischend sein. Es ist eine solche Erleichterung zu sehen, daß es uns möglich ist, den gesamten Konzeptualisierungsprozeß loszulassen. Solch ein Aufleuchten unserer grundlegenden Natur nicht-bedingten Gutseins bringt ein Gefühl von Sanftheit und Freundlichkeit uns selbst gegenüber mit sich.

Diese Erfahrungen sind für viele von uns wahrscheinlich recht vertraut, so sehr vertraut sogar, daß wir meistens dazu neigen, sie als »zwar ganz nett«, aber ohne besondere Bedeutung abzutun. Solche einfachen Momente jedoch sind von Bedeutung. Sie sind Hinweise auf unser nicht-bedingtes Wesen. Sie sind die Lücken in unserem fest organisierten und kontrollierten Leben, durch die ein Aufleuchten von Glanz und Klarheit zu sehen ist.

Die Anerkennung unseres nicht-bedingten Wesens und die Möglichkeit, es durch die Disziplin der Meditation aufzudecken, könnte die Grundlage einer Gesellschaft sein, in der menschliche Beziehungen und politische Strukturen auf Echtheit aufbauen, auf dem Wissen, wer wir sind, auf einem natürlichen Mitgefühl der Sanftheit und Freundlichkeit. Der entscheidende Wert einer solchen meditativen Disziplin liegt letztlich darin, eine solche Gesellschaft zustande zu bringen, um dadurch anderen zu helfen. Um anderen helfen zu können, ist es jedoch zunächst notwendig, unsere eigenen individuellen Konditionierungen, unsere selbstauferlegten und vererbten Begrenzungen und Vorurteile zu sehen. Die Aufdeckung unserer Konditionierung wird das Hauptthema dieses Buches sein, insbesondere unsere Konditionierung, wie sie von der wissenschaftlichen Tradition enthüllt, neu begründet und bestätigt wird. Wir werden dabei jedoch versuchen, die Absicht, mit der wir dies tun, nicht aus den Augen zu verlieren, nämlich die Lücken in unserer Konditionierung zu entdecken, durch die das Nicht-Bedingte hindurchscheinen könnte, und unsere Einsicht zu trainieren, so daß wir lernen, diese nicht-bedingte Natur direkt wahrzunehmen. Im nächsten Kapitel werden wir uns eingehender damit beschäftigen, was mit dieser nicht-bedingten Natur gemeint ist, und in Kapitel 16 werden wir die Einzelheiten der Achtsamkeits-Bewußtheits-Meditation besprechen.

2 Drei Wirklichkeiten und Einsicht

Heute morgen erschien ein Regenbogen am klaren blauen Himmel. Er war etwa fünfzehn Minuten lang zu sehen und verschwand dann wieder. Einige Zeit später flog ein Schwarm kleiner Vögel in einer V-Formation vorüber. Einige Vögel scherten immer wieder aus der Formation aus, spielten eine Zeitlang zusammen oder ließen sich auf einem Baum nieder und kehrten dann zu dem Schwarm zurück. Die V-Formation blieb unversehrt. Am späten Nachmittag ließ ein Sonnenstrahl eine warme Säule aus Luft in der Kühle des Abends entstehen. In den letzten Momenten, wo die Sonne noch schien, schwirrte ein Schwarm Mücken hin und her.

Unsere Körper sind wie der Mückenschwarm oder jene V-Formation, vielleicht sogar wie der Regenbogen. Sie bestehen aus Zusammenballungen von Atomen, und jedes einzelne von ihnen wird im Laufe der Jahre ausgetauscht. Man hat annäherungsweise berechnet, daß jeder Atemzug, den wir atmen, einige Atome enthält, die von jeder Person in der Geschichte dieses Planeten, von Sokrates und Dschingis-Khan bis hin zu Einstein und Hitler sowie all den Milliarden von Unbekannten schon einmal geatmet worden sind. Die Gestalt unseres Körpers macht also wohl einen substantielleren Eindruck als der Stoff, aus dem er gemacht ist. Und die scheinbare Kontinuität dieser Form führt uns vielleicht zu der Überzeugung, daß es ein Selbst oder »Ich« gibt, das »wirklicher« ist als der Körper. Auf der anderen Seite scheinen die Atome kleine, harte Dinger zu sein. Aber auch hier stellen sich die kleinen, harten Dinger einfach als die Form heraus, in der Elektronen und Atomkerne sich umeinanderbewegen... Formationen von Formationen von Formationen. Betrachtungen wie diese haben viele Philosophen veranlaßt, den Schluß zu ziehen oder vielleicht zu hoffen, daß diese ganze Welt eine Illusion ist und daß es in ihr, über ihr, jenseits von ihr oder ihr zugrunde liegend irgend etwas gibt, das mehr Wirklichkeit besitzt. Andere folgern daraus oder fürchten vielleicht, daß es überhaupt nichts Wirkliches gibt.

Andererseits wird der Pragmatiker sagen: »Hör mal zu, mein Freund, warte erst einmal ab, bis du mit 100 km/h auf Glatteis gerätst, ins Schleudern kommst und gegen einen Baum knallst. Dann wirst du sehen, was wirklich ist und was nicht.« Das ist ein sehr guter Gesichtspunkt. Wir nehmen gewöhnlich und vernünftigerweise unseren eigenen Körper als einen allgemein anerkannten Bezugspunkt für die Wirklichkeit. Wenn du einen Stuhl siehst und dich fragst, ob er eine Halluzination ist, versuche, dich auf ihn zu setzen. Darüber hinaus machen wir die Erde selbst zu einem Bezugspunkt für die Realität unseres Körpers. Wenn wir uns fragen, ob wir träumen, können wir versuchen, gegen einen Felsen zu treten. Wenn wir diesen Bezugspunkt für die Realität des Körpers verlieren, kann das zu einer Psychose führen. Wenn wir die Realität der Körper anderer Menschen verleugnen, kann das zu einer schrecklichen Vernachlässigung von Hunger, Armut und Krankheit führen. Und dennoch sind all diese sehr realen Dinge Formationen von Formationen von Formationen...

Substantialismus und Nihilismus –
extreme Sichtweisen der Realität

Die Neigung, an extremen und daher einseitigen Sichtweisen über die Realität festzuhalten, kann in zwei allgemeine Richtungen aufgeteilt werden, die als Substantialismus und Nihilismus bekannt sind. Substantialismus ist die Anschauung, daß es eine substantielle Realität gibt, daß eine beständige, sich nicht verändernde Substanz oder Sache existiert, die absolut wirklich ist und aus der alles andere entsteht. Diese mag Gott oder Brahma, Geist oder Selbst, Materie, Energie oder Feld genannt werden. Wir könnten Gefahr laufen zu denken, daß auch das nicht-bedingte Gutsein solch ein dauerhaftes, existierendes Ding ist.

Diese Sichtweise ist die allgemein geteilte und naive Anschauung, daß die Welt selbstverständlich real ist und existiert. Aber da die meisten Dinge im alltäglichen Leben nicht von Dauer sind, muß es etwas Dauerhaftes geben, das ihnen zugrunde liegt, das sie erklärt und das ewig existiert. Diese Anschauung begegnet uns auch in subtileren Formen: in der Meinung, alle Religionen sprächen von »dem gleichen Gegenstand«, dem Einen; in der Tendenz, in den »Feldern« der neueren Physik eine zugrunde liegende, substantielle Realität zu entdecken; in der Tendenz, den Gesetzen der ökonomischen und politischen Strukturen oder des menschlichen Verhaltens einen festgelegten, objektiven und unveränderlichen Charakter zuzuschreiben, der diese Dinge erklärt und aus dem wir moralische Gesetze ableiten können.

Der Nihilismus nimmt die entgegengesetzte Sichtweise ein, nämlich daß es im Grunde nichts gibt, daß die letzte und absolute Wahrheit darin besteht, daß alles Zufall ist und daß darüber hinaus nichts existiert. Das offensichtliche Dasein und die Gesetze der Physik, der Biologie usw. sind rein zufällig. Daher ist es völlig egal, wie wir uns verhalten und wie wir unser Leben leben. In jedem Moment unseres Lebens stehen wir vor einer Entscheidung, die uns sehr wichtig zu sein scheint, die jedoch in Wirklichkeit völlig bedeutungslos ist. Wenn du so freundlich bist, dich darum zu kümmern, wenn ein anderer leidet, dann ist das deine Sache, und es ist schön, daß du ihm hilfst. Kurzfristig gesehen bringt dir ein solches Verhalten wahrscheinlich einige positive Reaktionen ein. Du siehst also Ursache und Wirkung und erkennst, daß du angenehmer leben kannst, wenn du dich anständig verhältst. Auf der absoluten Ebene jedoch spielt es keine Rolle, ob du einem Menschen hilfst oder ob du ihm einen Tritt versetzt.

Jedes Individuum ist isoliert in einem öden, leeren, bedeutungslosen Universum, lebt eine kurze Zeit und wird im Augenblick des Todes völlig ausgelöscht. Wir könnten uns dafür entscheiden, unablässig nach Vergnügen und Unterhaltung zu suchen oder uns nicht darum zu kümmern. Wir könnten uns auch dafür entscheiden, unserem Leben ein Ende zu machen. Oder wir könnten einen gewissen Heroismus entwickeln und uns dafür entscheiden, rein auf der Basis objektiver Logik freundlich zu anderen zu sein. Wir könnten sogar eine Art Religion daraus machen: Die Tatsache selbst, daß wir nicht wissen können, ist die absolute Wahrheit. Aber im Grunde ist das Leben ein bedeutungsloser und sinnloser Zufall.

Auf der Ebene persönlicher Erfahrung manifestieren sich diese beiden grundlegenden Einstellungen als verschiedene Strategien, um eine Wahrnehmung unserer grundlegenden Natur zu vermeiden bzw. als verschiedene Strategien, um ein Gefühl der Sicherheit und Bestimmtheit für unser Leben zu erreichen. Die substantialistische Tendenz glaubt an unsere ewige Existenz. Dies wird durch Gewohnheiten und gewohnheitsmäßige Muster des Denkens und Verhaltens verstärkt. Wir mögen bestimmte Speisen und möchten uns nicht auf das Wagnis einlassen, in ein neues Restaurant zu gehen; wir machen unsere Ferien immer am gleichen Ort; wir hören bestimmte Richtungen von Musik und lehnen andere Richtungen ab; wir haben ganz bestimmte Meinungen über unsere Freunde und Bekannten, mögen die einen gerne und kritisieren die Gewohnheiten der anderen; wir stehen zu einer bestimmten Zeit auf, essen zu bestimmten Zeiten, haben zu bestimmten Zeiten bestimmte Stimmungen und fühlen uns irritiert, wenn die Dinge nicht zur gewohnten Zeit geschehen. Natürlich sind nicht alle unsere Gewohnheitsmuster nur enge Muster. Man kann z. B. ein berühmter Maler mit einem ganz individuellen und berühmten Stil sein; ein anderer findet vielleicht, daß das Erlebnis von körperlicher Angst beim Drachenfliegen oder Bergsteigen eine Methode ist, mit der er sich selbst bestätigen kann, usw. All diese kleinen Strategien, unser Leben zu strukturieren, geben uns das Gefühl einer fest umrissenen Existenz.

Manchmal wird das Festhalten an Gewohnheitsmustern in unserem Leben jedoch einfach zuviel. Das ist die Situation, in der sich der Nihilist befindet, der sich vielleicht hoffnungslos und verloren fühlt, ohne Freunde und ständig in Gefahr, alles zu verlieren, sogar seine geistige Gesundheit. Aber der Nihilist klammert sich sogar an seinen Nihilismus und an seine Einsamkeit, indem er z. B. das Gefühl hat, daß nur er allein bereit ist, der harten Realität ins Auge zu blicken. Oder vielleicht fühlt er sich auch einfach in Zweifeln und in der Verzweiflung zu Hause.

So spinnen wir uns mit all diesen kleinen Strategien in ein Gewebe, einen Kokon ein. Der Kokon wird angenehm, gemütlich und behaglich, weil er sehr vertraut ist. Wir kennen jede kleine Ecke unseres Lebens; wir können sogar Gedichte darüber schreiben. Wir haben vielleicht auch Vorstellungen von »dem großen Mysterium«, von dem die Religionen sprechen, was unserem Kokon ein ganz besonderes Gefühl von Sicherheit gibt. Wir können das große Mysterium außerhalb von unserem Kokon verehren und uns gut dabei fühlen. Der Kokon ist sicher, beschränkt, klaustrophobisch und ein wenig öde. Wir lassen uns in ihm nieder und leben unser Leben.

Im vorigen Kapitel habe ich auf die Möglichkeit einer anderen Dimension unserer Erfahrung hingewiesen, auf die nicht-bedingte Dimension und darauf, daß die Wiederentdeckung dieser Dimension unser Leben bereichern kann. Ich sagte, daß das Nicht-Bedingte sich auf Erfahrung bezieht, nicht auf irgendwelche philosophischen und abstrakten Ideen, und daß die Praxis des Sitzens in Meditation uns für diese Erfahrung öffnet und ein Weg für uns sein kann, auf dem sich diese Wiederentdeckung schrittweise entfaltet. Auf diese Weise entfaltet sich langsam eine neue Wahrnehmung der Welt als in sich gut und rein. In dieser neuen Wahrnehmung erkennen wir, daß wir selbst nicht von dem Wesen und der Macht der phänomenalen Welt getrennt sind. In diesem Kapitel werden wir versuchen, herauszufinden, was mit dem Nicht-Bedingten in Relation zu der alltäglichen Realität unserer physikalischen, biologischen und begrifflichen Welt gemeint ist.

Wenn wir damit beginnen wollen, unsere nicht-bedingte Natur zu entdecken, müssen wir uns zunächst mit unserer Bedingtheit, unserer Konditionierung beschäftigen und mit der Art und Weise, in der wir unsere Gewohnheitsmuster für »die Wahrheit« halten und unser Leben von ihnen diktieren lassen. Unsere Konditionierung selbst ist nicht das Problem. Wie wir sehen werden, bilden unsere Konditionierungen die Grenzen und Zwänge, innerhalb derer wir leben und in der Welt funktionieren. In der Tat sind diese Zwänge, solange wir einen Körper haben, sehr spezifisch und sehr tiefgreifend – viel tiefgreifender, als viele von uns glauben möchten. Nein, nicht unsere Konditionierung, unsere *Überzeugungen* sind das Problem. Das heißt, das Problem sind die Überzeugungen, die den Konditionierungen als ihre Interpretationen übergestülpt und mit ihnen verwoben werden. Diese werden nicht überprüft, sondern für »die Wahrheit« im Sinne von »letzter Wahrheit« oder »absoluter Wahrheit« gehalten. Überzeugungen geben uns ein Gefühl von Sicherheit über etwas, dieses Gefühl aber wird dann zu einem Hindernis für ein weiteres Sich-Öffnen und Erforschen. Um mit einem ganz einfachen Beispiel anzufangen: Dein Freund John wird wütend, schreit dich an und schlägt dich. Obwohl der körperliche Schmerz geringfügig ist, wirst du nun auch wütend auf John und schlägst zurück. Warum? Vielleicht deswegen, weil du annimmst, daß es in jenem Körper, der dich geschlagen hat, einen »John« gibt, und daß dieser »John« dich absichtlich geschlagen hat? Es war der absichtliche Zorn dieses »John«, der deinen Zorn verursacht hat, nicht der körperliche Schmerz des Geschlagenwerdens. Aber gibt es wirklich einen »John«? Und war nicht seine Wut ebenso ein Produkt von irgend etwas anderem wie deine wütende Reaktion auf ihn? Sehr vieles von unserer alltäglichen Lebenserfahrung betrachten wir als selbstverständlich. Aus diesem »Für-selbstverständlich-Halten« setzen sich unsere Überzeugungen zusammen, und diese wiederum werden Gewohnheitsmuster. Alfred North Whitehead schreibt in *Science and the Modern World:* »In jedem Zeitalter wird die allgemeingültige Interpretation der Welt der Dinge von einem System von unangefochtenen und nicht erkannten Vorannahmen kontrolliert: Und der Geist jedes einzelnen, auch wenn er glaubt, sehr wenig Gemeinsames mit seinen Zeitgenossen zu haben, ist nicht ein abgeschlossener Raum, sondern eher wie ein kontinuierliches Medium, die umgebende Atmosphäre seines Ortes und seiner Zeit.«[1]

Unsere Konditionierung ist auf vielen Ebenen wirksam, von tiefsten genetischen Voraussetzungen unseres Organismus bis hin zu unseren vererbten und erworbenen ideologischen und kulturellen Normen. Als Beispiele genetischer Voraussetzungen könnten wir anführen: die Wahrnehmung der Welt als eines Behälters mit Objekten darin; die Wahrnehmung bestimmter physikalischer Situationen, wie z. B. Höhe, die wir als bedrohlich wahrnehmen; oder die Angst vor lauten, unerwarteten und unerklärlichen Geräuschen. Kulturelle Zwänge sind z. B. die Arbeitsteilung zwischen Männern und Frauen in einigen Kulturen, die zur Folge hat, daß Frauen mehr Zeit im Haus mit der Versorgung der Kinder und dem Haushalt verbringen; kulturelle Aktivitäten und Institutionen, die versuchen, die fundamentale Gleichheit jedes Menschen anzuerkennen, usw. Kulturelle Zwänge umfassen das gesamte »Hintergrund«-Verhalten, mit dem eine Kultur sich selbst und die Menschheit interpretiert. Solches Hintergrund-Verhalten wird meist nicht erkannt, und der Versuch, es zu erkennen, verändert es bereits. Später werden wir diese Konditionierungen gründlich untersuchen und ebenso die Art und Weise, wie sie miteinander interagieren. An dieser Stelle ist es zunächst einmal wichtig, daß wir nicht unsere Konditionierung selbst für ein Problem halten. Wir sagen z. B. nicht, daß es richtig oder falsch ist, Angst vor Höhe zu haben oder bei lauten Geräuschen zusammenzuzucken, wir sagen nur, daß es eine natürliche Disposition unseres Organismus' ist, so zu reagieren. Genausowenig sagen wir, daß es falsch oder richtig ist, wenn Frauen unter bestimmten Bedingungen sich selbst und ihrer Gruppe eine größere Hilfe waren, indem sie eine häuslich-fürsorgliche Rolle übernommen haben, oder daß es richtig oder falsch ist, daß kulturelle Institutionen die uns allen gemeinsame Menschlichkeit anerkennen. Diese kulturellen Normen werden jedoch oft als »die Wahrheit« über »die Welt« akzeptiert. Sie werden manchmal von Slogans begleitet wie: »Frauen gehören ins Haus und an den Herd«, oder: »Alle Menschen sind gleich.« Wir sagen auch nicht, daß wir, indem wir auf die nicht-bedingte Dimension der Erfahrung hinweisen, von solchen Konditionierungen völlig frei sein können. Das hieße, wir würden behaupten, fliegen zu können, oder daß wir anfangen, Rot als Blau zu sehen, was nicht der Fall ist. Doch wenn wir ein ursprüngliches und erfülltes Leben führen möchten, *ist* es ein Problem, wie tief verwurzelt unsere Konditionierungen sind und in

welchem Maße wir sie für selbstverständlich halten und an
sie als die letzte Wahrheit *glauben*.

Die drei Wirklichkeiten

Praxis und Denkweise des Buddhismus haben uns eine tiefere Einsicht in die Beziehung zwischen a) dem Unbedingten, b) dem Bedingten und c) den Überzeugungen vermittelt. In der buddhistischen Tradition sind diese drei als die
drei Wirklichkeiten bekannt und werden auf verschiedene
Weise aus dem Sanskrit übersetzt.[2] Einige Übersetzungen
lauten z. B. a) vollkommen absolute oder absolut vollendete
Wirklichkeit; b) relative oder von anderem abhängige
Wirklichkeit und c) gedanklich-begriffliche oder vorgestellte *Wirklichkeit*. Die erste *Wirklichkeit* hat also die Eigenschaft, vollständig (vollkommen, vollendet) und ohne
relativen Bezug (absolut) zu sein. Die zweite *Wirklichkeit*
hat die Eigenschaft, abhängig von oder bezogen auf etwas
anderes als sie selbst (von anderem abhängig) zu sein, ein
Produkt von Ursache und Wirkung. Die dritte *Wirklichkeit*
ist vorgestellt oder begrifflich in dem Sinne, daß wir unsere
Konzepte von der Welt für real halten und glauben, daß sie
für reale Dinge stehen. Diese drei *Wirklichkeiten* entsprechen dem, was wir das Nicht-Bedingte, das Bedingte und die
Überzeugung genannt haben.
Wollen wir die Beziehung zwischen diesen dreien richtig
verstehen, müssen wir uns klarmachen, daß mit der Aussage, es gäbe eine Wirklichkeit des Nicht-Bedingten, auf
keinen Fall die relative Wirklichkeit des Bedingten, der Welt
der eng ineinandergreifenden Ursache-Wirkungs-Beziehungen, geleugnet werden soll. Die Realität der vorgestellten oder begrifflichen *Wirklichkeit* wird allerdings damit
abgestritten. Um es ganz einfach auszudrücken: Wenn wir
aus unserer Wahrnehmung dieser alltäglichen Welt die vorgestellte oder begriffliche *Wirklichkeit* (c) entfernen, dann

steht die relative *Wirklichkeit* (b) klar und deutlich vor uns, und wir erkennen, daß sie von der nicht-bedingten Wirklichkeit (a) nicht getrennt ist. Oder, genau der gleiche Sachverhalt anders ausgedrückt: Wenn wir unsere Überzeugungen und Konzepte *als* Überzeugungen und Konzepte, also als einseitige Wahrheiten sehen, dann erkennen wir, daß das Bedingte als solches nichts anderes ist als das Nicht-Bedingte. Das Nicht-Bedingte ist die innewohnende Reinheit und Makellosigkeit der Welt, das Bedingte ist die ihr innewohnende Struktur. Was wir unseren Kokon genannt haben, besteht aus dem gesamten Gewebe der vorgestellten oder begrifflichen *Wirklichkeit*, unseren Überzeugungen über die Welt. Weiterhin sagt der Buddhismus, daß wir fast vollständig in diesem vorgestellten Bereich leben.

Es ist wohl deutlich geworden, daß die buddhistische Erkenntnislehre durch das Verständnis der drei Wirklichkeiten die Extreme des Substantialismus und des Nihilismus vermeidet.[3] Insbesondere vertritt der Buddhismus nicht die nihilistische Ansicht, daß »diese Welt eine Illusion ist«. Seit Bekanntwerden des Buddhismus im Westen sind solche Fehlinterpretationen in der wissenschaftlichen und populären Literatur des Abendlandes leider weit verbreitet. Es war eine Reaktion auf diese beiden Extreme, die Asanga veranlaßte, die drei Wirklichkeiten aufzustellen, da er erkannt hatte, daß das Problem nicht in der Realität als solcher, sondern in *unserem Wissen* von der Realität liegt. Janice Willis sagt: »Für ihn (Asanga) ist *die* Auffassung von der Leerheit (dem Nicht-Bedingten) die ›richtige‹, die mit der Anschauungsweise des Mittleren Weges sieht, welche also die Realität, so wie sie ist, weder über- noch untertreibt. Weder bestreitet, noch bestätigt er *in toto*. Er sieht vielmehr das, was er sieht, als ›eben gerade das‹ an, und er weiß, ein Ding kann so existieren, daß es weder völlig existent noch völlig nicht-existent ist. Nach seiner Anschauung entsprechen die Dinge keinem dieser beiden Extreme.

Infolgedessen kommt er zu dem Urteil: Das eigentliche Wesen aller Dinge ist unausdrückbar.«[4]

Betrachten wir diese drei *Wirklichkeiten* in bezug auf eine konkrete Situation. Zwei Menschen sitzen auf einem Feld. In einiger Entfernung steht ein Baum. Der eine sagt zum andern: »Ich sehe einen Baum.« Die Situation an sich ist ein Produkt von Ursache und Wirkung: Die Tatsache, daß die beiden Menschen auf dem Feld ankamen, ist ein Ergebnis des Geschlechtsverkehrs ihrer beiden Eltern und ihrer gesamten Lebensgeschichte bis zu diesem Moment. All dies ist relative, abhängige Wirklichkeit. Wenn aber die eine Person der anderen den *Baum* als *Baum* benennt, dann verwendet sie ein Symbol, welches nicht nur für jenen speziellen Baum vor ihren Augen, sondern für alle Bäume gilt, und sie verwendet dieses Symbol, um jemand anderem eine Bedeutung zu vermitteln. Dann fangen wir an, das Wort *Baum* für ein wirkliches Ding zu halten. Wir verlieren den Kontakt mit den Verbindungen des tatsächlichen Baums zu seiner Umwelt: Seine Wurzeln gehen tief in die Erde und ziehen Nahrung aus ihr; ein Ast ist abgestorben und zerfällt, wo er den Boden berührt und geht unmerklich in die Erde über; die Blätter tauschen Gase mit der Atmosphäre aus und empfangen Sonnenlicht aus ihr; ein Samen, der einen Augenblick zuvor noch Teil des Baumes war, liegt jetzt auf der Erde und setzt schon den Prozeß in Gang, durch den er zu einem Keimling wird. Wir fangen an, den Baum als von allem getrennt zu betrachten, so wie das Wort *Baum* getrennt und verschieden von allen anderen Wörtern ist. Wir fangen an, mit dem Baum alle möglichen bewußten und unbewußten Qualitäten zu assoziieren, die nicht aus unserer Wahrnehmung des tatsächlichen Baumes, sondern aus dem Netz von Nebenbedeutungen, die wir mit dem Wort *Baum* verbinden, stammen. Schließlich beginnt auch das Wort *ich* eine reale Existenz anzunehmen, obwohl es nur für diesen Moment auf dem Feld gebraucht worden war, um auf die spezifische Tatsa-

che hinzuweisen, daß sein Organismus einen Baum wahrgenommen hat.

Ähnlich ist es, wenn wir sagen: »Ich bin sehr wütend«; die
Idee »wütend« fängt an, realer zu werden als die Energie der
Wut selbst, und wir können immer weiter auf unsere Idee,
wütend zu sein, reagieren, wenn die reine Energie sich
schon längst in etwas anderes verwandelt hat. Einen großen
Teil unseres Lebens leben wir in diesem begrifflichen Bereich. Diese Begriffe bildende, unterscheidende, vorstel-
lende Funktion ist es, die isolierte Dinge heraushebt, deren
reale Existenz wahrnimmt oder sich ihre Verbindungen
ausdenkt. Wenn wir durch diesen Konzeptualisierungsprozeß hindurchsehen, wenn wir ihn als genau dies – nämlich
einen Begriffsbildungsprozeß – erkennen und damit beginnen, ihn genau und direkt zu betrachten, dann erkennen
wir die Verbundenheit der gesamten phänomenalen Welt.
Wir sehen, daß nichts eine letztlich unabhängige Existenz
hat. Das gilt auch für die scheinbaren Unterschiede zwischen dem »Ich« und dem, was das »Ich« wahrnimmt. Das
soll nicht heißen, daß wir den Baum nicht sehen oder diese
bestimmte Qualität von Energie (Wut) nicht erleben; es bedeutet, daß wir diesen Baum und diese Wut als abhängig
von allem anderen, einschließlich des Sehenden und des Erfahrenden, erkennen. Dies ist dann die relative oder abhängige Wirklichkeit.

Betrachten wir eine weitere Veranschaulichung der drei
Wirklichkeiten. Alfred Korzybski ist berühmt für seinen
Ausspruch: »Die Karte ist nicht das Territorium.«[5] Dies
wird oft so verstanden, daß das Wort *Baum* nicht der Baum
selbst ist, daß also die begriffliche Wirklichkeit nicht die relative Wirklichkeit ist. Mit anderen Worten, die Kreise und
Quadrate auf der Karte sind nicht *selber* Städte und Dörfer,
sondern nur Kreise und Quadrate. Die Höhenlinien sind
nicht Berge, sie sind nur Höhenlinien. Aber wir können
noch weiter gehen. Wenn wir versuchen, nachdem wir uns
in eine Landkarte vertieft haben, die Richtung eines be-

stimmten Berges, sagen wir des Mount Kanchenjunga, zu bestimmen, blicken wir in die richtige Richtung, und da ist er; wir sagen: »Ah, da ist er!« Aber wir sehen nicht nur den Mount Kanchenjunga. Wir betrachten ihn auch in Beziehung zu anderen Bergen, wir sehen den Raum um ihn herum und den Raum zwischen uns selbst und dem Berg. Wir erkennen langsam, daß der Berg selbst nicht von dem Raum um ihn herum und von seiner Beziehung zu anderen Bergen, zu uns selbst, zur Erde und zum Himmel getrennt ist. Der Berg als eine *getrennte* Wesenheit ist also nicht existent. Wenn wir die begriffliche, vorgestellte *Wirklichkeit* beiseite lassen, indem wir nicht die Karte ansehen, sondern die reale Welt, dann erkennen wir nicht mehr nur getrennte Dinge in der Welt, sondern ihre völlige Verbundenheit miteinander und dem Raum. Wenn wir den Berg so sehen, wie er ist, nämlich ohne eine getrennte Existenz, wenn wir das Zusammensein von Berg, Himmel, Erde und Beobachter erkennen, dann sehen wir die bedingte, relative Wirklichkeit, welche unausdrückbar ist.

Jeder Aspekt der relativen Wirklichkeit, der ein von seiner Begriffsbildung befreiter Aspekt dieser alltäglichen Welt ist, ist real immer in bezug zu anderen Aspekten der Welt, von denen er getrennt ist; deswegen wird diese Wirklichkeit relativ genannt. Die unbedingte Wirklichkeit schöpft ihre Realität nicht im geringsten aus dem Bezug zu irgend etwas anderem, nicht einmal zu den Begriffen von Existenz oder Nicht-Existenz, Ursache und Wirkung, Realismus und Idealismus, Transzendenz und Immanenz, usw. Sie alle sind Teile der begrifflichen oder vorgestellten *Wirklichkeit* (auch wenn Philosophen sie oft ziemlich ernst genommen haben.) Die nicht-bedingte Wirklichkeit wird manchmal als »Dasheit« oder »Das, was ist« bezeichnet. Sie ist genau das, was ist, noch bevor das Denken Formen unterscheidet. »Dasheit« kann nicht positiv definiert werden, da jede Beschreibung notwendigerweise einseitig und relativ ist. »Dasheit« leuchtet durch alle unsere Aktivitäten und Wahrnehmungen hindurch. Es ist der Glanz und die Reinheit und die Raumhaftigkeit von Farben, Klängen, Gerüchen usw., so wie sie sind, bevor wir ein Konzept von ihnen haben. Der Begriff »nicht-bedingt« ist dem Begriff »absolut« vorzuziehen, da letzterer so viele theistische Nebenbedeutungen hat – das »Eine«, die »zugrunde liegende Realität«, das, was *realer* ist oder die »einzige Realität«. Diese Nebenbedeutungen sind hier nicht gemeint. Das Nicht-Bedingte ist nicht verschieden von der phänomenalen Welt und ist nicht *realer* als diese Welt, da es seiner Natur entsprechend jenseits von Vorstellungen und Konzepten steht. Es ist realer als unsere Vorstellungen von dieser Welt. Damit meine ich nicht nur die offensichtlichen Tagträume und Phantasien, die wir alle haben, oder die subtileren Fehlinterpretationen, die uns ständig unterlaufen – wenn wir z. B. denken, wir sind krank und sind es nicht, usw. Wie ich bereits dargestellt habe, sehen wir nicht einmal etwas so Einfaches wie einen Baum genauso, wie er ist. Unsere Wahrnehmung von dem Baum ist durch ein Netz von Assoziationen und Voraussetzungen, die wir mit der Vorstellung »Baum« verbinden, eingeengt und getrübt. In einem späteren Kapitel, wenn wir über die Beziehung zwischen Sprache und Realität sprechen, wird die Bedeutung dieser begrifflich-vorgestellten Welt noch klarer werden.

Intellekt und Intuition

Ich habe bereits darauf hingewiesen, daß Beschreibungen der nicht-bedingten Wirklichkeit dieser niemals völlig entsprechen können. Solche Beschreibungen werden zu einem Teil der begrifflichen Wirklichkeit und können uns damit immer weiter in genau das Gewebe verstricken, über das wir eigentlich hinausblicken wollten. Das bedeutet jedoch nicht, daß wir nicht in unmittelbarer Erfahrung direkt der nicht-bedingten Wirklichkeit begegnen können.

Der gegenwärtige Augenblick, so wie er höchst unmittelbar erfahren wird, ist ungeteilt, nicht-bedingt und unbegrenzt. Alles ist möglich; eine ungeheure Weite steht zur Verfügung. Bevor wir irgend etwas wahrnehmen oder denken, ist da dieser gefühlsmäßig oder intuitiv erfaßte Hintergrund unbegrenzter Möglichkeiten. Vor diesem Hintergrund machen wir Unterscheidungen. Wir unterscheiden Heiß und Kalt, Laut und Leise, Rot, Weiß, Grün, Angenehm und Unangenehm. Und von dort ufern wir ins Unendliche aus. Man könnte sagen, daß auch die Möglichkeiten, Unterscheidungen zu treffen, dieses von jenem zu unterscheiden, grenzenlos sind. George Spencer Brown untersucht in *The Laws of Form* diesen Prozeß der Unterscheidung; es beginnt mit einem ersten Impuls zu unterscheiden, mit diesem verbindet sich die nächste Unterscheidung und wieder die nächste, bis wir bei der Gesamtheit der Wissenschaft, der Technik, der Psychotherapie, den Künsten usw. angelangt sind. »Wenn ein Raum durchtrennt oder auseinandergenommen wird, entsteht ein Universum. Die Haut eines lebenden Organismus trennt das Außen von dem Innen, ebenso der Umfang eines Kreises auf einer Ebene. Wenn wir weiterverfolgen, wie wir eine solche Trennung darstellen, können wir mit einer fast unheimlichen Genauigkeit und Reichweite die grundlegenden Formen der linguistischen, mathematischen, physikalischen und biologischen Wissenschaften rekonstruieren und erkennen immer deutlicher, wie sich die vertrauten Gesetze unserer eigenen Erfahrung zwangsläufig aus dem ursprünglichen Akt der Trennung ableiten.«[6]
Unsere Erfahrung hat also zwei grundlegende Aspekte: Es gibt den reinen, unbedingten und ungeteilten Augenblick, und in diesem gibt es Unterscheidung, Aufteilung. In einem ersten Schritt könnten wir sagen, daß diese beiden Aspekte der Intuition oder intuitiven Einsicht und dem Intellekt entsprechen. Intuition oder intuitive Einsicht ist das, was wir unmittelbar fühlen; sie ist ein ästhetisches Empfinden für den Augenblick als Ganzes. Der Intellekt bildet Begriffe und

denkt über dieses und jenes nach. Intuitive Einsicht und Intellekt treten immer zusammen auf. Es kann keine Erfahrung geben, in der nur eines von beiden vorhanden ist. Aber es kann Übertreibung oder Ungleichgewicht geben.

Wenn wir den Intellekt übertreiben, betonen wir Quantität, Trennung, Analyse und Abstraktion. Wenn wir die Intuition übertreiben, verleugnen wir Unterschiede und erfahren einen Mangel an Klarheit und Genauigkeit, eine ungenügende Realitätsprüfung. Ein Ungleichgewicht in beide Richtungen ist möglich. Es mag zwar Gesellschaften gegeben haben, in denen es ein Ungleichgewicht zugunsten der Intuition gab, und in denen der Intellekt vernachlässigt wurde; das Ungleichgewicht, das wir in unserer gegenwärtigen Gesellschaft erleben und das auch in der jüngsten Geschichte des Westens vorherrschend war, ist jedoch die Überbetonung des Intellekts. Tatsächlich müssen wir erkennen, daß es eine ziemlich grobe Form von Intellekt ist, der vor seinen Möglichkeiten, sehr scharf und äußerst genau zu sein und jede mögliche Unterscheidung zu treffen, zurückschreckt. In den buddhistischen Traditionen wird dieses Potential mit dem Bild eines doppelschneidigen Schwertes beschrieben, das ständig abtrennt, das alles unterscheidet, was unterschieden werden kann, das ununterbrochen klärend tätig ist. Es ist zweischneidig, weil es sogar sich selbst klärt. In unserer heutigen Gesellschaft jedoch geht der Prozeß in gewissem Sinne nicht weit genug. Wir neigen dazu, bestimmte Unterscheidungen zu treffen und sie dann als Endpunkt, als »die Wahrheit«, »die Realität« festzuhalten. Statt also die bedingte Wirklichkeit in all ihren Einzelheiten völlig zu erforschen, welches die eigentliche Funktion des Intellekts ist, bleibt er plötzlich bei einseitigen Anschauungen stehen und erschafft Überzeugungen, an die er sich als »Wahrheit« klammert. Der Physiker David Bohm sagt: »Da unser Denken völlig von Unterschieden und Unterscheidungen durchdrungen ist, müssen wir daraus schließen, daß eine solche Gewohnheit dazu führt, daß wir diese Unterscheidungen als reale Aufteilungen betrachten und die Welt als tatsächlich in Teile aufgespalten sehen und erfahren.«[7] Bohm beschreibt hier die vorgestellte Wirklichkeit.

Wenn die unterscheidende, analysierende Funktion des Intellekts überbetont ist, erfahren wir die Fülle und die Ganzheit unseres Lebens nicht. Und es ist diese Fülle, in der wir das Gute des nicht-bedingten Gutseins entdecken. Aber es gibt eine Möglichkeit, das Gleichgewicht wiederherzustellen, eine Möglichkeit, das Nicht-Getrenntsein von Intuition und Intellekt, von Nicht-Denken und Denken wiederzuentdecken.

Jeder Moment unserer Erfahrung hat also zwei miteinander vereinigte Aspekte: das nicht-begriffliche Miteinander-Verbundensein von allem, das wir direkt und intuitiv erfühlen (die nicht-bedingte Wirklichkeit), und die im Bewußtsein auftauchenden Formen, die innerhalb des Absoluten unterschieden werden (die relative oder bedingte Wirklichkeit). Jetzt sehen wir, wie diese Formen, wenn wir sie für real halten und sie als unabhängig von ihrer Basis des absoluten Miteinanderseins betrachten, die begriffliche oder vorgestellte Wirklichkeit entstehen lassen. Das Nicht-Bedingte und das Relative sind beide gleich wirklich. Das Vorgestellte ist vorgestellt. Wir könnten hier hinzufügen, daß aus dieser Sicht auch die sogenannten höheren Bereiche jenseits dieser alltäglichen Welt, wie z. B. die »feinstofflichen« oder »kausalen« Bereiche bestimmter mystischer Traditionen, begrifflicher oder vorgestellter Natur sind. Es ist daher vollkommen unnötig, durch solche Bereiche zu gehen, die wegen ihrer verführerischen Eigenschaften gefährlich sein können. Es ist möglich, die nicht-bedingte Wirklichkeit genau hier, in dieser Welt zu entdecken.

Während die Praxis des Sitzens in Meditation uns direkt auf den Weg der Entdeckung des nicht-bedingten Gutseins führt, gibt es, wie in der vorangegangenen Diskussion deutlich geworden, auch noch einen komplementären Aspekt zu diesem Weg. Er besteht darin, daß wir uns ganz direkt mit dem Wesen unserer Bedingtheit und den begrifflichen Überzeugungen, die wir auf diese Bedingtheit projizieren, auseinandersetzen und sie als solche anerkennen. Auf diese Weise können wir Schritt für Schritt das Gespinst unserer Überzeugungen auflösen und den Weg für eine direkte Wahrnehmung freiräumen. Grundsätzlich ist der Weg der Übung und der Aufdeckung äußerst einfach, direkt und un- kompliziert. Aber das bedeutet nicht, daß er mühelos ist. Diese Reise erfordert Anstrengungen, weil unsere vorge- stellten begrifflichen Überzeugungen wie Zwiebelschalen in vielen Schichten übereinanderliegen. Indem wir Schicht für Schicht abtragen, kommen wir immer näher an die Über- zeugungen heran, die uns am kostbarsten sind, Überzeu- gungen, von denen wir vielleicht nicht einmal wissen, daß wir sie haben und daß wir nach ihnen handeln. Selbst wenn uns klar ist, daß wir sie haben, halten wir sie vielleicht für selbstverständlich und für absolute Wahrheiten, statt ihre Relativität zu erkennen. Betrachten wir z. B. einmal unsere eigenen Anschauungen über Raum, Zeit, Geist und Indivi- dualität oder Persönlichkeit. Alle diese Anschauungen sind einseitig und können daher, wie wir gesehen haben, nicht absolut sein. Aber wie unsere ungeprüften Anschauungen über diese Dinge auch immer aussehen mögen, wir halten sie normalerweise für selbstverständlich und verlassen uns auf sie als unsere letztgültigen Bezugspunkte für die Wirk- lichkeit und für unsere Reaktionen auf die Wirklichkeit, also für unsere Handlungen, Gedanken, Stimmungen usw. Wenn wir erkennen, daß wir ganz bestimmte einseitige und relative Anschauungen für die »letzte Wahrheit« gehalten haben, dann erlangen wir die Freiheit, unsere Reise fortzu- setzen.

Die zwei Aspekte unseres Weges, also einerseits die direkte Wahrnehmung des Nicht-Bedingten und andererseits die Wahrnehmung unserer Konzepte über die Wirklichkeit und die Anerkennung ihres Vorstellungscharakters sind das, was ich intuitive Einsicht und Intellekt genannt habe. Wir sollten klar sehen, daß intuitive Einsicht eine Fähigkeit des Menschen ist, das Nicht-Bedingte direkt wahrzunehmen. Es ist nicht ganz richtig, hier von Wahrnehmung zu sprechen, da dies im normalen Verständnis ein Gefühl von uns selbst oder ein Bewußtsein von uns selbst im Gegensatz zu dem, was wahrgenommen wird, beinhaltet. Hier jedoch ist nicht-bedingte Wahrnehmung gemeint, bei der es kein Gefühl eines getrennten Selbst gibt. »Der Mensch hat die Fähigkeit, das Absolute (Nicht-Bedingte) zu entdecken, und um das Absolute zu erkennen, muß der Mensch auf irgendeine Weise daran teilhaben. Diese Erkenntnisfähigkeit ist Rigpa (intuitive Einsicht).«[8] Obwohl *Rigpa* selbst ohne Reflektion oder Inhalt ist – d. h., es steht noch vor dem Denken und ist nicht begrifflich –, ist es doch das, was unserer Wahrnehmung Wert und Bedeutung verleiht. Auf diese Eigenschaft bezieht sich Tschögyam Trungpas Ausspruch: »Erster Gedanke, bester Gedanke«, der wohl auf jenen unverhüllten Augenblick anspielt, der, wie kurz auch immer, in unserer Wahrnehmung auftaucht, bevor das Denken über diese Wahrnehmung anfängt. Vielleicht könnte man sagen, wenn man das Nicht-Bedingte durch »Rigpa« erfährt, dann *ist* man nicht-bedingt, und daher ist überhaupt kein Selbstbewußtsein vorhanden. Aus diesem Grund sind wir nicht so sehr an der heutzutage so viel geübten Entwicklung von »Selbstbewußtsein« interessiert. *Rigpa* wird vielmehr als nicht-bezogenes Bewußtsein bezeichnet, d. h. ein Bewußtsein, das sich nicht auf das Selbst oder irgend etwas anderes rückbezieht, Bewußtsein, das überhaupt keinen Bezugspunkt hat, keinen »Beobachter«,

keinen »Zeugen«, keinen »Herausgeber«, keine Rückver-
sicherung irgendeiner Art.

Rigpa und Intellekt sind komplementär und auf der vollendeten Stufe der Übung nicht voneinander getrennt. Sie
wechseln sich ständig ab; der Intellekt sieht die vorgestellte Wirklichkeit unserer begrifflichen Überzeugungen
und erkennt deswegen die relative Wirklichkeit unserer
Bedingtheit an; auf diese Weise öffnet er den Weg für ein
Aufleuchten der direkten Wahrnehmung, *Rigpa.* Auf der
nächsten Stufe der Konditionierung wiederholt sich dann
der gesamte Prozeß. So geht die Reise weiter, bis alle begrifflichen Überzeugungen durchschaut sind und die
nicht-bedingte Wirklichkeit uneingeschränkt erfahren
wird.

Wenn wir uns in jedem Moment der intuitiven Einsicht
öffnen, dann erleben wir Frische und Freude, eine fundamentale Aufheiterung. Wir haben das Gefühl, von einer
ungeheuren Last befreit zu werden: der Last unserer engen Überzeugungen. Guenther schreibt dazu: »Es (Rigpa)
ist eine Wahrnehmung, deren Stimmung unveränderliche
Seligkeit ist, da die Zerstückelung in eine Vergangenheit,
über die ich jammern kann, weil sie vorüber ist, eine Zukunft, vor der ich mich fürchten kann, und eine Gegenwart, in die ich verwickelt bin, statt klare Entscheidungen
zu fällen, transzendiert ist.«[9] Auch wenn das Aufleuchten
solcher Momente selten und kurz sein mag, erkennen wir,
daß *Rigpa* immer gegenwärtig (unveränderlich) ist wie die
Sonne, da es immer dann zum Vorschein kommt, wenn
einen Moment lang die durch selbstauferlegte Begrenzungen und durch enge Überzeugungen verursachten Wolken
der Depression aufreißen. Und da unser Wesen, wie Guenther sagt, auf eine gewisse Art an der nicht-bedingten
Wirklichkeit teilhat, ist es unvermeidlich, daß wir sie entdecken. Es ist wohl deutlich geworden, daß dies keine
egozentrische Reise ist. Tatsächlich ist die Entdeckung unserer nicht-bedingten Wirklichkeit die Entdeckung der

Ichlosigkeit. Es ist die Entdeckung, daß die Idee eines getrennten Selbst ebenso ein Teil der vorgestellten Wirklichkeit ist.

Trungpa Rinpoche sagt zu der Entdeckung des nicht-bedingten Gutseins auf dem Weg des Kriegers der Lehren von Shambhala: »Indem du eine Beziehung zu den alltäglichen Bedingungen deines Lebens herstellst, machst du eine schockierende Entdeckung. Während du deine Tasse Tee trinkst, merkst du vielleicht plötzlich, daß du in einem Vakuum Tee trinkst. In Wirklichkeit trinkst nicht einmal *du* den Tee. Die Leere des Raumes trinkt Tee. In der Ausführung jeder kleinen alltäglichen Tätigkeit also kann dieser Bezugspunkt dir eine Erfahrung von Nicht-Bezugspunkt eröffnen. Wenn du deine Hose oder dein Hemd anziehst, könntest du erkennen, daß du Raum anziehst. Wenn du Make-up auflegst, könntest du erkennen, daß du Kosmetika auf den Raum aufträgst. Du verschönerst Raum, reines Nichts.

In unserem normalen Verständnis bringen wir Raum mit etwas Leerem, Totem in Verbindung. In diesem Fall jedoch ist Raum eine unendliche Welt mit den Fähigkeiten des In-sich-Aufnehmens, der Würdigung und der Anpassung. Du kannst Kosmetika auf ihn auftragen, Tee mit ihm trinken, Plätzchen mit ihm essen, Schuhe in ihm putzen. Es ist etwas da. Aber es ist komisch, wenn du hineinsiehst, kannst du nichts finden. Wenn du versuchst, mit dem Finger darauf zu zeigen, merkst du, daß du nicht einmal einen Finger zum Zeigen hast. Dies ist die uranfängliche Wirklichkeit des grundlegenden Gutseins, und diese Wirklichkeit ist es, die es dem Menschen ermöglicht, ein Krieger zu werden, ein Krieger aller Krieger.

Der Krieger ist im Grunde jemand, der keine Angst vor dem Raum hat. Der Feigling lebt im ständigen Schrecken vor dem Raum. Wenn der Feige allein im Wald ist und kein Geräusch hört, glaubt er, daß irgendwo ein Gespenst lauert. In der Stille fängt er an, in seinem Geist alle möglichen Ungeheuer und Dämonen zu bilden. Der Feigling fürchtet sich vor der Dunkelheit, weil er nichts sehen kann. Er hat Angst vor der Stille, weil er nichts hören kann. Feigheit kehrt das Nicht-Bedingte in eine Situation der Angst um, indem sie alle möglichen Bezugspunkte oder Bedingungen erfindet. Für den Krieger jedoch braucht das Nicht-Bedingte nicht bedingt oder begrenzt zu sein. Es braucht nicht positiv oder negativ eingestuft zu werden, sondern kann einfach neutral sein – so, wie es ist.«[10]

Im nächsten Kapitel werden wir uns mit einigen der wichtigsten Ideen über das Wesen der Sprache und ihren Bezug zur Realität beschäftigen, die sich in den letzten fünfzig Jahren entwickelt haben. Wie wir in diesem Kapitel besprochen haben, ist ein falsches Verständnis der Sprachbedeutung ein grundlegendes Hindernis für eine klare Wahrnehmung. Sprache ist so vertraut. Es ist schwierig, Abstand zur Sprache zu gewinnen, Wörter einfach als Klänge zu hören und zu erkennen, daß der Inhalt nicht in den Klängen liegt, sondern in dem außerhalb von ihnen Liegenden, auf das diese Klänge hinweisen.

3 Sprache als Metapher

Der Logiker hatte seine Familie Ende August verlassen, um den Herbst an einem Ort der Zurückgezogenheit zu verbringen. Gegen Ende September hatten die Espenblätter eine leuchtend goldene Farbe angenommen, die Tage waren warm, und die Abende kalt genug, um den Holzofen anzuzünden. Er lud seine Frau und seine vierjährige Tochter ein, zu ihm heraufzufahren und einen Samstag mit ihm zu verbringen. Vielleicht war die Intensität der Zurückgezogenheit der Grund, vielleicht die Schönheit der Umgebung, die

Spontaneität des Besuchs oder die Tatsache, daß sie sich eine Zeitlang nicht gesehen hatten, auch ihre große Zuneigung – jedenfalls war es ein köstlicher, von Freude erfüllter Tag. Als sie gegen Abend wieder abfuhren, die staubige Straße hinunter, winkte er so lange, bis er das Auto nicht mehr sehen konnte. Tränen stiegen ihm in die Augen, und das Gefühl, das er in seinem Herzen trug, ist nur schwer zu beschreiben.

> Die Grillen zirpen
> Mit der bezwingenden Kälte des Abends
> Eilt der Herbst herbei
> Und langsam scheinen sie zu zögern
> Die Stimmen wandern fort. *Saigyo*

> Einsamkeit
> Die wesentliche Farbe einer Schönheit
> Kann nicht bestimmt werden
> Über dem dunklen Immergrün die Dämmrung
> Die über fernen Herbst-Hügeln aufsteigt. *Jakuren*[1]

Kleine Ereignisse wie dieses, die jeder von uns viele Male in seinem Leben erfährt, werfen die Frage auf: Welche Beziehung besteht zwischen dem, was wir erfahren, und der Sprache, die wir gebrauchen, um diese Erfahrung zu beschreiben?

Die Entsprechungstheorie der Wahrheit

In diesem Kapitel werden wir die Beziehung zwischen der Sprache und dem, was ist, also dem, was außerhalb der Sprache ist, erforschen. Wir werden untersuchen, ob es eine direkte Entsprechung zwischen der Sprache und dem, was ist, geben kann. Insbesondere werden wir uns mit der ziemlich absurden Vorstellung auseinandersetzen, daß man das, was man nicht beschreiben kann, auch nicht wissen kann.

Wenn ein Junge in die Schule kommt, fängt man an, ihm etwas über Tatsachen (das ist das, was tatsächlich passiert) und Meinungen (das ist das, was die Leute glauben) beizubringen. Er lernt, daß man die Wahrheit sagt, wenn man etwas sagt, das einer Tatsache entspricht; wenn nicht, ist es falsch. Er lernt, daß die Welt voller Dinge und voller Tatsachen über Dinge ist. Er lernt, aus welchen kleineren Teilen Dinge zusammengesetzt sind, in welchen Beziehungen ein Ding zu anderen Dingen steht und welche Dinge einander ähnlich sind. Er könnte z. B. lernen, aus welchen Teilen ein Auto besteht, wie man diese Teile zusammensetzt, um ein Auto herzustellen, und welche verschiedenen Arten von Autos es gibt. Oder er könnte etwas über Blumen lernen, über ihre verschiedenen Farben und Formen, ihre verschiedene Teile, Stempel und Staubgefäße, Pollen usw., und darüber, wie die Bienen kommen und, indem sie in den Blüten Honig sammeln, Pollen von anderen Blüten auf ihnen abstreifen. Oder er lernt vielleicht etwas über Atome.

Wenn er älter wird, findet er eine Freundin, und sie sagt zu ihm: »Ich liebe dich.« Dies verursacht eine merkwürdige Mischung aus Aufgeregtsein und Zweifel in ihm, der er keinen Namen geben kann, und er sagt: »Ist das wahr? Meinst du das *wirklich?*« Sie antwortet: »Ja.« Und an dieser Stelle entscheidet er sich, sein Gefühl Liebe zu nennen, und sagt: »Ich liebe dich auch.« Wenn er noch etwas älter wird, fängt er an, nach »der Wahrheit« zu suchen.

All dies geht von der Überzeugung aus, daß die Wörter, die wir sprechen, in einer direkten Eins-zu-Eins-Entsprechung mit dem »Da-draußen« stehen, also mit dem, was außerhalb unseres Geistes ist. Demnach glaubt man, daß jeder Satz, den wir aussprechen, für etwas steht, was da draußen vorhanden ist, für die Dinge und für die Beziehung zwischen ihnen. Jeder Satz ist also richtig oder falsch, je nachdem, ob er dem, was wirklich »da draußen« vorhanden ist, entspricht oder nicht. Der Satz: »Dieser Baum ist grün« (gesprochen, während der Sprecher auf einen Baum zeigt) z. B. ist wahr, wenn dieser spezielle Baum tatsächlich grün ist. Aber wir können auch noch weitergehen und behaupten, daß der Satz: »Bäume sind grün« wahr ist, wenn Bäume tatsächlich grün *sind*. Diese Anschauung von der Wahrheit als der Entsprechung zwischen unseren Gedanken und dem, was tatsächlich da ist, geht mindestens bis auf Aristoteles zurück, doch dies glauben auch die meisten Menschen heute.

Diese offensichtlich recht stark vereinfachenden Gedanken wurden mit der Bezeichnung »Entsprechungstheorie der Wahrheit« aufgewertet. Sie ist mehr oder weniger das, was wir über die Beziehung zwischen Sprache und Wirklichkeit für selbstverständlich halten. Sie ist natürlich einigermaßen richtig, wenn wir darüber sprechen, ob Bäume grün sind oder nicht. Aber im Laufe der Generationen sind auch andere Dinge unfraglich geworden. Wir halten es z. B. für selbstverständlich, daß sich auch die Sätze: »Ich liebe dich« oder »ich hasse dich« auf eine »Tatsache« in der realen Welt beziehen: auf eine mit »Liebe« oder »Haß« gekennzeichnete reale Beziehung zwischen zwei realen Dingen, die mit »Ich« und »Du« charakterisiert sind. Wir halten es auch für selbstverständlich, daß Sätze wie »die Russen sind böse« und »die Amerikaner sind materialistisch« sich auf reale Tatsachen über reale Dinge beziehen, unabhängig davon, ob wir sie nun für richtig oder falsch halten. Wir gehen sogar noch weiter und halten es für selbstverständlich, daß, wenn wir etwas Vernünftiges sagen, es auch vernünftig ist und sich auf etwas Reales bezieht (wieder unabhängig davon, ob es wahr ist oder nicht.) Wenn wir z. B. sagen: »Das Eine ist sowohl immanent als auch transzendent!«, dann klingt das vernünftig, und wir fangen an, neugierig zu werden, und wir werden ganz aufgeregt, weil wir uns nicht recht vorstellen können, was »das Eine« genau ist. Genausowenig könnten dies offensichtlich viele der großen Philosophen, deren

Werke wir vielleicht lesen, um herauszufinden, was es bedeutet. Das Denken in gegenständlichen Begriffen scheint eine der am tiefsten verwurzelten Tendenzen des menschlichen Geistes zu sein. Dies gilt genauso für die Geschichte der Wissenschaft. Immer, wenn ein neues Phänomen entdeckt wurde, postulierte man irgendein *Ding*, das es erklären sollte: Das Phlogiston verursacht das Feuer, der Wärmestoff verursacht die Hitze, der Äther ist das Medium für die Lichtwellen usw. Und man glaubte, diese Bezeichnungen – »Phlogiston«, »Wärmestoff«, »Äther« – entsprächen irgendeinem realen Stoff in der wirklichen Welt, genauso wie man heutzutage »Felder« und »Quarks« für reale Dinge hält.

In den dreißiger Jahren gab es eine Revolution in der Philosophie, parallel mit all den anderen Revolutionen, die in dieser Zeit offensichtlich stattfanden. Diese neue Philosophie hatte sich vorgenommen, die Philosophie ein für allemal auf ein wissenschaftliches Fundament zu stellen. Sie versuchte, dies zu erreichen, indem sie die Entsprechungstheorie der Wahrheit übernahm und indem sie sagte, daß ein Satz nur dann sinnvoll ist und eine Bedeutung hat, wenn er mehr oder weniger direkt an empirischer Beobachtung überprüft, also bestätigt oder falsifiziert werden kann. Anderenfalls ist er unsinnig. Auf diese Weise wollte die Philosophie des logischen Positivismus, wie diese Bewegung genannt wird, zeigen, daß die meisten der »großen Fragen«, über die die Philosophie seit Plato nachgegrübelt hat, einfach auf einem Mißbrauch der Sprache beruhen. Man wollte zeigen, daß diese Fragen verschwinden würden, wenn man entweder eine neue ideale Sprache schaffen oder die alltägliche Sprache entwirren könnte. In einer richtig angewandten Sprache könnte man solche Fragen einfach nicht stellen.[2] Ein anderer Aspekt dieses allgemeinen Programms lief daher unter der Bezeichnung »linguistische Philosophie«.

Viele Jahrzehnte lang glaubte man an die Möglichkeit des Entwurfs der linguistischen Philosophen, und die Sprachphilosophie wurde zu einem dominierenden Zweig an britischen und amerikanischen philosophischen Fakultäten. Und von Wissenschaftlern, die überhaupt über solche Dinge nachdachten, wurde sie für die Grundlage der Wissenschaft überhaupt gehalten. Diese Philosophie der Wissenschaft wurde unter der Bezeichnung »logischer Empirismus« bekannt: »logisch«, weil alle deduktiven Aussagen nach den Regeln der propositionalen Logik aus Basissätzen abgeleitet sein müssen: »empirisch«, weil nur solche Basissätze (auf die dann die Regeln der Logik angewendet werden sollen) erlaubt sind, die aus der Beobachtung gewonnen und durch das Experiment bestätigt sind. Dies geht von der Gültigkeit der Entsprechungstheorie der Wahrheit aus, das heißt, man nimmt an, daß die Basissätze einem Element der »Wirklichkeit«, einer Tatsache, entsprechen.

Aus mindestens zwei Gründen war die Arbeit, die diese Philosophen in den letzten Jahrzehnten geleistet haben, für die westliche Tradition von unschätzbarem Wert. Zunächst einmal *hatte* die westliche Philosophie im neunzehnten Jahrhundert völlig den Kontakt mit dem alltäglichen Leben der normalen Menschen verloren. Sie hatte sich in einen unverständlichen und möglicherweise auch sinnlosen Wortschwall verloren. Dadurch hatte die Philosophie überhaupt nichts zu bieten, was normale Menschen hätte anregen können, in eine umfassendere Perspektive hineinzuwachsen, die über die Weltlichkeit ihres Lebens hinausging. Dies hielt man natürlich auch gar nicht für die Aufgabe der Philosophie, deren Zweck etwas viel Großartigeres war, nämlich die letzte Wahrheit herauszufinden oder zumindest eine gültige Grundlage für das Wissen zu liefern. Also forderten die Sprachphilosophen, daß die Philosophie völlig neu beginnen sollte, indem sie sich auf die offensichtlichen Wahrheiten des alltäglichen Lebens stützte und nur solche Sätze aus diesen offensichtlichen Wahrheiten ableitete, die *logisch* unbestreitbar waren. Ein solcher *logisch* nicht bestreitbarer Satz wäre z. B.: »Es kann nicht sowohl regnen als auch nicht regnen.« Ironischerweise könnte sich dieser Satz in einem bestimmten Kontext einer realen Lebenssituation sehr leicht als falsch herausstellen. G. E. Moore war einer der Initiatoren der Bewegung der alltäglichen Sprache, obwohl er sich selbst nicht für den Gründer irgendeiner philosophischen Schule hielt. Seine Reaktion auf eine Aussage wie: »Es gibt keine materiellen Objekte«, wäre, seine beiden Hände hochzuhalten und zu sagen: »Da sind Sie ganz sicher im Irrtum, denn hier ist eine Hand, und hier ist noch eine, es gibt also mindestens zwei materielle Objekte.« Oder auf den Satz: »Man kann nicht sicher wissen, ob es irgendwelche Gefühle oder Erfahrungen außer unseren eigenen gibt«, würde er wohl antworten: »Im Gegenteil, ich weiß, daß es *absolut* sicher ist, daß Sie mich jetzt sehen und hören, was ich sage, und daß meine Frau Zahnschmerzen hat«, usw. Auf diese Weise glaubte man, die Verbindung mit der traditionellen Philosophie abgeschnitten zu haben; philosophische Probleme hielt man für Knoten in bestimmten Sprachspielen. Man nahm an, teilweise angeregt durch die behavioristische Richtung der Psychologie, daß Fragen wie »was ist wirklich?« oder »wer bin ich?« einfach niemals auftauchen würden, wenn man die Menschen dazu umerziehen könnte, eine Sprache zu sprechen, in der solche Probleme nicht formulierbar sind.

Der erste wichtige Beitrag der Sprachphilosophie bestand also darin, daß sie eine Überprüfung unseres Umgangs mit der Sprache und eine Rückkehr zu einem alltäglichen und allgemeinverständlichen Gebrauch forderte. Und tatsächlich werden wir später sehen, daß einige scheinbar tiefgründige Fragen durch eine solche Analyse gelöst oder zumindest gründlich geklärt werden können. Die zweite Leistung war die, daß die Sprachphilosophie unsere alltägliche Vorstellung von der Beziehung zwischen Sprache und Realität – die Entsprechungstheorie – aufgriff, sie so genau wie möglich formulierte und versuchte, die Philosophie der Wissenschaft und des Alltagslebens darauf aufzubauen. Nach einem halben Jahrhundert ist es heute jedoch selbst für viele Sprachphilosophen mehr oder weniger klar, daß die Entsprechungstheorie der Wahrheit nur in so seltenen und künstlichen Fällen anwendbar ist, daß sie eine höchst ungeeignete Grundlage für ein Verständnis der Beziehung zwischen Sprache und Realität im menschlichen Leben ist.

Wir haben kein Interesse daran, an dieser Stelle in einen Disput zwischen verschiedenen Schulen von professionellen Philosophen einzusteigen. Wir wollen vielmehr die Aufmerksamkeit auf eine tief verwurzelte Überzeugung richten, die möglicherweise der Ursprung vieler anderer Überzeugungen ist. Dies ist unsere Erkenntnis, daß die Wörter und die Sätze, die wir gebrauchen, im wesentlichen etwas Realem außerhalb von ihnen entsprechen. Wir glauben, daß die Wörter, die wir benutzen, sich so verhalten wie die Dinge, die sie repräsentieren und sie durchaus ersetzen können. Der Glaube an die Umkehrung davon, die nicht logisch daraus folgt, ist sogar noch stärker und noch weiter verbreitet. Sie besagt, daß wir eine bestimmte Erfahrung, die wir nicht verbal beschreiben können, auch gar nicht »wirklich« erfahren haben, oder daß sie nicht »wirklich« geschehen ist. Die Wissenschaft ist in ihrem Anspruch, Beschreibungen der »Realität« zu liefern, von diesem Prinzip abhängig, und auch in all unseren Aktivitäten des täglichen Lebens halten wir es normalerweise für selbstverständlich, in unseren persönlichen, politischen, ökonomischen und religiösen Gesprächen und selbst in unseren geheimsten Gedanken. Alle populären Wissenschaftsbücher und -magazine gehen davon aus. In der letzten Zeit ist die Idee viel diskutiert worden, daß die modernen Physiker im Grunde »das gleiche sagen« wie »die Mystiker aller Zeiten« oder »die Mystiker des Ostens«. Dies ist für uns hier von Interesse, weil angenommen wird, daß sie, nur weil sie die gleichen Worte benutzen, deshalb auch über die gleichen realen Dinge sprechen müssen. Diese Annahme läßt die verschiedenen Lebensgeschichten außer acht, auf deren Hintergrund Physiker und andere ähnlich klingende Texte schreiben, und beruht auf der Annahme der Entsprechungstheorie der Wahrheit. Diese Ähnlichkeiten mögen ein Hinweis auf tieferliegende strukturelle Entsprechungen sein, aber es stellt sich die Frage, wie man über die Ähnlichkeiten der Sprache hinausgehen kann.

Drei Elemente spielen bei der Entsprechungstheorie der Wahrheit eine Rolle: das Wesen und die Struktur der Sprache, das Wesen der Wirklichkeit und die Beziehung zwischen beiden, wenn sie verschieden sind. An allen drei Fronten stellte sich für dieses Verständnis der Wahrheit eine schrittweise Desillusionierung ein. Zunächst mußte immer mehr zugegeben werden, selbst von überragenden Sprachphilosophen, daß die Art von Sprache, die man auf der Grundlage von logischen Prinzipien und direkter Beobachtung konstruieren kann, derartig künstlich und verarmt ist, daß sie keinerlei Ähnlichkeit mit einer Sprache hat, die irgendein Mensch sprechen würde. Zweitens sind auch die Arten von realen Situationen, die man beschreiben kann, wenn man versucht, sich darauf zu beschränken, nur über beobachtbare, allgemein anerkannte Elemente der Realität zu sprechen, so trivial, daß man sie kaum als menschlich bezeichnen kann. Iris Murdoch sagt über Gilbert Ryle, einen prominenten Philosophen der Alltagssprache: »Ryles Welt ist eine Welt, in der Menschen Cricket spielen, Kuchen backen, einfache Entscheidungen treffen, sich an ihre Kindheit erinnern und in den Zirkus gehen, nicht die Welt, in der Menschen Sünden begehen, sich verlieben, beten oder in die kommunistische Partei eintreten.«[3] Und H. Brown sagt: »Einer der auffallenden Aspekte der Philosophie des logischen Empirismus ist das Fehlen von ausführlichen Analysen bestehender wissenschaftlicher Theorien oder von Beispielen wissenschaftlicher Forschung. Statt dessen finden wir Analysen von logischen Formen, künstlichen Sprachen und gelegentlich von Anschauungsbeispielen, die auf einfache empirische Verallgemeinerungen wie ›alle Raben sind schwarz‹ zurückgreifen.«[4] Das gleiche gilt für den Versuch, die Entsprechungstheorie der Wahrheit auf die Alltagssprache im täglichen Leben anzuwenden – man kann nur von Banalitäten reden. Wenn wir in einer Welt leben sollten, in der wir nur in solchen Begriffen sprechen könnten, wäre das nicht die menschliche Welt, wie wir sie kennen. Es gäbe keine Wissenschaft, keine Dichtung und vermutlich keinen Humor. Und man bekommt wirklich den Verdacht, daß das ganze Unternehmen wenig Bedeutung für das menschliche Leben hat, wenn einer der hartgesottensten Verteidiger der Entsprechungstheorie, Karl Popper, über seine Begegnung mit Tarski, einem anderen großen Logiker, schreiben konnte: »Worte können nicht beschreiben, was ich aus all dem gelernt habe und welche Dankbarkeit ich dafür empfinde.«[5]

Selbst in der Physik, die am ehesten für einen derartig strengen und unnatürlichen Gebrauch der Sprache in Frage kommt, stellte sich dieses Programm als undurchführbar heraus. Der Versuch, ein »Elektron« auf dem Wege von beobachtbaren Basissätzen und daraus abgeleiteten logischen Schlüssen zu definieren, wäre von einer absurden Plumpheit und nebenbei auch unmöglich, da dies bedeuten würde, daß wir »Elektron« jedesmal neu definieren müßten, wenn wir eine relevante Beobachtung gemacht haben. Das wiederum würde bedeuten, daß wir auch das Beziehungsmuster zwischen den anderen Beobachtungen wieder neu definieren müßten, und das ganze Bemühen würde sich im Kreise drehen. Wie wir in Kapitel 5 sehen werden, entwickelte sich aus der Erkenntnis, daß es solche »Basissätze« nicht gibt, eine Revolution im Wissenschaftsverständnis. Jede Aussage, auch wenn sie noch so sehr wie eine reine Beobachtung erscheinen mag, ist in Wirklichkeit theoriebeladen und beruht auf nicht erkannten Voraussetzungen. Und dies ist ein Grund dafür, daß die Entsprechungstheorie der Wahrheit auf der Ebene des Einzelfalls zusammenbricht: die Überprüfung einer einfachen sprachlichen Aussage an der »Realität«

beinhaltet einen Akt der Wahrnehmung, und die Wahrnehmung selbst wird von tieferliegenden, nicht erkannten
sprachlichen Aussagen gesteuert.

Wenn wir uns darüber hinaus die tatsächliche Lebenssituation ansehen, in der die Sprache von einem Sprecher dem
Zuhörer gegenüber gebraucht wird, werden wir erkennen,
daß Bedeutung und Wahrheit selbst des einfachsten Satzes
von dem Kontext abhängt, in dem er geäußert wird. Zunächst einmal hängt sie von einem umfangreichen Spektrum von Phänomenen neben den eigentlichen Worten des
Satzes ab: Variationen in Tonhöhe, Lautstärke und Dauer,
Augenbewegungen, Kopfnicken, Gesichtsausdruck, Gesten,
Körperhaltung usw. Man bezeichnet sie als paralinguisti-
sche Phänomene. Lassen wir sie weg, entfernen wir fast jeg-
liche Bedeutung. »Wenn die angemessenen paralinguisti-
schen Elemente weggelassen werden, werden die Teilnehmer eines Gesprächs verwirrt, nervös und ärgerlich;
manchmal verlieren sie den Faden bei dem, was sie sagen
und werden mehr oder weniger unzusammenhängend, ein
anderes Mal hören sie auch ganz auf zu sprechen.«[6]

Darüber hinaus hängen Bedeutung und Wahrheit von Aussagen vom größeren Kontext ab: »Die Bäume sind rot« kann
für ein vierjähriges Kind, das ein Bild malt, richtig sein; »der
Mond ist aus Quark« kann für eine Dekoration im Schau-
fenster eines Delikatessengeschäfts, in der Käsesorten in der
Form des Sonnensystems aufgebaut sind, richtig sein; »ich
hasse dich, Papi!« kann in dem Moment, in dem Papi seiner
Tochter das Bonbon wegnimmt, das sie kurz vor dem Essen
lutscht, richtig sein; »es geht ihm sehr gut heute« kann für
einen Mann, der an Krebs stirbt, richtig sein, wenn er seine
Augen öffnet und seiner Frau »hallo!« sagt; »der Raum
ist leer« stimmt für einen Astronauten, der überprüft, ob
sein Raumanzug ein funktionierendes Sauerstoffsystem
hat; »die Zeit ging sehr schnell herum« stimmt für zwei
Liebende usw. George Lakoff hat gezeigt, daß die Wahrheit einer Aussage in bezug auf eine bestimmte Person in

einer bestimmten Situation von einem Kategorisierungs-
prozeß abhängt, der nicht nur auf den Eigenschaften der
Objekte selber beruht, sondern auch auf interaktionellen
Eigenschaften, die nur im Zusammenhang mit menschlichen Funktionsweisen einen Sinn haben.[7]

Um ein ganz einfaches Beispiel zu geben, betrachten wir
ein bekanntes Rätsel, das folgendermaßen lautet: »Die
Polizei wird zum Schauplatz eines Verbrechens gerufen.
Sie findet in einem Zimmer einen toten Mann vor, der
auf dem Boden liegt, zwei umgestürzte Stühle, einen
Tisch und fünfunddreißig Fahrräder. Was ist geschehen?«
Es gibt nur eine einzige richtige Lösung für dieses Rätsel.
Um sie zu finden, muß man sich daran erinnern, daß bei
einer bekannten Marke von Spielkarten Fahrräder auf der
Rückseite der Karten abgebildet sind. Der Grund, warum
das Rätsel die Leute verwirrt, liegt darin, daß sie den Begriff Fahrrad sofort auf eine bestimmte Bedeutung festlegen und andere Möglichkeiten nicht mehr erkennen. Lakoff bringt als Beispiel den Fall, daß jemand gebeten wird,
zu einer Diskussionsgruppe nach dem Essen vier Stühle
mitzubringen. Er bringt einen Eßtischstuhl, einen Schau-
kelstuhl, einen Knautschsack und einen Liegestuhl mit,
die für eine Diskussionsrunde alle gut geeignet sind.
Wenn man ihn jedoch um Stühle für ein formelles Essen
gebeten hätte, wäre der Gastgeber gar nicht erfreut gewesen. Die Kategorie »Stühle« ist also nicht von vornherein
im Sinne von Eigenschaften der Objekte selbst festgelegt,
sondern definiert sich in bezug auf die Situation, in der
sie gebraucht wird. Lakoff zeigt, daß wir dies in unserem
täglichen Leben sehr häufig tun und schließt daraus:
»Wahrheit beruht auf folgenden vier Arten der Kategorisierung:

1. Eine Aussage kann nur in bezug auf ein bestimmtes Verständnis von ihr wahr sein.
2. Verständnis beinhaltet immer menschliche Kategorisierung, welche auf interaktionellen (und nicht auf inhä-

renten) Eigenschaften und auf Dimensionen, die unserer Erfahrung entspringen, beruht.

3. Kategorien sind weder festgelegt noch gleichförmig. Ob eine Aussage wahr ist, hängt davon ab, ob die Kategorie, die in der Aussage verwendet wird, stimmt, und dies wiederum verändert sich mit den Absichten der Menschen und mit anderen Aspekten des Kontexts.

4. Die Wahrheit einer Aussage ist immer abhängig von den Eigenschaften, die durch die in der Aussage verwendeten Kategorien hervorgehoben werden (»Raum ist leer« z. B. hebt »leer« hervor und ist nur im Hinblick auf das Fehlen von Sauerstoff wahr.)«

Wenn wir anfangen, den Kontext mit in Betracht zu ziehen, betreten wir einen Bereich, der so komplex ist wie die Welt selbst: »Eine vollständige Theorie des Kontexts müßte das gesamte Wissen in Betracht ziehen, das die Sprechenden von der Welt haben.«[8] Wir erkennen also langsam, daß Sprache keineswegs ein festumrissenes System von Zeichen ist, die im wesentlichen durch ihre Beziehung untereinander definiert sind und die die reale Welt genau widerspiegeln. Sie ist selbst ein interagierender Aspekt dieser realen Welt, wird durch sie definiert und verändert sie.

Sprache der Naturvölker: Strukturalismus und Funktionalismus

Wenn Sprache also nicht bloß ein Spiegel der Welt ist, was wäre dann ein angemessenes Verständnis davon, in welcher Beziehung der Aspekt unserer Erfahrung, der Sprache ist, und der Aspekt unserer Erfahrung, der nicht Sprache ist, zueinander stehen? Mit Sprache meinen wir jetzt nicht mehr nur das gesprochene Wort zum Zwecke der Kommunikation mit anderen, womit wir uns bisher hauptsächlich beschäftigt haben und was noch am einfachsten zu analysieren ist. Wir meinen auch jene tieferen, mehr innerlichen Ebenen der Verbalisierungen, Begriffsbildungen und Bildvorstellungen, mit denen wir ein inneres Gespräch in Gang halten, in dem wir uns selbst die Ereignisse unseres Lebens beschreiben. Alton Becker, ein linguistischer Anthropologe, sagt dazu: »Viele Autoren (Croce, Sapir, Freud, Dacan, Ernst Becker, Emile Benveniste) haben in der Richtung argumentiert, daß die Phantasie ein Aspekt der Sprache oder zumindest ›wie Sprache strukturiert‹ sei.«[9]

Betrachten wir zunächst, was die Erforschung der Sprachen von Naturvölkern in den letzten fünfzig Jahren oder mehr erbracht hat. Ein großer Teil der Arbeit, die in dieser Zeit geleistet wurde, wird oft in drei Hauptkategorien eingeteilt: den Strukturalismus, den Funktionalismus und den Generativismus. Obwohl natürlich auch viel Arbeit geleistet worden ist, die nicht in diese Hauptkategorien gehört, wollen wir unsere Diskussion mit diesen beginnen. Wir werden uns auf die Frage konzentrieren, wie Wörter in einer primitiven Sprache ihre Bedeutung erhalten, da dies die wichtigste Frage für die Beziehung zwischen einer Sprache und der Realität, die sie zu beschreiben vorgibt, ist.[10]

Der Beginn der modernen Spracherforschung der Naturvölker wird oft auf das Jahr 1916 datiert, welches durch die Veröffentlichung von Saussures *Cours de linguistique générale* hervorstach. Wir könnten ihn aber auch in das Jahr 1911 legen, in dem Boas sein *Handbook of American Indian Languages* veröffentlichte. Boas war wie Saussure ein Strukturalist, aber er beschäftigte sich mit der Beschreibung verschiedener Sprachen mehr zum Selbstzweck, als mit der Absicht, begriffliche Systeme zu formulieren, die ein allgemeines Verständnis der Sprache ermöglichen würden. Bis zu dieser Zeit hatte man die Sprachen vorwiegend historisch erforscht. Man glaubte, daß es für das Verständnis einer gegenwärtigen Sprache, der heute gebräuchlichen Bedeutung von Wörtern und ihrer Verwendung in Sätzen, nötig wäre, zurückzublicken und zu sehen, wie diese Sprache sich verändert und sich aus ihren frühesten Wurzeln heraus entwickelt hat. Sprachen wurden fast wie lebendige Wesen angesehen, die eine Art Eigenleben haben und sich auf ähnliche Art und Weise aus primitiven Wurzeln heraus entwickkelt haben wie unsere Gattung in der Evolution. In diesem Zusammenhang ist es für unser Verständnis der Beziehung zwischen Sprache und Kultur wichtig, festzuhalten, daß es nach heutigen Erkenntnissen überhaupt keine Evidenz für die Vorstellung von »primitiven« Sprachen gibt. Genausowenig gibt es Beweise für irgendeine Entwicklungsrichtung der Sprachen von ihren Ursprüngen zum heutigen Stand im Sinne einer strukturellen Verfeinerung oder höheren Komplexität.

Saussure meinte, daß man die inhärente Struktur einer Sprache zu einem gegebenen Zeitpunkt erforschen sollte, daß ihre Geschichte irrelevant sei, genau wie sie das auch für den Sprecher einer Sprache ist. Er war der Ansicht, daß jede Sprache für sich ein zusammenhängendes System sei, ebenso real wie ein physikalisches Objekt, wenn auch davon verschieden. Das Sprachsystem steht nach Saussure außerhalb des jeweiligen Sprechers der Sprache und hat einen einschränkenden Einfluß auf ihn, indem es ein Wertsystem verkörpert, welches von der gesellschaftlichen Konvention aufrechterhalten wird. So gesehen ist ein Sprachsystem also im gleichen Sinne real wie ein Gesetz oder ein politisches System. Beide sind unabhängig von individuellen Menschen oder Interessengruppen, doch sie haben reale kausale Auswirkungen auf das Verhalten des einzelnen. Saussure unterschied zwischen dem Sprachsystem, einer gesellschaftlichen Tatsache und dem Sprachverhalten, dem tiefsten Ausdruck von Sprache durch ein Individuum. In einem solchen Sprachsystem leitet sich die Bedeutung jeder beliebigen Einheit (Klang, Wort oder Satz) vollkommen von ihrer Beziehung zu anderen Einheiten dieses Systems ab. Man könnte sogar sagen, daß Wörter ein Netzwerk von Beziehungen bilden, in dem jedes einzelne Wort letztlich von seiner Beziehung zu allen anderen abhängt. Mit anderen Worten, der Strukturalismus mißt den Beziehungen zwischen den Einheiten (z. B. Wörtern) mehr Bedeutung bei als den Einheiten selbst. Saussure wies auf die Beliebigkeit der Verbindung zwischen der Form und der Bedeutung eines Wortes hin, daß also z. B. der Klang des Wortes »Stuhl« keine Beziehung zu irgend etwas hat, worauf wir sitzen könnten. Die Wörter selbst haben also keine inhärente Verbindung mit den Objekten, die sie repräsentieren. Diese Vorstellung der Beliebigkeit zusammen mit der Vorstellung von einem Sprachsystem als einer zusammenhängenden Struktur, die sich selbst intern definiert, führte naturgemäß, obwohl nicht unvermeidlich, zum Relativismus, also der Ansicht, daß es nicht notwendigerweise irgendwelche universellen Prinzipien des Klangs oder der Grammatik geben muß, die allen Sprachen gemeinsam sind.

Saussure selbst scheint der Beziehung zwischen der Sprache als gesellschaftlicher Tatsache einerseits und der Gesellschaft, die die Sprache benutzt, andererseits nicht viel mehr Aufmerksamkeit geschenkt zu haben, als eben diese Unterscheidung zwischen beiden zu machen. Es gibt jedoch eine sehr weitgehende Aussage über diese Beziehung, die als die Sapir-Whorf-Hypothese bekannt ist. Zum ersten Mal wurde sie von dem amerikanischen Linguisten William Sapir im Jahre 1928 aufgestellt, und am radikalsten formulierte sie Benjamin Whorf als Ergebnis seiner Studien über die Sprache und Weltanschauung der Hopi-Indianer. Die folgende Passage von Sapir bringt sie sehr gut zum Ausdruck: »Menschen leben weder ausschließlich in der objektiven Welt noch ausschließlich in der Welt gesellschaftlicher Aktivität, wie sie normalerweise verstanden wird, sondern sie sind sehr stark der jeweiligen Sprache ausgeliefert, die zum Ausdrucksmittel ihrer Gesellschaft geworden ist. Es ist eine ziemliche Illusion zu glauben, daß man sich im wesentlichen ohne den Gebrauch von Sprache an die Realität anpaßt, und daß Sprache nur ein nebensächliches Mittel zur Lösung bestimmter Probleme des gesellschaftlichen Umgangs oder der gedanklichen Reflexion ist. In Wirklichkeit verhält es sich so, daß die ›reale Welt‹ in hohem Maße ein unbewußtes Konstrukt der Sprachgewohnheiten der Gruppe ist. Es gibt keine zwei Sprachen, die ähnlich genug wären, als daß man sagen könnte, sie repräsentieren die gleiche gesellschaftliche Wirklichkeit. Die Welten, in denen verschiedene Gesellschaften leben, sind verschiedene Welten und nicht einfach die gleiche Welt, der nur verschiedene Bezeichnungen angeheftet wurden.«[11]

Wenn Sapir sich hier auf die reale Welt bezieht, meint er offensichtlich hauptsächlich die gesellschaftliche Welt. Whorf faßte diese These noch radikaler, indem er zeigte, daß sie auch für die Wahrnehmung von Elementen der physikalischen Wirklichkeit wie Farbe, Raum und Zeit gilt. Whorf behauptete z. B., daß die Wahrnehmung der physikalischen Zeit bei den Hopis völlig anders als bei uns, wenn nicht gar abwesend sei. Die Hopi-Sprache, sagt er, sei eine zeitlose Sprache, und daher hätten die Hopis eine völlig andere Vorstellung vom Ablauf der Zeit und hätten sicherlich eine völlig andere Art von Physik hervorgebracht, wenn sie wissenschaftlich orientiert gewesen wären.[12]

Eine so starke Behauptung läßt sich sehr schwer bestätigen, und heutzutage hält man sie im allgemeinen für zu weitgehend. Mit Sapirs Aussage über gesellschaftliche Tatsachen können wir jedoch ohne weiteres übereinstimmen. Wie wir später sehen werden, hat unsere Beschreibung der Welt, wie sie in der Sprache verkörpert ist, ganz sicher einen tiefgreifenden Einfluß auf unsere Wahrnehmung der physikalischen Welt und damit auch auf die gesellschaftlichen Tatsachen. Außerdem müssen wir uns immer vor Augen halten, daß wir fast vollständig in einer gesellschaftlich definierten Wirklichkeit und nur in einem ganz geringen Ausmaß in einer rein physikalischen Wirklichkeit leben.

Einen weiteren Schritt auf dem Wege der Erhellung der Beziehung zwischen Sprachstruktur und gesellschaftlichem Kontext unternahm die Schule der Funktionalisten. Sie wird manchmal auch die Prager Schule genannt, da sie ihren Ausgang in einem Kreis von Gelehrten nahm, der sich in den dreißiger Jahren um Vilem Mathesius in Prag bildete. Nach dieser Schule wird die Struktur einer natürlichen Sprache zu einem gewissen Grad von den verschiedenen Funktionen bestimmt, die sie im tatsächlichen Gebrauch durch die Sprechenden erfüllt. Sie sehen in der Sprache ein Werkzeug, das eine Aufgabe oder mehrere Aufgaben zu erfüllen hat, und das von diesen Aufgaben geformt wird, so wie die Form eines Hammers von seiner Funktion, einen Nagel zu treffen, bestimmt wird. Daher waren sie am ästhetischen und literarischen Gebrauch der Sprache sowie an den expressiven und zwischenmenschlichen Funktionen interessiert. Sie hielten all diese Aspekte für ebenso wichtig wie die beschreibende Funktion durch die Bestimmung der Wortbedeutung. Wenn wir diese Anschauung übernehmen, bedeutet dies, daß der Kontext der Rede ihre Struktur beeinflussen wird. Wenn ein Satz mit der Absicht geäußert wird, Information zu übermitteln, dann wird er darauf abgestimmt sein, was wir dem Zuhörer beibringen wollen, darauf, was er schon weiß, und auf den Kontext der Unterhaltung, die bereits zwischen uns stattgefunden hat. Das wird Einfluß darauf haben, welche Wörter wir benutzen, welche Bedeutung wir ihnen geben und wie der Zuhörer sie interpretiert. Ein tiefschürfendes und umfassendes Beispiel dafür haben wir in Lakoffs Diskussion der Kategorisierung kennengelernt.

Generativismus

Die Schule des Generativismus, die von Noam Chomsky in den späten fünfziger Jahren gegründet wurde, scheint eine dem Strukturalismus, zumindest in seiner extremen, relativistischen Form, entgegengesetzte Anschauung zu vertreten.[13] Sie entwickelte sich teilweise als Gegenreaktion gegen die behavioristischen Linguisten in Amerika, die versuchten, die Linguistik auf den logischen Empirismus aufzubauen, wie es die Sprachphilosophen für die Philosophie und die Behavioristen für die Psychologie versucht hatten. Die Hauptmerkmale des Behaviorismus sind seine Ablehnung nicht beobachtbarer geistiger Zustände und sein Herunterspielen der Bedeutung von irgendwelchen angeborenen Motivationen. Er betont den Mechanismus, offenes Verhalten und die Rolle, die das Lernen für Tiere (einschließlich der Menschen) bei der Aneignung ihres Verhaltens spielt, wobei der Reiz-Reaktions-Reflex als Prototyp des Lernens gilt. Wie die Sprachphilosophie hatte der Behaviorismus die positive Wirkung, daß die Grundlagen geklärt wurden und wieder stärker betont wurde, daß es in gewissem Umfang nötig ist, die Theorie mit der empirischen Beobachtung in Beziehung zu setzen. Den Behaviorismus jedoch als vollständige Theorie von Sprache, Lernen und Verhalten des Menschen aufzufassen, wie man das mehrere Jahrzehnte lang getan hat, ist absurd und hat katastrophale Folgen gezeitigt. Bezüglich des Sprachverhaltens z. B. vertraten die behavioristischen Linguisten die Ansicht, daß man jede Äußerung als eine direkte Reaktion auf einen unmittelbar vorhandenen Umweltreiz ansehen sollte oder zumindest als eine gelernte Disposition, die durch den direkten Umweltreiz abgerufen wird. Was den Spracherwerb des Kindes anbetrifft, waren die Behavioristen der Auffassung, daß die Sprache vollkommen durch Reiz-Reaktions-Verknüpfungen gelernt wird, während das Kind seine Eltern sprechen hört und von ihnen die Dinge benannt bekommt. Chomsky reagierte darauf, indem er auf die Kreativität der tatsächlichen Äußerungen hinwies. Das heißt, daß das, was tatsächlich in einer bestimmten Situation gesagt wird, vielleicht nur eine von ungeheuer vielen Möglichkeiten ist, die sehr wenig von einer offensichtlichen Verknüpfung mit Umweltreizen erkennen läßt. Nehmen wir z. B. an, du besuchst einen Freund, und er fragt dich, ob du einen Tee trinken möchtest. Du könntest antworten: »Ja, ein schöner Tag heute, nicht wahr?« oder »Ja, das wird mir helfen.« oder »Nein, darf ich rauchen?« oder »Nein, hast du damit aufgehört, deine Frau zu schlagen?« usw., unbegrenzt und unvorhersagbar. Chomsky vertritt den Standpunkt, daß diese Kreativität genau das ist, was den Menschen von Maschinen unterscheidet, daß sie aber auch bestimmten Regeln folgt. Zum Beispiel würdest du in der oben beschriebenen Situation wahrscheinlich nicht antworten: »Nein, Frau du hast schlagen aufgehört deine?« Diese Regeln, die so etwas wie angeborene Leitlinien sind bei dem, was wir sagen, haben universelle Eigenschaften, die in allen Sprachen gleich sind und die in der Struktur des menschlichen Geistes begründet sind.

Das andere Hauptargument für solche angeborenen Strukturen beruht auf der Beobachtung, daß fast alle Kinder mit außerordentlicher Leichtigkeit sprechen lernen. Es ist überaus unwahrscheinlich, daß dies allein auf einer Reiz-Reaktions-Basis ohne irgendeine angeborene Fähigkeit geschehen könnte. Die Tatsache, daß ein Kind von beispielsweise englischen Eltern, wenn es in Japan aufwächst, offensichtlich in der Lage ist, Japanisch genauso leicht zu lernen wie ein japanisches Kind, läßt darauf schließen, daß diese angeborenen Strukturen universell sind. Chomsky vertrat auch die Ansicht, daß diese angeborenen Strukturen genetisch vererbten Strukturen im menschlichen Gehirn entsprechen (oder mit ihnen identifiziert werden). Die Hauptaufgabe der generativistischen Schule der Linguistik war daher die Suche nach diesen angeblich in der Grammatik aller Sprachen vorkommenden universellen Elementen.

Die Suche nach solchen Universalien steht eindeutig in direktem Widerspruch zu der Ansicht der Strukturalisten, daß Universalien entweder nicht existieren oder aber von geringfügiger Bedeutung sind. Der Generativismus eröffnet Wege für ein Verständnis davon, welche biologischen Wurzeln die Sprache trotz ihrer Vielfältigkeit und ihrer unabhängigen Wirklichkeit haben könnte. Es ist natürlich möglich, daß diese von Chomsky postulierten genetischen Prädispositionen durch den Druck der Umwelt entstanden sind, der durch den gesellschaftlichen Einfluß der Sprache, wie er von Sapir, Whorf und den Funktionalisten beschrieben wird, verursacht wird. Das heißt, wenn wir einmal die grobe Sichtweise der Evolution als »natürliche Auslese«, die wir in einem späteren Kapitel genauer überprüfen werden, als gegeben annehmen, können wir uns vorstellen, daß die von der Sprache verursachten sozialen Zwänge für Individuen, die schon so etwas wie eine angeborene Sprachfähigkeit hatten, einen selektiven Vorteil bedeutet hätten. Außerdem werden wir in einem späteren Kapitel sehen, daß es eine biologische Grundlage für die Sprachfähigkeit im menschlichen Cortex gibt.

Jetzt können wir langsam erkennen, wie uns diese drei Hauptkriterien eine umfassende Sicht der Beziehung zwischen Sprache, Gesellschaft und Individuum ermöglichen. Fassen wir zusammen: Eine bestimmte Sprache wie z. B. Französisch oder Hopi wird als eine Wirklichkeit angesehen, die unabhängig von dem einzelnen Sprecher dieser Sprache existiert. Diese Wirklichkeit ist nicht, jedenfalls nicht auf den ersten Blick, das *gleiche* wie die Wirklichkeit von Tischen und Bäumen, aber da Sprache kausal auf diese Dinge einwirken kann, muß sie als *gleich real* angesehen werden. Sicherlich muß man das Sprachsystem als mindestens ebenso real ansehen wie ein Elektron, das den größeren Teil seiner Existenz tatsächlich innerhalb des Sprachsystems hat. Wir sollten vielleicht auch noch anmerken, daß es innerhalb eines jeden Sprachsystems, wie z. B. der englischen Sprache, Subsysteme gibt, die in einem größeren oder geringeren Maße ihren eigenen inneren Zusammenhalt haben, wie z. B. die Wissenschaft, die Wirtschaft, die Politik usw. Diese könnten wiederum weiter unterteilt werden. Der Ansatzpunkt, von dem aus die Sprache die physikalische Welt kausal beeinflußt und von ihr beeinflußt wird, liegt in ihrer Wirkung auf den gesellschaftlichen Kontext, in den durch Konventionen fixierten gesellschaftlichen Werten und in der Art der Wahrnehmung, auf die man sich durch Konventionen geeinigt hat, wie das von den Funktionalisten, von der Sapir-Whorf-Hypothese und auch von den Behavioristen in ihren besten Momenten beschrieben wird. Schließlich ist es möglich, daß der viele Generationen lang andauernde Sprachdruck eine angeborene, genetisch vererbte Prädisposition im Organismus hervorgebracht hat.

Sprache als Metapher

Eine ähnliche Vorstellung von der Beziehung zwischen der physikalischen Wirklichkeit, der individuellen inneren Erfahrung und dem wissenschaftlichen Denken wurde von Karl Popper entwickelt, obwohl sie in einigen Punkten auch abweichend ist.[14] Er bezeichnet diese drei Elemente als die drei Welten: »Mit der ›Welt 1‹ meine ich das, was im allgemeinen die Welt der Physik genannt wird, die Welt der Felsen und Bäume und der physikalischen Kraftfelder. Auch die Welten der Chemie und der Biologie rechne ich zu diesem Bereich. Mit ›Welt 2‹ meine ich die psychologische Welt. Die Erforscher der Psyche des Menschen, aber auch der Psyche der Tiere, arbeiten in diesem Bereich. Es ist die Welt der Gefühle von Angst und Hoffnung, der Dispositionen zum Handeln und aller Arten von subjektiver Erfahrung einschließlich unterbewußter und unbewußter Erfahrung... Mit ›Welt 3‹ meine ich die Welt der Produkte des menschlichen Geistes. Obwohl ich die Werke der Kunst und auch ethische Werte und gesellschaftliche Institutionen (und damit, könnte man sagen, die ganze Gesellschaft) zu Welt 3 rechne, werde ich mich im wesentlichen auf die Welt der wissenschaftlichen Bibliotheken, auf Bücher, wissenschaftliche Probleme und auf Theorien, einschließlich falscher Theorien, beschränken.«[15]

Popper fährt fort, indem er erklärt, daß ein bestimmtes Buch oder eine bestimmte Aufführung von Schuberts *unvollendeter* Symphonie zu Welt 1 und Welt 3 gehört. Das physikalische Buch ist ein Objekt der Welt 1, man könnte es genau wie einen Stein als Papierbeschwerer oder als Wurfgeschoß benutzen. Der *Inhalt* des Buches, der bei allen Büchern mit diesem Titel der gleiche ist, gehört zu Welt 3. Popper plädiert dafür, daß man Objekte aus Welt 2 und Welt 3 in genau der gleichen Weise als real ansehen sollte wie diejenigen der Welt 1, denn »wenn du sie trittst, treten sie zurück«. Was Popper zu übersehen scheint, ist, in welch enormem Ausmaß Objekte, die er Welt 1 und Welt 2 zuordnet, eine Welt-3-Komponente haben. Der rein physikalische Aspekt eines Stuhls tritt fast vollständig in den Hintergrund im Verhältnis zu unseren – oft unbewußten – Assoziationen oder Kategorisierungen, um Lakoffs Terminus zu benutzen. Ähnlich ist es mit Gefühlen, wie z. B. Hoffnung oder Angst, die zu einem sehr großen Ausmaß davon abhängen, daß wir sie als solche bezeichnen. Schon der Titel von Lakoffs Buch *Metaphors We Live By* faßt diesen Gesichtspunkt in sehr präziser und poetischer Form zusammen. Lakoff und sein Co-Autor Mark Johnson gehen Beispiel für Beispiel durch und zeigen, daß auch die Aussagen, die wir normalerweise für ziemlich direkt halten, metaphorisch sind. Sie vertreten den Standpunkt, daß die menschlichen Denkprozesse weitgehend metaphorisch sind. Ihre These ist mit so vielen detaillierten Beispielen untermauert, daß es unmöglich ist, ihnen hier gerecht zu werden. Dennoch wollen wir einige wiedergeben:

1. *Debatten sind Kriege:* Deine Behauptungen sind *unhaltbar.* Er *griff* jeden schwachen Punkt meiner Argumentation *an.* Ich habe noch nie eine Auseinandersetzung mit ihm *gewonnen.* Du bist nicht einverstanden? Okay, *schieß los!*

2. *Räumliche Metaphern:* Glücklich ist *hoch*, traurig ist *tief*. Bewußtes ist *oben*, Unbewußtes ist *unten*. Gesund-

heit ist *oben*, Krankheit ist *unten*. Rational ist *oben*, emotional ist *unten*.

3. *Theorien sind Gebäude:* Die Theorie braucht noch *mehr Unterstützung.*

4. *Ideen sind Nahrungsmittel:* Das ist wirklich eine Theorie *zum Reinbeißen.*[16]

Die Autoren demonstrieren, wie Metaphern aus unserer Erfahrung mit unserem Körper und aus der Interaktion mit der physikalischen und gesellschaftlichen Umwelt entstehen. Sie zeigen, daß Metaphern miteinander interagieren und zusammenhängende Strukturen oder Gestalten bilden, und daß diese Gestalten die kulturellen Vorannahmen sind, in die wir alle unsere Erfahrungen einbetten. Verständnis entwickelt sich auf der Basis isolierter Begriffe. Mit Erfahrungsbereich meinen die Autoren ein strukturiertes Ganzes innerhalb unserer Erfahrung, das als erfahrungsmäßige Gestalt begrifflich festgelegt wird. Durch die begriffliche Festlegung unserer Erfahrung suchen wir uns ihre »wichtigen« Aspekte heraus, kategorisieren sie, verstehen sie, erinnern uns an sie und verschaffen ihnen als Teil der Hintergrundgestalt Einfluß auf zukünftige Erfahrungen.

Zusammenfassend könnten wir sagen, daß sich unsere erweiterte Version von Poppers Welt 3, in der große Teile von Welt 1 und Welt 2 enthalten sind, aus interagierenden Geweben von metaphorischen Gestalten zusammensetzt. Weiterhin müssen wir sehen, daß es die Welt 3 ist, in der sich ein sehr großer Teil – vielleicht sogar die Gesamtheit – unserer täglichen Erfahrung abspielt. Dazu gehört auch die Art, in der wir uns selbst als ein »Ich« interpretieren.

Kehren wir nun zu der Vorstellung von den drei Wirklichkeiten zurück, die ich im Kapitel 2 vorgestellt habe: 1. die nicht-bedingte oder absolute Wirklichkeit; 2. die bedingte oder relative Wirklichkeit; und 3. die vorgestellte, begriffliche oder geglaubte Wirklichkeit. Was wir hier die erweiterte) Welt 3 genannt haben, entspricht der vorgestellten, begrifflichen oder geglaubten Wirklichkeit. Die bedingte, relative Wirklichkeit ist Welt 1 und Welt 2, wenn sie all ihrer Welt-3-Elemente entkleidet sind. Die Schleier von Welt 3 zu durchdringen, um die bedingte, relative Wirklichkeit direkt zu erfahren, ist nicht leicht, obwohl es einfach ist. Es bedeutet, daß wir uns, wenn auch nur für einen Moment, von unseren Konzeptualisierungen über unser Selbst und seine Erfahrungen trennen: das Gesicht eines Freundes zu sehen, wie es ist; den Klang des heulenden Windes zu hören, wie er ist, direkt und unberührt von unseren Welt-3-Vorstellungen.

Dies soll auf keinen Fall eine Herabwürdigung der Sprache und ihrer Rolle in unserer Welt sein. Aber wenn wir verstehen, daß die Sprache einen metaphorischen Charakter hat und nicht einfach nur ein beschreibendes Instrument ist, dann wird Sprache zu einem poetischen Ausdruck der Erfülltheit des menschlichen Lebens. Dieser Unterschied zwischen Sprache als Beschreibung und Sprache als Dichtung kommt sehr schön in folgendem Abschnitt über traditionelle japanische Dichtung zum Ausdruck:

»An einem Herbstabend ist keine Farbe am Himmel zu sehen und kein Ton ist zu hören, und obwohl wir keinen bestimmten Grund dafür angeben können, sind wir zu Tränen gerührt. Der Durchschnittsmensch, dem es an Sensibilität mangelt, bewundert nur die kirschroten Blüten und die scharlachroten Herbstblätter, die er vor seinen Augen sehen kann. Anders ausgedrückt, es ist wie die Situation einer schönen Frau, die, obwohl sie Grund zum Groll hat, ihren Gefühlen nicht in Worten freien Lauf läßt, sondern – etwa während der Nacht – nur schwach wahrnimmt, daß sie in einem tiefbetrübten Zustand ist. Die Wirkung einer solchen Entdeckung ist weit schmerzvoller und ergreifender, als wenn sie ihr gesamtes Vokabular in eifersüchtigen Anklagen aufgeboten hätte oder es als notwendig erachtet hätte, Ströme von Tränen vor den Augen des Betreffenden zu vergießen.«[17]

Heidegger hat gezeigt, daß wir durch unser Wissen über das

Daseiende (griechisch: *eon*) und durch unsere Fähigkeit, das, *was ist*, in Sprache zu beschreiben, das *eon* mehr und mehr vor uns verborgen haben. Unauthentisches Leben bedeutet, sich in den Beschreibungen zu verfangen, sie für das, *was ist*, zu halten. In seinen späteren Schriften führt Heidegger den Leser den Weg durch die Sprache zurück und läßt ihn sich als eine offene Frage erkennen. Im Laufe der Generationen wurde die Intensität der Frage: Was ist *eon*? vom Wissen überdeckt, von unserem kontinuierlichen Fortschreiten auf dem Weg der Entdeckung und Erklärung dessen, *was ist*. Daher muß der Mensch sich jetzt zu der Perspektive zurückarbeiten, von der aus man *eon* aufleuchten sehen kann. Dieses Zurückarbeiten bringt uns zum »Warten«, nicht »Warten auf etwas«, sondern warten, damit das, *was ist*, ungesagt zu uns kommen kann. Man könnte fast sagen, daß Heidegger das »Denken« in den Bereich der Kontemplation zurückgeführt hat. »Unsere einzige Frage lautet: Was ist das, was uns zum Denken aufruft? Wie sonst sollten wir das, was ruft, hören, das, was im Denken spricht und was vielleicht auf eine Art spricht, die seinen eigenen tiefsten Kern unausgesprochen läßt?... Denken ist nur dann Denken, wenn es *eon* (was da ist) ins Denken *zurückruft*, das, was *eon* wirklich und wahrhaftig, also unausgesprochen, stillschweigend bedeutet.«[18] Wenn Sprache und Denken auf diese Weise von ihrem Gebundensein an die Beschreibung befreit sind, weisen sie über sich selbst hinaus auf das, *was ist*. Dies ist Dichtung, und Dichtung ist daher der höchste, menschlichste Gebrauch der Sprache.

In diesem Kapitel haben wir uns die Theorien angesehen über die Beziehung zwischen Sprache und Realität mit einem Spektrum, das von der naiven Entsprechungstheorie, die besagt, daß Sprache ein genaues Abbild der Realität ist, bis zu einer Sichtweise der Sprache als Metapher, als Dichtung, als Schöpfer von Welt-3-Universen reichte. Später werden wir versuchen, uns durch einige unserer Konzeptbildungen über die physikalische und biologische Welt hindurchzuarbeiten, indem wir einige der allgemein akzeptierten Überzeugungen über diese Welt mit den jüngsten Entdeckungen der Wissenschaft vergleichen. Es wäre jedoch schade, wenn der Leser diese neuen Entdeckungen wieder als etwas auffassen würde, woran man glauben kann, und sie damit zu einem weiteren Strang im Gewebe von Welt 3 machen würde. Alles, was wir in diesem Buch tun können, ist, in den Metaphern von Welt 3 zu sprechen. Aber wir können wenigstens versuchen, diese Metaphern über sich selbst hinausweisen zu lassen, einige lose Enden zu lassen, an denen der Leser ziehen kann.

Auf dem Hintergrund, daß die Sprache einerseits die Macht hat, uns von der nichtbedingten Wirklichkeit des Gutseins abzulenken, daß sie andererseits aber auch die Macht hat, über jene Überzeugungssysteme hinauszuweisen und auf die nicht-bedingte Wirklichkeit hinzudeuten, wird unser nächster Schritt sein zu sehen, wie einige konkrete Überzeugungssysteme entstanden und wieder zerfallen sind. Dies werden wir im nächsten Kapitel tun, wobei wir unsere besondere Aufmerksamkeit auf unsere Überzeugungen über die Stellung des Menschen in der Natur richten.

4 Aufstieg und Verfall von Glaubenssätzen in der Physik

»Ich glaube an...«

Es ist eine tiefverwurzelte Gewohnheit, daß wir uns die physikalische Welt, in der sich unser Leben abspielt, als einen leeren Behälter vorstellen, in dem Dinge enthalten sind. Wir glauben, daß alle diese Dinge eine Existenz für sich haben. Wir halten es z. B. für denkbar, daß, wenn alles andere im Universum beseitigt wäre, der Stuhl, auf dem wir sitzen, weiterhin existieren könnte – ein im Nichts treibender Stuhl. Alles ist fundamental von allem anderen getrennt, und Beziehungen zwischen den Dingen sind nur zweitrangig im Verhältnis zu ihrer Existenz. Wir glauben, daß der Raum, da er ja schließlich absolut leer ist, völlig gleichförmig und überall der gleiche ist. Er macht nichts mit uns und beeinflußt uns in keiner Weise. Wir existieren zusammen mit einer Menge anderer Dinge inmitten des Nichts – leer, schwarz, kalt, tot. In dieser Anschauung wird unsere Beziehung zu den anderen Objekten, Menschen oder Dingen, die diese Leere füllen, davon beherrscht, sie zu besitzen oder von ihnen besessen zu werden, sie zu kontrollieren oder von ihnen kontrolliert zu werden. Wenn AT & T sagt: »Strecke die Hand aus und berühre jemanden«, dann ist das bitter. Sehr oft sehen wir uns selbst als einen unbeteiligten Zeugen dieser Welt. Ein von Physikern bevorzugtes Bild ist »Das Teilchenspiel«: Die ganze Welt ist eine Bühne, und alle Männer und Frauen sind nur Beobachter. Das Spiel entwickelt sich nach festgelegten Gesetzen, die nichts mit der Anwesenheit oder dem Bewußtsein des Menschen zu tun haben.

Weiterhin glauben wir, daß sich die Veränderungen unseres Lebens auf dem Hintergrund der Zeit abspielen. Diese Zeit ist kontinuierlich und gleichförmig. Es gibt nicht den geringsten Unterschied zwischen der einen Zeit und einer anderen Zeit; Zeit hat keine Qualität. Es gibt keine Brüche in der Zeit, keine Umkehrungen der Zeit. Die Zeit fließt auch ohne uns einfach immer weiter.

Dies ist die Art, in der wir unser Leben in Begriffe fassen und organisieren. Auch unsere Selbstwahrnehmung organisieren wir auf diese Art; wir stehen neben uns und beobachten uns selbst als Zeugen. Ein solches Leben hat keine Qualitäten; es ist entweder erfüllt oder leer. Wenn wir ein erfülltes Leben führen, fühlen wir uns befriedigt. Wenn wir das Gefühl haben, daß unser Leben nicht erfüllt genug ist, daß es leerer wird, fühlen wir uns ruhelos und gelangweilt und haben vielleicht sogar Angst, daß wir es vergeuden könnten. Ein solches Leben kann also nur entweder leer oder erfüllt sein, so wie der Raum des Lebens mehr oder weniger Dinge enthalten kann und wie wir die Zeit des Lebens mehr oder weniger nützlich ausfüllen können.

Wir glauben, daß dies die objektive Wahrheit ist. Aber unser Leben hat auch noch einen anderen Aspekt. Diesen könnte man als die Gefühlsebene bezeichnen, jedoch nicht Gefühl im Sinne von Emotionalität oder grober physischer Empfindung (wahrscheinlich findet dieses Fühlen jedoch auf einer sehr feinen Ebene der Sinneswahrnehmung statt). Wir meinen vielmehr ein Fühlen von Qualität, von Wert, von Bedeutung. Auf dieser Ebene der Erfahrung ist der Raum nicht gleichförmig oder leer. Er besitzt Qualitäten. Raum kann friedlich, wild, energetisch, warm oder kalt sein, und wir können dies fühlen. Wenn wir mit einem anderen Menschen reden, können wir den Raum zwischen uns und seine Qualität fühlen. Wenn wir mit einer Gruppe von Menschen zusammen sind, und einer verläßt die Gruppe oder ein Neuer kommt hinzu, dann verändert sich die Qualität des Raumes. Vielleicht können wir uns an unsere frühe Kindheit erinnern, als wir dies noch sehr viel intensiver fühlen konnten: Das Ende dieser Straße ist bedrohlich, jener Wald ist freundlich, jede Ecke des Gartens hat seine eigene spezielle Qualität.

Entsprechend ist auch die Zeit nicht gleichförmig. Sie hat Qualitäten, die wir fühlen können. Die Qualität des frühen Morgens ist anders als die Qualität des Mittags oder der Dämmerung. Bestimmte Tage haben Qualitäten, manchmal eine ärgerliche, manchmal eine sinnliche oder friedliche Qualität, manchmal eine sehr reiche, manchmal eine hektische. Jede Jahreszeit hat ihre eigene Qualität. Manchmal können wir eine Veränderung in der Qualität eines flüchtigen Augenblicks entdecken. Wir können sogar das Gefühl einer Unterbrechung in der Zeit haben.

Wir haben gelernt, daß all diese Dinge subjektiv und daher bedeutungslos und unsinnig sind. Sie sind unwissenschaftlich; sie sagen uns nichts über den tatsächlichen Stand der Dinge in der Welt. Sie existieren alle nur in unserem Geist, was immer oder wo immer das sein mag. Meiner Meinung nach gibt uns weder die Physik noch die Biologie eine hinreichende Begründung für den Glauben, daß unser Leben »letztlich« vor dem Hintergrund eines leeren, gleichförmigen Raums und einer kontinuierlichen, gleichförmigen Zeit abläuft, und auch nicht für den Glauben, daß wir und auch alles andere »letztlich« aus kleinen, undurchdringlichen, harten Dingen gemacht sind, die in diesem Raum und in dieser Zeit herumtreiben, für immer getrennt, isoliert und Gesetzen gehorchend, die nicht ihrem eigenen Wesen entspringen. Und ebensowenig gibt uns die Wissenschaft eine sichere Begründung für den Glauben, daß der Geist wie ein Spiegel ist, der für immer von der Welt getrennt ist und sie wie ein Zuschauer im Kino betrachtet.

Wenn wir den Wunsch haben, an etwas oder an irgendeine Autorität zu glauben, können wir unser direktes Erspüren von Qualitäten in unserer Welt außer acht lassen. Wir können uns dabei jedoch nicht auf die Physik oder die Biologie als Autorität berufen. Tatsächlich ist es genau diese Ausdehnung der Autorität der Wissenschaft über ihren Zuständigkeitsbereich hinaus, die zu der großen Einseitigkeit unserer Kultur geführt hat. Aber wir können nicht die Wissenschaft dafür verantwortlich machen, sondern nur unser eigenes Bedürfnis, an etwas zu glauben. Und dies gilt genauso für die »neue Physik« wie für die »klassische Physik«.

Die Ursprünge: Die Entdeckung der Natur

Verschaffen wir uns jetzt einen kurzen Überblick darüber, wie es dazu kam, daß diese Überzeugungen zu den Stützpfeilern unserer Kultur wurden. Die Begründer der klassi-

schen Sichtweise, Bacon, Galilei, Bruno, Descartes, Newton, Locke, um nur einige der berühmtesten zu nennen, haben ursprünglich auf etwas *reagiert*. Sie folgten selbst dem
scheinbar unvermeidlichen Ablauf der Geistesgeschichte,
der Verkündung und der Verdammung. Wir glauben meistens, daß unsere moderne Kultur, und unsere Wissenschaft
insbesondere, ihren Ursprung in der außergewöhnlichen
Blütezeit der metaphysischen Spekulation, der Verehrung
und sorgfältigen Erforschung der Natur hat, die Athen im
vierten Jahrhundert v. Chr. erfuhr. In gewisser Hinsicht ist
das richtig, da einige wenige Schriften des Aristoteles ins
Lateinische übersetzt und nach dem Untergang des römischen Reiches im vierten Jahrhundert n. Chr. in einem
christlichen Zusammenhang überliefert wurden. Später, im
elften Jahrhundert, wurden die Schriften der griechischen
Naturforscher und Philosophen wiederentdeckt, die von islamischen Gelehrten aufbewahrt und überarbeitet worden
waren. Aber fünfhundert Jahre lang, während einer Zeit des
Zerfalls, der Barbarei und der Verzweiflung, wurde die Zivilisation in Europa fast ausschließlich in christlichen Klö-
stern aufrechterhalten. Die vorherrschende Stimmung
während dieser Zeit, die ein Erbe der christlichen Kirchen-
väter, insbesondere des heiligen Augustinus, war, war von
einer Ablehnung der Natur und der ganzen Welt geprägt. Es
war eine zutiefst weltverleugnende Philosophie. Dieser Er-
denbereich wurde nur als Gottes Hinterhof angesehen, und
parallel dazu existierte jene andere Welt, die unsichtbare
Welt der himmlischen Visionen und Ideale. Auf diesen höheren Bereich sollten alle Männer und Frauen – Bauern,
Philosophen oder Könige – ihre Kontemplation richten.
Thomas Goldstein schreibt: »Die Geister des Mittelalters
waren darauf trainiert, auf dieses Leben aus der Vogelper-
spektive jener höheren Region, in der alle Ideale und Werte
– die Universalien – zu Hause waren, herabzublicken. Die
mittelalterliche Philosophie hatte sehr viel Scharfsinn in die
Erforschung des Wirkens jener zeitlosen Dimension inve-

stiert und die unsichtbaren Fäden verfolgt, die sie mit der begrenzten Welt der menschlichen Angelegenheiten verband. Es gab sehr viel tiefe Weisheit in dieser kulturellen Vision, vieles, mit dem man seine innere Sicherheit erhalten konnte und was die moderne westliche Zivilisation verloren zu haben scheint. Die natürliche Welt jedoch war nicht mehr als eine weit entfernte Schattenwelt. Für den auf die Vision der Ewigkeit trainierten Geist war die Natur nichts als eine verdunkelnde Augenbinde.«[1]

Daher bestand das bedeutendste Erwachen des Mittelalters, wie Goldstein klar zeigt, in der Wiederentdeckung der Natur als eines Bereichs, der seine eigene Wirklichkeit, seine eigenen Funktionsweisen und seine eigenen Regelmäßigkeiten hat, Regelmäßigkeiten, die der Mensch durch einen systematischen Gebrauch seiner Sinne und seiner Vernunft erkennen kann. Auf diese Weise wurde eine Dualität geschaffen zwischen dem himmlischen Bereich, von dem wir durch den Glauben, durch Offenbarung und durch rationales Denken wissen können, und dem irdischen Bereich, den wir durch die Sinne erkennen. Diese beiden Bereiche waren für immer und ewig voneinander getrennt, und so etwas wie eine Suche nach einer dem irdischen Bereich innewohnenden Heiligkeit und Reinheit gab es nicht. Wir sollten hier anmerken, daß diese Dualität an der Wurzel unserer Kultur immer wieder zu der Fehlinterpretation führt, daß Lehren, die nicht auf der Dualität zwischen dieser Welt und der anderen Welt beruhen, wie z. B. der Buddhismus, der Konfuzianismus und der Taoismus, aber auch die kontemplativen Schriften des Meister Eckehart und des Pater Thomas Merton, »weltverleugnend« seien.

Die Harmonie des Mittelalters und ein Anflug von Mißklang

Das Jahr 1050 wird oft als der Beginn des Hochmittelalters in Europa angesehen. Das folgende Jahrhundert war Zeuge einer wahren Explosion von intellektueller, politischer, ökonomischer und künstlerischer Kreativität.[2] Kenneth Clarke bezeichnet diese Zeitspanne in *Civilization*, seiner hervorragenden Dokumentation der kulturellen Entwicklung Europas, als eine der wenigen Perioden wahren Schöpfergeistes in der gesamten abendländischen Geschichte.[3]

Großen Anteil an dem intellektuellen Erwachen dieser Zeit und am Aufkommen der westlichen Wissenschaft hatte die Wiederentdeckung der Texte des Aristoteles nach der Eroberung des islamischen Spanien. Während der nächsten zwei Jahrhunderte wurde darüber debattiert, ob die Naturphilosophie, die in den Werken des Aristoteles enthalten war, in die christliche Theologie integriert werden könnte oder nicht. Immer mehr weltliche Schulen wurden eingerichtet, die anfingen, aristotelische Wissenschaft, Medizin und Astrologie zu lehren, so wie sie von arabischen Kommentatoren interpretiert worden waren. Aus dem Empfinden heraus, daß die Dogmen des christlichen Glaubens, die sich auf die Offenbarung stützten, und die Lehren der aristotelischen Naturwissenschaft, die sich auf Vernunft und Erfahrung gründen, im Widerspruch zueinander standen, wurden zahlreiche Verdammungen und Bannsprüche über die Texte des Aristoteles erlassen. Aristoteles hatte behauptet, daß die menschliche Vernunft in Verbindung mit dem durch die Sinne gewonnenen Wissen das gesamte mögliche Wissen, einschließlich des Wissens von der Existenz Gottes, erzeugen könne. Dies untergrub die theologische Anschauung, daß man Gott nur durch die Offenbarung erkennen könne. In seiner *Summa Theologica* löste der heilige Thomas von Aquin dieses Problem, indem er behauptete, daß es keinen Widerspruch zwischen dem Glauben und der Vernunft gäbe und dies in einer großartigen Synthese abhandelte. Er zeigte, daß die Vernunft beweisen kann, was das Herz durch Glaube und Liebe erfahren kann, einschließlich des logischen Beweises der Existenz Gottes. Die Lehre Thomas von Aquins wurde sowohl Kirchendoktrin als auch Grundlage für einen großen Teil der Naturwissenschaft der folgenden drei Jahrhunderte und ist auch heute noch ein wichtiges Element in der katholischen Theologie. Die Stärke dieses Systems lag vielleicht darin, daß es eine Erklärung der natürlichen Welt und der Möglichkeiten, wie der Mensch sie erkennen kann, auf der einen Seite und eine Sicht der spirituellen Welt und der Wege des Menschen in dieser Welt auf der anderen Seite ohne Widerspruch in einem Bild zusammenbrachte.

Aber wir sollten uns daran erinnern, daß es trotz des Triumphes des Thomismus als traditionell anerkannte Weltanschauung über so viele Jahrhunderte hinweg auch immer wieder abweichende und kritische Meinungen gab. Ockham z. B., ein Zeitgenosse des Thomas von Aquin, vertrat den Standpunkt, daß Glaube und Vernunft absolut *unvereinbar* seien. Er räumte ein, daß wir ein gewisses Wissen aus unserer Erfahrung ziehen können, aber er hielt daran fest, daß dieses nichts darüber aussagen kann, was hinter den Erfahrungen liegt und uns somit auch auf keinen Fall zu uranfänglichen Prinzipien oder zu Gott führen kann. Ockhams Anschauung bereitete den Boden für den reinen Empirismus und für die Anfänge der modernen Wissenschaft, wie wir sie heute kennen. Dann gab es auch immer wieder Kritiker der Theorie der Erdbewegung des Aristoteles, wie Jean Buridan, Nicholas von Oresme und andere. Ich werde später noch einmal darauf zurückkommen. Ich wollte lediglich veranschaulichen, wie sehr bestimmte Strömungen und Gegenströmungen in der Geschichte der Wissenschaft miteinander verwoben sind. Was jahrhundertelang nur eine Unterströmung war, eine Reaktion gegen die offiziell anerkannte Anschauung, wird schließlich selbst offizielle Lehrmeinung, um einige Jahrhunderte später wieder von einer Sichtweise verdrängt zu werden, die bemerkenswerte Ähnlichkeit mit der zuerst verdrängten Meinung hat und lediglich in einem anderen Gewand auftritt. Die Konflikte zwischen solchen rivalisierenden Anschauungen wurden oft »mit viel Leidenschaft, Mißverständnissen und Aneinandervorbeireden ausgefochten«[4], nicht anders als heute auch. Im folgenden werde ich die Hauptmerkmale der aristotelischen Physik umreißen, wie sie in die systematische Weltanschauung des Thomas von Aquin Eingang gefunden hat.[5] Die Erde, die sich nicht bewegt, steht im Zentrum des Universums und ist umgeben von zehn Sphären einer äußerst feinen, transparenten Substanz. Die erdnächste Sphäre trägt den Mond, und die folgenden sechs tragen jeweils die Sonne oder einen der fünf Planeten. Die achte Sphäre trägt die Sterne. Die neunte Sphäre trägt selber nichts, wird aber als das *primum mobile* bezeichnet, da sie sich erstens selbst bewegt und zweitens die Bewegung aller anderen Sphären verursacht. Die zehnte Sphäre, das Empyreum, ist der Aufenthalt Gottes und bewegt sich nicht. Dort endet das Universum. In diesem System ist Gott, der uranfängliche Beweger, ein Postulat der Physik; er ist nicht ein zusätzliches Mysterium, das eine über die Erklärung der Welt selbst hinausgehende Erklärung erforderlich macht.

Unterhalb der Sphäre des Mondes, auf der irdischen Ebene, ist alles instabil und ruhelos. Die Materie setzt sich aus verschiedenen Kombinationen der vier Elemente Erde, Luft, Feuer und Wasser zusammen. Die natürliche Anordnung würde eigentlich so aussehen, daß die Erde sich im Zentrum befindet, gefolgt vom Wasser, darüber die Sphäre der Luft und dann die des Feuers. Aber die vier Elemente befinden sich nicht an ihrem natürlichen Ort, sondern sind alle miteinander vermischt. Darum streben sie ständig danach, an ihren natürlichen Ort zurückzukehren, und so kommt es, daß auf der irdischen Ebene ständig Bewegung und Aufruhr herrschen.

Jenseits der Sphäre des Mondes ist alles von einer fünften Substanz, der Quintessenz, erfüllt. Leeren Raum, der in der aristotelischen Physik eine Unmöglichkeit wäre, gibt es nicht. Die Sphären bewegen sich in der denkbar vollkommensten Bewegung – sie kreisen. Um jedoch die Bewegung der Planeten zu erklären, die nicht wie die Fixsterne in vollkommenen Kreisen über den Himmel ziehen, postulierte Ptolemäus (100–178 n. Chr.) ein System von kleineren Kreisen, das von den größeren Kreisen getragen wird und auf dem die Planeten ihren Platz haben. Mit diesem komplizierten System von Kreisen auf Kreisen konnte der beobachtete Lauf der Planeten einigermaßen vorhergesagt werden. Die Sphäre des Mondes teilte das Universum also in zwei Teile: den himmlischen Bereich, in dem alle Bewegungen kreisförmig sind, und den irdischen Bereich, in dem alle Bewegungen chaotisch sind, da alles versucht, wieder an seinen natürlichen Ort zu gelangen.

Die aristotelisch-aquinatische Sichtweise der Bewegung im irdischen Bereich deckte sich mit den normalen Beobachtungen des alltäglichen Lebens: Ein Objekt bewegt sich nur so lange, wie es unter der Einwirkung einer Kraft steht. Sobald die Kraft aufhört, hört auch das Objekt auf, sich zu bewegen, oder fällt, wenn es sich um ein Geschoß handelt, geradewegs auf die Erde hinab. Die Geschwindigkeit eines Objekts ist konstant, wenn eine konstante Kraft darauf einwirkt. Daher meinte man, daß sich ein Objekt im leeren Raum, in dem es keinen Widerstand gäbe, mit unendlicher Geschwindigkeit bewegen würde. Dies ist einer der Gründe, warum Aristoteles ein Vakuum für unmöglich hielt. Die Tatsache, daß eine bewegende Kraft vorhanden sein mußte, damit ein Objekt sich überhaupt bewegen konnte, bedeutete, daß die aristotelische Welt angefüllt war mit Geistern oder Intelligenzen, die all die verschiedenen Bewegungen, die wir erleben, verursachten. Wenn etwas sich selbst bewegte, wie beispielsweise ein Tier, mußte es mit einer Seele ausgestattet sein, die diese Bewegung verursachte.

So sah das Universum für die Menschheit drei Jahrhunderte lang aus. Es war ein erfülltes, lebendiges Universum, ein Universum, in dem man sich den Aufstieg der Seele in den Himmel sehr gut als eine Reise durch die neun Sphären zur Vorbereitung auf die Begegnung mit Gott vorstellen konnte. In dieser kurzen Zusammenfassung konnte ich der Subtilität und Großartigkeit dieses Universums und den komplexen Zusammenhängen der Logik, auf die es sich stützt, nur wenig gerecht werden. Dantes *Göttliche Komödie* ist eine wunderschöne und detaillierte Beschreibung dieser Welt.

Zusammen mit der Kosmologie des Aristoteles übernahm Europa von den Arabern ausgefeilte Systeme der Astrologie, der Alchemie und der Magie. Im fünfzehnten Jahrhundert bekamen diese Interessensgebiete neuen Aufwind durch die Wiederentdeckung der hermetischen Tradition – ein System ursprünglicher Magie, das dem Hermes Trismegistos, einem Ägypter, der angeblich um 2000 v. Chr. gelebt haben soll, zugeschrieben wurde – und durch das Aufstöbern kabbalistischer, pythagoräischer und anderer Systeme transformativer Praktiken.[6] Teil dieser Praktiken war das Studium der Sympathie-Beziehungen zwischen den verschiedenen hierarchischen Ebenen des Kosmos, z. B. zwischen dem Sonnensystem und den Teilen des menschlichen Körpers, den Metallen oder den Pflanzen. Hier hat das berühmte Motto »Wie oben, so unten« seinen Ursprung. Man glaubte, daß man durch Kontemplation über die verschiedenen Beziehungen in der natürlichen Welt zu einer Art gnostischer Erkenntnis oder direkter Intuition über die Beziehungen auf anderen Ebenen der Hierarchie gelangen könnte. Es gab auch kontemplative Praktiken in diesen Traditionen, die sich mit Visualisierungen, mit Gedächtnisübungen und mit Alchemie befaßten, und es ist sehr wohl möglich, daß die besten dieser Übungen einen transformativen Wert hatten. Es wird manchmal behauptet, daß Giordano Bruno, der angeblich wegen seiner Erklärung, das Universum sei unendlich, auf dem Scheiterhaufen verbrannt worden ist, in Wahrheit wegen seiner Verbindung mit einem magischen Orden verbrannt worden ist. Gleichzeitig waren diese Überzeugungen zu jener Zeit keineswegs nur eine geheime Unterströmung. Einem der führenden Magier, Pico della Mirandola, wurde vom Papst bescheinigt, daß er vom Makel der Häresie frei sei, und im späten fünfzehnten Jahrhundert waren Astrologie und Magie feste Bestandteile der orthodoxen christlichen Lehre.

Morris Berman legt in seinem Buch *Die Wiederverzauberung der Welt* überzeugend dar, daß die Übergangszeit der wissenschaftlichen Revolution, wie sie am deutlichsten in der Person Isaac Newtons zum Ausdruck kommt, den Einbruch einer Art Verrücktheit oder Massenpsychose mit sich brachte.[7] Den Grund dafür sieht er in dem Verlust des »partizipierenden Bewußtseins« des Mittelalters, welches »von der Vorstellung geprägt war, daß wahres Wissen nur über eine Vereinigung von Subjekt und Objekt zu erreichen sei, also eher in einer medial-emotionalen Identifikation mit Bildern als in einer rein intellektuellen Überprüfung von Begriffen«. Berman bezeichnet diesen Verlust des partizipierenden Bewußtseins als die Entzauberung der Welt und legt in einer brillanten Argumentation dar, daß die einzige Möglichkeit, in unserer heutigen Zeit zu geistiger Gesundheit zurückzufinden, darin besteht, ein echtes Gleichgewicht zwischen dem rationalen Intellekt und einem neuen Verständnis des partizipierenden Bewußtseins zu finden. Das Wesentliche dieses Bewußtseins, so sagt er, bestehe im Erkennen von Ähnlichkeiten und Entsprechungen zwischen allen Dingen: Alle Dinge stehen in Beziehungen von Sympathie und Antipathie zueinander. Er schreibt: »Die Welt vervielfältigt und reflektiert sich selbst in einem endlosen Netz von Ähnlichkeiten und Unähnlichkeiten.« Diese Weltsicht, in der es keine Unterscheidung zwischen psychischen und materiellen Ereignissen gibt, ist die Grundlage der Alchemie. Was wirklich in alchemistischen Laboratorien geschehen ist, können wir nur verstehen, wenn wir das partizipierende Bewußtsein erkennen. Und schließlich sagt er: »Es ist nicht nur so, daß sich die Menschen in jenen Tagen die Materie so vorstellten, als besäße sie Geist, in jenen Tagen *besaß* die Materie wirklich Geist.« So war also die mittelalterliche Welt verzaubert, war *tatsächlich* magisch. Männer und Frauen nahmen in ihrer Welt Phänomene wahr, von denen wir einfach nichts mehr wissen.

Berman zeigt weiterhin, daß mit der Entzauberung der Welt zu Beginn des mechanischen Zeitalters die Unterdrückung des Körpers, des Menschen als Organismus, einherging. Und auch der Verlust der stillen Dimension des unmittelbaren, gefühlten Wissens war damit verbunden. Seit Descartes wurde die Rolle des Körpers, und damit auch des Unbewußten, in der Wahrnehmung ignoriert. Auf diese Weise geriet die Wahrnehmung selbst und die aus ihr folgende Handlung aus dem Gleichgewicht und nahm schließlich groteske Züge an in ihrer Verzerrung des Verhältnisses von Mensch und Natur. In späteren Kapiteln werden wir uns, besonders anhand der Werke von Gregory Bateson und Alfred North Whitehead, mit einer Bewegung in der Wissenschaft beschäftigen, die sich mit diesem partizipierenden, nicht-dualistischen Bewußtsein, das ich intuitive Einsicht genannt habe, geöffnet hat.

Die Unvernunft des Galilei

Im Jahre 1543 veröffentlichte ein bescheidener Mönch mit Namen Kopernikus ein Buch, in dem er die These vertrat, daß sich die Erde täglich um sich selbst drehe und um die Sonne kreise. Sein astronomisches System konnte zwar die Planetenbewegungen nicht sehr viel besser vorhersagen als das System des Ptolemäus, aber es war mathematisch einfacher.

Kopernikus hatte seinen Vorschlag gemacht, weil ihn die

Unhandlichkeit und Kompliziertheit des Ptolemäischen Systems, verbunden mit den Auseinandersetzungen, die unter Mathmatikern immer wieder darüber aufflammten, störten. Es war ganz und gar nicht sein Anliegen, sich gegen die Kirche zu stellen. Sein System hatte jedoch viel weitreichendere Konsequenzen, als nur das mathematische Vorgehen bei der Berechnung der Planetenpositionen zu vereinfachen. Es hob die gesamte Thomistische Kosmologie und ebenso die Alchimie und die Magie aus den Angeln.

Dadurch, daß Galilei die Falschheit von Aristoteles' Theorie der irdischen Bewegung demonstriert hatte, hatte er genügend Rückhalt, um das gesamte System anzuzweifeln und die Erde aus dem Zentrum des Universums zu entfernen. In seinem berühmten Experiment, in dem er Kugeln eine geneigte Ebene herunterrollen ließ, zeigte Galilei, daß die Kugeln sich unter einer konstanten Kraft (der Anziehungskraft der Erde) nicht mit konstanter Geschwindigkeit bewegen. In Wirklichkeit erhöhte sich die Geschwindigkeit mit einer konstanten Rate. Er demonstrierte auch, daß eine Kugel, wenn sie sich auf einer glatten, horizontalen Ebene bewegt und nicht weiter angestoßen wird, sich mit einer mehr oder weniger konstanten Geschwindigkeit weiterbewegt, und nur durch den Luftwiderstand ein wenig verlangsamt wird. Im Gegensatz zur Überzeugung des Aristoteles hörte sie also nicht sofort auf sich zu bewegen, wenn die Kraft aufhörte.

Galilei hatte also unbestreitbar gezeigt, daß Aristoteles' Auffassung von der Bewegung – eine Auffassung, die jahrhundertelang geglaubt *und* diskutiert worden war – ein Irrtum war. Damit war der Weg für die Annahme des heliozentrischen Bildes der Planetenbewegung des Kopernikus geebnet. Galilei war eine kämpferische, charismatische und mutige Persönlichkeit. Er ließ nichts unversucht, um die offizielle Kirche und seine weltlichen Kollegen von Kopernikus' Ideen zu überzeugen. Er hielt sogar öffentliche Vorlesungen in umgangssprachlichem Italienisch anstatt in Latein, was ihn natürlich in den Augen derjenigen, die für die Aufrechterhaltung der gesellschaftlichen Ordnung sorgten, indem sie am allgemein anerkannten Glaubenssystem festhielten, noch verdächtiger machte.

Trotzdem triumphierte Galilei. Der Triumph seiner experimentellen Methode brachte den Triumph seiner Annahmen. So kam es zu einem der fundamentalsten Widersprüche der Wissenschaft. Denn Galilei argumentierte: »Beobachte und sieh, was da ist. Rede nicht davon, was nach Aussage der anerkannten Texte da sein sollte.« Aber gerade die Ideen des Aristoteles waren doch auf einfache Beobachtung des alltäglichen Lebens begründet. Was Galilei »beobachtete und sah«, waren idealisierte Situationen: reibungsfreie Kugeln, die sich in einem Vakuum bewegen, beispielsweise. Für Galilei konnten nur meßbare Dinge die gültige Grundlage für eine Argumentation sein, und die Sprache, die sie beschreiben konnte, mußte die reine Sprache der Mathematik sein, frei von menschlichen Wünschen und Launen. Dies war die Grundlage für die spätere Unterscheidung zwischen primären, meßbaren Qualitäten und sekundären Qualitäten wie Bläue und Lärm, die direkt von den Sinnen erfaßt werden. Damit trug Galilei den theologischen Zweifel an der Fähigkeit des Menschen, Dinge so, wie sie sind, direkt zu erkennen, in die Wissenschaft hinein, also im Grunde die Überzeugung von der Unfähigkeit des Menschen, die vollständige Wahrheit zu erfassen, die nach der theologischen Lehre nur Gott wissen kann. Diese Sichtweise war auch Ausgangspunkt für das Gefühl der Spaltung zwischen dem reinen, beobachtenden Geist und der beobachteten Natur.

Für die heutige Wissenschaft sind diese widersprüchlichen Annahmen selbstverständliche Gegebenheiten. Sie weiß nicht, daß ihr eigenes Mißtrauen in die Fähigkeit des Menschen, die Natur so, wie sie ist, direkt zu erkennen, indirekt von theologischen Dogmen abstammt. Dies ist die wissenschaftliche Version der Erbsünde. Aufgrund dieses Mißtrauens wurde eine Barriere – das Ideal der Objektivität –

zwischen den Menschen und der Natur aufgerichtet. Die Reaktion des Galilei und vieler anderer gegen die traditionelle Anschauung, daß wahres Wissen nur auf der Offenbarung oder auf der Autorität der Schriften beruhen könne, war absolut notwendig. Es war der einzig richtige Weg für die Menschen jener Zeit, um zu einer umfassenderen Sichtweise ihrer Welt durchzubrechen. Galileis Wissenschaft jedoch trug, wie die des Aristoteles, den Keim ihres eigenen Untergangs, der sich heute vollzieht, schon in sich. Dieser Keim ist natürlich ihr fundamentales Mißtrauen in das inhärente Gutsein des menschlichen Wesens. Der Zweifel daran, daß allen Menschen die Möglichkeit offensteht, das Wesen ihrer Welt direkt zu erkennen, ist wahrscheinlich eine weit größere Erblast für den modernen Menschen als die mechanische Sichtweise des Universums.

Ein weiteres biblisches Thema, das in die »neue« Wissenschaft des sechzehnten Jahrhunderts aufgenommen wurde, sollte noch erwähnt werden: nämlich die Macht über die Natur. Francis Bacon verkündete, daß die Menschheit Wissenschaft betreiben sollte, um ihr Geburtsrecht der Herrschaft über die Natur und des Gebrauchs der Natur zu ihrem eigenen Ruhm einzulösen. Diese Haltung führt zu Aussagen wie der folgenden, die aus einem ansonsten ausgezeichneten Buch über die neue Physik stammt. »Feynman sieht in der Welt der Moleküle eine potentielle Baustelle für alle möglichen Arten neuer Strukturen, auf der wir winzige Vorrichtungen bauen könnten, die bestimmte Aufgaben erfüllen könnten... Molekulare ›Gesellschaften‹ könnten für die Zwecke des Menschen errichtet werden. Die Mikrowelt ist ebenso unendlich wie der Weltraum, und die Beherrschung dieser Welt durch den Menschen hat gerade erst begonnen. Möglicherweise hängt das Überleben unserer Zivilisation von unserer Fähigkeit ab, diese Mikrowelt zu meistern.«[8]

Man kann hinzufügen, daß möglicherweise auch die drohende Auslöschung unserer Zivilisation zum Teil aus gerade dieser Einstellung der Herrschaft des Menschen über die Natur entstanden ist. Es ist das Ungleichgewicht dieser Aussage, die ihr diesen (ziemlich) grotesken Charakter verleiht, und nicht die Tatsache, daß es grundsätzlich falsch wäre, den molekularen Bereich zu erforschen und die dabei gefundenen Entdeckungen auf harmonische Weise zum Wohle aller Gattungen, einschließlich der des Menschen, zu nutzen. Doch die auf Bacon zurückgehende Vorstellung, daß wir die Natur völlig beherrschen können, beinhaltet, daß wir von ihr getrennt sind, und daß wir sie uns untertan machen sollten, bevor sie sich uns untertan macht. Auch diese Anschauung enthält den Keim ihres eigenen Untergangs: Der Wunsch, von der Natur getrennt zu sein, würde, wenn er zu verwirklichen wäre, unsere Auslöschung bedeuten.

All dies schmälert jedoch nicht die positive Leistung von Galilei, Bacon und vielen anderen, die darin besteht, daß sie die Abhängigkeit von überkommenen Ansichten und Meinungen überwunden haben: Laßt uns beobachten und sehen! Laßt uns unser Wissen nicht nur aus dem ableiten, was wir *denken*, was geschehen *sollte*, nachdem wir die Prinzipien der Logik auf Urprinzipien angewendet haben, von denen wir durch Offenbarung und Intuition wissen, sondern auch, was viel wichtiger ist, aus den Mustern, die wir aus dem, was *vor unseren Augen* geschieht, (induktiv) ableiten können. Die erste Anschauung wird als Rationalismus bezeichnet, die zweite als Empirismus.

Eine Welt ohne Leben

Nachdem Galilei die Naturphilosophen mit seinen neuen Methoden davon überzeugt hatte, daß die aristotelisch-thomistische Darstellung der Bewegung auf der Erde und am Himmel falsch war, brauchte man eine neue Erklärung, denn die Menschen haben ein starkes Bedürfnis nach Erklärungen. Diese wurde von Newton gefunden. Er erkannte folgendes: Wenn wir mit Galileis Prinzip übereinstimmen, daß ein Objekt sich auf einer geraden Linie weiterbewegt, wenn nicht irgendeine Kraft auf es einwirkt, dann muß es eine Kraft geben, die ständig auf den Mond einwirkt. Andernfalls wäre er schon längst in einer geraden Linie weggeflogen, statt sich immer weiter in Kreisen um die Erde zu bewegen. Er erkannte, daß dies die gleiche Kraft sein könnte, wie die, die einen Apfel oder irgendein anderes Objekt zur Erde zieht. Dann berechnete er, daß die Bewegung der anderen Planeten sehr genau vorhergesagt werden könnte, wenn man von der Annahme ausgeht, daß auch sie durch eine solche Anziehungskraft in ihrer Umlaufbahn um die Sonne gehalten würden. Er nannte diese Kraft Schwerkraft (engl.: gravity). Das Wort »gravity« hat eine Beziehung zu dem Wort »grave«, welches sowohl ein Adjektiv ist, das etwas sehr Ernstes bezeichnet (»Das war ein schwerer Fehler« [grave mistake]), als auch ein Substantiv, das ein Loch in der Erde (ein Grab) bedeutet. Dies zeigt uns, mit welchem Ernst Newton und seine Nachfolger das Gesetz der Schwerkraft behandelten. Es war ein grabesernstes Gesetz. Tatsächlich bedeutete es das Grab aller Sphären und der für die Planetenbewegungen notwendigen Intelligenzen des Aristoteles. Jetzt bewegten sich die Planeten einfach von selbst immer weiter und wurden von der Schwerkraft in ihrer Umlaufbahn gehalten. Der Raum mußte leer sein, da die Planeten offensichtlich keiner Reibung ausgesetzt waren: Über all die Jahrtausende der Beobachtung hinweg hatte es keinen Hinweis darauf gegeben, daß sie sich verlangsamten. Um die Bewegungen der Planeten in einem mathematischen System fassen zu können, war es weiterhin notwendig, daß sie sich in Relation zu etwas außerhalb von ihnen bewegten. Newton entschied sich für die Annahme, daß sein nun leerer Raum der absolute, unbewegliche Hintergrund sei, auf den man alle Bewegungen beziehen könne. Außerdem nahm er an, daß das Zeitelement in seiner Gleichung für alle Planeten, und in Erweiterung für das gesamte Universum, das gleiche sei. Dies waren Newtons *Annahmen*; es wären auch andere Annahmen möglich gewesen.

Um Galileis Beobachtungen an sich bewegenden Kugeln und um die Bewegungen der Planeten erklären zu können, mußte Newton ein Maß für die Menge an Stoff oder Materie in einem bestimmten Objekt einführen. Er nannte dies Masse. Wie schnell ein Gegenstand beschleunigt wird, wenn er angestoßen wird, hängt davon ab, wieviel Stoff vorhanden ist, also von seiner Masse. Ein Kleinwagen mit einem 1,8-Liter-Motor kann also viel schneller beschleunigen als ein Schulbus mit der gleichen Maschine. Wenn der Bus vier mal mehr Masse hätte als der Kleinwagen, dann würde er vier mal weniger schnell beschleunigen. Diese Masse sollte sich weder verändern, wenn das Objekt an verschiedene Orte gebracht würde, noch sollte sie sich in der Zeit verändern. Raum und Zeit konnten nach Newton die Masse nicht beeinflussen.

So wurden Raum und Zeit zu einem passiven, gleichförmigen Hintergrund für die Bewegungen von Klumpen von Materie, die sich automatisch, gemäß den Gesetzen der Schwerkraft vollzogen.

Zusammen mit den Sphären und Intelligenzen des Aristoteles verschwanden auch die Prinzipien der Sympathie-Magie, die Prinzipien der Entsprechungen zwischen Körper und Natur usw., aus dem Blickfeld. Denn das Gesetz der Schwerkraft war jetzt das einzige Gesetz des Universums und konnte alles erklären; mit den Dingen, die es nicht erklären konnte, gab man sich nicht mehr ab. Schließlich verschwanden auch der uranfängliche Beweger und die Gewißheit von Gott als dem Garant der Vollkommenheit in der Natur aus dem Bild. Gott wurde zum Uhrmacher.

Das Universum, bisher ein lebendiger Organismus, erfüllt, vollständig, endlich und von Anfang an determiniert, wurde zu einem toten Nichts, das Brocken toter Materie enthielt. Es war vorhersagbar und determiniert geworden, doch nicht mehr von Anfang an, sondern von Augenblick zu Augenblick. Doch gleichzeitig war es auch unendlich.

Die mechanistische Sichtweise wurde, zusammen mit der Trennung des Menschen von der Natur, allgemein verbreitet und stellte die Grundlage für neue politische und gesellschaftliche Theorien sowie für Wissenschaftstheorien und Theorien des menschlichen Geistes und Verhaltens dar. In Kombination mit der experimentellen Methode, brachte sie der Biologie und der Chemie gewaltigen Auftrieb. Mit der Einführung des quantitativen Ansatzes und mit dem Verlust des Vertrauens in die natürliche Magie und in die transformative Kraft der natürlichen Entsprechungen, entwickelte sich die Alchimie zur Chemie. Bei der Bedeutung, die man isolierten Klumpen von Materie als letzter Erklärung für alles beimaß, war es unvermeidlich, daß die Atomtheorie der Elemente entwickelt wurde. Dies geschah im wesentlichen durch Priestley und Lavoisier in der Mitte des achtzehnten Jahrhunderts. Man dachte sich alle bekannten Substanzen in der Natur als Mischungen aus reinen Elementen. Jedes dieser Elemente bestand letztlich aus einer bestimmten Sorte von unteilbaren Teilchen, den Atomen. Man stellte sich die Atome als kleine, unteilbare Kugeln vor, die mit verschiedenen Arten oder Anzahlen von Haken ausgestattet waren, mit deren Hilfe sie sich verbinden und so die Moleküle all der anderen Substanzen bilden konnten. Im Jahre 1871 stellte Mendelejew alle bekannten Atome in einer gefälligen und symmetrischen Tabelle zusammen, die als das Periodensystem bekannt wurde.

Aber die Dinge waren nicht ganz so übersichtlich, wie man gehofft hatte, denn die Elektrizität und der Magnetismus, Phänomene, die schon lange bekannt waren, paßten nicht recht ins Bild. Es schien zwei verschiedene elektrische Kräfte zu geben, eine abstoßende Kraft zwischen zwei negativen oder zwei positiven Ladungen (»gleiche Ladungen stoßen sich ab«) und eine anziehende Kraft zwischen entgegengesetzten Ladungen. Und ebenso schien es zwei Arten von magnetischen Kräften zu geben, eine anziehende und eine abstoßende. Diese Kräfte kamen zur Schwerkraft hinzu, und so wurde das Bild ein wenig komplizierter. Es war sehr schwierig, elektrische Ströme und magnetische Felder auf der Basis kleiner Teilchen, die im leeren Raum herumtreiben und einfachen Gesetzen der Anziehung oder Abstoßung gehorchen, zu erklären.

Im neunzehnten Jahrhundert schien jedoch alles geklärt zu sein. Zu Anfang des Jahrhunderts hatten Young und Fresnel ziemlich überzeugend dargelegt, daß das Licht eher eine Art Wellenbewegung als die Bewegung von Teilchen war. Läßt man zwei Lichtstrahlen sich auf einem Schirm überschneiden, ergeben sich Interferenzmuster (helle und dunkle Streifen) wie bei Wasserwellen, die durch Teilchen nicht zustande kommen konnten. Die dunklen Streifen an den Stellen, an denen sich die Strahlen überschneiden, können nur dadurch entstehen, daß sich die Strahlen dort irgendwie gegenseitig auslöschen, so wie sich Wasserwellen gegenseitig auslöschen, wenn ein Tal und ein Gipfel zusammentreffen. Andererseits können sich zwei Teilchen nur gegenseitig verstärken. Das Erscheinen dunkler Streifen zwischen den hellen Streifen ist also ein Anzeichen für eine Wellenbewegung. Faraday hatte gezeigt, daß Elektrizität und Magnetismus irgendwie miteinander verbunden sind: Wenn er einen Magneten in der Nähe eines Drahtes bewegte, an dem ein Meßgerät angeschlossen war, floß ein Strom. Schließlich zeigte James Clark-Maxwell in einer Synthese, die fast so großartig war wie die von Newton selbst, daß Licht die Wellenbewegung einer Kombination von elektrischen und magnetischen Kräften ist, also aus elektromagnetischen Wellen besteht.

Faradays und Maxwells Vorstellung von Feldern oder Wellen, die sich durch den gesamten Raum ausbreiten, veränderten von Grund auf Newtons einfache Kosmologie von Raum und Zeit. Aber die metaphysische Vorstellung eines

Uhrwerkes blieb unverändert. Merkwürdigerweise schien sie sogar in den Köpfen der Menschen bekräftigt zu werden. Das Medium, in dem sich die elektromagnetischen Wellen ausbreiten, stellte man sich als eine Art sehr feiner Substanz vor, die den »leeren« Raum ausfüllen sollte. Maxwell versuchte sogar ein mechanisches Modell dafür zu entwerfen, wie das Licht sich durch dieses Medium bewegen könnte. Die metaphysische Annahme eines leeren Raumes, *in* dem sich Materie mechanistisch verhält, war mittlerweile so tief verwurzelt, daß sie die Theoriebildung und die Beobachtungen der Physiker *steuerte*.

Gegen Ende des neunzehnten Jahrhunderts sagte Lord Kelvin, einer der größten Physiker seiner Zeit, die Physik sei eine fortlaufende Ansammlung von Tatsachen, die grundlegend miteinander im Einklang ständen, und von denen die wichtigsten bereits entdeckt seien. Ein anderer berühmter Physiker jener Zeit gab seinen Studenten den Rat, keine Karriere in der Physik anzustreben, da die einzige Arbeit, die noch getan werden müsse, darin bestehe, einige Stellen hinter dem Komma zu schon vorhandenen Ergebnissen hinzuzufügen. Diese Aussagen implizierten die Anschauung, daß die Physik tatsächlich erschöpfende Antworten über die Beschaffenheit des Universums gefunden hätte, und daß alle anderen Wissenschaften entsprechend aufgebaut werden sollten. Lord Kelvin sah nur noch »zwei kleine dunkle Wolken« am Horizont. Diese kleinen Wolken waren einige geringfügige experimentelle Unstimmigkeiten, die jedoch letztendlich den Anstoß zur Entwicklung der Theorien der Relativität und der Quantenmechanik gaben.

Es ist offensichtlich, daß ich einen sehr vereinfachten Überblick über Aufstieg und Verfall der mittelalterlichen Naturerklärung und über die Entstehung der Vorstellungen der klassischen Physik gegeben habe. Ich habe nur einige Punkte herausgegriffen, während der tatsächliche Wandel solch allumfassender Welterklärungen eine komplexe Angelegenheit ist, in dessen Verlauf es zu einer völligen Verlagerung der Perspektive der gesamten Gesellschaft, zur Neudefinition von Begriffen und zu subtilen Veränderungen in der Vorherrschaft bestimmter Themen im kulturellen Muster kommt. Ich hoffe jedoch, daß der Leser einige schlaglichtartige Eindrücke von der reichen, lebendigen Qualität des mittelalterlichen Universums bekommen hat, von der gesunden Reaktion der klassischen Physik gegen die dogmatische und rationalistische Selbstgefälligkeit der mittelalterlichen Gelehrten, von dem, was an neuen Themen in der klassischen Physik aufkam und was in Wirklichkeit aus der mittelalterlichen Sicht übernommen wurde. Ich hoffe auch, daß ich ein Gefühl dafür vermitteln konnte, daß das, was im Jahr 1100 frisch und neu war, zur Zeit des Kopernikus zu einer dogmatischen Überzeugung geworden war, und daß das, was für Galilei etwas Neues darstellte, zu Beginn des zwanzigsten Jahrhunderts ein dogmatisches Glaubenssystem geworden war und auch heute noch ist. In unserer modernen wissenschaftlichen Weltanschauung geht es jedoch um mehr als nur um den Gegensatz mechanistische versus relativistische oder Quanten-Modelle. Es geht auch um die Überzeugung, daß die Wissenschaft uns die Wahrheit über die Realität vermitteln kann, und daß unsere eigenen Sinne dies nicht können. Diese Überzeugungen stammen nicht aus der klassischen Physik, sondern gehen auf die mittelalterliche Theologie und sogar noch weiter bis auf Plato zurück.

Die Tatsache, daß in den sechziger Jahren ein Bewußtsein bezüglich der Veränderungsprozesse wissenschaftlicher Glaubenssysteme entstand, führte zu der tiefgreifendsten wissenschaftlichen Revolution in den dreihundert Jahren der modernen Wissenschaft, nämlich zu einer Revolution unseres Verständnisses vom Prozeß wissenschaftlicher Entdeckung und Veränderung. Dies wird unser nächstes Thema sein.

5 Wissenschaftliche Revolutionen: Glaubenssysteme verändern sich

Noch einmal: »Ich glaube an…«

Als der kleine Johnny zwei Jahre alt war, fuhr er einmal mit seinen Eltern nachts nach Hause. Es war Vollmond und die Telegraphendrähte schienen sich von unten nach oben über ihn wegzubewegen. Der kleine Johnny sagte: »Guck mal, Mond fällt runter.« Als sie zu Hause angekommen waren, sagte er: »Guck mal, Mond auch Hause.« Als Johnny vier Jahre alt war, sagte er nicht mehr, daß der Mond mit ihm nach Hause kommt, sondern er dachte, daß Sonne und Mond jeden Tag über den Himmel wandern.

Als Johnny fünfeinhalb wurde, kam er zur Schule. Er war sehr stolz. Das erste was sein Lehrer ihm sagte, war das gleiche, was Mama und Papa ihm immer wieder gesagt hatten: »Johnny, es ist sehr wichtig, immer die Wahrheit zu sagen.« Also sagte Johnny meistens die Wahrheit, und da er seine Mama und seinen Papa und seine Lehrer wunderbar fand, glaubte er, daß sie *immer* die Wahrheit sagten.

Jetzt ist Johnny dreizehn Jahre alt. Vielleicht könnte er uns erzählen, was er dieses Jahr in der Schule gelernt hat. »Ich habe gelernt, daß die Wissenschaftler die Wahrheit über das Universum herausfinden, und diese besteht aus Tatsachen. Alles, was nicht eine von Wissenschaftlern herausgefundene Tatsache ist, ist nur eine Meinung, und wir brauchen nicht daran zu glauben. Aber an Tatsachen müssen wir glauben, weil sie wahr sind. Sie finden die Dinge mit Hilfe der wissenschaftlichen Methode heraus, und die hat vier Schritte:

1. Mache unvoreingenommen Beobachtungen und entdecke Fakten!
2. Bilde eine Theorie oder Hypothese, um die Fakten zu klären!

3. Mache mit Hilfe dieser Theorie eine Vorhersage!
4. Überprüfe diese Vorhersage, indem du eine neue unvoreingenommene Beobachtung machst!«

»Und was hast du noch gelernt, Johnny?«

»Ich habe etwas über Raum und Zeit gelernt. Ich habe gelernt, daß der Raum kalt, schwarz, leer und tot ist und immer, immer weitergeht. Und ich habe gelernt, daß die Zeit überall die gleiche ist. Sie fließt von der Vergangenheit über die Gegenwart in die Zukunft. Sie hat keinen Anfang und kein Ende, und alles bewegt sich innerhalb ihres Ablaufs.«

»Und was hast du noch gelernt, Johnny?«

»Ich habe gelernt, daß die Dinge aus Materie bestehen. Materie besteht aus kleinen Teilchen, die Atome bilden, und die Atome schließen sich zu größeren Teilchen zusammen. Und zwischen den Teilchen ist eine Menge toter, leerer Raum. Und die Teilchen gehorchen Gesetzen. Die Gesetze ändern sich nie, und die Teilchen gehorchen ihnen immer. Die Welt ist also wie ein Uhrwerk. Vor langer Zeit wurden die großen Teilchen sehr kompliziert und wurden irgendwie lebendig. Und die Lebewesen fingen an, miteinander zu konkurrieren. Die Stärksten überlebten, weil sie Nahrung bekommen konnten, die anderen konnten das nicht, also starben sie. Das nennt man ›das Überleben des Stärkeren‹ und ›natürliche Selektion‹. Um beim Überlebenskampf im Vorteil zu sein, entwickelten die Tiere Gehirne, und weil es immer schwerer wurde zu überleben, wurden immer mehr Schlaue geboren, und die töteten die anderen. Später wurden sie intelligent, und so kam es zur Entstehung des Menschen. Und dann habe ich gelernt, wie wir sehen. Es gibt da solche Wellen aus Elektrizität und Magnetismus. Und für jede Farbe schwingen die Wellen in einer anderen Frequenz. Wenn wir die Farbe Rot sehen, dann liegt das daran, daß Wellen mit einer bestimmten Frequenz von etwas abgestrahlt werden und in unser Auge fallen. Unser Auge hat eine Netzhaut, wie der Film in einer Kamera, und jeder Punkt auf der Netzhaut ist über den optischen Nerv mit einem Punkt in unserem Gehirn verbunden, und so sehen wir. Es ist so, als ob man eine Photographie ansieht. Und genauso ist es beim Hören, Tasten usw. Unser Gehirn ist wie ein Computer, und darum können wir denken. Unser Geist ist in unserem Gehirn, und wenn wir etwas denken, dann denken wir das, was in unserem Computer-Gehirn geschieht. Wenn wir wütend werden, dann liegt das daran, daß wir aggressive Instinkte haben, um uns selbst und unsere Kinder gegen Feinde zu verteidigen. Und wenn wir jemanden lieben, dann deswegen, weil wir einen Sexualtrieb haben, damit wir Kinder bekommen und unsere Gattung erhalten bleibt. Die Menschen haben auch einen religiösen Instinkt, weil sie sich vor dem fürchten, was sie nicht wissen. Und man hilft einem anderen nur, wenn es gut für einen selbst ist. Und alles, was wir nicht wissen, werden Wissenschaftler herausfinden und uns irgendwann erklären.«

Das ist also das, was Johnny in seinem naturwissenschaftlichen Kurs lernt, wenn er dreizehn ist. Und indem er älter wird, lernt er Jahr für Jahr ein bißchen mehr, die Details bis ins Kleinste auszufüllen. Wenn er an der High School Physik studiert, lernt er etwas über Relativität und Quantenphysik. Aber er ist schon davon überzeugt, daß die Wissenschaft das Universum erklären kann, und daß das, was ihm der gesunde Menschenverstand über Raum, Zeit, Geist und Materie sagt, von der Wissenschaft bestätigt wird. Es geht hier nicht darum, daß wir Dreizehnjährigen Quantenphysik und das holographische Paradigma beibringen sollten. Das Problem ist, daß wir von ihnen verlangen, an die *Realität* dieser Dinge zu glauben, und daß auch wir selbst anfangen, daran zu *glauben*.

Wir sagen, wir wissen, daß diese Dinge wahr sind, weil sie funktionieren. Sie führen zu praktischen Ergebnissen. Aber wie steht es mit der unmittelbaren Erfahrung? Was ist mit unserer Zeiterfahrung, unserer Erinnerung, unserer Wahrnehmung? Woran wir glauben, zeigt sich mehr darin, wie wir leben, als in den ausgeklügelten Theorien, die wir entwickelt haben. Im großen und ganzen neigen die meisten von uns, einschließlich professioneller Wissenschaftler dazu, in einer Weise im Außen zu leben, als wäre die Welt, wie Johnny sie beschrieben hat, alles, was wir wissen und was wir jemals wissen können, ja sogar alles, was überhaupt existiert. Der Physiker Paul Davies sagt dazu: »Diese Aussagen (der modernen Physik) sind so phantastisch, daß die meisten Wissenschaftler eine Art Doppelleben führen, sie akzeptieren sie im Labor und weisen sie im täglichen Leben ohne zu zögern zurück.«[1]

Wir leben, als wäre unser Körper ein isoliertes Objekt; dadurch verlieren wir unsere heilsame Verbindung mit der Erde. Wir leben, als wäre um uns toter, leerer Raum; dadurch muß all unsere Energie und Einsicht von innen kommen, und wir fühlen ständig die Angst aufsteigen, daß unsere Energie sich erschöpfen könnte. Wir leben, als eile die Zeit tatsächlich von der Vergangenheit zur Zukunft; dadurch ruhen wir nicht in der Gegenwart. Wir leben, als wäre unser Geist irgendwo in unserem Körper lokalisiert, und als würde er von unserem Körper erzeugt; daher fürchten wir den Tod als eine schreckliche Auslöschung. Wir leben, als wären wir Beobachter in einer Welt der Objekte, die sich nicht von Augenblick zu Augenblick verändern, und als würden wir sie wahrnehmen wie eine Kamera, die Photos macht; daher sehen, hören, schmecken, riechen und berühren wir niemals wirklich. Wir leben, als gehorchten unser Körper, unsere Gefühle und unsere Umwelt mechanischen Gesetzen, denen wir entweder folgen oder gegen die wir sinnlos ankämpfen können, so als gäbe es keine Möglichkeit, uns für etwas jenseits davon zu öffnen; daher ist es auch zwecklos, irgend etwas zu üben, es sei denn zum Zwecke des Überlebens oder der Unterhaltung. Unsere Wahrnehmung wird reduziert, wir leben, als wären unsere konditionierten Überzeugungen die einzige Wahrheit, und die Idee des nicht-bedingten Gutseins empfinden wir als eine Bedrohung unserer geistigen Gesundheit.

Zu anderen Zeiten und an anderen Orten haben die Menschen andere Dinge über die Welt, in der sie lebten, geglaubt. Aus ihrer Perspektive waren *diese* Überzeugungen wahr, da auch sie funktionierten. Benjamin Whorf war einer der ersten Anthropologen, die gezeigt haben, wie verschieden die Weltbilder der amerikanischen Indianer sind. Heutzutage sind wir mit den vielen verschiedenen Arten, die Welt zu verstehen, wie sie uns von den Anthropologen während der letzten Jahrzehnte vermittelt wurden, vertraut. Hier einige Beispiele zur Erinnerung:

Im Mittelalter erbaute man die Kirchen aus dicken Steinwänden, in dem Glauben, daß die Steine tatsächlich die Macht hätten, die Heiligkeit der Kirche zu schützen. Alle Objekte hatten eine lebendige Qualität, eine ihnen eigentümliche Macht. »Die romanische Kirche mit ihren starken Steinwänden und ihrem gedrungenen und massiven Turm war Gottes Festung auf Erden. Hier war Gott allein der Herr. Das Haus Gottes, die Kirche, bot dem seiner Sünden wegen ständig gepeinigten Menschen Geborgenheit, Schutz und Gerechtigkeit. Negative Energien wurden durch Buße, Bekenntnis und Sakramente in eine positive Kraft verwandelt, und der Mensch wurde zum Heil und zur Erlösung geführt. Das Böse verbannte man aus der Hörweite der Kirchenglocken. Denn in der geweihten Kirche lag eine Quelle göttlicher Kraft, die in der Gegenwart Christi in den Sakramenten gespeichert war und in der Energie, die von den Gräbern der spezifischen Heiligen dieser Kirche und von jeder anderen, wenn auch noch so kleinen, heiligen Reliquie, die diese Kirche eventuell besaß, ausstrahlte.«[2]

Der auf das Mittelalter spezialisierte Historiker F. Heer kommentiert das so: »Man hat der mittelalterlichen Frömmigkeit oft ihren Materialismus vorgeworfen, ihren Rückfall in Magie und Zauberei, ihren Mangel an echter Spiritualität und ihre Anfälligkeit für Aberglauben. Solche Vorwürfe sind verständlich, wenn man bedenkt, daß sie von Menschen gemacht werden, deren Lebenserfahrungen von denen des Mittelalters ziemlich verschieden sind, aber sie werden der Wirklichkeit und Vitalität des Glaubens, der von dieser Frömmigkeit gestützt wurde, nicht gerecht.«[3]

Ein Anthropologe erzählte uns einmal eine Geschichte von einem Mann aus Java, der ein ziemlich rücksichtsloser Autofahrer war. Alle seine Freunde warnten ihn immer wieder: »Sei vorsichtig, eines Tages wirst du einen Unfall haben.« Eines Tages überfuhr er eine alte Dame und verletzte sie ernsthaft. In seinem Kummer sagte er immer wieder einen Satz: »Ich werde nie wieder an diesem Tag fahren.« Mit »diesem Tag« meinte er jeden Tag in seinem zyklischen Leben, der die gleiche Qualität wie dieser eine haben würde, und er schrieb sich das in sein Tagebuch. Für ihn war es *dieser* Tag. Der Mann kannte natürlich den linearen Aspekt der Zeit, daß ein Tag auf den anderen folgt. Er führte ja schließlich ein Tagebuch. Gleichzeitig hatte er ein sehr persönliches Empfinden für die Wahrheit des zyklischen Aspekts der Zeit.

In der großen Kultur Chinas existierte sicherlich ein sehr tiefes Verständnis der Natur und des menschlichen Körpers, aus dem ihr äußerst effektives System der Medizin entstanden ist. Und doch ist es vollkommen anders als unser eigenes. T. J. Kaptchuk, Direktor der Klinik für Schmerz- und Streß-Abbau des Lemuel Shattuck Hospitals in Boston, der seinen Doktor am Macau-Institut für chinesische Medizin gemacht hat, sagt dazu: »Der Unterschied zwischen den beiden Schulen der Medizin ist tiefgreifender als der zwischen ihren Terminologien. Die eigentliche logische Struktur, die der Methodologie, den gewohnheitsmäßigen geistigen Operationen, welche die klinischen Erkenntnisse und kritischen Entscheidungen des Arztes leiten, zugrunde liegt, ist in den beiden Traditionen radikal verschieden. Was Michel Foucault über die medizinische Wahrnehmung verschiedener historischer Perioden sagt, ließe sich ebensogut auf diese verschiedenen kulturellen Traditionen anwenden: ›Nicht nur die Namen der Krankheiten oder die Gruppierungen der Systeme waren verschieden, sondern auch die grundlegenden Schlüssel der Wahrnehmung, die man auf den Körper des Patienten anwendete, der Bereich von Objekten, mit dem sich die Beobachtung beschäftigte, die Oberflächen und Tiefen des Körpers, welche die kritischen Blicke des Arztes auf sich zogen, das ganze System der Orientierung, waren verschieden.‹«

Kaptchuk glaubt, »daß diese zwei unterschiedlichen logischen Strukturen die beiden Schulen der Medizin in verschiedene Richtungen geführt haben. Die westliche Medizin beschäftigt sich mit isolierten Krankheitskategorien... sie geht von einem Symptom aus und sucht dann einen zugrundeliegenden Mechanismus, eine präzise *Ursache* für eine spezifische Krankheit. Der chinesische Arzt dagegen lenkt seine Aufmerksamkeit auf das Individuum in seiner physiologischen und psychologischen Ganzheit. Alle relevanten Informationen, die sowohl das Symptom als auch die anderen Eigenschaften des Patienten umfassen, werden gesammelt und in einen Zusammenhang gebracht bis das entsteht, was die chinesische Medizin ein Muster der Disharmonie nennt. Die Therapie versucht dann, die Konfiguration wieder ins Gleichgewicht zu bringen, die Harmonie im Individuum wiederherzustellen.«[4]

Die Kung San, ein kleiner Stamm auf der Stufe der Jäger und Sammler, der am Rande der Wüste Kalahari lebt, praktizieren zwei- oder dreimal in der Woche ein Heilungsritual, an dem der gesamte Stamm teilnimmt. Während dieser Rituale geraten verschiedene Mitglieder des Stammes in einen erschreckenden, hoch energetischen Zustand von Körper und Geist, und Mitglieder des Stammes, die dieses selbst schon durchgemacht haben, helfen ihnen durch diesen Zustand hindurch. Wenn sie es schaffen, durch diesen Zustand hindurchzugehen, treten sie in eine

Phase *(Kia)* ein, in der sie für eine Zeitlang zu Heilern werden. Über fünfzig Prozent der Mitglieder des Stammes gehen zu irgendeiner Zeit ihres Lebens durch diese Phase, und sie wird als ein notwendiger Aspekt des völligen Erwachsenseins betrachtet. Als ein Stammesmitglied gefragt wurde, was während dieses Prozesses geschieht, kam es zu folgendem Austausch, berichtet von Richard Katz, dem Interviewer:

»Kau Dura belehrt mich... während ich versuche, meine westlichen Vorstellungen von Realität aufrechtzuerhalten.«

»Kau Dura«, frage ich, »du hast mir gesagt, daß man im *Kia* sterben muß. Heißt das, daß man *wirklich* stirbt?«

»Ja.«

»Ich meine, *wirklich* stirbt?«

»Ja.«

»Meinst du sterben, wie wenn man in der Erde begraben wird?« Ich ringe nach Worten.

»Ja«, antwortet Kau Dura enthusiastisch, »ja, genauso!«

»Es ist das gleiche?«

»Ja, das gleiche. Ich spreche wirklich vom Tod«, versichert er.

»Kein Unterschied?« frage ich fast flehentlich.

»Es ist der Tod«, antwortet er nachdrücklich, aber sanft.

»Der Tod, von dem man niemals wiederkehrt?« Ich bin beinahe am Ende mit meiner Logik.

»Ja«, antwortet er einfach, »es ist genauso schlimm. Es ist der Tod, der uns alle umbringt.«

»Aber die Heiler stehen wieder auf, und ein toter Mensch tut das nicht.« Meine Aussage mündet in eine Frage.

»Das ist richtig«, antwortet Kau Dura ruhig und mit einem Lächeln, »Heiler können wieder lebendig werden.«[5] Die Heiler sagen, daß sie in *Kia* »die Dinge sehen, wie sie sind« und auf eine ursprüngliche Art sie selbst werden.

Die Lebensart der Kung San war bis vor etwa 20 000 Jahren die Lebensart aller Menschen, und für sie scheint sich wenig daran geändert zu haben. Doch die vielen Anthropologen, die sie über Jahre hinweg besucht und beobachtet haben, berichten übereinstimmend, daß ihr Weltbild außerordentlich komplex sei. Wie Richard Lee, ein Ökologe, der bei den Kung gelebt hat, und der ihre Sprache spricht, berichtet, »fesseln sie den Beobachter durch ihre außergewöhnliche Kultur, ihre erzählerische Begabung, ihren trockenen Witz und erdhaften Humor und das reiche gesellschaftliche Leben, das sie aus dem nicht sehr vielversprechenden Rohmaterial ihrer einfachen Technologie und ihrer Halbwüsten-Umgebung geschaffen haben«. Die Welt der Kung ist, wie die mittelalterliche oder die chinesische Welt, in jedem bedeutsamen Aspekt genauso *wirklich* wie unsere eigene. Dies schließt auch ihr Heilungsritual ein, das man von dem Glaubenssystem, mit dem es verwoben ist, nicht trennen kann.

All diese Welten repräsentieren aber verschiedene Arten des Verständnisses und damit verschiedene Arten zu leben. Jede scheint ein Glaubenssystem für eine wirklich menschliche Gesellschaft hervorgebracht zu haben, in der es nicht weniger Mitgefühl und Einsicht gibt als in unserer.

Wir erwarten vom kleinen Johnny unseren Mythos zu verstehen und zu glauben. Genauso haben die Gesellschaften zu allen Zeiten von ihren Heranwachsenden erwartet, daß sie ihre Mythen über den Beginn und die Funktionsweise der Welt verstehen und glauben. Aber wenn aus dem kleinen Johnny Mr. Big John geworden ist, erinnert er sich nicht mehr daran, daß er einmal geglaubt hat, der Mond wäre mit ihm nach Hause gekommen; er erinnert sich nicht mehr daran, wie er zu dem Glauben gekommen ist, daß die Erde sich um die Sonne dreht; er erinnert sich nicht mehr daran, wie sein Glaube entstanden ist, daß alles aus »Materie« besteht; er erinnert sich nicht mehr daran, wie sein Glaube entstanden ist, daß sein Geist in seinem Kopf ist. Er hält das alles für offensichtlich. Er lebt in einer kalten, harten Welt der Isolation und des Kampfes. Big John hat den kleinen Johnny verloren und weiß nicht, wo er ihn finden kann. Und indem er den kleinen Johnny verloren hat, hat er auch seine *gefühlte* Verbindung mit der Welt verloren.

Es ist vielleicht ein Glück, daß wir, wie es jetzt deutlich geworden ist, auf einer gewissen Ebene vermutlich doch nicht alles vergessen haben, was wir glaubten, als wir zwei oder vier Jahre alt waren. Man hat z. B. festgestellt, daß 80 Prozent der Schüler an der High School, auch nachdem sie einen Physik-Kurs besucht haben, die Bewegung eines Wurfgeschosses (eines geworfenen Balles z. B.) auf eine sehr ähnliche Weise erklären, wie die mittelalterlichen Philosophen vor Newton sie definiert hätten. Im Sinne der klassischen Mechanik ist diese Erklärung vielleicht »falsch«, aber im Sinne einer gefühlten Verbindung mit dem Ablauf der Dinge in der Wirklichkeit hat sie etwas »Richtiges« an sich.[6]

An jedem Akt der Wahrnehmung scheinen sehr, sehr viele Ebenen der Interpretation und der Erinnerung beteiligt zu sein. Viele Psychiater wissen, daß wir auf dem besten Wege zur Geisteskrankheit wären, wenn wir versuchen würden, diese multiplen Ebenen der Interpretation völlig von unserem wachen Leben abzutrennen oder diese Ebenen in eine einzige hineinzuzwingen und völlig eindeutig zu werden. Dies war vielleicht die wichtigste klinische Entdeckung Freuds: der wirksame Einfluß des Unbewußten auf das wache Leben. Während die spezifischen Erklärungen Freuds manche Widerlegungen und Revisionen erfahren haben, bleibt diese primäre Entdeckung unwidersprochen. Gleichzeitig ist die Fähigkeit, diese Ebenen der Interpretation zu integrieren, offensichtlich eine Voraussetzung für echte Kreativität. Künstler wissen das. Aber wirkliche Wissenschaftler wissen dies auch: Kekule, Einstein, Niels Bohr sind bekannte Beispiele, und in der Literatur findet man zahlreiche weitere Beispiele.[7]

Die wissenschaftliche Methode:
»Ich werde es sehen, wenn ich es glaube.«

Die sogenannte wissenschaftliche Methode, nach der die Wissenschaftler, wie Johnny gelernt hat, angeblich vorgehen, ist eine Erfindung. Kein Wissenschaftler, der über seine Arbeitsweise geschrieben hat, beschreibt sie auf diese Weise. Ein Wissenschaftler, der versuchen würde, so zu arbeiten, könnte wahrscheinlich kaum etwas von Wert hervorbringen. Wie wir sehen werden, ist es äußerst unwahrscheinlich, daß es jemals so etwas wie eine reine, unvoreingenommene Beobachtung geben kann. Beobachtungen finden erstens immer in dem historischen und kulturellen Kontext statt, der jemandem einen Grund gegeben hat, überhaupt eine Beobachtung zu machen und zweitens in dem persönlichen Kontext des Glaubenssystems und des Organismus des Beobachtenden, der wiederum das Ergebnis seiner Beobachtung stark beeinflußt.

Worauf ich hier hinweisen möchte, ist, daß wir wohl auf dem Holzweg sind, wenn wir glauben, daß irgendein System von Beschreibungen, Interpretationen oder Erklärungen über unsere Welt das »richtige« sein kann, mit der Implikation, daß alle anderen »falsch« sind. Dabei spielt es überhaupt keine Rolle, ob diese Aussagen im Namen der Wissenschaft gemacht werden oder nicht, oder etwa im Namen der »klassischen« Wissenschaft oder der »neuen« Wissenschaft.

Damit will ich nicht die Inspiration kritisieren, die von der wissenschaftlichen Weltsicht und Methode ursprünglich ausgegangen ist. Es ist nur ein Hinweis darauf, wie einige Meilensteine auf dem Wege der Wissenschaft herausgegriffen und als feste Glaubenssätze in das System unserer Ausbildung und Erziehung eingebaut wurden. Zu jeder Zeit in der Geschichte der Wissenschaft gab es Interpretationen, die als Unterströmungen unter der Oberfläche der allgemein anerkannten Anschauung dahin flossen und die diese Anschauung in Frage stellten. So wurden z. B. im elften Jahrhundert die Texte des Aristoteles entdeckt und erforscht, um dann zwei Jahrhunderte später voll akzeptiert und in Thomas von Aquins Lehre eingebaut zu werden. Zur gleichen Zeit wurde aus eben diesen Texten die Impulstheorie entwickelt, aus der Galileis Theorie der Bewegung entstand, die, wie sich herausstellte, die Schwachstelle in der Lehre des Aquinaten aufdeckte.

Die Anregung, die von mutigen Männern wie Bacon und Galilei ausging, fegte Scheinheiligkeit, Aberglauben und Abhängigkeit von der Autorität als der Quelle des Wissens hinweg; jedenfalls lernen wir das in der Schule. Galileo Galilei (1564–1642) lebte in einer Zeit, in der die Überzeugung herrschte, daß die Erde das Zentrum des Universums sei, und daß Sonne, Mond und Sterne sich auf vollkommenen, kristallenen Kugeln um die Erde bewegten. Sie selbst waren ebenso vollkommene Kugeln. Dieses mittelalterliche Weltbild, welches von Thomas von Aquin und seinen Kollegen im späten dreizehnten Jahrhundert zur höchsten Blüte gebracht wurde, war schön und befriedigend. Es faßte eine Erklärung der physikalischen und der spirituellen Welt in einem Bild zusammen.

Galilei hörte von einem Instrument, das man in Holland gebaut hatte, und das weit entfernte Objekte vergrößerte. Er konstruierte sich ein solches Instrument, sah hindurch und stellte fest, daß der Mond Krater hatte. Er rief alle seine Kollegen zusammen und sagte: »Seht durch mein Teleskop! Ihr werdet sehen, daß der Mond keine vollkommene Kugel ist.« Einige der Kollegen antworteten: »Wir brauchen nicht zu sehen, wir *wissen*, daß er vollkommen ist und daher keine Krater haben kann.« Andere sahen hindurch, aber weigerten sich zu glauben, daß sie Krater auf dem Mond sahen, und behaupteten, das Teleskop sei fehlerhaft. Galilei wurde ins Gefängnis geworfen und vor die Inquisition gebracht, weil er gesagt hatte, daß die Erde sich bewege, und daß der Mond und die Planeten keine »vollkommenen« Kugeln seien. Doch heutzutage sind Männer wie Galilei die Väter unserer eigenen festgelegten Überzeugungen. Heute lernen wir, ebenso an das Gesetz der Trägheit und der Schwerkraft zu glauben, wie jene Kollegen des Galilei an die vollkommenen Kugeln glaubten. Newton schlug den absoluten Raum und die universelle Zeit nur als Hypothesen vor, die notwendig waren, um die formalen Berechnungen seines Systems zu vervollständigen. Zu Beginn des zwanzigsten Jahrhunderts wurde jeder Vorschlag, der die Absolutheit von Raum und Zeit und die absolute, unabhängige Existenz realer Teilchen in diesem Raum und dieser Zeit, die unveränderlichen Gesetzen unterlagen, anzweifelte, für reine Scharlatanerie gehalten.

Newton selbst dagegen glaubte, daß er mit seinem Gesetz der Schwerkraft das Wort Gottes enthüllt habe. Zeitgenössische und spätere Philosophen griffen diese mechanistische Sicht des Universums auf und interpretierten damit Geist, Pädagogik, Politik, Ökonomie, Ethik, Kunst und Religion. Auf diese Weise wurde ein im Grunde begrenztes Prinzip, das bei der Erklärung von Planetenbewegungen, Gezeiten und von Kugeln, die auf geneigten Ebenen rollen, erfolgreich war, als letzte Grundlage für alles im Leben übernommen. Das Problem liegt also nicht darin, daß man in der Wissenschaft mit Hilfe bestimmter Methoden in der Lage war, bestimmte Ursache-Wirkungs-Verhältnisse in bestimmten eng begrenzten und oft unnatürlich manipulierten Bedingungen festzustellen. Sondern es liegt darin, daß man diese Prinzipien zu höchsten Prinzipien erhoben hat, die auch Phänomene außerhalb des begrenzten Bereichs, für den sie entworfen wurden, erklären sollten, und damit legitime Beobachtungen, die nicht ins Schema passen, ausgeschlossen hat.

Kürzlich beschrieb ich dem Direktor eines bedeutenden Instituts für Atomphysik die Ergebnisse einiger Forschungsprojekte über Hellsehen, die mir besonders sorgfältig durchgeführt zu sein schienen und die scheinbar unanfechtbare

Ergebnisse gebracht hatten. Ich fragte mich, wie die Physik sich verändern könnte, um solche Phänomene mit einzubeziehen. Dieser Gentleman, ein liebenswürdiger und freundlicher Mensch, interessierte sich für die Praxis der Meditation, da sie, wie er sagte, »der experimentellen Methode folge: sieh hin und beobachte!« Seine Antwort auf meine Erkundigung über Hellsehen lautete: »Es gibt einige Dinge, von denen wir *wissen*, daß sie nicht wahr sind, und Hellsehen ist eines davon. Daher sind in diesem Fall experimentelle Daten ohne Bedeutung.« Dies ist ein Beispiel für: »Ich werde es sehen, wenn ich es glaube«, oder vielleicht eher: »Ich werde es nicht sehen, weil ich es nicht glaube.«

Dieses Prinzip: »Ich werde es sehen, wenn ich glaube«, scheint ein sehr tief verwurzeltes Prinzip des Organismus zu sein, ein Prinzip, welches einen Großteil unserer Wahrnehmung bestimmt. Das tatsächliche Verhalten der Wissenschaftler im Hinblick auf Beobachtung scheint also der innewohnenden Prädisposition des Organismus zu entsprechen. Diese Erkenntnis ist revolutionierend für das Verständnis der Geschichte und der Bedeutung der Wissenschaft. Sie hat weitreichendere Konsequenzen als die Theorien der Relativität und der Quantenmechanik zusammengenommen. Diese Sichtweise behauptet einfach, daß die konventionell vereinbarten Glaubensstrukturen jeder Gruppe von Wissenschaftlern ein untrennbarer Teil ihrer Ausübung von Wissenschaft sind, und sie bestimmen, welche Beobachtung ihnen annehmbar erscheint und welche sie zurückweisen werden. Von diesem Standpunkt aus findet Wissenschaft also nicht »die Wahrheit« heraus, sondern ist lediglich damit beschäftigt, ihre vereinbarten Glaubensstrukturen zu bestätigen bzw. zu widerlegen. Darüber hinaus ändern sich Glaubenssysteme nur, wenn bei ihrer Konfrontation mit der Realität Irrtümer aufgedeckt werden. Diese Glaubensstrukturen können sich schrittweise wandeln oder sprunghaft verändert werden, wenn sie durch sehr viele zurückgewiesene Beobachtungen einem starken Druck ausgesetzt sind. Diese Revolution ist eine verspätete Reaktion auf den ungeheuren Schock, den die Relativitätstheorie und die Quantentheorie für die ziemlich anmaßende Überzeugung des neunzehnten Jahrhunderts darstellte, nach der wir über fast alles schon die Wahrheiten herausgefunden hätten. Die erste Reaktion auf diesen Schock war der Versuch, mit Hilfe der Entsprechungstheorie der Wahrheit die Grundfesten der Wissenschaft zu stützen. Wie wir in Kapitel 3 gesehen haben, ist dieser Versuch, der mehr als ein Vierteljahrhundert andauerte, letztlich gescheitert.

Beobachtungen können widerlegen, aber nicht bestätigen

Karl Popper initiierte praktisch die Revolution, als er in seinem Buch *Logic of Scientific Knowledge*[8] zeigte, daß es fundamentale Unterschiede zwischen der Bestätigung und der Widerlegung einer Theorie gibt. Denn wie viele Beobachtungen wir auch immer machen mögen, die in Übereinstimmung mit einer Theorie sind, auch wenn es Milliarden wären, kann es immer noch eine geben, die die Theorie widerlegen kann. Gerade Newtons Theorie der Schwerkraft ist ein Beispiel dafür: Im Laufe von zweihundert Jahren gab es Tausende von astronomischen Beobachtungen, die diese Theorie bestätigt haben. Und doch bedurfte es nur einer einzigen, um sie zu widerlegen – Eddingtons Beobachtung der Beugung des Sternenlichts in der Nähe der Sonne während einer Sonnenfinsternis, die in Übereinstimmung mit Einsteins Vorhersage war, nicht jedoch mit Newtonschen Berechnungen. Daher können wir niemals sicher sein, daß eine Theorie, eine spezifische Beschreibung der Natur »wahr« ist, aber schon auf der Grundlage von nur einer einzigen Beobachtung können wir sicher sein, daß sie falsch ist (vorausgesetzt, wir trauen der Beobachtung, eine Bedingung, die den Kern des Problems trifft, wie wir bald sehen werden).

Nehmen wir ein anderes Beispiel: Wenn du mir sagst, »alle Australier haben schwarzes Haar«, dann könnte ich nach Australien fahren und anfangen, die Nationalität und die Haarfarbe der Menschen zu überprüfen. Ich könnte drei Millionen Australier zählen, die schwarzes Haar haben und doch immer noch nicht sicher sein, daß du recht hast. Der nächste Australier könnte blond sein, und diese eine Beobachtung würde deine Theorie sofort widerlegen. Die tatsächlichen Situationen in der Wissenschaft sind natürlich komplizierter als hier angedeutet. Mehrere Theorien greifen im Hinblick auf eine Beobachtung ineinander, so daß wir vielleicht nicht wissen, *welche* Theorie widerlegt wird. Darüber hinaus können nachfolgende Beobachtungen oder Korrekturen an der Theorie genau die Theorien widerlegen, auf denen die widerlegende Beobachtung zunächst beruhte. So werden wir letztlich nicht einmal sicher sein, ob eine Theorie widerlegt *ist.* Poppers Anschauung ist daher diese: »Theorien sind also unsere eigenen Erfindungen, unsere eigenen Ideen, und wenn sie (mit der Realität) kollidieren, dann wissen wir, es gibt eine Realität, etwas, das uns darüber informieren kann, daß unsere Ideen falsch sind. (Nebenbei bemerkt ist diese Art von Information – die Zurückweisung unserer Theorie durch die Realität – meiner Meinung nach die einzige Information, die wir von der Realität erhalten können, alles andere ist unser eigenes Produkt. Dies erklärt, warum all unsere Theorien von unserer menschlichen Sichtweise gefärbt sind, aber im Verlauf unserer Suche werden sie immer weniger und weniger von ihr verzerrt.)«[9]
Trotz seiner Anmerkung in Klammern ist Popper nicht ganz bei der Einfachheit seiner fundamentalen Einsicht geblieben, »daß die Zurückweisung unserer Theorien durch die Realität die einzige Information ist, die wir von der Realität erhalten können«. Er behauptete darüber hinaus, daß unsere Theorien immer näher und näher an die Wahrheit herankämen. »Unser Hauptanliegen in der Philosophie und in

der Wissenschaft sollte die Suche nach Wahrheit sein. Wir sollten nach den dringlichsten Problemen suchen und versuchen, sie zu lösen, indem wir richtige Theorien aufstellen, oder zumindest Theorien aufstellen, die der Wahrheit ein wenig näher kommen als diejenigen unserer Vorgänger.«[10] Popper entwickelte eine Theorie der Wahrheit, die auf der Wahrscheinlichkeit beruhte. Je häufiger eine unwahrscheinliche Theorie bestätigt wird, desto größer wird die Wahrscheinlichkeit, daß sie wahr ist. Das ist im wesentlichen gemeint, wenn er sagt, eine Theorie »komme der Wahrheit ein wenig näher«. Trotz der großen Anstrengungen, die Popper und seine Schüler über viele Jahrzehnte unternahmen, gibt es im Grunde keine befriedigende Methode, wie man einer Theorie eine »Wahrscheinlichkeit der Wahrheit« zuschreiben könnte. Und vor allen Dingen, wie hoch wir auch die »Wahrscheinlichkeit der Wahrheit« einer Theorie ansetzen mögen, sie kann immer noch von einer Beobachtung widerlegt werden. Wenn wir also Poppers früherer Logik folgen, ist alles, was wir wirklich sagen können, daß wir versuchen sollten, die drängenden Probleme zu lösen, indem wir Theorien aufstellen, die zumindest ein wenig weiter vom Irrtum entfernt sind.

Es besteht ein tiefgreifender Unterschied zwischen den beiden Aussagen, eine Theorie sei der Wahrheit ein wenig näher, und eine Theorie sei ein wenig weiter vom Irrtum entfernt. Popper kann von der zweiten zur ersten springen, da er an der klassischen Vorstellung festhielt, daß eine Theorie wahr ist, wenn, und nur wenn sie den Tatsachen oder der Realität entspricht (die Entsprechungstheorie der Wahrheit, die wir in einem früheren Kapitel betrachtet haben). Indem er daran festhält, steht Popper zwischen zwei Welten: der Welt, in der es eine »Realität« gibt, die aus »Tatsachen« besteht, und der Welt, in der die Zurückweisung unserer Theorien alles ist, was wir über die »Realität« wissen können.

In den sechziger Jahren gingen mehrere Wissenschaftstheoretiker, in der Hauptsache Toulmin, Hanson, Kuhn und Feyerabend, einen entscheidenden Schritt weiter als Popper, indem sie zeigten, daß die Theorien und Experimente, die von Wissenschaftlern formuliert werden, von ihren Vorannahmen, ihrem Glaubenssystem, abhängen.[11] Sie zeigten auch, daß diese Glaubenssysteme selbst nicht nur durch einen Prozeß des objektiven Experimentierens festgelegt werden, sondern auch durch eine von allen Angehörigen der jeweiligen Gruppe von Wissenschaftlern geteilte Übereinkunft, die bestimmt, was als gültige Beobachtung zugelassen bzw. verworfen wird, und was als Tatsache gelten kann. Das, was die »Realität« unter dieser Voraussetzung widerlegen kann, ist nicht mehr nur unsere Theorie, sondern sind auch die Vorannahmen derselben und damit auch die Beobachtungen und Experimente, die wir eigentlich zur Bestätigung oder Widerlegung der Theorie gebrauchen. Folglich geraten wir entweder in eine sich selbst verewigende oder eine sich selbst widerlegende Struktur: Solange unsere Theorien nicht durch unsere Beobachtungen widerlegt werden, gibt es keine Probleme. Doch sobald eine bedeutsame Anzahl von Experimenten die Theorie widerlegt (und damit ihre Vorannahmen und folglich auch die widerlegenden Experimente selbst), muß sich die ganze Struktur radikal verändern. Aufgrund der selbstreflexiven Natur dieses Prozesses – Beobachtungen widerlegen die Vorannahmen, welche die Beobachtungen gesteuert haben – sind solche Veränderungen *interne* Neuorganisierungen zusammenhängender Strukturen, vergleichbar mit einer Amöbe, die fremdes Material aufnimmt und verdaut. Diese radikalen Veränderungen sind das, was Kuhn wissenschaftliche Revolution nennt: z. B. die Kopernikanische Revolution von einem geozentrischen zu einem heliozentrischen Universum und die Revolutionen der Relativitäts- und der Quantentheorie.

Kuhn definiert zwei Arten von Wissenschaft: die normale oder konventionelle Wissenschaft und die revolutionäre

Wissenschaft. In der normalen Wissenschaft arbeiten die Wissenschaftler mit einer ganz bestimmten, konventionell vereinbarten Struktur von Glaubenssätzen oder einem System von Vorannahmen. Die normale Wissenschaft beschränkt sich selbst und sagt uns nichts über die Realität. In der revolutionären Wissenschaft sind die konventionell vereinbarten Vorannahmen nicht mehr adäquat; Beobachtungen, die diese Vorannahmen radikal widerlegen, können nicht mehr verleugnet werden, und es kommt zu einer völligen Veränderung der Vorannahmen. An dieser Stelle tritt dann wieder die normale Wissenschaft in Kraft.

Eine Analogie zu diesem umfassenden und völligen Umschalten in der Glaubensstruktur finden wir in der Serie bekannter Sinnestäuschungen in Kapitel 12. In Abbildung 6 z. B. kann man entweder das Profil einer alten Frau mit einer großen Nase erkennen oder den fast von hinten gesehenen Kopf einer jungen Frau. Zunächst können wir nur eine dieser beiden Interpretationen bemerken, z. B. die alte Frau. Dann, vielleicht dadurch ausgelöst, daß wir die Nase als ein Kinn erkennen, sehen wir in einem plötzlichen Umschwung die andere Interpretation. Sobald wir fähig sind, beide wahrzunehmen, können wir nicht mehr *nicht* beide sehen. In Kapitel 12 werden wir darüber sprechen, zu welch tiefgreifenden Veränderungen in unserem Verständnis der Wahrnehmung diese und auch andere einfache Illusionen geführt haben. Kuhn behauptet, daß sich die Auffassung, die die Wissenschaftler als Gruppe von der physikalischen Wirklichkeit haben, auf analoge Weise verändert.

Die Frage ist noch offen, ob solche Umschwünge ganzer Netze von Vorannahmen selten, plötzlich und ziemlich dramatisch geschehen, wie Kuhn behauptet, oder ob sie häufig und im stillen stattfinden. Wahrscheinlich trifft beides zu, so wie eine Serie von Erdverschiebungen schließlich zu einem Erdbeben führen kann. Es gibt jedoch, jedenfalls unter den Wissenschaftstheoretikern, die nicht mehr an der Entsprechungstheorie der Wahrheit festhalten, ein allgemeines

Einvernehmen über mehr oder weniger radikale Versionen der folgenden drei Punkte:

1. Beobachtung ist theoriegeladen. Das Glaubenssystem hat einen Einfluß darauf, wie man die Welt sieht, beschreibt oder interpretiert. Das, was wir beobachten, hängt daher von unseren Theorien und Erwartungen ab.

2. Bedeutungen sind abhängig von der Theorie. Die Bedeutung der in einer Theorie verwendeten Begriffe (z. B. Elektron, Welle) verändert sich, wenn sich die Theorie verändert. Wenn sich Theorien verändern, verändern sich also zu einem gewissen Grad auch die Qualitäten der »realen Dinge«, die sie angeblich beschreiben.

3. Tatsachen sind theoriegeladen. Was als Tatsache zählt, hängt von dem Glaubenssystem ab, das mit einer Theorie verbunden ist, und damit letztlich von der Gruppenentscheidung der Gemeinschaft der Wissenschaftler, die dieses Glaubenssystem haben. Tatsachen sind nicht der letzte Maßstab der »Realität«.

Nur in dem Moment, in dem die alten Vorannahmen mit der Realität kollidieren, und die neuen noch nicht zur Konvention geworden sind, erfahren wir überhaupt etwas über die Realität. Aber wir können keine positive Beschreibung dieser Realität geben: Sie ist nur das, was unsere Theorien widerlegt. Doch weil etwas da *ist,* das unsere Annahmen widerlegt, können wir uns nicht auf einen reinen Relativismus zurückziehen, auf die Vorstellung, daß »alles möglich ist«, daß, wenn wir nur intensiv genug an Feen glauben, es auch Feen *geben* wird. Trotzdem kann es sein, daß andere Kulturen, deren Wege, sich vom Irrtum zu befreien, eine andere Richtung genommen haben, Aspekte der relativen Wirklichkeit entdeckt haben, von denen unsere Kultur keine Ahnung hat. Der Wandel unserer Sichtweise davon, was die Wissenschaft uns über die außerhalb von ihr liegende Realität sagen kann, ist eindeutig selbst revolutionär. Es ist zu naiv zu glauben, Wissenschaftler machten wahre Aussagen über Tatsachen, die eine immer bessere Annäherung an »die

Wahrheit« sind und dann schließlich in die einzig gültige Beschreibung der Realität münden. Und doch vermitteln wir unseren Kindern die Geschichten der Wissenschaft immer noch so, als wären sie die Wahrheit. Und auch in populären Wissenschaftsmagazinen und -büchern wird diese Sichtweise weiterhin vertreten, von hervorragenden Autoren genauso wie von durchschnittlichen.

Im Januar 1981 hatte ich eine Begegnung mit einem damals achtjährigen Jungen und seinen Eltern, die mir folgende Geschichte erzählten. Als der Junge drei Monate alt war, fing er an, wie ein Erwachsener zu sprechen. Er beschrieb seiner Mutter, einer Kinderpsychologin, sein intrauterines Leben und den Geburtsvorgang (was seine Mutter aus ihrer Erinnerung an seine Geburt bis ins Detail bestätigen konnte). Im Alter von zwei Jahren gab er seiner Mutter eine Liste mit mehr als zwölf Sprachen, die er lernen wollte. Nach etwa zwei Jahren erzählte er seiner Mutter, er habe das Problem gelöst: er hatte wissen wollen, ob diese Sprachen eine gemeinsame Wurzel hätten, und hätte herausgefunden, daß es sich tatsächlich so verhielt (die indoeuropäische Wurzel). Mit sechs Jahren traf er sich wöchentlich mit einem Nobelpreisträger für Astrophysik, und als Folge dieser Begegnungen veröffentlichte der Professor ein neues Modell der Struktur der Milchstraße. Sein Vater, ein Professor für Biochemie, erzählte, der Junge habe ihn im Alter von drei Jahren über seine eigenen Fähigkeiten hinausgetrieben. Seine Lehrer für Klavier, Geige und Ballett sagten den Eltern unabhängig voneinander, sie glaubten, der Junge habe die Fähigkeiten, es zur Meisterschaft in diesen Bereichen zu bringen. Die Eltern hatten natürlich enorme Schwierigkeiten, passende Lehrer für ihren Sohn zu finden. Sie suchten einen tibetanischen Meditationslehrer auf, weil der Junge auch von Erinnerungen an Situationen erzählt hatte, die vor seinem intrauterinen Leben und in einer Zeit und an einem Ort zu liegen schienen, von denen er nichts wissen konnte. Er berichtete ebenfalls von äußerst fremdartigen Bildern zwischen diesen Erinnerungen. Die Mutter erkannte später, daß diese fremdartigen Bilder eine beachtliche Ähnlichkeit mit den Bildern des *Bardo Thodol (Tibetanisches Totenbuch)* hatten. Abgesehen von den Ratschlägen des Meditationslehrers hatten die Eltern keine eigenen Absichten, noch wollten sie irgend etwas beweisen. Sie beschäftigten sich intensiv mit der Erziehung des Jungen.

Der Junge schien die Theorien über die Beziehungen zwischen Körper und Geist bei der Entwicklung von Kindern sowohl zu widerlegen als auch zu bestätigen. In seiner Fähigkeit zu sehen, zu verstehen und seine Erfahrungen zu verbalisieren, war er anscheinend völlig erwachsen geboren worden, und dennoch durchlief auch er einige der klassischen Entwicklungsstufen der Kindheit und hatte die Fähigkeit, diese seiner Mutter zu beschreiben. Man sollte meinen, daß er für professionelle Kinderpsychologen von außerordentlichem Interesse gewesen wäre. Die Mutter hatte einen Bericht über die ersten Monate des Kindes geschrieben und wollte diesen einer wichtigen Konferenz über Geburtserfahrungen vorstellen. Sie erhielt den Text zurück mit dem Kommentar, er sei unakzeptabel, weil (1) diese Konferenz wissenschaftlich orientiert und daher nicht an Phantasieprodukten interessiert sei, und weil (2) der Name der Mutter als Autorin vor dem des Vaters genannt sei. Die Organisatoren der Konferenz hatten sich wahrscheinlich gedacht: »Da wir ja *wissen*, daß solche Dinge nicht geschehen können, sind sie auch nicht geschehen. Und außerdem ist die Hauptautorin eine Frau.« So denken die meisten von uns: »Da ich *weiß*, daß die Welt nicht so ist, kann nicht sein, was ich gesehen habe.« Wir sehen hier ein Beispiel für ein Prinzip, dem wir immer und immer wieder begegnen werden, nämlich, daß man das alte Sprichwort: »Das glaube ich erst, wenn ich es sehe«, auch umkehren kann. Eine genauere Beschreibung dessen, wie wir unsere Welt wahrnehmen, würde lauten: »Ich werde es erst sehen, wenn ich daran glaube.« Wir werden sehen, daß dies für die individuelle Wahrnehmung zutrifft. Es scheint aber auch auf der Gruppen-Ebene zuzutreffen: Eine Gruppe weist Beobachtungen, die mit den der Gruppe gemeinsamen Vorannahmen nicht vereinbart werden können, als illegitim zurück.

Als ein weiteres Beispiel für dieses Prinzip könnten wir die Reaktionen von Wissenschaftlern auf Berichte über Präkognition betrachten. Es gibt eine enorme Kontroverse in der wissenschaftlichen Welt im Hinblick auf Präkognition: Die Diskussion wird oft vehement und äußerst rüde geführt. Von seiten der konventionellen Wissenschaft scheint es ein starkes Bedürfnis zu geben, solche Phänomene als legitime Beobachtungen von der Betrachtung auszuschließen. Kuhn und Feyerabend haben gezeigt, daß es eine Eigenart der »normalen« oder konventionellen Wissenschaft ist, daß sie Beobachtungen, die das gerade gültige Glaubenssystem nicht bestätigen, ignoriert oder als unwichtig abtut. Die Kollegen von Galilei, die sich weigerten, durch sein Teleskop zu schauen, weil sie *wußten*, wie der Mond aussieht, sind ein Beispiel. Das heißt natürlich, daß solche Beobachtungen einer *besonders* gründlichen Überprüfung unterzogen werden sollten. Und da hellseherische Phänomene in ihrer Geschichte immer mit Okkultismus und Entertainment in Verbindung gestanden haben, *ist* es notwendig, sich sorgfältig gegen Betrug und Selbsttäuschung abzusichern. Es scheint jedoch, daß dies heutzutage getan wird.

Ein anderer Grund, der es schwierig macht, solche Phänomene im Bereich der normalen Wissenschaft zu diskutieren, liegt darin, daß ihre besten Daten dem Wesen des Phänomens entsprechend anekdotisch sind, also nur einmal in ihrer Art vorkommen. Sie bestehen aus individuellen Geschichten aus individuellen Leben. Die Wissenschaft beschäftigt sich jedoch mit allgemeingültigen Mustern und mit wiederholbaren Ergebnissen; daher ist es ihr wesensmäßig nicht möglich, sich mit Einzelereignissen zu beschäftigen, außer mit dem Aspekt, daß ein solches Ereignis der gerade gültigen Theorie widersprechen kann. In Wirklichkeit jedoch ist jeder Augenblick einzigartig. Kein einziger Augenblick wird in seiner Gesamtheit genau wiederholt, aber gewisse Muster überdauern von Augenblick zu Augenblick. Diese Unfähigkeit, mit Einzelereignissen umzugehen, ist einer der größten Nachteile der Wissenschaft, wie wir sie heute kennen, und ist genau der Punkt, an dem sie den Kontakt mit der tatsächlichen Welt verliert und in die ideale Welt der Abstraktion abgleitet.

Sehen wir uns einmal einige der dokumentierten Berichte über Präkognition an:

1. Am 21. Oktober 1966 rutschte in der Grubenstadt Aberfan in Wales eine Kohlenhalde einen Berghang hinab. Sie begrub eine Schule unter sich und tötete 128 Kinder und 16 Erwachsene. Am Abend des 20. Oktober berichtete eine Frau, einen Wachtraum gehabt zu haben, den sie sechs anderen Personen erzählt hatte. »Zuerst sah ich eine alte Schule, die geduckt in einem Tal lag, dann einen walisischen Bergmann, dann eine Kohlenlawine, die einen Berg hinabstürzte...« Dieser Traum ereignete sich zweihundert Meilen von Aberfan entfernt. Eine andere Person sagte sieben Tage vor der Katastrophe zu zwei Freunden: »Ich hatte einen furchtbaren Klartraum von einer schrecklichen Katastrophe in einem Bergwerksdorf. Es ereignete sich in einem Tal mit einem großen Gebäude voll von Kindern. Berge von Kohle und Wasser stürzten hinab ins Tal und begruben das Gebäude unter sich. Die Schreie der Kinder waren so lebendig, daß ich selbst schreien mußte.« Es gab noch mindestens zwei weitere, ähnlich dokumentierte Berichte vor der Katastrophe.[12]

2. Vor zwanzig Jahren verkündete der bekannte britische Dichter und Romanautor J. B. Priestley im BBC-Fernsehen, daß er ein Forschungsprojekt über ungewöhnliche Erfahrungen mit der Zeit durchführe. Er lud die Zuschauer ein, ihm zu schreiben, und erhielt Tausende von Briefen. Er hatte ein Team von versierten, skeptischen

Forschern, deren Aufgabe darin bestand, Betrug, offensichtliche Irrtümer und Berichte, die man auf normale Weise erklären konnte, auszusortieren. Zuletzt hatte er nur noch Berichte übrig, welche durch die Überprüfung auf diesen Ebenen einfach nicht ausgeschieden werden konnten, und veröffentlichte diese in *Man and Time*.[13]

Hier einer von Priestleys Berichten über den Marschall der Luftwaffe, Sir Victor Goddard:

Im Jahre 1934 flog Goddard in Nebel und Regen über Schottland und sah etwas unter sich, was eigentlich der Flugplatz Drem hätte sein sollen. Aber statt der zwischen Feldern liegenden veralteten Hangars, wie Drem damals aussah, sah er den Flugplatz offensichtlich im Umbau begriffen, und Mechaniker in blauen Overalls liefen zwischen vier gelben Flugzeugen herum. Vier Jahre später wurden alle Einzelheiten über Goddards Erfahrung exakt erfüllt: Der Flugplatz wurde umgebaut, die Trainingsflugzeuge gelb gestrichen (statt, wie früher, silbern), und blaue Overalls waren die Standardkleidung der Flugzeugmechaniker geworden.«

Hunderte solcher gut dokumentierter Anekdoten sind bekanntgeworden, und Tausende sind wahrscheinlich unbekannt geblieben. Um sicher zu sein, daß nicht irgendeine unbeabsichtigte Selbsttäuschung oder Wunschdenken im Spiel ist, ist es wichtig, daß die hellseherischen Träume vor dem Ereignis niedergeschrieben oder zumindest einer anderen Person mitgeteilt worden sind. Auch die ganz spezifischen Einzelheiten des Traumes sind bedeutend, um sicher zu sein, daß es sich um ein echtes Vorhersehen eines bestimmten Ereignisses handelt. Es gibt also eine Art von gut dokumentierten präkognitiven Ereignissen, bei denen sehr dramatische, oft katastrophale Begebenheiten, in die meistens Menschen verwickelt sind, vorhergesehen werden. Bei einer anderen Art sind die Ereignisse im Grunde unbedeutend und von keinem besonderen Interesse oder Vorteil für den Vorhersehenden.

Wir hören immer und immer wieder von solchen Berichten. Psychiater wie C. G. Jung und Alex Comfort haben darauf hingewiesen, daß in psychologischen Beratungssituationen besonders häufig von Präkognitionen berichtet wird, vielleicht weil die Menschen dann weniger Angst haben, für verrückt gehalten zu werden, oder weil sie eine größere Bereitschaft haben, auf ihre Träume und Phantasien zu achten und sie zu erzählen.[14] Es ist der weltliche Charakter solcher Berichte, der ihnen Glaubwürdigkeit verleiht. Sie ereignen sich zufällig, wir können sie nicht manipulieren, und sie haben keine besondere Bedeutung. Aber wie können solche Dinge möglich sein im Rahmen dessen, was wir über Raum, Zeit, Geist und Körper glauben? Sehr viele normale Menschen haben ungewöhnliche Erlebnisse mit der Zeit gehabt, ähnlich dem des Luftmarschalls, aber da sie keine Möglichkeit haben, sie in ihr gelerntes Weltbild einzufügen, gehen sie darüber hinweg oder verschweigen sie aus Angst, für verrückt gehalten zu werden.

Wir sollten auch in Betracht ziehen, daß es, besonders beim Vorhersehen dramatischer Ereignisse, nicht notwendigerweise Tatsächlichkeiten der Zukunft sind, die vorhergesehen werden. Es könnten auch Möglichkeiten der Zukunft sein, auf die wir vielleicht noch einen gewissen Einfluß nehmen könnten. Im Falle der Katastrophe von Aberfan wäre es möglich gewesen, etwas zu unternehmen, hätte man nur die verschiedenen Vorahnungen als solche erkannt, und sie auf eine bestimmte Kohlengrube beziehen können. Michael Shallis, Autor des Buches *On Time*[15] und Lehrbeauftragter für Physik an der Oxford-Universität, berichtet von einem solchen Fall, bei dem jemand träumte, er führe eine ganz bestimmte Straße entlang, als plötzlich ein Kind vor sein Auto lief und getötet wurde. Kurze Zeit später fuhr der Mann tatsächlich die gleiche Straße entlang, unter den gleichen Umständen wie im Traum. Das Kind lief ihm tatsächlich vor das Auto, aber der Fahrer hatte die Umstände seines Traumes bereits erkannt und gebremst. Das Kind wurde gerettet.

Werfen wir nun einen kurzen Blick auf Arbeiten, die Präkognition unter Laborbedingungen überprüft haben. Die frühen Arbeiten von J. B. Rhine müssen sich sicherlich noch den Vorwurf der Nachlässigkeit gefallen lassen und weisen nicht genügend Absicherungen gegen Betrug auf. In den vergangenen zwei Jahrzehnten ist jedoch sehr viel sorgfältigere Arbeit geleistet worden, die allen Ansprüchen sorgfältiger Wissenschaft genügt, und die anscheinend ziemlich deutliche Beweise für präkognitive Ereignisse liefert. Das Buch *Explaining the Unexplained*, dessen Mitautor der hochangesehene Vater der psychologischen Tests in England Hans Eysenck (Autor des bekannten Buches *Sense and Nonsense in Psychology*) ist, berichtet über diese Arbeit. Betrachten wir nur ein Beispiel für diese experimentelle Arbeit: Helmut Schmidt, ein Physiker, der für die Boeing-Forschungslaboratorien in Seattle arbeitet, hat eine Maschine gebaut, die Präkognition testet, ohne daß ein menschlicher Aufzeichner eingeschaltet werden muß. Die Maschine läßt vier Lämpchen völlig zufällig aufleuchten, wobei die Reihenfolge des Aufleuchtens vom zufälligen Zerfall von radioaktivem Strontium 90 bestimmt wird. Die Versuchsperson wird gebeten zu raten, welches der Lämpchen als nächstes aufleuchten wird. Die Versuchsperson rät, indem sie einen von vier Knöpfen drückt. Das erratene Lämpchen kann mechanisch damit verglichen werden, welches Lämpchen tatsächlich aufgeleuchtet hat, und das Ergebnis einer ganzen Serie von Rateversuchen kann mechanisch festgehalten werden. Die Maschine ist gründlich auf Möglichkeiten des Betrugs oder versteckter Tendenzen hin untersucht worden. Aber nichts dergleichen wurde gefunden. Die Experimente von Schmidt sind sehr beeindruckend, obwohl es sicherlich möglich ist, logische Schwachstellen in ihnen zu entdecken, z. B. in der Definition von »Zufall« oder in der Frage, ob es nun Präkognition oder Psychokinese ist, die dort gemessen wird. Aus all diesen Experimenten zieht Eysenck den Schluß, daß die Wahrscheinlichkeit dafür, daß es irgendeine Art von präkognitivem Effekt gibt, so groß ist, daß, wenn wir die vielen Millionen von Millionen zu Eins dieser Wahrscheinlichkeit aufschreiben wollten, diese »Millionen« mehrere Druckzeilen ausfüllen würden.

Es ist klar, daß wir präkognitive Ereignisse nicht verstehen können, wenn wir annehmen, daß die Newtonsche oder »common sense«-Anschauung von der Zeit – die ungebrochene, geradlinige Abfolge – der einzige Aspekt der Zeit ist. In den letzten fünfzig Jahren sind sehr viele spekulative Theorien über Präkognition aufgestellt worden, die mit höheren Dimensionen der Zeit, mit Quantenwahrscheinlichkeiten und ähnlichem zu tun haben. Die Sichtweise von Michael Shallis ist jedoch vielleicht im Moment die beste Theorie. Sie erkennt einfach an, daß die Zeit viele Facetten hat. Eine ihrer Facetten ist die offensichtliche Linearität, und eine andere ist die präkognitive Auswirkung irgendeiner zukünftigen Möglichkeit auf die Gegenwart.

Es geht uns hier natürlich nicht darum zu fordern, daß wir an Präkognition oder andere sogenannte außersinnliche Wahrnehmungen »glauben« sollten oder nicht glauben sollten. Es geht hier nur darum zu zeigen, daß die irrationalen und manchmal fanatischen Versuche zu leugnen, daß solche Beobachtungen schon oft gemacht wurden, ein Symptom dafür sind, wie fest die lineare Sichtweise der Zeit in der konventionellen Wissenschaft verankert ist. Sargent berichtet, daß ein Kollege nach einer Diskussion über seine Arbeit über Präkognition zu ihm sagte: »Die Ergebnisse, die sie gebracht haben, überzeugen mich vor allem davon: Ich *kann* es einfach *nicht* glauben, und ich weiß nicht warum.«

Eine mögliche Rolle der Wissenschaft jenseits der Verkündung von Glaubenssätzen

Es scheint, daß Wissenschaftler aus ihren Vorstellungen, Annahmen und Theorien ein komplexes Netz weben, das sich nur an seltenen Punkten für etwas, das außerhalb von ihm liegt, öffnet. Und das, was an diesem Punkt geschieht, scheint auch wieder von den Vorstellungen der Wissenschaftler beeinflußt zu sein. Einen Moment lang halten wir inne in unseren Vorstellungen und erkennen, daß wir im Irrtum waren. Dann nehmen wir den Faden wieder auf; aber einen Moment lang hatten wir einen Eindruck von der relativen Wirklichkeit jenseits unseres kollektiven Gedankenprozesses, jenseits der vorgestellten Wirklichkeit.

Als die Menschen zum ersten Mal anfingen, sich Gedanken über »die Realität« zu machen, verfügten sie bereits über einen enormen Reichtum an Geschichten, Erklärungen, Vorannahmen und organischen Prädispositionen. Die Reise zum Wissen ist eine Reise, in deren Verlauf diese Erbschaft ins Licht des diskursiven Denkens gehoben und Irrtümer enthüllt wurden, so daß wir etwas klarer über sie hinausblicken können. »Alles erworbene Wissen, alles Lernen besteht aus Modifizierungen irgendeiner Form des Wissens oder der Disposition, die schon vorher da war, in letzter Instanz von angeborenen Dispositionen.«[16]

Ich habe auf das fundamentale Mißverständnis hingewiesen, das drei Jahrhunderte lang die Basis der Wissenschaft gewesen ist, das Mißverständnis nämlich über die Beziehung zwischen der wissenschaftlichen Beschreibung und »der Wahrheit«. Damit will ich die Schönheit, die Größe und das Wunderbare der Wissenschaft nicht schmälern. Es dient im Gegenteil dazu, diese Schönheit, die Größe und das Wunderbare der Wissenschaft wiederherzustellen, jedoch in einem größeren Kontext, der nicht auf diesem grundlegenden Mißverständnis aufbaut.

Welchen Nutzen für unseren Lebensweg könnte die Wissenschaft also haben? Vielleicht können wir dieses Problem im Rahmen der in den vorigen Kapiteln beschriebenen drei Wirklichkeiten betrachten, also der begrifflichen Wirklichkeit, der relativen Wirklichkeit und der absoluten Wirklichkeit.

Zunächst einmal enthüllt die Wissenschaft bestimmte Ursache-Wirkungs-Beziehungen in Ausschnitten der relativen Welt, die man zum Zwecke der Erforschung herausgegriffen hat. Das Gesetz der Schwerkraft, die Relativität, die Quantenphysik, Maxwells Gesetze des Elektromagnetismus z. B. geben alle Ursache-Wirkungs-Verbindungen an, die in begrenzten Bereichen gültig sind. Wir können erkennen, daß der Anwendungsbereich *jeder* dieser Ursache-Wirkungs-Beziehungen beengt ist und nur für Situationen gilt, die man künstlich aus der Ganzheit des Seins herausgelöst hat, und daß wir daher unvermeidlich andere Kausalbeziehungen vernachlässigen, von denen wir vielleicht noch gar nichts wissen, die aber genauso wichtig sein können. Wenn wir z. B. auf der theoretischen Ebene die Endlichkeit der Lichtgeschwindigkeit vernachlässigen, können wir die relativistischen Effekte nicht verstehen. Wenn wir auf der praktischen Ebene die Auswirkungen des industriellen Abfalls vernachlässigen, zerstören wir die Umwelt. Wenn wir auf der persönlichen Ebene unsere gefühlte Beziehung zu unserer Umwelt vernachlässigen, zerstören wir jede Bedeutung. Solange wir jedoch die Wichtigkeit des Gesamtzusammenhangs verstehen und im Blick behalten, hat die Wissenschaft und ihre Entdeckung von Kausalbeziehungen mit der relativen Wirklichkeit zu tun. Der Wert der Wissenschaft besteht dabei darin, daß sie unsere bedingte Wirklichkeit *als* bedingt enthüllen kann. Sie kann uns die Begrenzungen zeigen, in denen wir leben.

Weiterhin stellt die Wissenschaft, indem sie positive Beschreibungen der Welt liefert und von uns selbst und von unseren Kindern fordert, an sie zu glauben, das Glaubenssystem dar, mit dessen Hilfe unsere Gesellschaft sich selbst organisiert. Das heißt, sie stellt den stabilen Kontext der Konventionen dar, der uns als eine menschliche Gesellschaft zusammenbindet. Jede menschliche Gruppierung muß einen solchen Kontext der Konventionen haben, er ist sogar ein Teil dessen, was ihre Menschlichkeit *ausmacht.* Diese gesellschaftlichen Konventionen müssen nicht alle gleich sein. Der konventionelle Kontext des traditionellen China, des mittelalterlichen Europa oder der Kung San ist von unserem heutigen sehr verschieden, und doch hat jeder von ihnen eine genuin menschliche Gesellschaft hervorgebracht. Solange diese gesellschaftliche Konvention die Aufforderung enthält, an sie als die letzte Wahrheit zu glauben, wird sie zur begrifflichen Wirklichkeit. Sie wird zu etwas Imaginärem und zu einem Mittel der gesellschaftlichen und individuellen Selbsttäuschung und führt dadurch zu Arroganz und Aggression. Wenn die Konvention jedoch offen bleibt und über sich selbst hinausweist, dann bleibt sie ein Teil der relativen Wirklichkeit und wird zu einem Mittel, die unbedingte Wirklichkeit in dieser zu entdecken.

Schließlich kann uns die Wissenschaft auch direkt mit der unaussprechlichen unbedingten Wirklichkeit in Kontakt bringen, an Punkten, an denen der Irrtum eines ganzen Glaubenssystems aufgedeckt wird. An diesen Punkten, an denen ein Widerspruch zwischen unserem gesamten Weltbild und dem, *was ist,* auftritt, könnte es uns gelingen, unsere gesamten Vorstellungen fallenzulassen und die unbegrenzten Möglichkeiten dessen, was ist, direkt zu erfahren. Bei einigen Wissenschaftlern ist dies zu Beginn dieses Jahrhunderts eingetreten, als sie sahen, wie die klassische Physik zusammenbrach und mit ihr das gesamte Weltbild. Alfred North Whitehead, mit dessen Werk wir uns in Kapitel 16 beschäftigen werden, ist ein berühmtes Beispiel dafür. In dieser Hinsicht ist das Erkennen der Begrenzungen der Newtonschen Mechanik oder der Darwinschen Evolutionstheorie und die Einsicht, wie weitgehend wir es zugelassen haben, daß diese Theorien zur Grundlage von Glaubenssystemen wurden, die weit über ihren Anwendungsbereich hinausgehen, viel wichtiger als die Eigenschaften der neuen Theorien, die sie vielleicht ersetzen könnten. Die Erkenntnis des Irrtums der Kamera-Theorie der Wahrnehmung (daß unser Auge wie eine Kamera ist und Sehen wie das Betrachten einer Photographie in unserem Kopf) ist viel wichtiger, als die neue Theorie, die irgend jemand aufstellen wird, um sie zu ersetzen. Die Erkenntnis, daß die Sprachfähigkeit weitgehend ein Ergebnis der Evolution ist und nicht ein Geschenk, das irgendeine übernatürliche Macht speziell dem Menschen gegeben hat, ist wichtiger als die spezifischen Theorien darüber, wie die Sprache sich entwickelt hat. Die Theorien, die an die Stelle der alten treten, *sind* wichtig, aber nur insoweit, als sie später selbst eine falsche Vorannahme oder die Begrenzungen einer organischen Disposition, die bis dahin nicht gesehen wurde, enthüllen werden.

Einer solchen Sichtweise treu zu bleiben, ist wie der Versuch, den Niagarafall auf einem Drahtseil zu überqueren. Es ist so leicht und um so vieles bequemer, wieder an die neuen Theorien zu glauben und wunderschöne neue Phantasien über die Natur der Wirklichkeit auszuspinnen – die substantialistische Anschauung. Oder wir fallen, auf der anderen Seite des Drahtseils, dem Glauben zum Opfer, daß, weil unsere Beschreibungen nicht selbst die Wahrheit über die Realität sein können, es überhaupt keine Wirklichkeit jenseits unseres begrifflichen Systems gibt – die nihilistische Anschauung.

In diesem Buch werden wir versuchen, auf dem Drahtseil zu bleiben, sozusagen den mittleren Weg zu wählen, obwohl es uns durchaus passieren kann, daß wir von Zeit zu Zeit abrutschen. Auf dem mittleren Weg zu bleiben bedeutet, sich immer des metaphorischen, poetischen Charakters der Sprache und der Vorstellungen bewußt zu sein, sich daran zu erinnern, daß sie über das, was gesagt wird, hinausweisen auf nichtbegriffliche, unbegrenzte Offenheit. In Teil I haben wir die Grundlage geschaffen, den Standpunkt, von dem aus unsere Reise des Aufdeckens beginnen kann. In Teil II werden wir diese Reise unternehmen, wenn auch in bescheidenem Rahmen. Wir werden die Glaubenssysteme über unsere Welt untersuchen, die in der Biologie und in der Physik wurzeln. Wie in Kapitel 4, in dem wir die Geschichte der Ideen in der Physik untersucht haben, werden wir entdecken, daß einige Glaubenssysteme gerade geboren werden und andere sich im Verfall befinden. Der Prozeß des Aufstiegs und des Verfalls von Glaubenssystemen führt uns naturgemäß über solche Systeme überhaupt hinaus und weist uns auf die unbedingte Wirklichkeit hin, die diese Systeme zu erfassen suchen. Diese Glaubenssysteme organisieren unsere Gesellschaft und ebenso unseren individuellen Organismus. Glaubenssysteme, mit denen die meisten Leser aufgewachsen sind, und die, da wir uns ihrer nicht bewußt sind, eine Quelle der Einengung und der Starrheit sind. Indem wir diese Überzeugungen aufdecken und durcharbeiten, mag der Leser vielleicht hier und da einen kurzen Eindruck von einer weiteren Welt erhaschen.

II DER WEG:
DIE ENTHÜLLUNG VON ÜBERZEU-
GUNGEN UND BEDINGUNGEN

6 Darwin und der »Kampf ums Überleben«

Das Hauptthema dieses Buches ist die Möglichkeit der direkten Wahrnehmung der phänomenalen Welt einschließlich des Wahrnehmenden, eine Wahrnehmung, die die
nicht-dualistische, nicht-bedingte Wirklichkeit erkennt;
mit anderen Worten – eine Sicht, die die Welt als von Grund
auf heilig ansieht. Unsere Methode besteht darin, daß wir
das Wesen unserer inhärenten Konditionierung und unserer Glaubensstrukturen erforschen, die unsere nicht-bedingte Wahrnehmung sowohl verdunkeln als auch erhellen.
Jede Wahrnehmung findet in Verbindung mit dem Körper
statt. Sie entsteht mit dem Körper und durch den Körper.
Ich sehe mit meinen Augen, oder vielleicht könnten wir einfach sagen, meine Augen sehen. Ob es nun ein Ich gibt oder
nicht, es gibt auf jeden Fall Augen, Ohren usw. Unsere Erfahrung findet im menschlichen Körper statt, und daher ist
es für den Anfang wichtig, die Einschränkungen zu verstehen, die unserer Wahrnehmung allein durch die Tatsache
auferlegt sind, daß sie im Zusammenhang mit unserem
Körper steht.
Zu Anfang werden wir uns mit der Frage befassen, wie es
überhaupt zu dieser Art von Körper gekommen ist. Wir
werden uns mit der Theorie der Evolution beschäftigen. Es
gibt noch einen zweiten Grund, warum wir uns an dieser
Stelle unseres Weges mit der Theorie der Evolution beschäftigen. Diese Theorie gibt nämlich ein sehr deutliches Beispiel für die Faktoren, die bei einer wissenschaftlichen Revo-

lution, wie wir sie in Teil I beschrieben haben, eine Rolle spielen. In den achtziger Jahren durchläuft die Theorie der Evolution eine ebensolche Umwälzung.

Jedes Schulkind weiß, daß Charles Darwin die Theorie der Evolution durch die natürliche Selektion gelehrt hat. Dieses Stück unserer kulturellen Überlieferung besteht aus zwei Teilen: 1. die Theorie der Evolution und 2. die natürliche Selektion, der angenommene Mechanismus dieser Evolution. Mit diesen beiden Vorstellungen wollen wir uns in diesem Kapitel beschäftigen. Ich sollte den Leser vielleicht warnen, daß wir jetzt in ein Thema einsteigen, um das es in den letzten zehn Jahren sehr viele Kontroversen gegeben hat, Kontroversen, die von Erbitterung, Vorwürfen des politischen und ideologischen Vorurteils und einem allgemeinen Klima der Emotionalität und Irrationalität geprägt waren. Es scheint wirklich etwas auf dem Spiel zu stehen. Einem ähnlichen Muster sind wir schon mehrere Male begegnet, am deutlichsten bei Galilei und seinen Kollegen, die sich weigerten, durch sein Teleskop zu schauen, die sich weigerten zu beobachten und zu sehen. Heute ist der »Darwinismus« das Schlachtfeld, obwohl ironischerweise Darwin selbst vor nur hundert Jahren zurecht als der Galilei der Biologie gefeiert wurde.

Die Tatsache der Evolution steht nicht zur Diskussion außer bei den biblischen Fundamentalisten, die sich selbst Kreationisten nennen. Wenn man sich auf einen Schöpfer bezieht, der tun kann, was er will, dann kann man alles erklären, indem man sagt, »so wollte es der Schöpfer«. Damit kommen wir also nicht sehr weit, wenn wir versuchen wollen, die Welt als ein kausal verwobenes und ungeteiltes Muster zu verstehen. Was also von der überwältigenden Mehrheit der Biologen nicht in Zweifel gezogen wird, ist die Tatsache, daß die Formen des Menschen und aller anderen gegenwärtig existierenden Pflanzen- und Tierarten nicht so, wie sie sind, schon immer da waren, sondern sich über viele Millionen von Jahren entwickelt haben. Im Laufe dieser Zeit sind die

Lebensformen auf der Erde immer komplexer geworden, ausgehend von der Zeit, in der es vielleicht nur eine Art von einzelligen Organismen gegeben hat, bis zu der ungeheuren Vielfalt von komplexen Organismen, die wir heute vorfinden. Dies wird nicht in Frage gestellt. Dies ist die Theorie der Evolution.

Die *Art und Weise* jedoch, in der diese Evolution vonstatten gegangen ist oder die kausalen Einflüsse, wenn man so will, die zu der gegenwärtigen Komplexität geführt haben, sind noch ziemlich offene Fragen. Warum aber sollte eine solche Frage für den Laien von Interesse sein, dem es ja frei steht, ob er in der Wissenschaft nach Leitlinien für sein Leben sucht oder nicht? Der Grund dafür liegt darin, daß unsere gesellschaftlichen Strukturen in großem Maße auf einer ungeheuren Übertreibung aufgebaut sind: Die natürliche Selektion, ein Prinzip, das nur eine teilweise Erklärung von einigen, aber längst nicht allen, beobachteten Phänomenen in der Welt der Biologie ermöglicht, wurde aufgebläht und mehrere Generationen lang als *das* große Naturgesetz ausgegeben, mit dem man alles, einschließlich des menschlichen Verhaltens, endgültig erklären konnte. Auch hier soll wieder überhaupt nicht angezweifelt werden, daß es einige biologische Phänomene gibt, die man mit Hilfe des Prinzips der natürlichen Auslese der Geeignetsten sehr schön erklären kann, und daß es einige andere Phänomene gibt, die man auf diese Weise nur sehr umständlich erklären kann. Wir wollen jedoch sehr stark anzweifeln, daß *alle* evolutionären Phänomene auf diese Weise erklärt werden können; oder anders ausgedrückt, daß dieses Prinzip das einzige oder auch nur das Hauptprinzip ist, das für die Erklärung der Evolution nötig ist.

Werfen wir nun einen kurzen Blick zurück zum Beginn des neunzehnten Jahrhunderts, um zu sehen, wie diese Vorstellungen zustande kamen. In Kapitel 4 haben wir das aristotelische Erbe besprochen, das Thomas von Aquin in Übereinstimmung mit dem Christentum neu formulierte, und das vom Mittelalter an gültig war. Teil dieses Erbes war auch eine Auffassung über die Formen des Lebens. Man glaubte, daß alle möglichen Pflanzen, Tiere, Menschen und übermenschliche Lebensformen am Anfang der Welt von Gott geschaffen wurden. Alle diese Formen waren in einer pyramidenförmigen Hierarchie mit Gott an der Spitze angeordnet. So wie Erde, Luft, Feuer und Wasser ihren natürlichen Platz hatten, so hatten auch alle Kreaturen Gottes, die Geschöpfe, ihren natürlichen Platz und ihre zugewiesene Funktion, die sie an dieser Stelle zu erfüllen hatten. Dieses war die Große Kette des Lebens, und sie war etwas ganz und gar Erfülltes, da jedes Geschöpf aus der Großzügigkeit Gottes heraus erschaffen wurde. Sie war vollkommen statisch, unveränderlich und dauerhaft; es gab keine Lücken zwischen den Arten, denn jede denkbare Form des Lebens, die hätte erschaffen werden können, war erschaffen worden. Obwohl die galileische Revolution die aristotelisch-thomistische Erklärung der physikalischen Welt hinweggefegt hatte, war diese Vorstellung von der Großen Kette des Lebens zu Beginn des neunzehnten Jahrhunderts immer noch die vorherrschende Lehrmeinung über die Entstehung der Lebewesen. Sie war z. B. auch die Grundlage für den großen Systematiker Linné, der das Klassifizierungssystem der Arten entworfen hat, das wir heute noch benutzen, wenn wir eine Pflanze oder ein Insekt mit zwei lateinischen Namen, einem für die Gattung und einem für die Art, bezeichnen. Linné beschrieb und benannte Tausende neuer Arten von Pflanzen und Tieren. Da es jedoch Lücken zwischen den Arten zu geben schien und da Gott eine *ungebrochene* Kette des Lebens geschaffen hatte, gab es schon zu dieser Zeit eine Suche nach den »fehlenden Verbindungsgliedern« zwischen den Arten. Besonders über die Kluft zwischen Affen und Menschen gab es viel Spekulationen, obwohl man natürlich noch nicht annahm, daß der Mensch vom Affen abstammte, oder daß beide gemeinsame Vorfahren hatten. Es war eine *statistische* Welt, in der alle Arten von Anfang an so geschaffen worden waren, wie sie heute sind. Und der Anfang der Welt datierte, wie weithin geglaubt wurde, auf das Jahr 4004 v. Chr.

Es hatte jedoch schon im achtzehnten Jahrhundert Spekulationen über mögliche Veränderungen der Arten im Laufe der Zeit gegeben: die Evolution. Zu Beginn des neunzehnten Jahrhunderts stellten verschiedene Autoren eine Theorie der Evolution vor. Dazu gehörte auch Lamarck, der später für seine Theorie, daß die Interaktion mit der Umwelt Veränderungen bei Organismen hervorbringen könne, die sie ihrer Nachkommenschaft vererben können (die Vererbbarkeit erworbener Merkmale), vernichtend kritisiert wurde. Ein wichtiger Schritt wurde von Sir Charles Lyell getan, der durch seine Schriften über Geologie die meisten Menschen davon überzeugen konnte, daß die Erde nicht sechstausend, sondern Millionen von Jahren alt ist. Auf diese Weise bekam das damalige Denken die für eine Evolution nötige Zeitvorstellung.

Charles Darwin: Der Mechanismus der Evolution

Als Darwin sich darauf vorbereitete, sein großes Werk *Die Entstehung der Arten* zu schreiben, standen ihm also alle wesentlichen Elemente für die Formulierung einer Theorie der Evolution zur Verfügung: die Idee, daß die Arten (einschließlich des Menschen) sich über die Jahrtausende entwickelt haben und daß sich dabei die komplexeren schrittweise aus den einfacheren Arten herausgebildet haben.

Darwin war ein äußerst genauer Beobachter, und seine Schriften sind voller Reichtum an Details und Beispielen. *Die Entstehung der Arten* wird von vielen nicht nur als wissenschaftliches, sondern auch als literarisches Meisterwerk angesehen, das wirklich ein Gefühl für die Schönheit, Vielfältigkeit und Großartigkeit der Natur hervorzurufen vermag. Der letzte Paragraph des Buches, eine Zusammenfassung der gesamten Theorie, gibt einen Eindruck davon, wie viele, viele Stunden Darwin sich dieser Welt liebevoll zugewandt und sich an ihr erfreut haben muß:

»Es ist anziehend beim Anblick einer dicht bewachsenen Uferstrecke, bedeckt mit blühenden Pflanzen vielerlei Art, mit singenden Vögeln in den Büschen, mit schwärmenden Insekten in der Luft, mit kriechenden Würmern im feuchten Boden, sich zu denken, dasz alle diese künstlich gebauten Lebensformen, so abweichend unter sich und in einer so complicirten Weise von einander abhängig, durch Gesetze hervorgebracht sind, welche noch fort und fort um uns wirken. Diese Gesetze, im weitesten Sinne genommen, heiszen: Wachsthum mit Fortpflanzung; Vererbung, fast in der Fortpflanzung mit einbegriffen, Variabilität in Folge der indirecten und directen Wirkungen äuszerer Lebensbedingungen und des Gebrauchs oder Nichtgebrauchs; rasche Vermehrung in einem zum Kampfe um's Dasein und als Folge zu natürlicher Zuchtwahl führendes Grade, welche letztere wiederum Divergenz des Characters und Erlöschen minder vervollkommneter Formen bedingt. So geht aus dem Kampfe der Natur, aus Hunger und Tod unmittelbar die Lösung des höchsten Problems hervor, das wir zu fassen vermögen, die Erzeugung immer höherer und vollkommenerer Thiere. Es ist wahrscheinlich eine groszartige Ansicht, dasz der Schöpfer den Keim alles Lebens das uns umgibt, nur wenigen oder nur einer einzigen Form eingehaucht hat, und dasz, während unser Planet den strengsten Gesetzen der Schwerkraft folgend sich im Kreise schwingt, aus so einfachem Anfange sich eine endlose Reihe der schönsten und wundervollsten Formen entwickelt hat und noch immer entwickelt.«[1]

Darwin verwies auf drei verschiedene Bereiche, um Beweise für die Tatsache der Evolution bzw. »der Modifikation durch Vererbung«, wie sie genauer bezeichnet wird, anzuführen. Zunächst einmal gibt es Beweise durch fossile Funde. Im späteren achtzehnten und frühen neunzehnten

Jahrhundert hatten Geologen viele Fossile ausgegraben und erkannt, daß die meisten von ihnen von Arten stammten, die nicht mehr leben. Gleichzeitig waren nur sehr wenige der lebenden Arten in den fossilen Funden vertreten. Als mehr und mehr Fossile entdeckt wurden, wurde deutlich, daß man über die Zeit schrittweise Veränderungen der körperlichen Merkmale zurückverfolgen konnte; Fossile aus aufeinanderfolgenden Gesteinsschichten, die aufeinanderfolgende Perioden der Erdgeschichte repräsentieren, waren einander ähnlich, zeigten aber auch graduelle Unterschiede.

Zweitens wies Darwin auf Möglichkeiten für die Modifikation durch Vererbung hin, die in der Natur vorkommen. Obwohl es wegen der langen Zeiträume, die dafür notwendig sind, kaum möglich ist, solche Veränderungen tatsächlich »mit bloßem Auge« zu erkennen, gibt es doch klare Hinweise auf dieses Prinzip, wenn man die Anatomie lebender Organismen miteinander vergleicht. Die vorderen Gliedmaßen von Wirbeltieren, von Menschen über Katzen, Schafe, Pferde, Vögel bis zum Seehund, haben z. B. eine bemerkenswerte Ähnlichkeit in der Anordnung und der Anzahl der Knochen. Die einfachste und direkteste Erklärung dafür ist die, daß alle diese Geschöpfe eine gemeinsame Abstammung haben. Viele Arten besitzen in einer zurückgebildeten und nicht mehr funktionsfähigen Form Strukturen, die für andere Arten wichtige Funktionen haben; Schweine beispielsweise gehen auf nur zwei Zehen, während zwei andere nutzlos über der Erde baumeln. Dies überzeugte Darwin nur noch mehr von seiner Theorie. Denn wenn Schweine unabhängig erschaffen worden wären, wozu dann mit zwei nutzlosen Zehen? Drittens sah Darwin in den Veränderungen, die Züchter bei domestizierten Pflanzen und Tieren künstlich hervorrufen konnten, einen starken Beweis für seine Theorie. Die modernen domestizierten Varianten von Getreide und Tomaten, von Hühnern und Hunden sind so unendlich verschieden von allem, was man wild lebend finden kann, daß es kaum daran zu zweifeln gibt, daß Veränderungen der Arten geschehen können und tatsächlich geschehen sind.

Es war der letztere Bereich von Beobachtungen, die Veränderungen, die man durch künstliche Selektion bei der Züchtung verursachen kann, die Darwin einen Hinweis auf den Mechanismus bei der Modifikation durch Vererbung gaben. Er erkannte, es mußte irgendeine Form der Selektion in der Natur geben, aber worin bestand dieser Mechanismus? Herbert Butterfield bemerkt dazu lakonisch: »Die Arbeit von Malthus und die ökonomischen Schriften der industriellen Revolution brachten bald das, was hier gebraucht wurde.«[2] Die Lektüre von Malthus' *Essay on the Principle of Population* gab Darwin seine Idee für den Mechanismus der Evolution: der Kampf ums Dasein. Malthus' Theorie der Ökonomie bestand darin, daß das Bevölkerungswachstum ständig die Nahrungsmittelproduktion überholen würde, wenn es nicht durch die Elimination der Unfähigen und Armen gebremst würde. Darwin erweiterte dies zu *dem* großen Erklärungsprinzip für die gesamte Natur: In jeder Generation werden mehr Individuen einer Art geboren, als überleben können; daher gibt es einen Kampf ums Dasein. Diejenigen Individuen, deren kleine zufällige Variationen sich am besten an die Umwelt anpassen, werden von der Natur für das Überleben ausgewählt und haben wieder Nachkommen. So werden diese kleinen zufälligen Veränderungen, wenn sie vererbbar sind, der nächsten Generation weitergegeben, und es kommt langsam zu einer Veränderung der gesamten Population. Die gesamte Art wird sich zu einer immer besseren Anpassung an die Umwelt hin entwickeln. Der volle Titel des Buches, in dem Darwin diese Theorie darlegt, lautet: *Über die Entstehung der Arten durch natürliche Selektion oder Die Erhaltung der bevorzugten Rassen im Kampf ums Dasein*. Und so faßte er seine Theorie zusammen: »Da sehr viel mehr Individuen jeder Art geboren werden als überleben können, und da es folglich immer wieder einen

Kampf ums Dasein gibt, folgt daraus, daß jedes Wesen, wenn es in einem wenn auch noch so geringen Maße in einer für sich selbst vorteilhaften Weise abweicht, unter den komplexen und manchmal sich verändernden Bedingungen des Lebens eine bessere Chance des Überlebens haben wird und daher natürlich selektiert werden wird. Gemäß den strengen Gesetzen der Vererbung wird jede selektierte Abweichung dazu neigen, ihre neue und veränderte Form fortzupflanzen.«[3]

Das wohl bekannteste Beispiel, das Darwin für diesen Prozeß gegeben hat, sind die Finken von den Galapagos-Inseln. Zunächst bemerkte Darwin, daß diese Finken den Festlandsfinken von Amerika sehr ähnlich sind. Doch es bestehen auch Unterschiede. Es gibt vierzehn verschiedene Finkenarten auf den Galapagos, von denen man nicht eine auf dem Festland findet. Die Galapagos-Inseln sind weit vom Festland entfernt, so daß Darwin vermutete, daß nicht alle vierzehn Arten bei verschiedenen Gelegenheiten dorthin gekommen sein konnten. Er nahm daher an, daß alle vierzehn Arten sich aus einer einzigen Art, die dort heimisch geworden war, entwickelt hatten. Er bemerkte, daß jede Art verschiedene Freßgewohnheiten hatte: Einige lebten in Küstengegenden, andere in Waldgebieten, wieder andere in Bäumen oder in Büschen; einige Arten waren Vegetarier, andere fraßen Insekten, usw. Weiterhin beobachtete Darwin, daß die Schnabelform jeder Art für ihre Form von Nahrungssuche besonders gut geeignet war. Er schloß daraus, daß die vierzehn verschiedenen Arten als kleinere strukturelle Abwandlungen, besonders in der Schnabelform, entstanden waren, die einen gewissen Vorteil für die Tiere hatten; wahrscheinlich den, daß sie zu einem Zeitpunkt, als der Druck des Wettbewerbs um die allgemein zugänglichen Nahrungsquellen zunahm neue Nahrungsquellen erschließen konnten.

Dieses grundlegende Erklärungsmodell für die Abwandlungen der Struktur und sogar des Verhaltens bei lebenden Arten ist seit Darwin immer und immer wieder bemerkt worden. Und in vielen Fällen ist es tatsächlich so plausibel, daß man fast sicher sein kann, daß es richtig ist. Nehmen wir z. B. die Art und Weise, in der einige Tiere und Insekten sich vor Räubern verbergen, indem sie die Farbmuster ihrer normalen Umgebung annehmen; die ungeheure Vielfalt von Balzrufen bei Vogelarten; die Mimikry, mit der ungiftige Schmetterlinge giftige nachahmen; die Art, in der ganze Populationen sich verändern, wenn die Umweltbedingungen sich ändern; die komplexen Netzwerke von Wechselwirkungen zwischen Pflanzen, Tieren, Vögeln und Insekten in bestimmten Ökotopen, bei denen schon eine kleine Veränderung, wie die Ausrottung einer bestimmten Insektenart, das Gleichgewicht des gesamten Netzwerks beeinflußt; das Prägungsverhalten junger Gänse, durch das sie innerhalb der ersten Stunden ihres Lebens an ihre natürliche Mutter oder an eine Ersatzmutter gebunden werden; all diese Phänomene und viele andere mehr können wir durch die Prinzipien der Evolution und der natürlichen Selektion verstehen.

Der Neodarwinismus als orthodoxe Anschauung

Darwin selbst kannte die spezifischen biologischen Mechanismen nicht, durch die stabile Merkmale vererbt werden können, und durch die kleine Abwandlungen dieser Merkmale entstehen und ihrerseits vererbt werden können. Er scheint die Vorstellung gehabt zu haben, daß die Variationen durch eine Art Vermischung der Merkmale der Eltern weitergegeben würden und direkt durch Umwelteinflüsse entstehen könnten. Erst zu Anfang dieses Jahrhunderts wurden die tatsächlichen Mechanismen aufgedeckt, als man im Jahre 1900 die Arbeit des österreichischen Mönches Gregor Mendel entdeckte, die dieser schon dreißig Jahre zuvor veröffentlicht hatte. Mendel kreuzte eine glatte Bohnenart

mit einer Variante mit rauher Schale. Er sah, daß die Nachkommen dieser Mischung alle glatt waren und nicht eine
Mischung der beiden Merkmale aufwiesen. Als er dann
diese erste Generation wieder kreuzte, fand er, daß bei der
zweiten Generation ungefähr drei Viertel glatt waren, während ein Viertel völlig runzlig war. Das heißt also, daß die
runzelige Eigenschaft in der ersten Generation in einer versteckten oder rezessiven Form vererbt worden war, um dann
in der zweiten Generation wieder heil zum Vorschein zu
kommen. Aus Experimenten wie diesen zog Mendel den
Schluß, daß Eigenschaften wie rauh oder glatt auf Einheiten
oder Blocks, später als Gene bezeichnet, transportiert werden, die als Ganzheit von den Eltern an die Nachkommen
weitergegeben werden.
Ähnliche Experimente wie die von Mendel wurden von
T. H. Morgan mit der Drosophila-Fruchtfliege durchgeführt. Dabei fand man eine große Zahl von Eigenschaften,
die auf eine ähnliche Weise vererbbar sind wie die Eigenschaft glatt/rauh von Mendels Bohnen. Bei Flügelgröße,
Anzahl der Borsten, Fähigkeit zum Licht hin oder vom Licht
weg zu fliegen, Eierproduktion und vielen anderen Eigenschaften der Form und des Verhaltens konnte gezeigt werden, daß sie Mendels genetischen Vererbungsgesetzen folgen.
In den dreißiger und vierziger Jahren erkannte man die
Wichtigkeit, genetische Eigenschaften ganzer Populationen
zu untersuchen und nicht nur die von Individuen. Die Eigenschaften eines Individuums sollte man einfach als einen
besonderen Ausdruck eines Genpools betrachten, der der
gesamten Population gemeinsam ist. Nach diesem Modell
kann man die Verteilung von bestimmten Merkmalen in der
Population aus einfachen Annahmen über die Häufigkeit
bestimmter Gene im Genpool berechnen. Ebenso die Art, in
der Eigenschaften, die auf vielen Genen codiert sind, kombiniert werden können, um adaptive Merkmale zu produzieren, sowie die Veränderungen der Genhäufigkeiten im Zu-

sammenhang mit Umweltveränderungen. Die Populationsgenetik wurde zu einem wirksamen Instrument zur Vorhersage einmal der Eigenschaften einer Population, dann der
Art und Weise, in der diese Eigenschaften sich in Reaktion
auf Umweltveränderungen entwickeln könnten, und
schließlich des Effekts, den ganz bestimmte Genverände-
rungen (Mutationen) auf die Population haben könnten.
Die Populationsgenetik und Mendels Vererbungsgesetze
wurden mit Darwins ursprünglichen Ideen der natürlichen
Selektion in einer neuen Synthese vereinigt, die als »Neodarwinismus« bekannt wurde und zur orthodoxen Sichtweise der Evolution geworden ist.
Diese orthodoxe Anschauung wurde durch die Entdeckung,
daß ein besonders großes Molekül, DNS-Molekül, scheinbar
der Träger der genetischen Eigenschaften war, weiter bekräftigt. Im Jahre 1944 züchteten Avery, McCleod und
McCartney eine besonders reine Kultur von Pnennocus-
Bakterien, die glatte Zellwände hatten. Dann gaben sie in
das Gefäß, das diese reine Kultur enthielt, etwas DNS, die
sie aus einer reinen Kultur von Pnennocus mit unebenen
Zellwänden extrahiert hatten. Sehr bald tauchten Bakterien
mit unebenen Zellwänden in dem Gefäß auf. Der einzige
Weg, auf dem die Eigenschaften der unebenen Zellwände
auf die Kolonie der glattwandigen Zellen hatte übertragen
werden können, war der über die hinzugefügte DNS. Weiterhin mußte diese DNS die Fähigkeit haben, in die Zellen
einzudringen und die Eigenschaften einiger von ihnen von
glatten Wänden zu unebenen Wänden zu transformieren.
In den letzten zwei Jahrzehnten wurde dieser Prozeß der
DNS-Transformation verfeinert, und damit eine Gentechnologie ermöglicht, durch die man Zellen zur Übernahme
völlig neuer Eigenschaften bringen kann, indem man die
DNS von anderen Arten einführt. Man kann z. B. Bakterien
dazu bringen, Insulin zu produzieren, das sonst nur von
höheren Organismen produziert wird, indem man ein Stück
DNS in sie einbaut, welches das Insulin-Gen trägt. In der

Gentechnologie stecken also kommerzielle Möglichkeiten. Sie ist eine dramatische Bestätigung des »zentralen Dogmas« der Molekularbiologie, daß nämlich die DNS die Informationen trägt, die nötig sind, um die Herstellung aller Bestandteile, die für den Aufbau einer Zelle oder eines vielzelligen Organismus gebraucht werden, zu dirigieren.

In den fünfziger und sechziger Jahren wurde die tatsächliche Struktur des DNS-Moleküls aufgedeckt, und die Mechanismen, mit denen es die Herstellung von Proteinen, den vitalen Bestandteilen des Zellstoffwechsels und der Zellstruktur, lenkt. Die DNS ist eine sehr lange Kette aus Tausenden von Untereinheiten. Es gibt nur vier verschiedene Arten dieser Untereinheiten, die normalerweise mit A, C, G und T bezeichnet werden, und die Anordnung dieser Untereinheiten entlang des DNS-Moleküls bildet einen Kode – den genetischen Kode – der die Information zur Lenkung der Synthese der Zellbestandteile trägt. Um die Synthese eines bestimmten Proteins zu steuern, wird der entsprechende Abschnitt der DNS auf ein anderes Molekül, den »Boten«, kopiert. Dieser »Bote« wandert dann zu einer anderen großen Gruppe von Molekülen (einem Ribosom), deren Funktion es ist, den Kode des Boten zu übersetzen und das entsprechende Eiweiß zu bilden. Der Informationsfluß vom Chromosom, wie das lange DNS-Molekül genannt wird, ist also linear und geht nur in eine Richtung: Vom Gen – zum Boten – zum Protein – zur vererbten Eigenschaft. In der Praxis ist die Situation natürlich bei weitem nicht so einfach, wie sie nach diesem Modell zu sein scheint. Selbst bei einem so klar abgegrenzten Merkmal wie der Augenfarbe ist die Kooperation vieler Proteine nötig, und daher tragen viele Gene zu der Eigenschaft bei. In einer bestimmten Zelle sind nicht alle Gene die ganze Zeit über an der Steuerung der Eiweißsynthese beteiligt; sie können von »Regulator«-Molekülen an- und abgeschaltet werden. Bei höheren Organismen scheint nur ein kleiner Teil (etwa 20 Prozent) der DNS überhaupt an der Eiweißsynthese beteiligt zu sein; die restlichen

80 Prozent der Gene haben regulatorische Funktionen. Die einzelnen Gene, weit davon entfernt, statische Informationsträger zu sein, sind ständig in einem dynamischen Zustand, verdoppeln sich, bewegen sich um das Chromosom herum und spalten sich manchmal sogar auf, so daß man ein Stück der DNS-Kodierung für ein bestimmtes Protein an mehreren Stellen um das Chromosom herum verteilt finden kann. Trotzdem ist das einfach ein Gen – ein Protein-Modell der grundlegende funktionale Baustein, aus dem man theoretisch den Stoffwechsel und die Struktur der ganzen Zelle oder des höheren Organismus rekonstruieren könnte. Die DNS also gibt uns eine molekulare Grundlage, auf der wir verstehen können, wie kleine Variationen entstehen und wie sie sich durch einen Umbau des genetischen Kodes fortpflanzen können. Die orthodoxe neodarwinistische Anschauung scheint sich also auf der molekularen Ebene im großen und ganzen zu bestätigen.

Halten wir uns noch einmal vor Augen, welches die Hauptannahmen dieser Anschauung sind. Erstens, der *einzige* Faktor, der für die schlechteren Überlebenschancen eines Individuums im Vergleich mit anderen seiner Art in Betracht gezogen wird, ist seine niedrigere Anpassung an die Umwelt. Die Umwelt schließt hier andere Arten und Mitglieder anderer Arten mit ein. Die Umwelt wird also im wesentlichen als feindlich und die Beziehungen des Individuums zu seinen Artgenossen im wesentlichen als konkurrierend gesehen: Darwin sprach vom »Krieg der Natur und vom Kampf ums Dasein«. Zweitens, *alle* Variationen entstehen zufällig. Die Umwelt, die es nicht *nötig* hat, daß Organismen ihr »angepaßt« sind, ist also nicht daran beteiligt, die erforderlichen Abweichungen hervorzubringen (dies wäre eine Spielart des Lamarckismus). Auch innerhalb des Organismus kann es keine Mechanismen geben, die Variationen in einer bestimmten Richtung fördern (innere Bedürfnisse, die über längere Zeiträume wirksam werden). Drittens, *alle* diese Veränderungen geschehen in nicht wahrnehmbaren Abstufungen. Es gibt keine plötzlichen Sprünge oder »Katastrophen«. Viertens, *alle* Veränderungen, die sich festigen, die also auf zukünftige Generationen übertragen werden, kommen auf diese Weise zustande. Dies ist also die orthodoxe Anschauung, die wir in Frage stellen wollen.

Ist der Neodarwinismus die letzte Wahrheit?

Vielleicht sollten wir an dieser Stelle kurz innehalten, um die ungeheuer befreiende Wirkung, die Darwins Ideen auf die westliche Menschheit hatten, zu würdigen. Eine ewig statische Welt, in der Organismen einfach nur Verkörperungen einer idealen Form reproduzierten, die ein Schöpfer willkürlich am Anfang der Welt erschaffen hatte, wurde zu einer ständig sich verändernden Welt, die fortwährend eine scheinbar unerschöpfliche Vielfalt von neuen Formen hervorbringt, und zwar durch Prozesse, die ein inhärenter Bestandteil der Natur sind. Der Mensch selbst wandelte sich von einem Geschöpf, mit einem ein für allemal festgelegten Wesen, das von einem Schöpfer aus unbegreiflichen Absichten erschaffen worden war, und das der natürlichen Welt, von der es für immer getrennt war, feindlich gegenüberstand, zu einem Teil dieser Welt, zu etwas, das sich entwickelt hat, und das sich immer noch weiter entwickelt nach den gleichen inhärenten Gesetzen, nach denen sich die gesamte Natur entwickelt, und eingebunden in das gleiche unendlich weite und komplexe Gewebe von Interaktionen, wie alles in der Natur. So wie die Menschheit durch Kopernikus für die Weite des Universums geöffnet wurde, so wurde sie durch Darwin für die unerschöpfliche Kreativität der Natur geöffnet. So wie durch Galilei die irdischen und himmlischen Gesetze der Bewegung vereinigt wurden, so konnte seit Darwin die körperliche Konstitution von Männern und

Frauen nach den gleichen Gesetzen erklärt werden, die für alles in der Natur gelten.

Aber, wie vorherzusehen war, so wie Newtons Gesetze zu metaphysischen Wahrheiten über Zeit, Raum und Materie hochstilisiert wurden, so wurde auch die natürliche Selektion als Erklärungsprinzip für Phänomene herangezogen, die weit über ihren Geltungsbereich hinausgehen. Die Idee, daß die Natur fundamental auf einem »Kampf ums Überleben« aufgebaut ist, und daß der Mensch ein Teil dieses Kampfes ist, avancierte zu einer Gesellschaftsphilosophie und einer Erklärung des menschlichen Wesens, die zu einem Motor der industriellen Revolution wurde, und die auch heute noch die Geschäftswelt, die Ökonomie, unser Bildungssystem und die internationalen Beziehungen bestimmt.

Zitieren wir Herbert Spencer, einen populären Philosophen des neunzehnten Jahrhunderts: »Das Wohlergehen der heutigen Menschheit und ihre Entwicklung zur höchsten Vollkommenheit werden beide von der gleichen heilsamen, aber strengen Disziplin sichergestellt, der die gesamte belebte Schöpfung unterworfen ist. Die Armut der Unfähigen, das Elend, das über die Unverschämten hereinbricht, der Hunger der Faulen und jenes Beiseite-gedrängt-Werden der Schwachen durch die Starken, welches so viele zu einer kümmerlichen Existenz verurteilt, sind die Verordnungen eines äußerst weitsichtigen Wohlwollens.«[4] Und noch einmal Thomas Huxley, der Mann, der vielleicht am meisten dazu beigetragen hat, daß die Evolution zum Allgemeingut wurde: »Bei den primitiven Menschen wurden die Schwächsten und Dümmsten an die Wand gedrängt, während die Stärksten und Klügsten, diejenigen, die am besten mit ihren Umständen fertig werden konnten, die aber nicht unbedingt in jeder Hinsicht die Besten waren, überlebten. Das Leben schien ein ständiger offener Kampf, und jenseits der begrenzten und nur für eine gewisse Zeit geltenden Beziehungen zur Familie war der Hobbesianische Krieg eines

jeden gegen jeden der normale Zustand des Daseins. Solange sich der natürliche Mensch ohne Einschränkungen
vermehrt, so lange wird im Frieden und in der Arbeit ein
ebenso harter Existenzkampf wie der, der unter dem Regi-
ment des Krieges herrscht, nicht nur erlaubt, sondern auch
absolut erforderlich sein.«[5] In jüngster Zeit sagte John D.
Rockefeller sen. lakonisch: »Das Wachstum eines großen
Unternehmens ist nichts anderes als das Überleben des Besten... Es ist nichts anderes als die Verwirklichung eines
Naturgesetzes und eines Gottesgesetzes.«[6] Und diese Sichtweise setzt sich bis heute fort, wie wir in der überspannten
Dichtung *The Selfish Gene* von Richard Dawkins sehen
können: »Wir sind Überlebensmaschinen – roboterhafte
Vehikel, die blind darauf programmiert sind, die egoistischen Moleküle zu erhalten, die uns als Gene bekannt
sind.«[7] Diese Männer haben nicht aus irgendeiner krank-
haften Einstellung heraus gesprochen, sondern sie waren
das Sprachrohr der Philosophie ihrer Zeit, einer Philosophie, die immer noch tief in unserer Kultur verwurzelt ist.

Das Gesetz des Dschungels hat sich vielleicht bei einigen
Nationen von einer materiellen auf eine psychologische
oder spirituelle Ebene verlagert, aber es ist immer noch das
gleiche Prinzip, das unsere Gesellschaft bestimmt. Es beinhaltet, kurz gesagt, daß die Welt und insbesondere die Natur
im wesentlichen feindlich ist, daß das Wesen des Menschen
von Grund auf egoistisch ist und nicht verändert werden
kann und daß echtes, selbstloses Mitgefühl für andere unmöglich ist. Die »natürliche Selektion« soll dies angeblich
beweisen, und überall in der modernen Welt, an jeder High
School und in jedem Biologieseminar oder naturwissenschaftlichen Grundkurs wird dies so gelehrt. Heutzutage ist
diese Lehre jedoch umstritten und vielen führenden Biologen suspekt geworden. Einer der größten lebenden Biologen
der Welt, der Herausgeber eines achtundzwanzigbändigen
Werkes über Zoologie und Ex-Präsident der französischen
Akademie der Wissenschaften, Pierre Grassé, sagt folgendes

über die natürliche Selektion: »Trotz ihres Erfolges bei bestimmten Biologen, Philosophen und Soziologen halten die Erklärungsprinzipien (natürliche Selektion) der biologischen Evolution einer in die Tiefe gehenden objektiven Kritik nicht stand. Es stellt sich dabei heraus, daß sie *entweder im Konflikt mit der Realität stehen oder aber gar nicht dazu taugen, die wesentlichen Probleme, um die es geht, zu lösen.*

Durch den Gebrauch und den Mißbrauch von versteckten Postulaten, von kühnen, oft schlecht begründeten Extrapolationen wurde eine Pseudowissenschaft aufgebaut. Sie hat sich im innersten Kern der Biologie eingenistet und führt viele Biochemiker und Biologen in die Irre, die ernsthaft glauben, die Richtigkeit ihrer grundlegenden Konzepte sei bewiesen, was nicht der Fall ist.«[8]

Nachdem wir die überzeugende Bestätigung der Evolution, die wir weiter oben kurz dargestellt haben, gesehen haben, stellt sich uns die Frage, was einen prominenten Biologen dazu bringt, eine solche Beurteilung der grundlegenden Lehren seiner eigenen Disziplin abzugeben. Wenn wir die Theorie der Evolution durch natürliche Selektion diskutieren, ist es wichtig zu verstehen, daß wir den Begriff »Theorie« hier in einem anderen Sinne gebrauchen, als wenn wir von der »Theorie der Gravitation« sprechen. Wie Karl Popper gezeigt hat, gibt es keine Möglichkeit, die Theorie der natürlichen Selektion zu bestätigen oder zu widerlegen. Sie ist ein Prinzip, das plausible Erklärungen hervorbringt, aber sie ist nicht »bewiesen« worden und kann nicht »bewiesen« werden. »Weder Darwin noch der Darwinismus haben bisher eine kausale Erklärung der adaptiven Evolution eines einzigen Organismus oder eines einzigen Organs gegeben. Also, was gezeigt werden konnte – und das ist sehr viel – ist, daß solch eine Erklärung existieren könnte, das heißt, daß sie nicht logisch unmöglich wäre.«[9] Zitieren wir den britischen Zoologen Leonard Matthews: »Die Tatsache der Evolution ist das Rückgrat der Biologie; die Biologie ist also in der eigentümlichen Lage, eine Wissenschaft zu sein, die auf eine unbewiesene Theorie aufgebaut ist – ist sie also eine Wissenschaft oder ein Glauben?«[10]

Betrachten wir noch einmal die fossilen Funde. Wenn Darwins Idee einer graduellen Evolution in kleinen, fast nicht wahrnehmbaren Schritten völlig richtig wäre, dann sollte man erwarten, daß solche kleinen Entwicklungsschritte, die die verschiedenen fossilen Formen miteinander verbinden, in fein abgestuften Reihen zu finden seien. Dies ist nicht der Fall. Darwin selbst sagte: »Die Zahl der Zwischenformen, die einmal auf der Erde existiert haben, muß wahrlich enorm sein. Warum ist dann nicht jede geologische Formation und jede Schicht voll von solchen Verbindungsgliedern? Die Geologie enthüllt ganz sicher nicht eine solche fein abgestufte organische Kette, und dies ist vielleicht der offensichtlichste und schwerwiegendste Einwand, den man gegen meine Theorie vorbringen kann.«[11] Darwin hoffte, daß diese Lücken in den fossilen Funden im Laufe der Jahre gefüllt würden, aber dies war nicht der Fall. Professor Herbert Nilsson von der Lund-Universität in Schweden faßt das so zusammen: »Aus den paläontologischen Tatsachen könnte man nicht einmal eine Karikatur der Evolution entwickeln. Das fossile Material ist jetzt so vollständig, daß man das Fehlen von Übergangsserien nicht mehr mit der Knappheit des Materials erklären kann. Die Lücken sind real, sie werden niemals gefüllt werden.«[12]

Es gibt eine Reihe von Phänomenen, die von den natürlichen Selektionisten entweder ignoriert oder mit so gewundenen Argumenten erklärt werden, daß man sie nur mit einem Akt des Glaubens für plausibel erklären könnte. Erstens muß die Evolution, wie wir gesehen haben, in den fossilen Funden darstellbar sein. Die Funde bestätigen ganz sicher die reine Tatsache der Evolution. Aber hinsichtlich der Vorstellung von kleinen graduellen Veränderungen, die alle Arten auf einen gemeinsamen Vorfahren zurückführen, steht jetzt unwiderruflich fest, daß die fossilen Funde eben dies *nicht* bestätigen. Man sagt z. B., daß Amphibien auftauchten, als die Fische anfingen, aufs Land zu gehen. Es sollte daher fossile Übergangsformen geben, bei denen die Flossen der Fische langsam zu Gliedmaßen werden. Es scheint keine solchen Übergangsformen zu geben, die irgendwie überzeugend wären.

Das gleiche gilt für den Ursprung des Fliegens: es gibt einfach keine fossilen Zwischenformen zwischen Vögeln und Landreptilien. Und wie könnte ein Wesen auch halb fliegen? Sein Flugapparat muß entweder funktionieren, oder er wäre eine nutzlose Last. Der Ursprung von Insekten und blühenden Pflanzen ist ebenfalls ein völliges Geheimnis. Dies sind nicht einfach nur ungelöste Aufgaben, die sich im Laufe der Zeit klären lassen werden, und die die natürliche Selektion dadurch zu einem reizvollen Forschungsbereich machen. Es sind grundlegende Einwände gegen die Theorie der natürlichen Selektion, ähnlich wie die negativen Ergebnisse des Michelson-Morley-Experiments, die zur Entstehung der Relativitätstheorie führten.

Als nächstes stellt sich das Problem der Evolution von komplexen Systemen, wie z. B. dem Auge, dem Ohr, dem Kiefer bei Säugetieren, dem Blutkreislauf, dem Giftapparat bei Schlangen und Insekten. Man könnte die Liste noch lange fortführen. Jedes von ihnen ist ein Beispiel für eine komplexe Struktur, an der viele Mutationen beteiligt sein müssen, die alle in vollkommenster Harmonie zusammenwirken; andernfalls wäre die Struktur völlig unbrauchbar. Beim Auge z. B. haben wir, um nur die wichtigsten Aspekte zu nennen, die Knochenstruktur der Augenhöhle, die Linse, Tränendrüsen und -kanäle, die Muskeln für die Koordination, die Zapfen und Stäbchen der Netzhaut und ihre Verbindung mit dem Sehnerv, die für die Verarbeitung der optischen Information spezialisierten Hirnareale usw.; alle diese Teile müssen zusammenwirken, um das Sehen zu ermöglichen. Wenn eines dieser Teile zufällig, ohne die anderen, entstanden wäre, wäre es unbrauchbar gewesen und nach dem Gesetz der natürlichen Selektion ausgeschieden worden. Wie Stephen Jay Gould sagt: »Wozu ist ein halber Kiefer oder ein halber Flügel gut?« Doch die Wahrscheinlichkeit, daß *alle* diese Veränderungen *zufällig* zur gleichen Zeit geschehen sind, um einen Mutanten mit einem sehfähigen Auge hervorzubringen, ist zu gering, um überhaupt vorstellbar zu sein. Eine ähnliche Argumentation läßt sich auch auf die übrigen komplexen Systeme übertragen, die wir erwähnt haben, und noch auf viele andere mehr.

Eine Erweiterung der orthodoxen Anschauung

Vor kurzem sind einige plausible Möglichkeiten vorgeschlagen worden, durch die unser Verständnis von der Evolution über die orthodoxe Anschauung hinausgehend erweitert werden könnte.[13] Um die Plötzlichkeit der Veränderungen zu verstehen, kommen einige ältere Ideen, die wir als »Katastrophen« und »hoffnungsvolle Ungeheuer« bezeichnen, wieder in Gebrauch. Die Idee von den »Katastrophen« oder dem »unterbrochenen Gleichgewicht« besagt, daß sich die Arten während langer Zeiträume, in denen die Umwelt relativ stabil war, nur sehr wenig entwickelt haben, aber daß in großen Abständen gewaltige Naturkatastrophen, wie z. B. umfassende geologische Veränderungen oder das Einschlagen eines großen Meteors auf der Erde, eine weitgehende Vernichtung bestehender Arten verursacht haben. Solche Katastrophen könnten auch internal verursacht sein. Das heißt, die gesamte Biosphäre hat vielleicht von Zeit zu Zeit einen Punkt erreicht, an dem es zu einem völligen Zusammenbruch kam. Wir werden sehen, daß dies eine mögliche Reaktion eines komplexen Systems auf einen großen Energie-Input sein kann, wenn wir uns mit Ilya Prigogines Arbeit über offene Systeme beschäftigen. Auch von René Thom ist eine mathematische Theorie solcher Katastrophen erarbeitet worden. Als Reaktion auf die drastisch veränderte

Umwelt wären dann radikal neue Arten erschienen. »Hoffnungsvolle Ungeheuer« bezieht sich darauf, wie solche neuen Arten eventuell sehr schnell entstanden sein könnten. Vielleicht tauchten in Reaktion auf den enormen Umweltdruck nach der Katastrophe eine große Zahl von Organismen mit sehr starken Mutationen auf (Ungeheuer), von denen die meisten starben; aber einige waren besser angepaßt oder hatten die Fähigkeit, sich sehr schnell auf ihre neue Umwelt einzustellen. Solche Mutationen wären dann wahrscheinlich auf der embryonalen Ebene passiert und hätten eine Reihe koordinierter Veränderungen in der embryonalen Entwicklung nach sich gezogen.

Szenarios wie diese sind ebenso plausibel wie die orthodoxe neodarwinistische Theorie, aber sie sind ihr in gewisser Hinsicht entgegengesetzt. Dies wird besonders daran deutlich, daß eine *Entspannung* der Wettbewerbssituation den »hoffnungsvollen Ungeheuern« eine bessere Chance geben würde, mit verschiedenen Formen des Verhaltens, der Nahrungssuche etc. zu experimentieren und möglicherweise deswegen zu überleben. Es würde sogar eher eine *Kooperation* zwischen den potentiell Überlebenden am hilfreichsten sein. Erinnern wir uns daran, daß die orthodoxe neodarwinistische Anschauung von einer Umwelt ausgeht, in der die Nahrungsquellen im Verhältnis zu einer bestimmten Population begrenzt sind, eine Situation, die nach einer Katastrophe nicht unbedingt gegeben sein muß.

Eine weitere Möglichkeit, die uns helfen könnte, diese plötzlichen, schnellen Veränderungen zu verstehen, wäre die, den Gedanken einer Wechselwirkung zwischen genetischer Vererbung und Verhalten wieder aufzugreifen. Wenn ein Organismus bestimmte neue Verhaltensweisen annimmt, wenn er sich z. B. einen neuen Lebensraum oder neue Nahrungsquellen sucht und es dadurch schafft, zu überleben, dann wird *in der Folge* auf diese Verhaltensänderung der Umweltdruck zu einer Auslese derjenigen Nachkommen führen, die der neuen Situation auf der genetischen Ebene besser angepaßt sind. Man nennt dies den Baldwin-Effekt, und dieser konnte auch bereits in der Natur beobachtet werden. Konner gibt folgendes Beispiel: »Betrachten wir eine Population von Vögeln, von der einige Individuen es lernen, eine neue Art von Beeren, sagen wir Blaubeeren, zu bevorzugen. Diese Individuen fangen an, ihre Nester in Blaubeersträuchern zu bauen, und ihre Jungen lernen ebenso wie sie, Blaubeeren zu mögen. Irgendwann einmal bringt der genetische Mischungsprozeß rein zufällig einige Individuen hervor, die von Anfang an Blaubeeren mögen; sie brauchen nicht erst einen Lernprozeß zu durchlaufen. Diese Individuen werden dann wahrscheinlich von der Selektion bevorzugt und pflanzen sich so effektiv fort, daß wir irgendwann eine Generation beobachten können, in der alle Individuen die genetisch verankerte Neigung haben, Blaubeeren zu mögen, ohne es lernen zu müssen.«[14] Dieses Beispiel läßt sich auch auf weniger harmlose Fälle übertragen; wir könnten z. B. statt von Vögeln, die auf diese Weise lernen, Blaubeeren zu mögen, von Menschen sprechen, die lernen, gekochtes Essen zu mögen oder Krieg zu führen. Es ist äußerst einleuchtend, daß das Lernen in der Form des Baldwin-Effekts ein wesentlicher Faktor bei der Evolution gewesen ist, angefangen von den »allerprimitivsten« Organismen bis hin zum Menschen. Die Sprache des Verhaltens könnte also für eine Beschreibung des evolutionären Wandels recht geeignet sein.

In der Praxis ist diese Theorie kaum vom Lamarckismus zu unterscheiden, außer daß der Mechanismus nicht *direkt* über einen Einfluß des Verhaltens auf die Gene in einer Generation wirkt. Heute hat es jedoch den Anschein, daß es in bestimmten Situationen auch einen direkt lamarckistischen Mechanismus geben könnte. Es ist bekannt, daß Geschlechtssteroide sich in Zielzellen mit Empfängermolekülen zusammenschließen, und daß die Steroid-Empfänger-Kombination dann einen direkten Einfluß auf die DNS hat. Dies bedeutet, es ist gut möglich, daß fixierte Verhaltensmuster, welche beispielsweise den Testosteronspiegel beeinflussen, wie z. B. Nahrungsgewohnheiten, Streß und sexuelle Aktivitäten, die DNS der Keimzellen verändern können. Es wäre z. B. annehmbar, daß die Einwirkung einer bestimmten Höhe des Testosteron-Spiegels bestimmte Gene in der DNS sämtlicher Zellen des Körpers und damit auch der Keimzellen dauerhaft öffnet. Die Verhaltenstendenzen, die durch die Öffnung dieser Gene hervorgebracht werden, könnten also erblich sein. Wir sind nicht sicher, ob dies so geschieht, aber wir kennen jetzt jedenfalls einen völlig akzeptablen Mechanismus für die allerreinste Form des Lamarckismus, also die Vererbbarkeit erworbener Merkmale.

Wir sollten in Betracht ziehen, daß bei höheren Tieren nur ungefähr 20 Prozent der DNS an der Steuerung der Proteinsynthese und damit an der Determinierung von Eigenschaften direkt beteiligt sind. Von den übrigen 80 Prozent nimmt man an, daß sie mit Kontrollfunktionen zu tun haben, die festlegen, welche Eigenschaften zu bestimmten Zeiten im Lebenszyklus des Organismus ausgedrückt und welche unterdrückt werden. Es ist daher äußerst plausibel, daß Abschnitte der DNS, die viele Generationen lang unterdrückt waren und daher als nicht-funktionale Gene vererbt wurden, von Umweltbedingungen »eingeschaltet« werden können und dann in der Folgezeit als funktionale Gene vererbt werden.

Die Theorien über die »Katastrophen«, die »hoffnungsvollen Ungeheuer« und über die Wechselwirkung zwischen Genen und Verhalten sind eigentlich ganz natürliche Erweiterungen der neodarwinistischen Theorie, und rein vom Standpunkt der Biologie aus gesehen, ist es eigentlich recht überraschend, daß sie soviel Aufregung verursacht haben, eine Aufregung, die stark politisch und religiös gefärbt ist. Der Lamarckismus wurde jahrzehntelang von marxistischen Theoretikern unterstützt, da er die Vorstellung zu bestätigen schien, daß eine drastische Veränderung der Umwelt durch eine Revolution schon in einer Generation zu erheblichen Veränderungen der vererbten Eigenschaften führen könnte. Die Katastrophen-Theorie läßt eine Tür offen für die Vorstellung einer göttlichen Intervention, denn die Katastrophen könnten einen göttlichen und nicht einen natürlichen Ursprung haben. Diese Faktoren spielen bei Diskussionen über die Evolution oft eine Rolle, und höchstwahrscheinlich sind es solche verborgenen Vorstellungen, die für die Emotionalität der Debatten verantwortlich sind. Die Theorien selbst erscheinen ziemlich harmlos. Sie erweitern die orthodoxe Anschauung gerade so weit, daß man die Lücken in den fossilen Funden, das plötzliche Auftauchen neuer und das Aussterben anderer Arten und die Tatsache, daß einige primitive Lebensformen der Selektion entkommen konnten, erklären kann. Aber sie sind immer noch weitgehend adaptionistisch; das heißt, sie vertreten immer noch die Anschauung, daß die natürliche Selektion der am besten Angepaßten die letzte Instanz ist, die darüber entscheidet, was überlebt und was nicht, ob nun nach einer Katastrophe oder als ein Ergebnis von Umwelt-Verhalten-Wechselwirkungen.

Und die Verwirrung über diese Lehre ist selbst unter den Vertretern der orthodoxen Anschauung groß. Hier zwei Aussagen, beide aus dem Jahre 1980 und beide von hochangesehenen Neodarwinisten:

1. »Die Theorie der Evolution beruht auf dem Kampf ums Dasein und dem Überleben der Besten.« Robert Axelrod and Wilbur Hamilton.[15]

2. »Bei der Darstellung seiner Theorie machte Darwin einen schweren Fehler, als er die natürliche Selektion als einen ›Kampf ums Dasein‹ charakterisierte. Wie weit hängt die natürliche Selektion von gewalttätigen Auseinandersetzungen oder tödlichem Kampf ab? Die Antwort ist: in sehr geringem Maße.« Ledyard Stebbins[16]

Dies ist also das Dilemma der modernen Biologie. Die Theorie der Evolution räumte, dank des Genius von Charles Darwin, mit der Engstirnigkeit, Bigotterie und dem Dogmatismus der Biologie und der Religion des neunzehnten Jahrhunderts auf. Die natürliche Selektion jedoch, der Eckpfeiler dieser Theorie, ist heute selbst zu einer Quelle der Engstirnigkeit und des Dogmatismus geworden, sowohl in der Biologie, als auch in gesamtgesellschaftlichen Zusammenhängen.

Die Anschauung, die in Schulen, Universitäten und populär-wissenschaftlichen Zeitschriften überall in der Welt vertreten wird, nämlich die, daß die »natürliche Selektion und der Kampf ums Überleben« das einzig gültige Erklärungsprinzip für die Natur einschließlich der menschlichen Art ist, ist keine zutreffende Beschreibung der Natur. Und doch beruhen sehr viele biologische, soziologische, anthropologische, psychologische, ökonomische und politische Theorien, die sich auf alle möglichen praktischen Angelegenheiten auswirken, auf dieser Anschauung.

Im Hinblick auf die Evolutionstheorie sind wir in einer ähnlichen Situation, wie sie in der Physik zu Ende des neunzehnten Jahrhunderts herrschte. Der Druck, dem die orthodoxe Theorie durch klare, unbestreitbare Beobachtungen, die nicht in die Theorie passen, ausgesetzt ist, ist zu groß. Es *muß* eine umfassendere Theorie entwickelt werden, in welcher die natürliche Selektion als ein, vielleicht sogar wesentlicher, Teil eingebaut sein könnte.

Ich sollte hinzufügen, daß dies ganz gewiß nicht bedeutet, daß das menschliche Verhalten nicht auf den biologischen Funktionen des menschlichen Körpers beruht und von diesen eingeschränkt wird; wir werden später noch sehen, worin einige dieser Beschränkungen bestehen könnten. Es besagt jedoch, daß wir bei der Prüfung solcher Behauptungen sehr vorsichtig sein müssen, um sehen zu können, wieviel davon tatsächlich auf Beobachtung beruht und wieviel auf der »Pseudowissenschaft« der natürlichen Selektion, um Grassé zu zitieren. Besonders die Anschauung, der Egoismus sei biologische Notwendigkeit, beruht auf dieser Pseudowissenschaft. Es mag sein, daß der Egoismus, wie wir später sehen werden, durch tief in unserer biologischen Natur verwurzelte genetische Faktoren erheblich verstärkt wird. Eine biologische *Notwendigkeit* ist er jedoch nicht. Im nächsten Kapitel werden wir sehen, daß der Aspekt der wechselseitigen Kooperation zwischen dem Organismus und seiner Umwelt und des »Wohlwollens« gegenüber anderen möglicherweise ein ebenso fundamentales Erklärungsprinzip ist, wie die natürliche Selektion durch den Überlebenskampf.

7   Gegenseitige Hilfe

Wenn wir uns die Geschichte so vieler Vorstellungen in der Wissenschaft ansehen, erkennen wir, daß jener zyklische Prozeß, in dem für eine gewisse Zeit eine Teilwahrheit für die eine »große Wahrheit« ausgegeben wird, immer von abweichenden Stimmen begleitet wird, die eine entgegengesetzte oder ausgewogene Anschauung vertreten. Dies gilt auch für die natürliche Selektion. Eine dieser abweichenden Stimmen war die von Petr Kropotkin, der im Jahre 1902 ein Buch mit dem Titel *Gegenseitige Hilfe* veröffentlichte. Kurze Zeit nach dem Erscheinen von *Die Entstehung der Arten* verbrachte Kropotkin fünf Jahre mit Feldforschungen in Sibirien. Für seine Arbeit dort wurde er von der Russischen Geographischen Gesellschaft mit einer Goldmedaille geehrt. Er sagte, er habe eifrig gesucht nach »jenem erbitterten Kampf um die Lebensgrundlagen unter den Tieren der gleichen Art, der nach Ansicht der meisten Darwinisten das Hauptmerkmal des Kampfes ums Dasein, dem entscheidenden Faktor der Evolution ist«.[1] Er kam jedoch zu dem Schluß, ein ebenso bedeutsamer Faktor unter den Tieren ist gegenseitige Hilfe und Unterstützung.

Kropotkins Buch ist übervoll mit Beispielen dafür. Hier ist ein besonders erfreuliches Beispiel, dessen direkteste Erklärung die ist, daß die Tiere einander in der Not helfen: »Bei der großen Molucea-Krabbe war ich (1882 im Brighton-Aquarium) beeindruckt, wieviel gegenseitige Unterstützung diese plumpen Tiere ihren Artgenossen im Notfall geben können. Eine von ihnen war in einer Ecke des Tankes auf den Rücken gefallen, und ihr schwerer Kasserolle-artiger Rückenpanzer hinderte sie daran, in ihre normale Position zurückzukehren, zumal in der Ecke noch ein Eisenstab war, der ihr die Aufgabe zusätzlich erschwerte. Ihre Genossen kamen ihr zu Hilfe, und ich beobachtete eine Stunde lang, wie sie sich abmühten, um ihrem Mitgefangenen beizustehen. Sie kamen zu zweit, stemmten ihren Freund von unten hoch und schafften es nach enormen Anstrengungen, ihn in eine aufrechte Lage zu heben; aber dann hinderte der Eisenstab sie daran, ihre rettende Arbeit zu vollenden, und die Krabbe fiel wieder auf den Rücken zurück. Nach vielen Versuchen verschwand einer der Helfer in der Tiefe des Tankes und kam mit zwei anderen Krabben zurück, die sich mit frischen Kräften wieder daran machten, ihren hilflosen Genossen zu stemmen und zu heben.«

In einem Buch, das im Jahre 1931 geschrieben wurde, finden wir: »Die Anschauung, die sich allgemein in Umlauf befindet, ist eine Karikatur der Natur, eine Übertreibung eines Teils der Wahrheit. Denn obwohl es einerseits in der unberührten Natur eine strenge Auslese, eine hohe Sterblichkeit des Nachwuchses und viele rote Zähne und Klauen gibt... gibt es auch viele andere Seiten. Angesichts von Beschränkungen und Schwierigkeiten steigert der eine Organismus seinen Wettkampf, während ein anderer die elterliche Fürsorge intensiviert; der eine schärft seine Waffen, während der andere mit gegenseitiger Hilfe experimentiert... Tatsächlich braucht der Kampf ums Dasein überhaupt nicht konkurrierend zu sein; er zeigt sich nicht nur in rücksichtsloser Selbstbehauptung, sondern auch in all den Anstrengungen, welche Eltern für ihren Nachwuchs, Männchen und Weibchen füreinander und Verwandte untereinander aufbringen.«[2]

Darwin selbst war sich sehr wohl bewußt, wie viele Beispiele für kooperatives Verhalten unter Tieren man in der Natur finden kann. Da in der neodarwinistischen Synthese das Hauptaugenmerk auf Populationen lag, wurde die gegenseitige Hilfe mehr oder weniger als eine Eigenschaft abgetan, die offensichtlich dazu dient, das Überleben der Gruppe zu sichern. In den sechziger Jahren jedoch wandte sich das Interesse wieder dem Individuum zu und der Frage, wie Eigenschaften, die zwar die Gruppe fördern, die aber möglicherweise für das Individuum von Nachteil sein können, im Genpool überhaupt überleben können. Man würde z. B. erwarten, daß der Vogel in einem Vogelschwarm, der, wenn er einen Raubvogel entdeckt, Alarm schlägt, um den ganzen Schwarm zu warnen, am meisten durch den Angriff des Räubers gefährdet ist. Wenn dieses Alarmschlagen genetisch fundiert ist, müßte man daher erwarten, daß Gene, die diese Tendenz tragen, ziemlich schnell ausselektiert würden. Trotzdem gibt es viele Beispiele für dieses helfende Verhalten in der Natur.

Verwandtschaftsselektion

Es ist mittlerweile klar, daß zumindest einige dieser kooperativen Verhaltensweisen genetisch fundiert sind. Dies ist die Theorie der »Verwandtschaftsselektion«, die behauptet, daß es für eng miteinander verwandte Tiere genetisch vorteilhaft ist, sich gegenseitig zu unterstützen, um auf diese Weise den Genen ihrer Familie eine bessere Überlebenschance zu geben. Ein Vogelpaar z. B. könnte in der Versorgung und Ernährung seiner Jungen durch einen oder mehrere jüngere Vögel unterstützt werden, so daß drei oder vier Erwachsene sich um das Nest kümmern. Man hat dies z. B. beim Zwergeichelhäher Floridas beobachtet. Man nennt diese genetisch begründete Tendenz, daß Verwandte sich gegenseitig helfen und schützen, auch »einschließende Stärke«, da man die Vorstellung von der »natürlichen Selektion der Stärksten« nun erweitern und die nähere Familie miteinschließen muß. Das heißt also, daß neue Verhaltensmuster sich etablieren, wenn sie es bestimmten Individuen *oder Familien* ermöglichen, mehr Nachkommen zu produzieren. »Nachkommen produzieren« bedeutet nicht nur, sie zu gebären, sondern auch sie möglicherweise über viele Monate oder gar Jahre zu ernähren und zu beschützen. Dies ist also die genetische Basis für gegenseitiges hilfreiches Verhalten.

Man könnte das Phänomen der »Verwandtschaftsselektion« auch als ein Beispiel für »Egoismus« interpretieren – der Organismus verhält sich »egoistisch«, aber nicht zum eigenen Nutzen, sondern zum Nutzen bestimmter Gene. Dies ist der Ansatz, den Soziobiologen mit orthodoxer Einstellung wie Edward Wilson, der Autor von *Sociobiology: A Modern Synthesis*[3] und Richard Dawkins, Autor von *The Selfish Gene*[4], wählen. Dies ist jedoch eine Frage der Interpretation und muß mit philosophischen Annahmen begründet werden, die völlig außerhalb der Zuständigkeit der Biologie liegen. Man könnte ebensogut sagen, daß »Verwandtschaftsselektion« die inhärente Tendenz des ganzen Organismus ist, denen zu helfen, die er als »verwandt« betrachtet, und so wollen auch wir sie in diesem Kapitel betrachten. Wir halten diese Sichtweise, obwohl sie immer noch Interpretationscharakter hat, vom Standpunkt der tatsächlichen Erfahrung aus für etwas realistischer. Der Organismus, und insbesondere der menschliche Organismus, *erfährt* sich selbst normalerweise als eine körperliche Einheit und verhält sich anderen gegenüber dementsprechend. Er erfährt sich nicht als eine Ansammlung von Genen, die alle individuell um ihr Überleben kämpfen. Als ein Individuum kann er Überlebenskampf und ein Gefühl der Aggression erfahren, oder er kann ein Gefühl der Freundlichkeit gegenüber Verwandten empfinden. Beides hat eine biologische Basis. Nun stellt sich die Frage, wie ein Tier, sagen wir ein Vogel oder ein Insekt oder ein Löwe, wissen kann, wer seine nahen Verwandten sind. Zwei junge Löwen, gemeinsam in einem Rudel aufgewachsen, mögen einander individuell kennen und auch fähig sein, sich nach einer langen Trennung daran zu erinnern; aber gibt es irgendeinen Mechanismus, durch den sie ihre genaue genetische Beziehung kennen? Weiß der Singvogelvater, welches der Jungen in seinem Nest »seines« ist? Die Antwort auf diese Frage scheint nein zu lauten. Es deutet darauf hin, daß es keine angeborene Eigenschaft gibt, die Tiere fähig macht, ihre genetischen Verwandten genau zu erkennen. Tiere scheinen sich vielmehr dann, wenn die Situation es erfordert, so zueinander zu verhalten, als *wären* sie verwandt. Dies ist die Grundlage von Tiergesellschaften und eines in der Tat »zivilisierten« Verhaltens bei Tieren. Und für die Vertreter der »egoistischen Gene« stellt dies ein echtes Problem dar.

Tiergesellschaften

Um zu verstehen, wie gegenseitige Hilfe zur Bildung von Gesellschaften führen kann, müssen wir zunächst zwei Arten der Vererbung unterscheiden: genetische und kulturelle. Genetische Vererbung bezieht sich auf Eigenschaften, die über die Gene weitergegeben werden. Kulturelle Vererbung bezieht sich auf Eigenschaften, die auf anderen Wegen übertragen werden, besonders über Imitation, Instruktion und Kommunikation. Bei der Übermittlung von Verhaltensweisen der Eltern auf die Nachkommen und bei der Bildung von Tiergesellschaften können entweder eine oder beide dieser Arten von Vererbung beteiligt sein. Tiergesellschaften findet man auf allen Ebenen der Komplexität, die oft in vier Hauptgruppen unterteilt werden: 1. einzellige

Bakterien und Schleimschimmelpilze, die sich in bestimmten Phasen ihres Lebenszyklus zu einer Form zusammenschließen können, die wie ein einzelner vielzelliger Organismus erscheint; 2. Insekten, wie Wespen, Bienen, Ameisen und Termiten, die in hochorganisierten Kolonien leben; 3. Wirbeltiere von Vögeln bis zu Primaten; 4. Menschen.

Betrachten wir den Schleimschimmel als ein Beispiel für die erste Art von Gesellschaft. Die einzelnen Zellen sind Amöben von mikroskopischer Größe, die von Bakterien leben und sich, solange Nahrung vorhanden ist, durch einfache Teilung vermehren. Wenn die Nahrung jedoch knapp wird, schließen sich viele Amöben zusammen und bilden einen mit bloßem Auge sichtbaren Körper. Dieser verhält sich nun wie ein einzelner primitiver Organismus. Er hat eine Vorderseite und eine Rückseite und kann in die Richtung, aus der Wärme oder Licht kommt, gleiten. Nach ein oder zwei Wochen transformiert er sich in einen fruchttragenden Körper mit einer Basis und einem Stengel. An der Spitze des Stengels, der mehrere Millimeter lang ist, findet man Sporen, die, wenn die Umweltbedingungen besser werden, aufbrechen können, um neue Amöben zu bilden. Auf dieser Ebene ist die Organisation eine genetisch völlig determinierte Reaktion auf Umweltbedingungen. Es ist eindeutig keine kulturelle oder gelernte Übermittlung daran beteiligt.

Auf der nächsten Ebene, derjenigen der Insekteneigenschaften, gibt es komplizierte Muster der gesellschaftlichen Hierarchie, des Verhaltens und der Arbeitsteilung. Nach E. O. Wilson gibt es bei den am höchsten organisierten Insektengesellschaften drei Aspekte: 1. eine Kooperation zwischen den Individuen der Kolonie bei der Versorgung des Nachwuchses; 2. eine Arbeitsteilung im Zusammenhang mit der Reproduktion (d. h. es existieren sterile Kasten, die Arbeiter und die Soldaten); und 3. ein Überlappen der Generationen, so daß die Nachkommen ihren Eltern helfen. Zum

Zwecke der Arbeitsteilung erhalten die einzelnen Insekten eine ganz bestimmte Körpergröße und -form und die entsprechenden Verhaltensmerkmale, während sie sich aus der Larve entwickeln. Scheinbar nehmen sie diese Eigenschaften teilweise in Reaktion auf chemische Botschaften oder Ernährungsbedingungen und teilweise auch in Reaktion auf eine etablierte Herrschaftshierarchie an. Es gibt keine besonderen Gene, die bestimmen, welches Insekt ein Arbeiter und welches ein Soldat wird. Wie beim Schleimschimmel gibt es jedoch auch hier keine kulturelle Übermittlung; all die komplexen Verhaltensmuster scheinen genetisch determiniert zu sein. Das gilt sogar für den berühmten Tanz der Bienen, mit dem diese, wenn sie zu ihrem Stock zurückkehren, den anderen Bienen in einem komplizierten Tanz Richtung und Entfernung einer Honigquelle übermitteln. Das einzige, was an diesem Tanz flexibel ist, ist das Anzeigen der Entfernung und der Richtung. Der Tanz selbst und die in ihm verwendete Symbolik sind genetisch festgelegt. Ein gewisser Lernprozeß ist auch daran beteiligt, insofern, als die junge Honigbiene lernen muß, in welcher Richtung sich die Sonne bewegt. Dieses Lernen wird jedoch nicht kulturell übermittelt. Die beiden untersten Ebenen von Tiergesellschaften sind also durch einen hohen Grad spezifischer, genetisch determinierter Organisation und durch das Fehlen kultureller Übermittlung charakterisiert. Dennoch glaubt man, daß die evolutionäre Basis für die Bildung solcher Gesellschaften die Verwandtschaftsselektion ist.

Wenn wir die dritte Ebene von Gesellschaften betrachten, die der Wirbeltiere bis hinauf zu den nicht-menschlichen Primaten, sieht das Bild ziemlich anders aus. Wir sehen, daß der Organisationsgrad dieser Gesellschaften viel geringer ist. Gleichzeitig scheint die genetische Vererbung eine viel größere Flexibilität des Verhaltens zu ermöglichen; das heißt, das Spektrum der möglichen Verhaltensreaktionen auf eine bestimmte Umweltsituation kann ziemlich breit sein. Darüber hinaus gibt es die Möglichkeit des Lernens, so daß eine kulturelle Übermittlung von Verhaltenseigenschaften möglich wird. John Tyler Bonner hat bei nichtmenschlichen Wirbeltieren fünf Kategorien der kulturellen Übermittlung identifiziert: 1. Verhaltensmuster der körperlichen Geschicklichkeit; 2. Beziehungen zu anderen Arten; 3. auditive Kommunikation innerhalb der Art; 4. komplexe geographische Lokalisierungen und Routen; 5. Erfindungen oder Neuerungen.[5]

Ein von Bonner angeführtes Beispiel für die kulturelle Übermittlung von körperlichen Geschicklichkeiten ist der Austernfänger, ein Küstenvogel, der sich von Muscheln ernährt. Die Muschel hat zwei harte Schalen, die von einem starken Muskel geschlossen werden. Die Austernfänger können zwei verschiedene Methoden anwenden, um an das Fleisch der Muscheln zu kommen; entweder legen sie die Muscheln auf einen harten Untergrund und hämmern die Muschel mit ihrem Schnabel auf, oder sie warten, bis die Muschel sich öffnet und schneiden dann schnell den Muskel durch, der die Schalen geschlossen hält. Die jungen Austernfänger müssen eine von diesen beiden Methoden von ihren Eltern lernen. Man hat nie beobachtet, daß ein erwachsener Vogel beide Methoden anwendet. Wenn man jedoch die Eier aus dem Nest eines Hämmerers in das Nest eines Schneiders legt (oder umgekehrt), lernen die jungen Vögel zu schneiden (oder zu hämmern) wie ihre Ersatzeltern. Daraus läßt sich schließen, daß die Möglichkeit des Hämmerns und des Schneidens genetisch übermittelt wird, während das Lernen einer bestimmten Technik kulturell übermittelt wird. Daß dabei tatsächlich ein Lernprozeß beteiligt ist, geht aus der Tatsache hervor, daß bei Austernfängern, die an Orten leben, an denen es leichter zugängliche Nahrungsquellen, wie z. B. Würmer gibt, die Jungen nur sechs bis sieben Wochen bei ihren Eltern bleiben, während muschelfressende Junge achtzehn bis sechsundzwanzig Wochen bei ihren Eltern bleiben.

Ein anderes Beispiel für eine eindeutig kulturelle Übermittlung, die jedoch weit über einfache körperliche Geschicklichkeit hinausgeht, stammt aus Harry Harlows Forschungen über Rhesusaffen. Harlow fand heraus, daß junge weibliche Affen, die getrennt von ihren Müttern aufgezogen wurden, auch wenn gut für sie gesorgt worden war, zu schlechten und nachlässigen Müttern wurden, wenn sie erwachsen waren. Stebbins kommentiert das so: »Selbst bei diesen Affen garantieren die Gene allein noch nicht die Entwicklung eines normalen mütterlichen Verhaltens. Ihr Wirken muß durch einen gesonderten Strang der kulturellen Übermittlung ergänzt werden, den jede Mutter von ihrer Mutter übernimmt und an ihre Tochter weitergibt.«

Bei der kulturellen Übermittlung von Beziehungen zu anderen Arten haben die meisten Beispiele mit der erlernten Vermeidung von Räubern zu tun und insbesondere mit Zahmheit oder Aggressivität gegenüber Menschen. Ein Beispiel dafür ist, daß viele Vögel und Tiere auf den Galapagos-Inseln keine Angst vor dem Menschen zeigen, solange sie auf dem Land sind. Die gleichen Tiere haben jedoch ziemlich starke Angst, wenn sich ihnen ein Mensch nähert, während sie im Wasser schwimmen. Da dieses Verhalten variabel ist und sich in einer Generation ändern kann, können wir annehmen, daß es erlernt ist. Die gelernte Übermittlung der Melodien des Vogelgesangs ist ein Beispiel der dritten Kategorie, und Bonner führt die ganz spezifischen Routen, die Wandervögel traditionell gebrauchen, als ein Beispiel für die vierte Kategorie an. Diese Routen sind lang und kompliziert, und man kann sich nur sehr schwer vorstellen, wie das Wissen über sie genetisch programmiert sein könnte.

Ein höchst dramatisches und berühmtes Beispiel für gelernte Innovationen ist der Fall einer Macaque-Äffin mit Namen Imo von der Insel Koshima. Japanische Wissenschaftler legten regelmäßig süße Kartoffeln auf den Strand, um eine Horde Affen anzulocken, die sie beobachten wollten. Imo fing damit an, die Kartoffeln zu waschen, um den Sand zu entfernen, bevor sie sie aß. Bald ahmten einige

Tiere sie nach, und innerhalb von fünf Jahren wuschen 80 Prozent der Macaque-Affen ihre Kartoffeln, bevor sie sie aßen. Später legten die Wissenschaftler Weizen für die Affen auf den Strand, Imo lernte den Weizen vom Sand zu trennen, indem sie eine Handvoll ins Wasser warf – der Weizen schwamm oben und der Sand ging unter. Bald wurde auch das ein allgemein verbreiteter Brauch.

Um die sehr schnelle Entwicklung von kulturellem Verhalten bei Tieren und beim Menschen zu erklären, vermutet man eine Interaktion zwischen kultureller und genetischer Übermittlung.[6] Man nimmt folgendes an: Die Gene geben gewisse allgemeine (genetische) Entwicklungstendenzen vor, wie z. B. Chomskys Regeln des Spracherwerbs oder sehr allgemeine Lernfähigkeiten. Während das Individuum heranwächst, übernimmt es, entsprechend dieser genetischen Tendenzen, Teile der bereits bestehenden Kultur. Die Kultur wird in jeder Generation durch die wechselseitige Hilfe, die Entscheidungen und die Neuerungen aller Mitglieder der Gesellschaft neu geschaffen. Einige Individuen besitzen genetische Tendenzen, die sie befähigen, in der bestehenden Kultur besser zu überleben und sich zu reproduzieren, und diese erfolgreicheren Tendenzen werden durch die Population zusammen mit den Genen, die sie speichern, weitergereicht und verstärken so diese Tendenzen in der Kultur.

Diese Theorie ist zwar auch spekulativ, aber sie reicht über den traditionellen Neodarwinismus hinaus, da sie von einer Interaktion zwischen Genen und Kultur ausgeht. Darüber hinaus ist sie insofern ein wertvolles Modell, als sie zeigt, wie Gene gewisse allgemeine Verhaltenstendenzen determinieren können, und dennoch Möglichkeiten individueller kultureller Beeinflussung und Veränderung solcher vererbter Tendenzen offen lassen. Wilson und Lumsden glauben offensichtlich, daß das kulturelle Verhalten bis ins *Detail*, wie z. B. religiöse Rituale, auf diese Weise genetisch festgelegt ist. Dies hört sich ziemlich phantastisch an und scheint von ihrer fundamentalistischen Anschauung herzurühren, daß man *alles* menschliche Verhalten mit einer Erweiterung des Neodarwinismus verstehen könne. Dennoch hat das Modell der Interaktion zwischen Genen und Kultur, das sie vorschlagen, einige interessante Aspekte. Bringt z. B. eine Kultur, die über viele Generationen Aggressionen bzw. Freundlichkeit ermutigt, Individuen hervor, die genetisch mehr zur Aggression oder zur Freundlichkeit neigen? Führt beispielsweise die Philosophie des Egoismus, die in unserer gegenwärtigen Kultur stark ausgeprägt ist – teilweise aufgrund des weitverbreiteten Mißbrauchs der Theorie vom »Überleben des Stärksten« – zu einer Selektion von mehr Individuen mit einer stärkeren Tendenz zum Egoismus? Diese Schlußfolgerung könnte man aus der Theorie von der Interaktion zwischen Genen und Kultur ziehen. Wir werden uns später noch einmal der Frage nach der biologischen Basis so grundlegender Parameter des Verhaltens wie Aggression oder Freundlichkeit zuwenden.

Die Biologie des Verhaltens beim Menschen

Über die Frage, ob und in welchem Maße das menschliche Verhalten von unserer Biologie bestimmt wird, wird sehr kontrovers und lebhaft gestritten, und es gibt etliche Fraktionen, die unterschiedliche, extreme Anschauungen vertreten. Diese Anschauungen reichen von der Überzeugung, daß unser *gesamtes* Verhalten auf einer genetischen Basis erklärbar ist oder irgendwann einmal sein wird, und daß man keine anderen Erklärungsprinzipien braucht, bis hin zu der Überzeugung, daß Biologie, Psychologie und Spiritualität mit vollkommen verschiedenen Bereichen zu tun haben, und daß jede dieser Disziplinen den anderen nichts von Bedeutung zu sagen hat. Die erste Anschauung wird von denjenigen vertreten, die das Banner der Vernunft und der Wissenschaft hochhalten, und die zweite von Menschen, die das

Hohelied der Intuition singen. Die Argumente drehen sich besonders um das Verhältnis zwischen Verwandtschaftsselektion und einer ziemlich vagen Vorstellung von »Altruismus«.[7] Keine dieser Überzeugungen scheint jedoch völlig mit dem in Übereinstimmung zu sein, was wir beobachten können, nämlich daß unser Verhalten tatsächlich sehr stark von unserer biologischen Natur bedingt und beschränkt wird und daß einige dieser Einschränkungen genetisch determiniert sind. Aber die biologischen Einschränkungen geben unserem Verhalten nur Richtlinien und Tendenzen; sie bestimmen nicht, welches Individuum zu einer bestimmten Zeit eine bestimmte Handlung ausführen wird.

Die Grundzüge der wesentlichen bekannten biologischen Einschränkungen – das Nervensystem und das endokrine System – sind sorgfältig und mit ausführlichen Einzelheiten in Melvin Konners Buch *The Tangled Wing: Biological Constraints on the Human Spirit* dokumentiert. In diesem brillanten und tiefempfundenen Buch macht Konner diese Einschränkungen, soweit wir sie heute kennen, nicht nur deutlich, sondern er zeigt, von Zeit zu Zeit auch mit poetischen Worten, daß man durch die Wiederentdeckung eines Gefühls von Heiligkeit und Ehrfurcht in diesen biologischen Energien nicht nur die Grundlage für Degradierung und Verzweiflung, sondern auch für Menschlichkeit und Würde erblicken kann.[8]

Das Nervensystem kann man als ein integriertes, selbstorganisierendes System betrachten, das in einer zirkulären Weise aufgebaut ist, und das aus verschiedenen Typen einzelner Zellen besteht, die im allgemeinen Neurone genannt werden. Ein typisches Neuron hat einen Hauptzellkörper, von dem viele kurze Fasern, Dendriten genannt, ausgehen, und eine lange Faser, das Axon, das selbst viele Verästelungen haben kann. Kommunikation zwischen den Neuronen findet statt, wenn im Zellkörper eines Neurons ein elektrisches Potential erzeugt wird und in einer kodierten Sequenz an seinem Axon entlangläuft. Wenn das Signal das Ende eines Axons erreicht, ist es bereit, auf eine Dendrite eines anderen Neurons überzuwechseln. Zwischen dem Axon des einen Neurons und der Dendrite des anderen ist ein Spalt, die Synapse, die die Botschaft vom ersten Neuron überwinden muß. Dies geschieht über chemische Botenstoffe, die man Neurotransmitter nennt. Es gibt zwei Arten von Neurotransmittern: exzitatorische, die die Entwicklung eines Stromes in der Empfängerzelle erleichtern, und inhibitorische, welche die Entwicklung eines solchen Stromes verhindern. Jedes Neuron kann bis zu zehntausend Dendriten haben und so in jedem Moment von entsprechend vielen Neuronen exzitatorische und inhibitorische Botschaften empfangen.

Allein in der Hirnrinde gibt es etwa fünfzehn Milliarden solcher Neurone, und da jedes von ihnen zu jeder Zeit »feuern« kann, findet im Gehirn in jedem Moment eine kaum vorstellbare Zahl von neuronalen Interaktionen statt. In einem stecknadelkopfgroßen Teil der grauen Gehirnsubstanz (Neokortex) befinden sich zwischen dreißig- und einhunderttausend Neurone, die durch Axone von ungefähr 2 km Länge miteinander verbunden sind. Es ist klar, daß wir uns einem Verständnis eines derartig fein gesponnenen und komplexen Systems nur über eine Erforschung seiner Subsysteme und ihrer Interaktionen nähern können, indem wir die ganzheitlichen Zustände dieser Subsysteme betrachten. Es ist überhaupt nicht daran zu denken, die Funktion des Gehirns über eine Betrachtung des Erregungszustands einzelner Neurone zu verstehen. Diese Diskussion soll uns zeigen, auf welch ungeheuer komplexe Situation ein, sagen wir, von der Netzhaut über den optischen Nerv einlaufender Impuls im Gehirn trifft. Dazu tragen besonders die Verbindungen der verschiedenen primären sensorischen Areale mit dem limbischen System bei, einer Struktur, die für eine Reihe von emotionalen Reaktionen notwendig ist, und die Verbindungen vom limbischen System zum Frontallappen, von dem man weiß, daß er mit »Voraussicht und Beschäf-

tigung mit den Konsequenzen und der Bedeutung von Ereignissen zu tun hat«. Wir können also bereits erkennen,
daß es auf dieser biologischen Ebene eine verwickelte Beziehung zwischen Wahrnehmung, Handlung und Bedeutung gibt. Damit werden wir uns im Kapitel 12 näher beschäftigen.
Neben diesen Verbindungen zwischen den wichtigen Subsystemen schwimmt das gesamte System noch in einem sich
ständig ändernden und vielfältigen Gemisch – wir könnten
fast sagen in einer Atmosphäre – von Hormonen, Neurotransmittern und anderen Hirnchemikalien, die vom endokrinen System produziert werden. All diese Stoffe beeinflussen die Funktion der verschiedenen Subsysteme. Die
Produktion dieser Substanzen ist genetisch festgelegt, so
daß ein genetischer Defekt zum Fehlen eines entscheidenden Hormons oder Neurotransmitters und damit zu Verhal-
tensabnormitäten führen kann. Solche Auswirkungen lassen sich jedoch durch angemessene Veränderungen in der
Umwelt beheben. Entsprechend kann man die Auswirkungen genetischer Defekte bei normalen Individuen durch
Umwelteinflüsse nachahmen. Wir sehen also, wie verwik-
kelt die Beziehung zwischen Umwelt und Verhalten auf der
biologischen Ebene ist.

Einzelne Handlungen sind unvorhersagbar

Bei der Arbeit von Verhaltensbiologen wird ein ganz bestimmtes Muster immer deutlicher. Ein typisches Beispiel
dafür ist die Art, in der Konner seine Kapitel beschreibt: In
den Kapiteln, die er »Freude«, »Liebe« und »Trauer« nennt,
spricht er eigentlich über die Biologie der Lust, der Bindung
und der Depression. Wir wissen nun aber aus unserer eigenen Erfahrung, daß Freude nicht *notwendigerweise* das gleiche ist wie Lust, oder Liebe das gleiche wie Bindung, oder
Trauer das gleiche wie Depression. Es scheint so zu sein, daß

unsere niederen, vorbegrifflichen biologischen Strukturen eine Reihe von verfügbaren Energien bereitstellen:
Wut–Lust–Angst, Schmerz–Freude–Depression, Spannung–Entspannung. Diese Energien können von bestimmten Umweltsituationen ausgelöst werden. Welche Energie
ausgelöst wird und welche Interpretation wir dieser geben,
hängt von höheren, begrifflichen Funktionen ab. Wir können die enge Beteiligung dieser primären Energien an jedem
Akt der Wahrnehmung nicht ignorieren, aber gleichzeitig
hängt die Art und Weise, wie diese Energien in die Wahrnehmung einfließen und sie organisieren, von dem begrifflichen Rahmen dieser Wahrnehmung ab. Darüber hinaus
gibt es noch die sich ständig verändernde Augenblicksinter-
pretation unserer eigenen Reaktionen, die dann wieder einen verändernden Einfluß auf unsere Wahrnehmung hat.
Ein Beispiel dafür, zu dem man jedes andere Verhalten analog setzen könnte, ist die Beziehung zwischen der Äußerung
eines bestimmten Satzes in einer bestimmten Situation und
dem inneren Zustand (Stimmung etc.) des Sprechers zu diesem Zeitpunkt, seiner Kenntnis der Sprache, den genetischen Determinanten seiner Fähigkeit, eine Sprache zu lernen, und den Umweltbedingungen, die die Äußerung hervorrufen. Diese fünf Elemente sind bei jeder Haltung beteiligt: 1. die Handlung selbst; 2. der innere Zustand der Person (Gedanken, Gefühle, der körperliche Zustand und der
Bewußtheitsgrad); 3. das kulturelle Training des Individuums, welches bestimmte Tendenzen fördert; 4. die Erbanlage des Individuums, die sie oder ihn zu bestimmten inneren Zuständen und bestimmten Reaktionsweisen prädis-
poniert; 5. die Umweltsituation, auf die die Handlung eine
mehr oder weniger angemessene Reaktion darstellt. Alle
diese Elemente sind miteinander verknüpft. Auch die Handlung selbst findet während einer bestimmten Zeit statt und
kann daher noch mitten in ihrem Ablauf von Veränderungen der Umwelt oder des inneren Zustands beeinflußt werden. Umgekehrt kann auch die Handlung die Umwelt oder

den inneren Zustand verändern. Sogar die Tatsache, welche spezifischen Aspekte der Erbanlage oder des kulturellen Hintergrunds die dominierenden Faktoren sind, kann sich mitten in der Handlung verändern. Wenn wir also zum Kern der Frage durchdringen wollen, ob und wie wir oder unser Bewußtsein unser Verhalten beeinflussen können, müssen wir uns mit den subtilen Details der Handlung und der Wahrnehmung als einem Prozeß in der Zeit beschäftigen.

Dies führt uns zu der Frage: An welchem Punkt im Wahrnehmungsprozeß wird aus der reinen, fast körperlich fühlbaren biologischen Energie von Freude–Schmerz, Spannung–Entspannung, Wut–Lust eine ganz bestimmte Form, die als »Gefühl« erkennbar ist und unser Handeln motiviert und färbt? Eine andere, verwandte Frage ist: An welchem Punkt im Wahrnehmungsprozeß schlägt eine spezifische Form der Energie, z. B. ein spezifisches Gefühl wie Ärger, in eine andere Form um? Denn uns allen ist wahrscheinlich die Erfahrung vertraut, daß Ärger oder Lust zu Spaß wird, daß Freude in Traurigkeit umschlägt, Interesse in Langeweile usw. Dies scheinen die »Abzweigpunkte« in unserer Erfahrung zu sein, und genau an solchen Punkten könnte eine neue Form der Energie hinzukommen, vielleicht einfach Bewußtheit, die uns für die an solchen Abzweigpunkten verfügbaren Wahlmöglichkeiten öffnet. Diese Fragen bringen uns sehr nahe an ein Verständnis, warum die Übung von Bewußtheit hilfreich sein könnte: In der Hetze des alltäglichen Lebens versäumen wir meistens diese Verzweigungspunkte, und wenn uns unser innerer Zustand bewußt wird, ist dieser Augenblick vorbei. Der Grund dafür ist der, daß unsere normale untrainierte Aufmerksamkeit nicht fähig ist, sich auf Zeitintervalle zu konzentrieren, die klein genug sind, daß wir uns des tatsächlichen sequentiellen Prozesses der Wahrnehmung bewußt werden und damit an den Umschaltpunkten zwischen beispielsweise Ärger und Spaß oder Furcht und Furchtlosigkeit gegenwärtig sein können.

In einem späteren Kapitel werden wir uns den spezifischen Prozeß der Wahrnehmung noch genauer ansehen.

Es ist ziemlich überzeugend dargelegt worden – unter anderen von dem Physiologen H. B. Barlow und dem Ethologen N. K. Humphrey –, daß Bewußtsein, oder zumindest einige Aspekte davon, eine evolutionäre Funktion haben könnten. Barlow argumentiert, daß das Bewußtsein in erster Linie in der Beziehung zwischen einem Individuum und einem anderen entsteht und nicht eine Eigenschaft des Gehirns in Isolation ist: »Die Natur hat unser Gehirn so konstruiert: erstens streben wir danach, unser individuelles Bewußtsein zu erhalten; zweitens gelingt uns dies nur in einem realen oder in einem für die Zukunft geübten Gespräch; drittens erfordern wichtige neue Entscheidungen die Zustimmung des Bewußtseins. Der Überlebenswert des Bewußtseins besteht also in der besonderen Form von geselligem Verhalten, das es im Menschen erzeugt.«[9]

Dies wird durch Humphreys Sichtweise ergänzt: »Für den Menschen und andere Tiere, die in komplexen sozialen Gruppen leben, ist die Realität in hohem Maße eine ›gesellschaftliche Realität‹. Keine andere Klasse von Umweltobjekten ist für ein soziales Tier biologisch so wichtig, wie jene lebendigen Körper, die seine Gefährten, Spielkameraden, Rivalen, Lehrer und Feinde sind. Unter diesen Umständen hat die Fähigkeit, das Verhalten von anderen in einer sozialen Gruppe zu formen, einen überragenden Überlebenswert.« Humphrey glaubt, daß eine Funktion unseres Bewußtseins darin besteht, daß wir, indem wir uns unserer eigenen Empfindungen bewußt werden, die Empfindungen anderer anhand unserer eigenen verstehen und damit deren Handlungen vorhersagen können. Natürlich wissen wir aus der normalen Introspektion wie auch aus den tieferen Einsichten der Meditationspraxis, daß das, worüber hier gesprochen wurde, nur eine von vielen Funktionen und Ebenen des »Bewußtseins« ist, jenes dualistischen Bewußtseinsprozesses, der die Welt in »Ich« und »Nicht-Ich« aufspaltet. Nichtsdestoweniger scheint es, daß die Möglichkeit, sich die Bedürfnisse anderer mitfühlend vorstellen zu können, eine biologische Funktion hat.

Aggression, Verwandtschaft und Freundlichkeit

In den Arbeiten von Ethologen, Soziobiologen und Evolutionstheoretikern finden wir ein enormes Übergewicht an Untersuchungen über Aggression und Egoismus. Man hat gezeigt, daß Angst und Aggression sehr mächtige, biologisch begründete Merkmale sind, und in der Übertragung dieser Entdeckungen auf den Menschen stellt sich die Frage, ob diese Aggression »kontrolliert« werden kann.

In Ledyard Stebbins ausgezeichnetem Buch trägt z. B. ein Kapitel, das den krönenden Abschluß des Abschnitts über Soziobiologie bildet, den Titel »Menschliche Aggression und gesellschaftliche Harmonie«. Es handelt fast ausschließlich von Aggression und wie sie kontrolliert werden könnte. Und Edward O. Wilson, der Begründer der Soziobiologie, schreibt in seinem Buch *On Human Nature* in einem Kapitel über Altruismus: »Die Menschen scheinen genügend egoistisch und berechnend zu sein, um zu unendlich viel mehr Harmonie und gesellschaftlichem Gleichgewicht fähig zu sein. Wenn er sich den anderen Bedingungen der Säugetier-Biologie unterwirft, ist wahrer Egoismus der Schlüssel zu einer besseren Annäherung an einen vollkommenen Gesellschaftsvertrag.«[10]

Wir haben in diesem Kapitel gesehen, daß es tatsächlich eine genetische Basis für gegenseitige Unterstützung gibt, die zur Bildung von Gesellschaften führt. Diese angeborene Neigung der einzelnen Mitglieder einer Art, anderen Mitgliedern, die sie als verwandt erkennen, zu helfen, wird als Verwandtschaftsselektion bezeichnet. Wir haben weiterhin gesehen, daß bei den höheren Primaten und beim Menschen genetisch vererbte Strukturen die energetische Grundlage für bestimmte Verhaltensweisen bereitstellen, und daß diese dann in einer sehr komplexen Interaktion von kulturell vermittelten oder gelernten Mustern geformt werden. Wir müßten uns nun fragen, ob der angeborene, natürliche Sinn für Kooperation, auf den die Verwandtschaftsselektion hinweist, und die Fähigkeit zu lernen wichtige Faktoren für die Entwicklung von Harmonie in der menschlichen Gesellschaft sein könnten.

Ich habe anzudeuten versucht, daß man die biologischen Beobachtungen, von denen Aussagen wie z. B. die von Wilson abgeleitet sind – also die Verwandtschaftsselektion, die genetische und kulturelle Übermittlung von Verhalten, den Überlebenswert des Bewußtseins als mitfühlende Vorstellungsgabe –, nicht notwendigerweise so interpretieren muß, daß man in ihnen einen Beweis für das Primat des Egoismus und für den Kampf ums Überleben sieht. Ich sehe zwar, wie stark die Herrschaft des Egoismus und des Kampfes ums Überleben ist, aber ich glaube, daß Faktoren wie Verwandtschaftsselektion usw. auch die biologische Grundlage für die Entwicklung von Freundschaft und Harmonie unter den Menschen sein könnten, die auf einer fundamentaleren Ebene ansetzt, als eine bloß äußerliche Kontrolle der Aggression. Sie können die Grundlage dafür sein, die Aggression im individuellen Verhalten des Menschen an ihrer Quelle zu überwinden.

Viele Menschen glauben, daß sie ihr Verhalten ändern könnten, wenn sie nur wirklich wollten. Und wir ermahnen uns sowohl als Individuen wie als Nationen ständig gegenseitig, uns gut zu benehmen und uns zu bessern, so als wäre die Natur des Menschen unser eigener Entwurf und als könnte jede Negativität allein dadurch überwunden werden, daß wir es uns wünschen. Die Vertreter der verschiedenen ethischen Systeme haben ständig von uns gefordert, bestimmte Verhaltensrichtlinien zu befolgen. Die durchgängige Botschaft all dieser Systeme ist eigentlich ziemlich einfach: Versuche, die anderen so zu sehen, wie du dich selbst siehst. Die praktischen *Methoden,* wie dies zu erreichen sei, wurden jedoch selten angegeben. Wir wurden einfach aufgefordert, an etwas zu glauben. Doch der Gelehrte, der Bücher schreibt, oder der Poet, der Gedichte über die Größe des menschlichen Wesens verfaßt, um dann nach Hause zu kommen und durch und durch gemein zu seiner Familie zu sein, ist schon fast ein Klischee. Und einige unserer besten und liberalsten Politiker vertreten den Standpunkt, das Privatleben sei für die öffentliche Darstellung irrelevant. Wir haben uns nun mehrere Generationen lang gegenseitig eingeredet zu glauben, daß die Natur des Menschen nun einmal grundsätzlich egoistisch sei, und daß wir dies akzeptieren und versuchen sollten, das Beste daraus zu machen.

Das Hauptthema dieses Buches ist natürlich, daß es *möglich* ist, unser eigenes Leben und das von anderen emporzuheben und unser nicht-bedingtes Wesen zu entdecken, und damit Würde und Gutsein zu entwickeln. Diese Möglichkeiten beruhen auf der Kenntnis des menschlichen Wesens so wie es ist und in allen Einzelheiten, den negativen wie den positiven, und in diesem Kapitel haben wir erste Schritte in diese Richtung unternommen. Diese Möglichkeit kann sich nicht auf bloße *Ideen* über das Wesen des Menschen gründen, ob es nun sogenannte »spirituelle« oder »realistische« Ideen sind. Das menschliche Wesen hat tatsächlich sowohl einen sehr mächtigen, egozentrischen und selbstsüchtigen Aspekt als auch einen selbstverleugnenden, aber dies ist nicht die Grundlage für das, was ich meine. Worauf ich hinaus will, ist, daß es eine fundamentale Bewußtheit gibt, die über dieses tiefverwurzelte Gefühl der Wichtigkeit des Selbst hinausgeht. Wenn wir von dieser fundamentalen Ebene aus handeln, dann fangen wir tatsächlich an, die anderen als uns selbst gleich anzusehen. Dies ist jedoch nicht einfach nur eine Philosophie oder ein ethisches System, an das wir glauben können. Es gibt eine ganz spezifische, praktische Methode, mit deren Hilfe wir, wenn wir wollen, unser eigenes Wesen tatsächlich sehen können, in seiner

Selbstsucht wie in seinem grundlegenden Gutsein, und dies ist die Praxis der Meditation.

Es gibt eine in der buddhistischen Tradition sehr weit verbreitete kontemplative Übung, die auf den Einsichten der Meditationspraxis aufbaut, und die als die Entwicklung von *Maitri* bezeichnet wird. *Maitri*, ein Wort aus dem Sanskrit, bedeutet Freundlichkeit oder liebevolles Wohlwollen. Die Übung der Entwicklung von *Maitri* besteht darin, daß wir uns unseres innewohnenden Gefühls des Wohlwollens gegenüber uns selbst und unserer Familie bewußt werden und dieses dann schrittweise auf andere ausdehnen. Sie beruht auf einer ureigentlichen Erkenntnis genau der Faktoren, die wir in diesem Kapitel besprochen haben. Es ist interessant, daß die beiden englischen Wörter *gentle* und *kind* (beide für: »gütig, freundlich, liebenswürdig«, d. Übers.) eine Beziehung zur Vorstellung der Familie haben: *kind* ist direkt von dem englischen Wort *kin* (Familie) abgeleitet, und das Wort *gentle* hat seine Wurzel im lateinischen *gens*, das Familie bedeutet. Auch dies ist vielleicht ein Anerkennen der Tatsache, daß Freundlichkeit in der Familie anfängt.

Die *Maitri*-Praxis beginnt damit, in der Sitzmeditation ein Gefühl von Wärme und Freundlichkeit gegenüber sich selbst wiederzuentdecken, das fundamental unserem nichtbedingten Wesen entspringt. Dieses Gefühl der Freundlichkeit wird dann in der Kontemplation schrittweise ausgedehnt, zunächst auf die direkte Familie, die Eltern, Brüder und Schwestern. Später strahlt man das Gefühl der Freundlichkeit auf seine engeren Freunde, dann auf seine Kollegen und Bekannten, und noch weiter auf alle Menschen und schließlich auf alle fühlenden Wesen aus.

Es ist eine einzigartige menschliche Möglichkeit, unsere Bewußtheit trainieren zu können. Wir können uns unseres biologischen und kulturellen Erbes bewußt werden, wie es unser Verhalten von Augenblick zu Augenblick direkt beeinflußt. Diese Bewußtheit transformiert allmählich das

Verhalten, indem es dieses auf eine viel weitere Perspektive gründet.

In diesem Kapitel haben wir gesehen, daß Formen von Organismen nicht nur aus dem Prinzip des Kampfes, sondern auch aus dem Prinzip der Kooperation oder der Verwandtschaft entspringen. Auf diese Weise entstehen Familien oder Gesellschaften von Organismen, die ihrerseits als lebendige Einheiten angesehen werden können. Im nächsten Kapitel werden wir erkennen, daß die Vorstellung vom »lebendigen Organismus« sich weit über die einfache Idee eines »Dinges«, das lebt, hinausentwickelt hat und mittlerweile Organisationsmuster ungeheuren Ausmaßes umfaßt.

8 Selbstorganisation und das Muster des Lebens

Im Kapitel 6 haben wir erfahren, daß der Neodarwinismus zweifelsohne ungeheuer viel zum Verständnis des Evolutionsprozesses beigetragen hat, daß aber das Erklärungsprinzip der natürlichen Selektion durch den Kampf ums Überleben auf keinen Fall alles abdecken kann. Insbesondere haben wir erkannt, wie äußerst schwierig es ist, das plötzliche Erscheinen neuer Organe mit neodarwinistischen Prinzipien zu erklären. Wenn wir uns mit dem evolutionären Prinzip beschäftigen und unser Augenmerk dabei nicht so sehr darauf richten, wie einzelne Arten sich entwickelt haben, sondern darauf, wie umfassende Veränderungen in der Population der Arten überhaupt zustande gekommen sein könnten, finden wir wieder einige Merkmale, die nach den orthodoxen Prinzipien unerklärbar sind.

Schätzungsweise gibt es zur Zeit etwa 1,6 Milliarden verschiedene lebende Arten, und die Gesamtzahl der Arten, die jemals existiert haben, liegt zwischen 1,6 und 16 Milliarden. Innerhalb jeder Art gibt es enorme Variationen des individuellen Ausdrucks von genetischen Merkmalen. Man hat z. B. eine Pflanze, die normalerweise in den kalifornischen Küstengegenden wächst, ausgegraben und unter vier verschiedenen Umweltverhältnissen wieder eingepflanzt. Die Pflanzen, die sich daraus entwickelten, unterschieden sich in einem überraschenden Maße voneinander, und zwar so weit, daß es gut möglich gewesen wäre, daß Botaniker, die sie gefunden hätten, sie als verschiedene Arten klassifiziert hätten. Auf der anderen Seite gibt es viele Fälle, in denen genetisch unterschiedliche Organismen äußerlich identisch zu sein scheinen. Von jeder der 1,6 Milliarden Arten kann es zu jeder Zeit ebensoviele Milliarden von Verkörperungen geben mit ebenso vielen verschiedenen Formen. Die gesamte Masse der lebenden Organismen hat also etwas von einem Kontinuum, einen Aspekt des Prozesses und des Fließens, der der zugrunde liegende energetische Prozeß ist, dessen diskontinuierlicher Ausdruck die individuellen Formen sind.

Die Ausbreitung dieser fast unerschöpflichen Vielfalt von Arten zu einer gegebenen Zeit – z. B. der gegenwärtigen Ära – und ihre Variation im Laufe der Zeit können nicht nur im Sinne eines »Kampfes ums Überleben« erklärt werden. Wir könnten z. B. ganz allgemein fragen, warum eine solch ungeheure Zahl von Arten notwendig war, wenn nur die »Angepaßtesten« überlebt haben? Warum haben sich nicht die wenigen am besten angepaßten Arten ausgebreitet und sich von Zeit zu Zeit, wenn sich die geologischen und meteorologischen Bedingungen umstellten, entsprechend verändert? Auf der anderen Seite könnten wir fragen, warum es nur so erstaunlich wenige Hauptunterabteilungen (Phyla), nämlich ungefähr dreißig, gibt, wenn sich so viele Arten entwickelt haben.

Wir können diese Frage jedoch sehr viel spezifischer stellen, und in dieser Form finden wir sie in dem Buch *The Great Evolution Mystery* von Gordon Rattray Taylor, der viele Jahre lang Chefwissenschaftsberater beim BBC-Fernsehen war, sehr sorgfältig dokumentiert.[1] Betrachten wir zunächst die Frage nach der Auffächerung der Arten: J. C. Willis, der in Ceylon arbeitete, erforschte die Anzahl der Arten, in die sich die verschiedenen Pflanzengattungen auffächerten. Er entdeckte, daß die Anzahl einer ziemlich regelmäßigen statistischen Verteilung folgte; einige Gattungen enthielten nur eine Art, andere bis zu dreißig. Er fand viele Beispiele, bei denen von zwei eng verwandten Arten die eine weit über ganz Asien und Afrika verbreitet war, während die andere nur in Ceylon vorkam. Das »Überleben der am besten Angepaßten« kann diese Beobachtungen nicht erklären.

Als nächstes finden wir das Phänomen der »explosiven Auffächerung«: Stämme haben sich vielleicht in Millionen von Jahren sehr wenig aufgefächert, um sich dann ganz plötzlich in zahlreiche verschiedene Formen aufzuspalten. Beispiele dafür kennen wir bei Säugetieren und Reptilien. Auf der anderen Seite gibt es Stämme, die sich kontinuierlich sehr langsam entwickelt haben, z. B. die zweischaligen Muscheln wie Austern oder Miesmuscheln. Andere Arten haben sich überhaupt nicht entwickelt, auch wenn sehr ähnliche Arten in der gleichen Umwelt sich entwickelt *haben*. Das Opossum, das man manchmal ein »lebendes Fossil« nennt, ist dafür ein Beispiel. Die Geschwindigkeit der evolutionären Veränderung scheint sehr stark zu wechseln, was die Vermutung nahelegt, daß dabei mehr als nur ein Hauptfaktor eine Rolle spielt.

Die nächste Gruppe von Phänomenen, die Taylor beschreibt, sind die klaren evolutionären Trends, die man sowohl im gesamten Organismus als auch in spezialisierten Organen findet. Man erkennt in einer evolutionären Reihe

z. B. oft eine allmähliche Zunahme der Größe des Organismus, an die sich manchmal wieder eine Abnahme anschließt. Die Vorfahren des Kamels, des Pferdes und des Lamas scheinen ungefähr die Größe eines heutigen Hasen gehabt zu haben. Die Beuteltiere, die ungefähr bei der Größe einer Ratte anfingen, entwickelten sich bis zur Größe eines Rhinozeros und wurden dann wieder kleiner. Einzelne Organe haben sich oft zu einer solchen Größe entwickelt, daß es absurd scheint, ihnen größere »Angepaßtheit« zuzuschreiben. Ein Beispiel ist der Säbelzahntiger, dessen Eckzähne so groß wurden, daß er sein Maul nicht mehr schließen konnte. Ein anderes Beispiel ist das Riesengeweih des irischen Elches. Walter Modell, ein Geweihspezialist, sagt dazu: »Das Geweih ist ein merkwürdiges und unökonomisches Experiment, das für seinen Träger in vieler Hinsicht äußerst belastend ist.«[2]

Ein weiteres Beispiel, das allein auf der Basis der besseren »Angepaßtheit« schwer zu erklären ist, sind Parallelentwicklungen. Orthodoxe Evolutionisten behaupten manchmal, das Erscheinen ähnlicher Formen in verschiedenen geographischen Regionen sei ein Beispiel *für* die Selektion der Angepaßtesten. Genausogut könnte jedoch auch das Gegenteil der Fall sein. Taylor bemerkt dazu: »Warum gab es sowohl in Australien als auch in Südamerika, die sich von den Umweltbedingungen her nicht besonders ähnlich sind, Beuteltiere? Und warum hat die alte Welt, die ähnliche Umweltbedingungen aufzuweisen hat wie diese beiden Kontinente, *keine* Beuteltiere hervorgebracht?« Ein weiteres Beispiel sind Frösche, bei denen in verschiedenen evolutionären Linien Veränderungen an sekundären Merkmalen, wie das Flacherwerden des Schädels und die Reduzierung von knorpeligen Knochen, mit verschiedenen Geschwindigkeiten stattfanden. Folglich wurden die Linien einander ziemlich unähnlich, obwohl sie alle dem gleichen Umweltdruck ausgesetzt waren. D. M. S. Watson, der diese Beobachtungen gemacht hat, sagt dazu: »Es ist in jeder Hinsicht wahrscheinlich, daß dieses Abflachen von inneren Faktoren verursacht wurde, die in keiner Weise direkt von der Umwelt beeinflußt wurden.«[3] Man könnte einwenden, daß solche sekundären Merkmale vielleicht relativ unwichtig sind und daher als Beispiele gegen das Überleben der Angepaßtesten keine Bedeutung haben. Doch gerade diese sekundären Merkmale – Anzahl der Borsten auf einer Fliege, Färbung von Motten – waren die wichtigste Quelle für Beispiele, die die orthodoxe Argumentation unterstützen sollten. Nach der orthodoxen Anschauung sollten sogar *alle* Merkmale über eine direkte Umweltselektion zustande gekommen sein.

Schließlich gibt es noch die Anpassung im voraus, das Erscheinen von Strukturen, die noch nicht für eine »Anpassung« an die Umwelt gebraucht werden, die aber Millionen von Jahren später in der Entwicklung nützlich werden. Federn z. B. scheinen sich unnötigerweise lange, bevor es das Fliegen gab, entwickelt zu haben. Die orthodoxe Erklärung dafür lautet, die Federn seien zum Wärmen dagewesen; aber Haare, die es schon lange gab, hätten diese Funktion ebensogut erfüllt.

All dies kommentiert Gordon Rattray Taylor so: »Weit davon entfernt, ein Kampf ums Überleben zu sein, sieht das alles mehr wie ein herrliches Sich-Austoben aus.« Diese heitere Bemerkung trifft den Kern der Sache. Überfülle und Reichtum der Formen; Trends oder scheinbare Voraussicht des natürlichen Evolutionsprozesses; Veränderungen der Form von Arten, die unabhängig von der Umwelt sind und einem seltsamen inneren Druck gehorchen, all dies bezeugt den Reichtum, die Kreativität und, in gewissem Sinne, die Intelligenz der Natur, das Vorhandensein von gegenseitiger Hilfe und vielleicht sogar von »geistigen Prozessen« in der Natur. Sogar ein berühmter Mitbegründer des Neodarwinismus, Ledyard Stebbins, sagt: »Zeitgenössische Evolutionstheoretiker beschreiben die Evolution oft als eine Folge von Spielen – und nicht als eine Folge von zielgerichteten

Wettkämpfen – die gespielt werden, weil sie unvermeidlich sind.«[4] Taylor und viele andere Biologen bezeichnen die Erklärung all dieser Phänomene auf der Basis des »Kampfes ums Überleben«, die von ihren Verfechtern für »plausibel« gehalten wird, als »verdrehte und äußerst spekulative Argumentation, die versucht, den Status quo zu rechtfertigen.«

Das Bild, wie wir es jetzt sehen, scheint auf eine Art dynamischer, organisierender Prinzipien in der Struktur der Organismen selbst hinzuweisen. Wir erkennen diese Prinzipien in dem Prozeß, in dem die Organismen sich als Mitglieder von sich im Laufe der Zeit verändernden Arten manifestieren. Solche Prinzipien müssen nicht übernatürlich sein, aber sie erfordern einen umfassenderen Ansatz bei der Betrachtung der Evolution. Ein umfassenderer Ansatz muß die Prozesse, die Muster und die organisierenden Prinzipien, die bestimmte Formen entstehen lassen, erkennen.

Gewöhnlich stellen wir uns unsere Welt so vor, als wäre sie voll von im wesentlichen unveränderlichen Objekten. Wir neigen dazu, den Veränderungen, die sich an diesen Objekten vollziehen, nur sekundäre Bedeutung zuzuschreiben. Angenommen z. B. wir haben einen Hund mit Namen Rover. Mit den Jahren wird Rover krank, er wird dünner oder fetter, bekommt graue Haare usw.; aber wir halten ihn immer noch für den gleichen Hund, den gleichen Rover. Wie wir in Kapitel 3 gezeigt haben, rührt diese grundlegende Annahme über unsere Welt zum Teil von unserem Gebrauch der Sprache her und von unserer selbstverständlichen Annahme, daß Dinge wie Wörter sind. Wir werden jedoch immer mehr entdecken, daß unsere Welt – weit davon entfernt, mit unveränderlichen Objekten angefüllt zu sein – eher einer Vorstellung von ineinandergreifenden Prozessen kontinuierlichen Wandels entspricht, in denen es eine natürliche Ordnung gibt, die sich ständig sowohl im Aufbau als auch im Abbau befindet.

Daß wir einige dieser Prozesse als relativ unveränderliche Objekte wahrnehmen – Bäume, Kühe, Felsen, Wolken, Galaxien – beruht zum Teil auch auf unserem Wahrnehmungsmaßstab. Wenn sich der Zeitmaßstab unserer Wahrnehmung vergrößern würde, so daß wir eine Stunde wie einen Augenblick erleben könnten, dann würden uns die Wolken als brodelnde, wallende Prozesse erscheinen. Wenn sich unser Zeitmaßstab weiter vergrößern würde, so daß ein Jahr wie ein Augenblick erschiene, dann würden wir einen Baum als einen dynamischen Prozeß sehen. Wenn unser Zeitmaßstab noch weiter vergrößert würde, so daß wir eine Million Jahre wie einen Augenblick erlebten, dann würde uns auch ein Galaxie als ein bewegter Prozeß erscheinen. Wenn sich umgekehrt der Zeitmaßstab unserer Wahrnehmung verkleinern würde, so daß wir ein Hundertstel einer Sekunde als einen Augenblick erleben könnten, dann würden sich uns wieder andere Veränderungsprozesse erschließen, die wir jetzt nicht wahrnehmen können. Besonders diese letzte Möglichkeit ist nicht nur eine rein spekulative Überlegung, da eine solche Schärfung der Wahrnehmung für kleinere Zeitintervalle zu den sekundären Effekten der Meditationspraxis gehört.

Diese Betrachtung der Beziehung zwischen unveränderlicher Form und dynamischem Prozeß ist für unsere Vorstellungen von den individuellen lebenden Organismen und von den Arten, die sie verkörpern, von besonderer Bedeutung. Wenn wir über verschiedene Arten von Finken reden und uns fragen, wie sie zu dem geworden sind, was sie sind, oder wenn wir über die Analogien in der Struktur der Gliedmaßen bei Menschen, Affen und Vögeln sprechen und uns fragen, wie die eine Form in die andere Form übergeht, sind wir immer noch in dem vorevolutionären Konzept einer statischen Welt der Formen gefangen. Wir sehen zwar, daß sich die Formen, die sich heute manifestieren, mit der Zeit verändern und nicht für alle Ewigkeit festgelegt sind, aber die Betonung liegt immer noch auf den Formen. Aber diese Formen sind nichts als vorübergehende Querschnitte eines kontinuierlichen dynamischen Prozesses. Die Form eines

Individuums von der Geburt bis zum Tod oder einer Art von ihrem ersten Erscheinen bis zu ihrem Aussterben ist niemals wirklich fixiert; sie verändert sich ständig. Wir stellen uns diesen Prozeß als fixierte Formen vor, die einander ablösen, wie die Bilder eines Films. Aber die Natur verhält sich nicht so. In der Natur gibt es nur Prozeß und kontinuierlich sich verändernde Muster. Wir könnten den Prozeß selbst als das Fundamentale begreifen, und die Formen als momentane Erscheinungsformen dieses Prozesses, die von längerer oder kürzerer Dauer sind. Statt dessen denken wir in Begriffen von festgelegten Formen und sehen Veränderung als ein ständiges Abweichen von diesen oder als einen Kampf um die Aufrechterhaltung. Daher bilden wir uns die Vorstellung, daß die Formen ständig »zerfallen« und begreifen nicht, wie sich angesichts diese Zerfalls Komplexität und Ordnung entwickeln können. Wir werden sehen, daß aus dem Inneren eines Systems heraus tatsächlich Komplexität und Ordnung der Form entstehen können bzw. sich selbst erzeugen. Um dies verstehen zu können, müssen wir einen kleinen Exkurs in der Physik der Ordnung und des Chaos machen.

Entropie: »Das Universum nutzt sich ab.«

Ein Freund von mir hat ein Auto, das schon 200 000 km gelaufen ist. Alle paar Monate geht irgend etwas kaputt, und er muß das Auto in die Werkstatt bringen, um es reparieren zu lassen. Er erzählte mir, daß er bei diesen Gelegenheiten jedesmal eine völlig irrationale Angst und Depression empfindet. Er weiß, daß das Auto irgendwann aufgebraucht und für immer kaputt sein wird. Aber vielleicht hat er eine vage, unausgesprochene Hoffnung, daß dies nicht wirklich geschehen kann, und eine vage, unausgesprochene Angst, daß es irgendwann geschieht. Jeder kleine Defekt ist für ihn ein Zeichen, daß das, was er befürchtet, endlich eingetreten ist, daß das Auto endgültig kaputt ist.

In der Schule lernen wir, das Universum und auch unsere Körper sind so wie dieses Auto oder wie jede andere Maschine: Sie nutzen sich ab. Zu Beginn dieses Jahrhunderts war der unvermeidliche »Wärmetod« des Universums ein Thema von allgemeiner Faszination. Irgendwann einmal würde die gesamte Wärmeenergie überall im Universum gleichmäßig verteilt sein, so wie sich kochendes Wasser, wenn wir es in kaltes Wasser gießen, schnell vermischt und zu lauwarmem Wasser wird. Danach gäbe es bis in alle Ewigkeit nichts anderes mehr als vollkommen zufällige Bewegung. In populärwissenschaftlichen Büchern und in naturwissenschaftlichen Schulbüchern wird immer noch mit einer merkwürdigen Schadenfreude verkündet: »Das Universum verbraucht sich.« Dieser Ausspruch ist fest in das Gefüge unserer Kultur eingebaut als ein weiterer Faktor in dem allgemein verbreiteten finsteren Bild von der Natur: Die Natur ist nicht nur von Grund auf sinnlos, sondern sie entzieht uns sogar unsere Energie und zerstört alles, was wir erschaffen. Gleichzeitig lernen wir, daß ein Zufall in der Natur das Leben hervorgebracht hat, und daß die Lebensformen sich durch Kampf bis hin zum Menschen entwickelt haben. Der rationale Geist des Menschen, der fähig ist, außerhalb der Natur zu stehen und so ein objektives Wissen von ihr zu erlangen, kann die Natur daher kontrollieren und eine kleine Insel der Ordnung in dem brutalen Chaos schaffen.

Doch dieser unvermeidliche Verfall des Universums, die zufällige Entstehung des Lebens und der sinnlose, aber edle Kampf des Menschen gegen diesen Verfall und das absolute Chaos sind Mythen, die uns beherrschen. Wenn ich »Mythos« sage, meine ich, daß es sich dabei um eine Teilwahrheit handelt, die als ein absolutes Prinzip fest in unserer Kultur verankert worden ist, und die als eine Metapher viele Ebenen der Bedeutung verkörpert. Dieser Mythos hat mit dem Wesen der Veränderung und mit dem Wesen der Zeit zu tun, besonders mit der Nichtumkehrbarkeit der Zeit. Tatsächlich impliziert die klassische Mechanik, daß wir die Welt einfach rückwärts laufen lassen könnten wie einen Film, und alle Gesetze der Physik würden immer noch eingehalten. Wenn wir z. B. einen Film sehen, in dem Billardkugeln auf einem Billardtisch umherrollen und zusammenstoßen, könnten wir nicht sagen, ob der Film rückwärts oder vorwärts läuft.

Betrachten wir nun einen einfachen Vorgang wie z. B. das Backen eines Kuchens: Wir schlagen zwei Eier in eine Schüssel, vermischen sie mit den anderen Zutaten, stellen den Teig in den Ofen, und eine halbe Stunde später haben wir einen Kuchen. Zwei Dinge sind hier geschehen: Die Zerstörung der Ordnung, als wir die Eierschalen aufgebrochen haben, und die Erschaffung einer neuen Ordnung, als wir den Teig gemischt und den Kuchen gebacken haben. Weil es in unserer Erfahrungswelt diese Zerstörung und Neuerschaffung von Ordnung gibt, erscheint uns die Zeit als nicht umkehrbar. Wenn wir z. B. einen Film sehen, in dem Spielkarten, die auf dem Tisch liegen, sich plötzlich in die Luft erheben und ein Kartenhaus bilden, wissen wir, daß der Film rückwärts läuft. In der biologischen Welt führt die *Erschaffung* von Ordnung ebenso zu einer Nichtumkehrbarkeit in der Zeit. Wir können einen Baum z. B. wieder zur Erde zurückbringen, indem wir ihn fällen, ihn in kleine Stücke zerhacken und diese zum Verrotten auf dem Boden liegen lassen. Aber wir könnten ihn nicht zur Erde zurückbringen, indem wir genau die Sequenz, in der er entstanden ist, umkehren: Vom ausgewachsenen Baum zurück zum Schößling, von da zum Keimling und schließlich zum Samen. Ebenso können wir ein Huhn zur Erde zurückbefördern, indem wir es kochen und essen. Aber wir könnten es nicht seinen Entwicklungsweg zurück zum Küken und schließlich zum Ei schicken. Und dies ist nicht nur so aufgrund unserer menschlichen Unzulänglichkeit, sondern weil der Prozeß *wesensmäßig* nicht umkehrbar ist.

Es war die Nichtumkehrbarkeit der physikalischen Welt, welche die Physiker gegen Ende des neunzehnten Jahrhunderts dazu brachte, das zweite Gesetz der Thermodynamik zu formulieren, das manchmal auch das Entropie-Gesetz genannt wird. Daraus entstand die Vorstellung, daß »das Universum sich verbraucht«. Wenn man Sand an ein Ende eines Tabletts legt und es schüttelt, wird der Sand irgendwann gleichmäßig über das ganze Tablett verteilt sein. Wenn man eine Kapsel mit Lachgas in einer Ecke eines Raumes zerbricht, wird sich das Gas und mit ihm das Lachen irgendwann über den ganzen Raum verteilt haben. Nun, da man sich das Universum wie einen leeren, unendlichen Raum vorstellte, in dem sich Materieteilchen befinden, genau wie die Sandkörner auf dem Tablett, war es naheliegend, daß man dachte, auch diese Teilchen würden sich irgendwann einmal gleichmäßig überallhin verteilen, was zum »Wärmetod« führen würde. Rudolf Clausius, der das Entropie-Gesetz im Jahre 1865 formulierte, erkannte, daß ein System, wenn es vollkommen von seiner Umgebung isoliert ist, sich immer von einem Zustand größerer Ordnung zu einem Zustand geringerer Ordnung bewegt. Oder andersherum ausgedrückt: Ein System bewegt sich von einem Zustand geringerer Zufälligkeit (Chaos) zu einem Zustand größerer Zufälligkeit. Indem das System seinen Zustand von größerer zu geringerer Ordnung verändert, verändert sich seine Gesamtenergie – deren Menge konstant bleiben muß, da das System isoliert ist – von einer brauchbareren zu einer weniger brauchbaren Form. Wenn z. B. Gas an einem Ende eines Zylinders konzentriert ist, ist seine Energie nutzbar. Wir könnten sie gebrauchen, um einen Kolben anzutreiben. Aber wenn wir das Gas sich ausdehnen lassen, und den Zylinder dabei isoliert halten, dann wird die Energie des Gases nicht mehr nutzbar sein; sie kann höchstens noch die Temperatur des Zylinders ein wenig anheben. Den

Zufallsgrad eines Systems nennt man seine *Entropie.* Es ist die Tendenz von geschlossenen Systemen, sich auf Zustände größerer *Entropie* hin zu bewegen, also brauchbare Energie zu verlieren. Dies ist das Entropie-Gesetz.

Die Physiker des neunzehnten Jahrhunderts stellten sich das gesamte Universum als ein geschlossenes System vor, und aufgrund dessen glaubten sie, daß es sich abnutzt. Es ist jedoch sinnlos, vom Universum als einem »geschlossenen« oder »offenen« System zu sprechen. Unsere Frage ist, ob wir tatsächlich das Entropie-Gesetz zu einem allgemeingültigen Gesetz erheben können, das eine Grundvoraussetzung unseres Lebens bildet und alles, was wir tun, bestimmt.

Um es noch genauer zu formulieren: Sollten wir es als ein absolutes Gesetz akzeptieren, daß jedes System – unsere eigene Körper-Geist-Einheit, die Organisation unseres Lebens, unsere sozialen Organisationen – unvermeidlich seinem chaotischsten Zustand zustrebt, falls wir es nicht durch irgendeine äußere Kontrolle aufrechterhalten? Das heißt, können Ordnung, Komplexität und Harmonie innerhalb eines Systems erzeugt oder können sie ihm nur von außen auferlegt werden? Es gibt sicherlich Aspekte unserer Erfahrung, die einem solchen Gesetz widersprechen: z. B. die Tatsache der Evolution selbst, d. h. daß extrem komplizierte und hochentwickelte Organismen wie der Mensch sich aus primitiven einzelnen Zellen entwickelt haben; oder die Embryologie: die Tatsache, daß sich ein komplexes Individuum aus einer einzigen, fast kugelförmigen Zelle entwickelt; oder der Prozeß des Lernens: daß wir komplizierte intellektuelle, körperliche und soziale Fähigkeiten lernen und behalten können; dann der Prozeß des Sitzens in Meditation: daß durch die Entwicklung von Aufmerksamkeit für unsere Gedanken, Empfindungen und körperlichen Prozesse ein Gefühl von Einsicht, Energie und Harmonie entsteht; und schließlich der Prozeß der spirituellen Entwicklung: daß unser gesamtes Leben ein Weg sein kann, unsere eigene Einsicht und unsere Fähigkeit, anderen zu helfen, zu öffnen und zu erweitern. Sind wir bereit, all dies einfach als Illusion zu betrachten, als Zufälligkeiten im Gesamtbild einer stetigen Degeneration? Müssen wir irgendwelche übernatürlichen Prinzipien bemühen, die von außerhalb der natürlichen Welt eingreifen, um das Erscheinen von zunehmender Ordnung zu verstehen? Oder ist der unvermeidliche Abstieg ins Chaos möglicherweise gar kein absolutes Naturgesetz?

Chaos und Ordnung in offenen Systemen

In den vergangenen zwei Jahrzehnten hat sich ein völlig anderes Verständnis des Entropie-Gesetzes entwickelt. Eine Hauptrolle spielte dabei Ilya Prigogine, der im Jahre 1977 den Nobelpreis für Chemie erhielt.[5] Prigogine beginnt mit der Betrachtung von offenen Systemen, also von Systemen, bei denen ein Austausch von Energie und Materie mit der Umwelt *stattfindet*. Die strenge, klassische Formulierung des Entropie-Gesetzes galt für geschlossene Systeme, obwohl es sehr schwierig ist, ein solches in der Natur zu finden oder sich seine Existenz auch nur vorzustellen – ein Astronaut, der in einem völlig mit Blei umkleideten Raumschiff durch den Weltraum fliegt, käme dem vielleicht noch am nächsten. Prigogine zeigt, daß selbst einige sehr einfache offene Systeme, wenn man ihnen von einer äußeren Quelle Energie zuführt, einen stabilen Zustand annehmen, der *nicht* völlig chaotisch ist. Wenn man z. B. eine Röhre, die eine Mischung von zwei Gasen enthält, an einem Ende erhitzt, dann konzentriert sich eines der Gase am einen Ende der Röhre und das andere am anderen Ende. Dies ist kein Zustand höchster Unordnung. Prigogine schließt daraus: »Dies zeigt, daß ein Ungleichgewicht eine Quelle von Ordnung sein kann.« Diese Beobachtung war der Auslöser für seine Arbeit. Ein anderes einfaches Beispiel können wir an einer horizontalen Schicht von Flüssigkeit, die sich zwischen zwei Glasscheiben befindet, beobachten, wenn man sie an einer Seite erhitzt. Konvektionsströme werden in Gang gesetzt, die eigentlich die Unordnung vergrößern sollten, da sie die Flüssigkeiten durchmischen. In Wirklichkeit bildet sich ein höchst geordnetes Muster von Konvektionszellen.

Die Arbeit von Prigogine und seinen Kollegen besteht also in der genauen Erforschung von Strukturen, die sich weder in einem Zustand maximaler Stabilität noch in einem Zustand maximaler Unordnung befinden, die aber dennoch stabil sind und in einem Energieaustausch mit ihrer Umwelt stehen. Er nennt sie *dissipative* Strukturen, da ihre Stabilität auf einer Dissipation (Ableitung) von Energie von und in die Umwelt beruht. Er erforschte komplexe chemische Reaktionen bis in alle Einzelheiten und zeigte, daß man tatsächlich die bemerkenswerten Muster von dynamischer Ordnung, die bei solchen Systemen in Erscheinung treten, als dissipative Strukturen verstehen kann. Diese dissipativen Strukturen treten auf, wenn die chemische Reaktion weit von einem Gleichgewicht, also von einem Zustand niedrigster Energie und höchster Unordnung, entfernt ist.

Prigogine zeigte weiterhin, daß das Auftreten von solchen stabilen, hochentwickelten Ordnungszuständen von den globalen Eigenschaften des Gesamtsystems abhängt: von der Gesamtgröße, der Komplexität, der Verteilung der Substanzen im Raum und von dem zeitlichen Ablauf der Reaktion. Mit anderen Worten, sie treten in Systemen auf, bei denen eine langfristige Ordnung vorhanden ist, durch die ein System als Ganzheit aktiv wird. Nach Prigogine wird von diesem globalen Verhalten sogar die Bedeutung von Raum und Zeit sehr stark modifiziert. Die Geometrie beruht im wesentlichen auf einer einfachen Vorstellung von Raum und Zeit, die wir mit Euklid und Galilei assoziieren. Es ist bemerkenswert, daß diese einfache Vorstellung von Raum und Zeit durch das Auftreten dissipativer Strukturen aufgebrochen werden kann. Sobald sich eine dissipative

Struktur bildet, kann die Gleichförmigkeit sowohl der Zeit als auch des Raumes zerstört werden. Wir nähern uns wieder mehr der »biologischen« Sicht von Raum und Zeit des Aristoteles.

Der Zustand einer dissipativen Struktur hängt von ihrer Geschichte ab. Während sich eine solche Struktur in der Zeit entwickelt, kommt sie an bestimmte Abzweigpunkte (Gabelungen genannt), und für welchen Weg der Entwicklung sie sich an jedem Abzweigpunkt »entscheidet«, wird nicht von den Bedingungen bestimmt; in diesem Sinne verhält es sich zufällig. Die Entwicklung einer dissipativen Struktur beinhaltet also sowohl Determiniertheit (im Intervall zwischen den Abzweigpunkten) als auch Zufälligkeit (bei den Abzweigpunkten). Die dissipative Struktur durchläuft jeden Abzweigpunkt in Reaktion auf ein Ansteigen der Energiezufuhr aus der Umwelt. Und indem sie dies tut, tritt sie in einen Zustand höherer Komplexität und Ordnung ein. Wenn sie einen neuen Zustand der Ordnung und Komplexität durchlaufen hat, stehen ihr wieder weitere Zustände noch höherer Ordnung offen, die ihr vorher nicht zugänglich waren. Dieser Weg zu immer höheren Komplexitäten ist nicht umkehrbar, es sei denn durch einen plötzlichen Zusammenbruch infolge einer extrem hohen Energiezufuhr. Ein System kann auf eine erhöhte Energiezufuhr reagieren, indem es in einen chaotischen Zustand zurückfällt, oder indem es einen Abzweigpunkt durchläuft und eine höhere Ordnungsstufe erreicht.

In der Natur können wir viele Beispiele für genau diesen Prozeß finden: Die Veränderungen der Muster in einer Wasserleitung, wenn wir die Strömungsgeschwindigkeit erhöhen; die Reaktion eines Kindes auf eine neue Lernsituation; die Reaktion einer Gemeinde auf das plötzliche Auftauchen einer neuen Industrie; die Reaktion einer Gesellschaft auf eine neue Möglichkeit oder Bedrohung. Bei all diesen Beispielen kann es zu einem Zusammenbruch und Rückfall in einen primitiveren Zustand oder zu einem Aufstieg zu einer höheren Ebene von Ordnung und Energie kommen.

Zusammenfassend können wir sagen, daß eine dissipative Struktur ein System ist, das in einer dynamischen, metastabilen Art und Weise Energie mit der Umwelt austauscht, eine Struktur, die selbstorganisierend und selbsterhaltend ist, und die in einzigartiger Weise von den »Entscheidungen« an den Abzweigpunkten auf dem Wege ihrer Entwicklung oder ihrer Geschichte abhängt. Dies scheint ein ziemlich abstraktes Konzept zu sein, aber Prigogine und sein Team, die eine mathematische Formulierung der Theorie anhand ihrer Anwendung auf chemische Reaktionen entwickelt haben, gehen jetzt weiter und wenden diese Gesetzmäßigkeiten auf biologische Systeme an, wie z. B. Aktivitätszyklen von Enzymen im Stoffwechsel; auf ökologische Systeme, wie Fluktuationen von Populationen in einer ökologischen Nische; auf die Konstruktion von Pfeilern und Bögen in Termitenkolonien und auf gesellschaftliche Systeme des Menschen. Erich Jantsch hat diese Möglichkeiten in seinem Buch *The Self-Organizing Universe* ausführlich dargestellt.[6]

Es besteht vielleicht eine gewisse Gefahr, daß aus dem ungeheuren Enthusiasmus, mit dem diese Ideen aufgenommen werden, wieder eine Ideologie wird, an die man mit Begeisterung glaubt. Dennoch ist Prigogines Arbeit wichtig, da sie uns zeigt, daß das Auftreten von selbstorganisierenden Strukturen in der Natur, die immer höhere Grade von Komplexität und Reichtum erreichen (einschließlich der Intelligenz), mit dem Entropie-Gesetz nicht unvereinbar ist. Tatsächlich ist das Erscheinen solcher Strukturen eine ganz natürliche Folgerung aus der Anwendung des Entropie-Gesetzes auf offene Systeme. Weiterhin ist das Entstehen solcher Systeme überhaupt nicht an »Kampf« oder Aggression gebunden. Es resultiert vielmehr aus dem Reichtum der Möglichkeiten.

Darwin suchte nach einem Mechanismus für die Evolution,

der erklären sollte, wie aus festen Formen andere feste Formen werden konnten. Dadurch war es fast unvermeidlich, daß er auf die Idee der natürlichen Selektion durch den Kampf ums Überleben kam. Heute jedoch sehen wir, daß es gar nicht nötig ist, nach einem Mechanismus zu suchen, der den Wandel und das Entstehen von immer mehr Fülle und immer höheren Formen von Ordnung erklären kann. Aus dieser Sicht heraus wird die natürliche Selektion zu einem Prozeß der Formung und Verfeinerung, etwa so wie ein Gärtner einen Rosenstrauch zurechtstutzt. Man kann die natürliche Selektion vielleicht als einen kosmischen Gärtner sehen, aber sie ist nicht die Triebkraft der Evolution oder die Grundlage für Komplexität und Ordnung.

Die Erkenntnis der Möglichkeit und der tatsächlichen Existenz von selbstorganisierenden, austauschenden Formationen (dissipative Strukturen) gibt uns heute eine ganz andere und einheitlichere Sichtweise des Raum-Zeit-Kontinuums und seiner »Inhalte«. Ich habe hier den Begriff »austauschend« anstelle von Prigogines Begriff »dissipativ« gebraucht, um zu betonen, daß das Wesen dieser Strukturen in der Tatsache ihres Energieaustauschs mit der Umwelt besteht; sie sind nicht grundlegend von der Umwelt getrennt. Und der Begriff »Formation« betont, daß sie »Formen«, »Erscheinungen«, »Prozesse« sind und nicht Substanzen oder irgendwelche festen Dinge.

Wir werden weiterhin sehen, daß man auch Elementarteilchen als selbstorganisierende austauschende Formationen betrachten kann. Die Moleküle auf der nächsthöheren Ebene, und besonders die Schlüsselmoleküle für die chemische Grundlage des Lebens, die DNS-Moleküle, sind auch selbstorganisierende austauschende Formationen. Die DNS ist insofern selbstorganisierend, als sie auf eine dynamische Art und Weise ihre eigene Identität von Generation zu Generation aufrechterhält. Tatsächlich vertritt Prigogine die Auffassung, daß solche Moleküle, und damit das Leben selbst, vielleicht nur aufgrund der Möglichkeit von metasta-

bilen, selbstorganisierenden Zuständen in der Ursuppe auftauchen konnten, jenem reichen Ozean von organischen,
aber nicht-lebenden Chemikalien (Aminosäuren usw.), von
dem man glaubt, daß er auf der Erde existierte, bevor es das
Leben gab.

Die Organisation des Lebens

Die Entdeckung des auf der DNS beruhenden Mechanismus
der Vererbung und der Eiweißsynthese hatte die weitreichende Konsequenz, daß man nun glaubte, eine materialistisch begründete Definition der Unterscheidung zwischen
Leben und Nicht-Leben gefunden zu haben: Ein System, in
dem die DNS fähig ist, sich selbst zu reproduzieren und den
Aufbau des Organismus, dessen Gene sie trägt, zu organisieren, konnte man »Leben« nennen. Dies wirft jedoch neue
Fragen auf. Es gibt einige Organismen, die nach dieser
Sichtweise unter bestimmten Bedingungen als »Leben«
anzusehen wären und unter anderen Bedingungen als
»Nicht-Leben«. Einige Viren z. B., wie der Virus T 4, der die
Escherichia-Coli-Bakterien infiziert, bleiben viele Jahre
lang stabil und unverändert, wenn sie sich in einer Flasche
mit sterilisierter Nährlösung befinden.
Wenn man diesen Virus jedoch nach vielen Jahren in eine
Flasche gibt, die Nährlösung und »lebende« Bakterien enthält, dann infiziert er die Bakterien und vermehrt sich, bis
keine Bakterien mehr übrig sind, d. h., der Virus wird »lebendig«. Ein Virus braucht also, um »lebendig« zu sein, bestimmte Komponenten und komplexe Stoffwechselkreis-
läufe in seiner Umwelt, die er in sich selbst nicht enthält.
Dies legt die Vermutung nahe, daß die Kriterien für »Leben« nicht in der Materie – der chemischen Zusammensetzung der DNS – zu suchen sind. Sie liegen vielmehr in den
dynamischen Mustern der Struktur und der Interaktion begründet. Überlegungen wie diese haben einige der weiter-

denkenden und risikofreudigeren Biologen dazu gebracht, eine Definition des Lebens aufzustellen, etwa im Sinne der folgenden Definition von Feinberg und Shapiro: »Leben ist eigentlich die Aktivität einer Biosphäre. Eine Biosphäre ist ein in hohem Maße geordnetes System von Materie und Energie, welches durch komplexe Zyklen charakterisiert ist, die die Ordnung des Systems durch einen Energieaustausch mit seiner Umwelt aufrechterhalten oder schrittweise erhöhen.«[7]

Einzellige Organismen, komplexe Organismen, biologische Gesellschaften, kulturelle Gruppen und selbst die gesamte Biosphäre der Erde kann man als selbstorganisierende austauschende Formationen ansehen. James Lovelock hat vor kurzem gezeigt, daß sich die Biosphäre der Erde in der Art und Weise, in der sie ihre Integrität bewahrt, in vieler Hinsicht wie ein lebender Organismus verhält. Da die Biosphäre ständig Energie von der Sonne und von der kosmischen Strahlung empfängt, und da sich dauernd äußerst komplexe chemische und biochemische Reaktionen in ihr vollziehen, ist sie genau die Art von Systemen, auf die sich Prigogines Theorien beziehen. Lovelock nennt diese Hypothese nach der griechischen Göttin der Erde, Gaia, die Gaia-Hypothese. Er veranschaulicht diese Hypothese anhand einer detaillierten Studie über die Zusammensetzung der Atmosphäre, die statistisch in einem so hohen Maße unwahrscheinlich ist, daß es einen globalen Mechanismus geben muß, der sie aufrechterhält. Er erforscht und entwickelt diesen Mechanismus dann weiter, indem er die zyklischen Wechselwirkungen zwischen der Atmosphäre, den Ozeanen und der Biosphäre untersucht. Die Gaia-Hypothese behauptet, sagt Lovelock, »daß man das gesamte Spektrum lebender Materie auf der Erde, von den Walen bis zu den Viren und von den Eichen bis zu den Algen, als Bestandteile eines einzigen lebenden Wesens betrachten könnte, welches fähig ist, die Atmosphäre der Erde so zu manipulieren, daß sie seinen Gesamtbedürfnissen genügt, und welches mit Fähigkeiten und

Kräften ausgestattet ist, die weit über die seiner konstituierenden Teile hinausgehen.«[8]

Feinberg und Shapiro stützen sich in ihrem mutigen Buch *Life Beyond Earth* auf diese Definition, wenn sie die These aufstellen, daß die Suche nach außerirdischem Leben in die falsche Richtung geht, wenn sie nur nach chemischen oder biologischen Formen Ausschau hält, die eine Ähnlichkeit mit dem Leben auf der Erde haben. Sie vertreten den Standpunkt, daß man sich Organisationsmuster und Wandlungsprozesse ansehen muß, wenn man nach Anzeichen für Leben sucht. Daher glauben sie auch, daß man solche Muster und Prozesse auch in ballonartigen Organismen in der Atmosphäre des Jupiter, im Plasma-Leben im Inneren der Sterne, im Strahlungsleben in interstellaren Gaswolken, im Leben von festem Wasserstoff auf der Oberfläche sehr kalter Planeten und an anderen außergewöhnlichen Orten finden kann.

Von Humberto Maturana und Francisco Varela wurde Anfang der siebziger Jahre eine Sichtweise der Organisation des Lebens vorgeschlagen, die von einer Betrachtung der inneren Strukturierung lebender Systeme ausgeht.[9] Maturana macht zunächst die scheinbar offensichtliche Aussage, daß »alles, was gesagt wird, von jemandem gesagt wird«. Obwohl sich dies von selbst zu verstehen scheint, ist diese Erkenntnis für unser Verständnis davon, was eine wissenschaftliche Beschreibung ausmacht, sehr wichtig. Wir kommen damit auf unsere Diskussion der Sprache und der wissenschaftlichen Methode zurück. Die Wahrheit dieser Aussage wird ständig vergessen, und zwar nicht nur von konventionellen Wissenschaftlern, sondern auch von denjenigen, die versuchen, ein »neues Paradigma« zu formulieren. Es beinhaltet im wesentlichen, daß wir bei all unseren Beschreibungen versuchen sollten, uns darüber im klaren zu sein, welche Elemente jener Beschreibungen Elemente des erklärenden Begriffssystems selbst sind, und welche nur wegen der Bedürfnisse des Beobachters, auf eine bestimmte Art zu kommunizieren, eingeführt werden.

Indem sie diese klärende Sichtweise auf die verschiedenen Definitionen des »Lebens« anwenden, zeigen Maturana und Varela, daß die meisten dieser Definitionen tatsächlich diejenigen Elemente, die der Beobachter in seiner Beschreibung gerne betonen möchte, und die, die für eine Beschreibung des Organismus als autonomer Ganzheit wirklich gebraucht werden, miteinander vermengen. Dies wird besonders deutlich, wenn man die großen Fortschritte der Molekularbiologie in der Aufdeckung der molekularen Mechanismen der Eiweißsynthese und der Genreproduktion betrachtet. Diese haben nach Varela die Biologen (und in der Folge davon Psychologen, Soziologen und wissenschaftliche und populärwissenschaftliche Autoren im allgemeinen) dazu gebracht, die Fähigkeit des genetischen Materials, sich durch die Kodierung in der DNS Generation über Generation zu reproduzieren und zu bewahren, für den »Schlüssel zum Leben« zu halten. Das bedeutet, man ist der Meinung, daß alle Eigenschaften der individuellen Einheit als einer zusammenhängenden, kooperativen Ganzheit (der funktionierenden Zelle z. B.) in einem einzigen Molekül, der DNS, verkörpert sind, welches eine abstrakte, kodierte Beschreibung des generativen Ziels der Zelle enthält. Aber die abstrakte Information, die in der DNS gespeichert ist, ist nicht das gleiche wie die lebende Zelle selbst. Um die lebende Einheit definieren zu können, braucht man eine Beschreibung der Bestandteile der gesamten Zelle und ihrer Wechselwirkungen; nur die Beschreibung der Information, die in der DNS enthalten ist, genügt nicht.[10]

Maturana und Varela definieren ein lebendes System als ein System, das in der Form eines Netzwerkes von Prozessen zur Produktion von Bestandteilen organisiert ist. Diese Bestandteile wiederum bewirken durch ihre Interaktion und Transformation, daß sich das Netzwerk von Prozessen, das sie hervorbringt, ständig erneuert und verwirklicht. Dieses

Netzwerk und seine Bestandteile formen das System als eine Einheit in Raum und Zeit. Es handelt sich dabei also im wesentlichen um eine selbstproduzierende und selbsterhaltende Einheit. Aus diesem Grund haben Maturana und Varela den Begriff *Autopoiesis* geprägt. Dieser setzt sich aus den griechischen Wörtern *autos* – selbst – und *poiein* – produzieren – zusammen. Es handelt sich dabei eindeutig um einen bestimmten Typus dissipativer Strukturen oder austauschender Formationen, bei dem die besondere Betonung auf der selbst-definierenden und selbsterhaltenden Einheit der Struktur liegt, während sie Veränderungen in ihrer Umwelt durchmacht. Dies ist also für Maturana und Varela die Definition eines lebenden Systems; ausgehend davon können sie eine Beschreibung der Interaktion zwischen solchen Systemen geben bis hin zum Aufkommen von symbolischer Kommunikation. Auf der Grundlage dieser Definition des Lebens als autopoietisches System schlägt Varela vor, daß wir die Evolution vom Standpunkt des Organismus aus betrachten sollten und nicht vom Standpunkt eines »objektiven« Zuschauers, der außerhalb des Organismus steht und beobachtet, wie er sich »anpaßt«. Wenn wir dies tun, sagt Varela, dann ist die entscheidende Frage die, welche Formen die Flexibilität der inneren Struktur des Organismus zuläßt. Die Umwelt setzt diesen zugelassenen Formen dann nur noch einige Grenzen, innerhalb derer sie sich bewegen müssen. Während vom Standpunkt der natürlichen Selektion aus nur diejenigen Formen überleben, die *erlaubt* sind, können vom autopoietischen Standpunkt aus alle Formen florieren, die *nicht verboten* sind. Varela sagt: »Worauf es mir hier ankommt, ist anzuzweifeln, daß irgendeine Art von Optimierung (die Angepaßtesten) die Hauptleitfunktion des evolutionären Wandels ist.«[11] Diese einfache, aber weitreichende Veränderung der Sichtweise eröffnet völlig neue Denkmöglichkeiten über die Wechselwirkung zwischen Umwelt und Organismus in der Evolution, aber auch über rein internale Kräfte der Veränderung. Wir können uns vorstellen, daß die ständig sich verändernde Umwelt permanent neue mögliche Lebensräume eröffnet, in die Arten sich *hinein* entwickeln können, motiviert durch ihren inneren Druck, ihre »Neugier« und ihren ungeheuren Reichtum der Möglichkeiten.

Muster evolutionärer und geistiger Prozesse

Schließlich kann man diese enorm erweiterte Sichtweise von »lebenden Systemen« auch noch auf geistige Prozesse ausdehnen. Gregory Bateson schlägt bei seiner Diskussion der allgemeinen Charakteristika von komplexen Systemen sechs Kriterien für das Auftauchen von geistigen Prozessen vor. Im Kapitel 13 werde ich diese Kriterien im einzelnen besprechen. Bateson vertritt den Standpunkt, daß die Muster des Prozesses, den wir Evolution nennen, eine exakte Analogie zu den Mustern des Prozesses, den wir Denken nennen, bilden. Da diese Muster alles sind, was wir wissen, können wir also sagen, daß, soweit wir wissen, die Evolution die Merkmale eines geistigen Prozesses hat; daher trägt Batesons Buch auch den Titel: *Mind and Nature: A Necessary Unity*.[12] Diese Prozesse weisen einen Wechsel zwischen dem Zufälligen und dem Ausgewählten, zwischen Form und Prozeß, zwischen Kontinuität und Diskontinuität auf. Es sind stochastische oder zufallsgesteuerte Prozesse, bei denen Perioden der Kontinuität und der kausalen Entwicklung von zufälligen Veränderungen unterbrochen werden, die auf einer bestimmten Ordnungsebene scheinbar akausal sind. Ein Strom von Gedanken dauert eine Zeitlang an und verändert sich dann plötzlich, scheinbar ohne jeden Grund, obwohl auf nicht-bewußten Ebenen ein Auswahl- und Verstärkungsprozeß stattfindet. Eine Art entwickelt sich stetig weiter, verändert sich durch scheinbar zufällige genetische Faktoren, die aus der Interaktion von Individuen mit der Umwelt entstehen. Bei der Diskussion des Baldwin-Effekts in Kapitel 6 haben wir gesehen, wie eng die Beziehung zwischen diesen beiden Systemen (zufällige genetische Faktoren – Interaktion Individuum/Umwelt) ist, und daß für beide die gleiche Sprache, die Sprache des Verhaltens, ein angemessener Ausdruck sein kann.

In einer Auseinandersetzung mit Stimmen, die Darwin dafür kritisieren, daß er in seinem Buch *Die Entstehung der Arten* einem Geist, der von der Natur getrennt ist und diese lenkt, keinen Platz einräumt, sagt Bateson: »Es stellt sich jedoch heraus, daß solche Kritiken mit den Korrekturen, die sie an der Darwinschen Theorie anbringen wollten, genau die falsche Richtung eingeschlagen haben. Wir würden die Denker des neunzehnten Jahrhunderts korrigieren, nicht indem wir dem evolutionären Prozeß einen nicht-zufälligen Geist überordnen, sondern indem wir die These aufstellen, daß das Denken und die Evolution sich in ihrer gemeinsamen Zufälligkeit ähnlich sind. Beide sind im Sinne der oben vorgestellten Kriterien geistige Prozesse.«

Wir haben es also mit zwei großen stochastischen Systemen zu tun, die teilweise in Wechselwirkung miteinander stehen und teilweise voneinander isoliert sind. Das eine System spielt sich innerhalb des Individuums ab und wird *Lernen* genannt; das andere ist ein immanenter Teil der Vererbung und der Population und wird *Evolution* genannt. Das eine spielt sich in der Spanne eines Lebens ab; das andere ist eine Sache vieler Generationen von vielen Individuen.

Diese beiden stochastischen Systeme, die auf verschiedenen Ebenen logischer Kategorisierung (Ordnung) funktionieren, fügen sich in einer einzigen zusammenhängenden Biosphäre ineinander, die nicht fortbestehen könnte, wenn der körperliche oder der genetische Wandel grundsätzlich anders wäre, als er ist.

»Die *Einheit* des kombinierten Systems ist *notwendig*.«

Es ist wichtig zu verstehen, daß dies nichts mit einer Identität zwischen dem Geist-Stoff und dem Natur-Stoff (oder der Materie) zu tun hat; es hat überhaupt nichts mit Substanzen irgendwelcher Art zu tun. Es bedeutet einfach, daß das einzige, was wir erkennen können, Prozesse sind, daß geistige Prozesse einen bestimmten Charakter haben und daß die Evolution eben diesen Charakter aufweist. Mit diesen Aussagen hat Bateson die Diskussion auf eine völlig andere und vielleicht angemessenere Ebene gebracht. Anstatt Aussagen über die Evolution im Sinne objektiver Tatsachen über reale Dinge zu machen, spricht er von ihr als von Mustern, die wir in unserem Wissen bemerken, das wir erlangen, wenn wir uns als Beobachter aus dem Prozeß herauslösen, von dem wir eigentlich ein Teil sind. Dies führt uns zurück zu Maturanas einfacher, aber weitreichender Beobachtung, daß »alles, was gesagt wird, von jemandem gesagt wird«.

Wir könnten also vielleicht sagen: Was immer jener große Prozeß, den wir Evolution nennen, »hervorbringt«, er bringt es nach den gleichen Prozessen hervor, nach denen wir unsere Gedanken »hervorbringen«. Im gleichen Maße, in dem wir von uns selbst glauben, in unserem Körper an »lebendigen«, »geistigen« Prozessen teilzuhaben, scheint auch die gesamte Biomasse auf der Ebene von Populationen an solchen Prozessen teilzuhaben.

In diesem Kapitel haben wir gesehen, daß der evolutionäre Prozeß, wenn wir uns für eine umfassendere Sichtweise öffnen, ein Prozeß der Kontinuität des Wandels von inhärenten Möglichkeiten der Komplexität, der Ordnung und des Geistes zu sein scheint. Im nächsten Kapitel werden wir anfangen, uns mit dem Kontext dieser Muster der Selbstorganisation, nämlich mit Raum, Zeit und Materie zu beschäftigen. Auch in dieser Welt werden wir wieder weit mehr Tiefe und Reichtum finden, als wir uns in den vergangenen Jahrhunderten vorzustellen oder zu erfahren gestattet haben.

Am Abhang, hinter einer Stelle, an der die Felsen zutage treten, stehen Kiefern und Fichten, die in ihrem Gekrümmtsein die Macht von Wind und Feuer verkörpern. Etwas tiefer schwenkt ein Pfad nach rechts, verschwindet in einer Gruppe von Espen, taucht dann in einiger Entfernung wieder auf und windet sich links auf der gegenüberliegenden Seite des Tals den Hügel hinauf. Einige aufeinandergetürmte Felsbrocken, die man als Silhouette gegen den Himmel sieht, weisen eine überraschende Ähnlichkeit mit Marpa auf, dem großen Übersetzer, der im elften Jahrhundert den Buddhismus von Indien nach Tibet brachte. Das Tal fällt sanft ab zu einer breiten Flußaue, die mit den verschiedensten tiefgrünen Sträuchern und Espen übersät ist. Eine große Espe, die etwas oberhalb der anderen steht, hat all ihre Blätter verloren. Ihre schwarzen, spitzen Äste bilden einen bizarren Rahmen für den hinter ihr liegenden Hügel und sind ein deutlicher Vorbote des herannahenden Winters. Die hohen Gräser auf der Wiese am Abhang des Tals kräuseln sich in dunklen und hellen Braun-, Gelb- und fahlen Grüntönen zu Wellen und Wirbeln. Himmel und Erde scheinen sich von links und rechts in offenen, anmutigen Kurven einzuschwingen. Der flache Stumpf eines Baumes, den man für Feuerholz geschlagen hat, verleiht als ein Zeichen für die Macht, die Möglichkeiten und die Bewußtheit der Menschen dem Bild seine ganz eigene Würde. Es herrscht eine Atmosphäre von unendlicher Harmonie.

Relativität von Raum und Zeit

Newton propagierte einen Raum, der absolut unbewegt war und mit nichts in ihm interagierte. Descartes definierte ein Koordinatensystem, die cartesianischen Koordinaten, durch das man jeden Punkt im Raum durch seine Position zu drei geraden Linien definieren konnte, die Linien von vorn nach hinten, von links nach rechts und von oben nach unten. Die Maler der Renaissance lernten, ihre Bilder nach dieser Vorstellung des Descartes zu konstruieren. Die euklidische Geometrie, die wir in der Schule lernen, lehrt uns, daß die kürzeste Verbindung zwischen zwei Punkten eine gerade Linie ist. Auf diese Weise wird uns beigebracht, eine leere, geradlinige Welt, die sich in alle Richtungen unendlich ausdehnt, für den Hintergrund unseres Lebens zu halten.

In unserem geradlinigen, leeren, unbeweglichen Raum bewegen sich die Dinge. Normalerweise können wir die Tatsache, daß sie sich bewegen, daran feststellen, daß etwas anderes sich nicht bewegt. Wir können sagen, daß eine Wolke sich über den Himmel bewegt, wenn sie vor der Sonne oder dem Mond vorbeizieht. Manchmal ist das die einzige Möglichkeit, dies festzustellen. Wenn wir wissen wollen, in welche Richtung sich eine Sturmwolke bewegt, müssen wir versuchen, sie in Bezug zur Sonne oder zu einem Berg zu beobachten. Ob sich eine Wolke im klaren, blauen Himmel bewegt oder nicht, können wir nicht sagen. Wenn wir in einem Flugzeug sitzen, können wir feststellen, daß es anfängt zu rollen, wenn wir auf den Laufgang hinausblicken. Manchmal passiert jedoch eine merkwürdige Sinnestäuschung, wenn wir hinaussehen und ein anderes Flugzeug über die Startbahn rollt. Einen Moment lang glauben wir, daß wir uns selbst bewegen, obwohl unsere Körperempfindungen nicht damit übereinstimmen; dann erkennen wir, daß es das *andere* Flugzeug ist, das startet. Schon Galilei wies darauf hin, daß man, wenn man sich in einem Schiff auf einem ruhigen Ozean befindet und kein Land in Sicht ist, nicht in der Lage ist zu sagen, ob man sich bewegt. Während Newton annahm, daß es *irgendein* absolutes, unbewegliches Bezugssystem, nämlich den absoluten Raum, geben müsse, glaubte Galilei eine Generation *vor* Newton dies nicht.

Noch etwas über die Art und Weise, in der wir uns Bewegung in unserer alltäglichen Welt vorstellen: Geschwindigkeiten werden einfach addiert oder subtrahiert. Wenn ich z. B. auf einem Bahnsteig stehe, und du gehst mit 5 km/h an mir vorbei, dann ist deine relative Geschwindigkeit zu mir 5 km in der Stunde. Wenn ich dann anfange, mit 5 km in der Stunde neben dir herzulaufen, dann ist deine relative Geschwindigkeit zu mir Null. Wenn du mit 5 km/h in einem Zug gehst in der gleichen Richtung, in der er fährt, und der Zug mit 16 km/h durch den Bahnhof fährt, dann kommst du mit einer Geschwindigkeit von 21 km/h an mir vorbei. Wenn du im Zug in der entgegengesetzten Richtung gehst, messe ich deine relative Geschwindigkeit zu mir mit 11 km/h. In beiden Fällen ist deine eigene Geschwindigkeit in Relation zum Boden des Zuges natürlich 5 km in der Stunde.

Als Albert Einstein sechzehn Jahre alt war, dachte er über diese Dinge besonders im Zusammenhang mit dem Licht nach. Er fragte sich: »Wie würde die Welt aussehen, wenn ich auf einer Lichtwelle sitzen würde?« Eine andere Möglichkeit, diese Frage zu stellen, sieht so aus: Wenn man in einem beschleunigenden Raumschiff sitzt und sich im Spiegel betrachtet – was würde geschehen, wenn das Raumschiff sich der Lichtgeschwindigkeit nähert? Wenn das Licht den gleichen einfachen Regeln der Addition und Subtraktion von Geschwindigkeiten gehorchen würde, könnte, da man sich jetzt mit der gleichen Geschwindigkeit bewegt wie das Licht, das vom Spiegel reflektiert wird, sich das Licht in Relation zu einem selbst nicht bewegen. Daher würde uns das Bild vom Spiegel niemals erreichen: Sobald das Raumschiff die Lichtgeschwindigkeit erreicht hätte, würde das Bild einfach verschwinden.

Argumente wie diese, natürlich in einer streng wissenschaftlichen Formulierung, zeigten Einstein, daß irgend etwas in der Physik seiner Zeit grundlegend verkehrt war. Man machte Experimente, um den Unterschied zwischen der Lichtgeschwindigkeit in Relation zur Erde einmal mit der Richtung, in der sich die Erde bewegt, und dann im rechten Winkel zu ihr festzustellen, und fand heraus, daß es keinen Unterschied gibt. Dieses war das Michelson-Morley-Experiment, und sein negativer Ausgang war eine jener »zwei kleinen dunklen Wolken am Horizont«, von denen Lord Kelvin gesprochen hatte. Die beiden Messungen hätten verschieden sein müssen, wenn Maxwells Gleichung und die klassische Additionsregel für relative Geschwindigkeiten richtig sein sollten. Die Tatsache, daß sie sich nicht unterschieden, wies darauf hin, daß irgend etwas in der klassischen Vorstellung grundlegend falsch war. Einstein erkannte, daß entweder Maxwells Gleichung oder die klassische Additionsregel fallengelassen werden mußte, und wagte den kühnen Schritt, an der ersteren festzuhalten und letztere aufzugeben.[1]

Im Jahre 1905 stellte Einstein einfach die These auf, daß sich das Licht für uns, unabhängig davon, wie schnell wir uns bewegen, tatsächlich immer mit der gleichen Geschwindigkeit zu bewegen scheint. Wenn ich also z. B. auf der Erde wäre, und du würdest dich mit $9/10$ der Lichtgeschwindigkeit von der Sonne weg an der Erde vorbeibewegen, würden wir trotzdem beide für das Licht, das von der Sonne kommt, die gleiche Geschwindigkeit feststellen. Nach der einfachen Additionsregel hättest du dich relativ zum Licht mit $9/10$ seiner Geschwindigkeit bewegt, und daher müßte das Licht sich relativ zu dir nur noch mit $1/10$ seiner Geschwindigkeit bewegen. Einstein sagte, daß die Lichtgeschwindigkeit in jedem gleichförmig sich bewegenden Bezugsrahmen konstant sei, und daß darüber hinaus nichts schneller sein könne als die Lichtgeschwindigkeit. Dann beschäftigte er sich damit, wie man die Entfernung zwischen zwei Punkten und den Abstand zwischen zwei Linien tatsächlich definiert. Wir tun dies mit ganz konkreten physikalischen Meßstäben und Uhren. Wenn sich nun zwei Beobachter relativ zueinander bewegen und überprüfen möchten, ob ihre Standardmeßstäbe gleich lang sind und ihre Uhren synchron gehen, dann bleibt ihnen nichts anderes übrig, als sich Nachrichten zuzusenden. Diese Nachrichten können nicht schneller als die Lichtgeschwindigkeit sein, d. h., sie können nicht gleichzeitig sein. Wenn wir uns im einzelnen klarmachen, was dies bedeutet, dann stellen wir fest, daß eine reine Entfernungsmessung oder eine reine Zeitmessung des einen Beobachters, wenn man sie in Messungen des anderen Beobachters ausdrückt, beides, sowohl dessen Entfernungs- als auch dessen Zeitmessungen beinhaltet. Ebenso würden sie von seiner relativen Geschwindigkeit abhängen. Wenn du dich also in einem Labor befinden würdest, das sich relativ zu einem anderen Beobachter mit annähernder Lichtgeschwindigkeit bewegt, dann würde es diesem erscheinen, als hätte dein Meßstab sich kontrahiert, als ginge deine Uhr langsamer und als hätte sich deine Masse erhöht. Wenn du dich beispielsweise mit 99/100 der Lichtgeschwindigkeit bewegen würdest, würde dein Meßstab auf ungefähr ein Siebtel seiner ursprünglichen Länge schrumpfen, deine Uhren würden siebenmal langsamer gehen, und deine Masse wäre siebenmal größer. Diese Effekte sind natürlich nur bei sehr hohen Geschwindigkeiten zu beobachten, aber man konnte sie viele Male im Labor nachprüfen, indem man Elementarteilchen auf annähernde Lichtgeschwindigkeit beschleunigte. Wenn jemand in der Lage wäre, mit Lichtgeschwindigkeit zu reisen, hätte er eine Ausdehnung von Null, unendliche Masse, und die Zeit stände für ihn still. Die Antwort auf Einsteins Jugendfrage lautet nun: Wenn man imstande wäre, auf einer Lichtwelle zu reiten, würde die Zeit anhalten, und man wäre für immer in ein und demselben Augenblick. Die Lichtgeschwindigkeit stellt also eine absolute Grenze dafür dar, wie schnell ein Signal gesendet werden kann. Aus diesem Grund wird, wie wir später sehen werden, selbst die Definition von Vergangenheit und Zukunft für Beobachter, die sich relativ zueinander bewegen, verschieden.

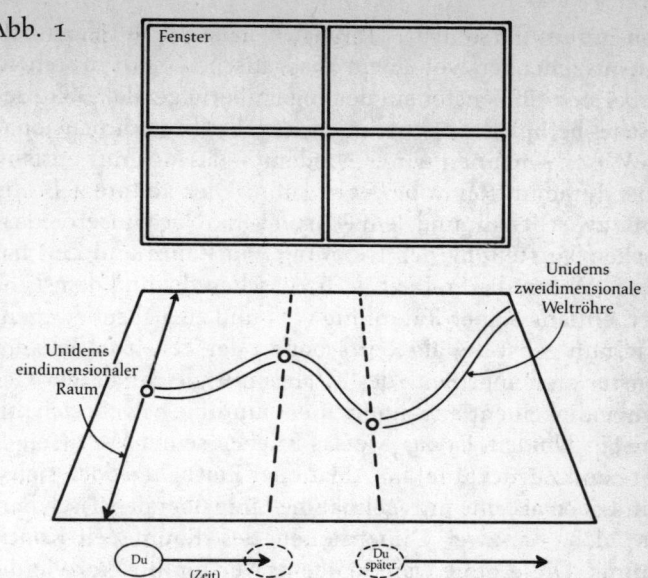

Abb. 1

Fenster

Unidems
zweidimensionale
Weltröhre

Unidems
eindimensionaler
Raum

Du

(Zeit)

Du
später

Raum und Zeit sind also heute nicht mehr die absoluten und deutlich voneinander zu unterscheidenden Qualitäten von Newton. Sie sind relativ zu dem jeweiligen Beobachter und miteinander verbunden. Zeit ist heute eine vierte Dimension, fast auf der gleichen Ebene wie die drei Dimensionen des Raumes. Wenn man der Relativitätsphysik gerecht werden will, sollte man von der Vorstellung abkommen, daß ein Ereignis zu einer bestimmten Zeit und an einem bestimmten Punkt im Raum geschieht, sondern sich vorstellen, daß es sich in einem einzigen Moment im Raum-Zeit-Kontinuum ereignet. Was wir uns bisher als ein Objekt vorgestellt haben, das im Raum existiert, während die Zeit verstreicht, das sollten wir uns jetzt richtiger als eine unveränderliche Röhre vorstellen, die sich im vierdimensionalen Raum-Zeit-Kontinuum erstreckt.

Um dem Leser eine Hilfe zu geben, sich das Raum-Zeit-

215

Kontinuum vorstellbar zu machen, lade ich ihn dazu ein, sich auszudenken, vor einem quadratischen Tisch zu stehen, wobei sich ein Fenster auf der gegenüberliegenden Seite des Tisches befindet. Angenommen, es gäbe ein eindimensionales Wesen – nennen wir es Unidem –, das sich nur entlang einer Linie im Raum bewegen kann. Dies könnte z. B. die Linie zwischen dir und dem Fenster sein. Nach unserer klassischen Vorstellung der Trennung von Raum und Zeit hat dieses Wesen die Freiheit, sich zwischen dir und dem Fenster, entlang seiner Raumlinie vor- und zurückzubewegen. Und nun gehst du, als Repräsentant der Zeit, parallel zum Fenster an deiner Seite des Tisches mit gleichmäßiger Geschwindigkeit entlang, und seine Raumlinie bewegt sich mit dir. Für Unidem ist das wie das Erleben seiner Welt (seiner Vor- und Zurücklinie) im Ablauf der Zeit. Du jedoch siehst sein Leben als eine unregelmäßige Linie über den Tisch laufen, d. h. in zwei Dimensionen des Raum-Zeit-Kontinuums. Diese Linie wäre Unidems Version unserer vierdimensionalen Raum-Zeit-Röhren (siehe Abb. 1).

Was ist »Jetzt«?

Gewöhnlich stellen wir uns sowohl die Zeit als auch den Raum als eine gerade Linie vor. Zwischen jetzt und morgen früh um neun gibt es nur eine Zeit und nur einen Weg, um dorthin zu gelangen. Wenn man sich überlegt, wie man von einer Stadt zu einer anderen reisen kann, gibt es dafür viele Möglichkeiten: Man kann verschiedene Landstraßen und Umwege benutzen oder die Autobahn. Aber es gibt nur einen kürzesten Weg, und das ist die gerade Linie, vielleicht wenn man einen Hubschrauber benutzt. Und die Zeit stellen wir uns so vor: Mein »Jetzt« ist das gleiche »Jetzt« wie das von allen anderen, und es ist das gleiche »Jetzt« wie das der Sonne und der entferntesten Sterne. Und auch der Abstand zwischen diesem »Jetzt« und dem »Jetzt« von morgen früh ist für mich, für dich, für die Sonne und für die Sterne der gleiche. Die einzige Möglichkeit, die Qualität des »Jetzt« zu verändern, ist die, es mit verschiedenen Dingen zu füllen. Das »Jetzt« hat keine anderen eigenen Qualitäten als die, ein Gefäß für unsere Aktivitäten zu sein.

Betrachten wir noch einmal die Theorien der Relativität, um zu sehen, was sie uns bezüglich der Zeit zu sagen haben könnten. Wie wir gesehen haben, scheinen sich Uhren in einem sich bewegenden Bezugssystem relativ zu einem stationären Beobachter zu verlangsamen. Dies läßt sich im Labor verifizieren, indem man die durchschnittliche Lebensdauer von Teilchen, z. B. Mu-Mesonen, mißt, die sich im kosmischen Strahlenregen mit annähernder Lichtgeschwindigkeit bewegen. Ihre Lebensdauer ist erheblich länger als die Lebensdauer von Mu-Mesonen, die man im Labor erzeugt, und die sich mit geringeren Geschwindigkeiten bewegen. Während nämlich für ein Mu-Meson in dem kosmischen Strahlenregen seine eigene Uhr mit der gleichen Geschwindigkeit wie die des erdgebundenen Mu-Mesons läuft, scheint sie für uns langsamer zu gehen. Daher scheint es für uns länger zu dauern, bis es zerfällt.

Nach Einsteins späterer allgemeinen Relativitätstheorie werden Uhren auch von einem Gravitationsfeld auf einem sich beschleunigenden Bezugssystem verlangsamt. Auch dies ist überprüft worden. Eine Atom-Uhr wurde in einem Düsenflugzeug um die Erde herumgeflogen und relativ zu einer entsprechenden Uhr, die auf der Erde geblieben war, verlangsamte sie sich tatsächlich um den winzigen Bruchteil einer Sekunde aufgrund der Beschleunigung, die sie durchlaufen hatte. Auf diesem Effekt beruht das berühmte Paradox mit den Zwillingen. Angenommen, du hast einen Zwillingsbruder, und ihr seid beide zwanzig Jahre alt. Im Januar besteigst du mit einer Uhr ein Raumschiff und bewegst dich mit der Erdbeschleunigung von der Erde weg. Nach einem Monat bremst du einen Monat lang wieder langsam ab, hältst an und kehrst auf die gleiche Weise wieder zur Erde zurück. Nach deiner Uhr bist du nur vier Monate unterwegs gewesen – es ist jetzt Mai. Dein Bruder jedoch, der dich begrüßt, wenn du aus dem Raumschiff aussteigst, ist jetzt sechzig Jahre alt. Ich erwähnte vorhin unsere Vorstellung, daß es nur eine Möglichkeit gibt, von jetzt nach morgen früh oder vom 1. Januar zum 1. Mai zu kommen. Jetzt sehen wir, daß diese beiden Brüder auf völlig verschiedenen Routen von einem Punkt des Raum-Zeit-Kontinuums zum anderen gelangt sind. Während du vier Monate in deinem Raumschiff verbracht hast, hätte dein Bruder heiraten, Kinder bekommen, sie aufs College schicken und sich pensionieren lassen können, alles zwischen zwei gleichen Ereignissen im Raum-Zeit-Kontinuum: Dem Ereignis, als du dich von deinem Bruder verabschiedet hast, und dem Ereignis jetzt, als du deinen Bruder nach vier Monaten begrüßt (oder waren es vierzig Jahre?).[2]

Auch die Vorstellung einer universellen Gleichzeitigkeit, eines universellen »Jetzt« ist nicht mehr akzeptabel. Wir können nicht mehr sagen, daß die Dinge überall im Universum zur gleichen Zeit geschehen. Dies folgt ganz einfach aus der Endlichkeit der Lichtgeschwindigkeit, aus der Tatsache, daß diese Geschwindigkeit in Relation zu jedem sich bewegenden Bezugssystem die gleiche ist, und aus der Tatsache, daß man, um die Gleichzeitigkeit zweier Ereignisse zu bestimmen, eine Nachricht zwischen ihnen senden müßte. Nehmen wir an, zwei lange Raumschiffe bewegen sich in Relation zueinander in entgegengesetzter Richtung und mit konstanter Geschwindigkeit. In der Mitte des einen Raumschiffs ist ein Beobachter, Tom, und in der Mitte des anderen ist seine Freundin die Beobachterin, Mary. Da sie keinen anderen Bezugspunkt haben, glauben sowohl Tom als auch Mary, daß sein bzw. ihr Raumschiff stillsteht, und das andere an ihm vorbeizieht. Genau in dem Moment, in dem Tom und Mary einander gegenüberstehen, blitzt zwischen ihnen im Raum ein Licht auf und kann überall in beiden Raumschiffen gesehen werden. Später treffen sich Tom und

Mary und vergleichen die Notierungen der Zeiten miteinander, zu denen der Blitz an den beiden Enden beider Raumschiffe gesehen wurde. Wenn wir uns vor Augen halten, daß Mary die Lage so sieht, daß sie sich nicht bewegt, sondern Tom sich an ihr vorbeibewegt, dann wird Mary folgenden Bericht abgeben: »Da ich mich von jedem Ende meines Raumschiffs im gleichen Abstand befand, und da sich das Licht mit einer konstanten Geschwindigkeit bewegt, erreichte das Licht des Blitzes die beiden Enden meines Schiffes gleichzeitig. In der Zeit jedoch, die das Licht brauchte, um zu den beiden Enden deines Raumschiffs zu gelangen, hatte dieses sich schon ein Stück weiterbewegt, so daß also ein Ende deines Raumschiffs näher bei mir und das andere weiter von mir entfernt war. Daher brauchte das Licht länger, um das eine Ende deines Schiffes zu erreichen, als um das andere Ende zu erreichen. Und genau das habe ich gesehen.« Tom, der sich selbst als stationär betrachtete und Mary als bewegt, wird das Gegenteil berichten: daß das Licht des Blitzes die Enden seines *Raumschiffs* simultan erreichte, Marys jedoch *nicht*. Tom und Mary können sich nicht darüber einigen, ob zwei Ereignisse gleichzeitig waren, also im gleichen »Jetzt« geschahen oder nicht. Die einzige Möglichkeit, den Streit zu schlichten, bestünde darin, wenn wir sagen könnten, wer von den beiden »wirklich« (also relativ zu irgendeinem absoluten Bezugsrahmen) unbewegt war. Und nach der Relativitätstheorie ist uns das nicht möglich.

Es gibt auch nach der Relativitätstheorie noch bestimmte Regionen im Raum-Zeit-Kontinuum, die wir Vergangenheit, Gegenwart und Zukunft nennen, und damit kann es auch noch Kausalität geben. Das heißt, das Universum läßt sich immer noch in diejenigen Ereignisse aufteilen, die man durch eine Ursache-Wirkungs-Beziehung miteinander verbinden kann, die also Vergangenheit und Zukunft definieren, und diejenigen Ereignisse, die man nicht auf diese Weise miteinander verbinden kann, wodurch die Gegenwart definiert ist. Doch *wie* jeder Beobachter das Universum in die drei Regionen Vergangenheit, Gegenwart und Zukunft aufteilt, hängt von seinem Bewegungszustand ab. Es gibt keinerlei Grund mehr, anzunehmen, daß es irgendwo im Universum eine absolute Uhr gibt, nach der die absolute Zeit abläuft.

Vielleicht sollten wir einen Moment lang darüber nachdenken. Vieles in unserem Leben beruht auf der Annahme, daß, während gewisse Dinge in meiner auf meinen Körper zentrierten Welt geschehen, zur gleichen Zeit an anderen Orten andere Dinge geschehen. Wir erinnern uns vielleicht von Zeit zu Zeit gerne an jemanden in Australien, den wir gerne haben und fragen uns, was er »jetzt« wohl tun mag. Welches »Jetzt« ist das? Die praktischen Auswirkungen so geringer Entfernungen und Geschwindigkeiten (die relative Geschwindigkeit von entgegengesetzten Punkten auf der Erde) mögen natürlich vernachlässigbar erscheinen, aber worum es uns hier geht, sind die tief verwurzelten Annahmen darüber, wie die Dinge »wirklich« sind, die unsere Wahrnehmung konditionieren. Schon seit fünfzig Jahren werden solche Ideen in populären Büchern über die Relativität vorgestellt, aber inwieweit beziehen wir diese Dinge auf uns *persönlich?* Schütteln wir nicht meistens einfach nur ungläubig den Kopf, statt sie als ein Messer zu benutzen, das die mächtigen Vorannahmen durchschneidet, die unsere Wahrnehmung begrenzen, indem sie uns dazu bringen, die Welt in derartig hochabstrakten Begriffen zu sehen.

Dies wirft wiederum die Frage auf: »Was ist jetzt?« Wenn unsere vierdimensionale Röhre eine »wirklichere« Anschauung unserer eigenen Lebensspanne ist, warum sind wir uns dessen dann nicht bewußt? Warum sehen wir nicht, wie unser gesamtes Leben als ein Block existiert? Um dies zu können, müßten wir natürlich außerhalb der »Zeit« stehen. Im Falle von Unidem befanden wir uns in einer dritten Dimension außerhalb seiner beiden Dimensionen und sahen auf ihn herab. Innerhalb der Physik, wie wir sie jetzt kennen, gibt es keine Möglichkeit, festzustellen, ob es eine fünfte oder höhere Dimension in bezug zu unseren normalen vier gibt. Normalerweise erfahren wir auch keine solche Dimension. Dies ändert jedoch nichts an der Frage, warum, wenn die Relativitätssicht richtig ist, wir uns selbst so erleben, als ob wir uns entlang unserer Lebensröhre »in der Zeit« bewegen, statt die ganze Sache auf einmal zu sehen. Daraus folgt, daß etwas anderes unserer Erfahrung hinzugefügt werden muß, um das Relativitätsbild in Übereinstimmung mit unserer Erfahrung der Wirklichkeit zu bringen, etwas, das mit dem »Jetzt« zu tun hat. Einstein selbst glaubte, daß unser Gefühl von Vergangenheit, Gegenwart und Zukunft tatsächlich eine subjektive Illusion sei. Der Witwe seines guten Freundes Michèle Besso schrieb er: »Michèle ist mir ein wenig zuvorgekommen beim Verlassen dieser merkwürdigen Welt. Das ist nicht wichtig. Für uns überzeugte Physiker ist die Unterscheidung zwischen Vergangenheit, Gegenwart und Zukunft nur eine Illusion, wenn auch eine hartnäckige.«[3] Diese Sichtweise beruht jedoch teilweise auf dem Denkmodell, nach dem wir eine mathematische Röhre im Raum-Zeit-Kontinuum der Relativität sind. Wenn wir erkennen, daß wir komplexe Organisatoren sind, die einen ständigen Energieaustausch mit unserer komplexen Umwelt austragen, ergibt sich ein ganz anderes Bild. Dann taucht ein ganz anderes Zeiterleben auf, ein Zeiterleben, in dem – nach Ilya Prigogine – Veränderungen nicht umkehrbar sind, und das immer wieder von Übergängen zu höheren Graden von Komplexität und Ordnung unterbrochen wird.[4]

Bedeutsame Koinzidenzen und die Fülle der Zeit

Bevor wir das Thema Zeit endgültig hinter uns lassen, wollen wir uns noch mit einem Aspekt der Zeit beschäftigen, der schon seit vielen Jahrhunderten bekannt ist und diskutiert wird, nämlich mit bedeutsamen Koinzidenzen. Von allen Ereignissen, die über den linear-kontinuierlichen Aspekt der Zeit hinausweisen, sind wir mit diesem am meisten vertraut. Wir sollten zwischen simultanen Ereignissen und bedeutsamen Koinzidenzen unterscheiden. Wenn du zum Laden an der Ecke gehst und deinen Nachbarn triffst, dann ist das bloß ein simultanes Ereignis. Wenn du jedoch in den Laden gehst und einen Freund triffst, den du seit fünf Jahren nicht mehr gesehen hast, von dem du nicht wissen konntest, daß er in der Stadt ist, an den du aber schon den ganzen Morgen denken mußtest, weil du ziemlich dringend eine bestimmte Information brauchst, die nur er hat, dann ist das eine bedeutsame Koinzidenz. Michael Shallis zitiert einen Fall, der von Dame Rebecca West berichtet wird, die nach einem bestimmten Vorfall in den Nürnberger Prozessen suchte: »Ich sah mir die Prozeßakten in der Bibliothek an und bekam einen fürchterlichen Schrecken, als ich feststellte, daß sie in einer Form veröffentlicht waren, die sie für den Forscher fast unbrauchbar machten. Es handelte sich dabei um Auszüge, die unter völlig willkürlichen Überschriften katalogisiert sind. Nach stundenlanger Suche ging ich an der langen Reihe der Bücherregale vorbei zu einem Bibliotheksgehilfen und sagte: Ich kann es nicht finden, es gibt keinen Anhaltspunkt, es kann in jedem dieser Bände sein (es gibt viele Regale voll von ihnen). Ich legte meine Hand auf einen Band, nahm ihn heraus und sah achtlos hinein. Es war nicht nur der richtige Band, ich hatte ihn sogar auf der richtigen Seite geöffnet.«[5]

Genau wie für die Präkognition existieren auch für solche Koinzidenzen sehr viele gut dokumentierte Berichte, und es gibt keinen Grund, ihre Glaubwürdigkeit eher anzuzweifeln, als die Glaubwürdigkeit eines Wissenschaftlers, der über seine Arbeit berichtet. Anders jedoch als präkognitive Ereignisse geschehen sie ziemlich häufig im Leben vieler Menschen, und oft geben sie demjenigen, der sie erlebt, ein Gefühl der Richtung für diesen Abschnitt seines Lebens.

Wenn wir unsere Aufmerksamkeit für den unmittelbaren Aspekt unseres Lebens schärfen, erscheint unser Leben sogar manchmal wie eine ganze Serie solcher Koinzidenzen. Die Bereitschaft anzuerkennen, daß solche Koinzidenzen geschehen, ist zwar viel größer als bei der Präkognition, doch stellt sich hier natürlich die Streitfrage, ob sie wirklich *sinnvoll* sind.

Das Entscheidende bei solchen Ereignissen ist das offensichtliche Fehlen einer Kausalität, und aufgrund dieser Akausalität werden sie von den meisten »normalen« Wissenschaftlern abgelehnt. Wir könnten einfach, wie Shallis dies vorschlägt, die Akausalität als einen der Aspekte mit einbeziehen, die bei einem umfassenden Verständnis der Zeit mit in Betracht gezogen werden müssen. Wir könnten feststellen, daß sowohl die Erfahrung der Präkognition als auch die Erfahrung der Koinzidenz eine Qualität von Getrenntsein, von Augenblickhaftigkeit und von bestimmter Dauer haben. Sowohl das Ereignis, das vorhergesehen wird, z. B. die Katastrophe von Aberfan, als auch der Moment, in dem es erkannt wird, der Traum, werden als vollständige Momente von einer bestimmten Dauer, ohne einen Zusammenhang mit anderen Momenten, erlebt. Um es noch einmal zu sagen, wenn unsere Aufmerksamkeit geübt ist, können wir feststellen, daß wir unser Leben auf diese Weise erfahren, diskontinuierlich, von Augenblick zu Augenblick. Also sollten wir unserer Sammlung von Aspekten der Zeit vielleicht diesen momentanen, diskontinuierlichen Aspekt hinzufügen.

Shallis schreibt: »Koinzidenz als ein zeitliches Phänomen ist ein wunderbares Beispiel für die Dualität der Zeit. Wenn das Konzept der Doppelnatur des Lichts als Welle und Teilchen akzeptabel ist... dann sollten uns Koinzidenzen dazu verhelfen, die nicht weniger befremdliche Vorstellung zu akzeptieren, daß auch die Zeit mit einer zusammenhängenden, linear kausalen Seite und einem akausalen, verknüpften Aspekt eine Doppelnatur hat. Die Erfahrung der Zeit durch Koinzidenzen weist auf einen viel komplexeren und sehr viel bestürzenderen und furchteinflößenderen Aspekt der Wirklichkeit hin, der in den vertrauteren Beschreibungen einer scheinbar erklär- und kontrollierbaren Welt, wie sie von der (normalen) Schulwissenschaft gegeben werden, übersehen wurde.«[6]

Dieser andere Aspekt der Zeit wurde sowohl in den westlichen alchimistischen und hermetischen Traditionen als auch in den konfuzianischen und taoistischen Traditionen Chinas erkannt. In der westlichen Tradition tritt er im Zusammenhang mit der Erkenntnis von Entsprechungen zwischen verschiedenen Bereichen der Erfahrung auf, zwischen dem unbelebten, pflanzlichen, tierischen, menschlichen und himmlischen Bereich, oder, wie wir vielleicht eher sagen würden, zwischen dem materiellen, biologischen, psychologischen und spirituellen Bereich. Was »zufällige« Koinzidenzen zu sein scheinen, wenn wir nur einen engen Bereich der Erfahrung betrachten, wird als etwas erkannt, das von vielschichtigen Ursachen abhängt, sobald man einen umfassenderen Bereich in Betracht zieht. In den griechischen Tragödien wurden diese umfassenden Bereiche des Daseins durch die Götter symbolisiert, die unabhängig vom Menschen ihren eigenen Angelegenheiten nachgingen, die aber von Zeit zu Zeit auch in die menschlichen Angelegenheiten eingreifen konnten. Solche Zeiten waren Wendepunkte im Leben der Betroffenen, d. h. also bedeutsame Koinzidenzen.

Eine ganz ähnliche Situation finden wir im javanischen Schattentheater. Diese Stücke werden, meistens nachts, für ein ganzes Dorf aufgeführt. Man nimmt an, daß nicht nur die lebenden Dorfbewohner daran teilnehmen, sondern auch die Vorfahren, die Götter und alle möglichen Arten von Geistern und Dämonen. Die letzteren sind sogar der wesentliche Teil des Publikums, während das menschliche Publikum in gewisser Hinsicht nur auf der Durchreise ist. Die Sprache, in der die Stücke aufgeführt werden, verkörpert alle Stufen der Geschichte der javanischen Sprache, vom Altjavanisch und Sanskrit (womit die Götter angesprochen werden) bis zum modernen Javanisch und zum Amerikanischen. Die Aufführung des Stückes wird bereits für eine bedeutsame Begegnung der Götter mit den Menschen gehalten. Dies zeigt sich schon in der Struktur der Stücke. Ich werde dazu eine längere Passage von dem Anthropologen Alton Becker zitieren: »Wayang-(Schattenspiel-)Stoffe ranken sich vor allem um Zufälle, ein Wort, mit dem wir im Westen gewöhnlich Dinge, die für uns ohne Bedeutung sind, weg erklären. Im Westen kann »ein bloßer Zufall« nicht Gegenstand langwieriger Untersuchungen und Analysen sein. Im Wayang-Theater motiviert der Zufall die Handlungen. Es gibt keinen kausalen Grund dafür, daß Argund, der zerbrechliche Held, im Wald Cakil, einen kleinen Dämonen, trifft, wie es ihm (oder einem Pendant) in jedem Wayang geschieht. Es ist ein Zufall, es geschieht, und da sie die sind, die sie sind, kämpfen sie miteinander und Cakil stirbt... aber nicht für immer, er wird in jedem Wayang immer und immer wieder getötet werden. Dies ist nur ein Zufall, nur ein Abschnitt in den verwobenen, zyklischen Handlungen, die einen Wayang-Stoff bilden... unmotiviert, ungelöst, bedeutungslos im Sinne einer Kette von Ursachen und Wirkungen, aber an Symbolik ungeheuer reich. «[7]

Im Stück kommen, wie in der Welt, verschiedene Welten und verschiedene Zeiten gleichzeitig und manchmal zufällig miteinander verwoben vor. »In dem Zusammentreffen verschiedener Erfahrungswelten tritt die wahre Subtilität des Wayang zutage. Die wesentlichen Erfahrungswelten sind 1. die der Dämonen – die direkte sinnliche Erfahrungswelt der rohen Natur, 2. die der Helden der Vorfahren – die Erfahrungswelt der feudalen Klassengesellschaft des traditionellen Java, 3. die der alten Götter – eine entfernte kosmologische Erfahrungswelt der reinen Macht und 4. die der Clowns – eine moderne, pragmatische Erfahrungswelt des

persönlichen Überlebens.« Alle diese Erfahrungswelten ko-
existieren in einem einzigen Wayang, mit jeder von ihnen
kann es zu einer Konfrontation, zu einer Schlacht kommen;
jede existiert in einem anderen Zeitbegriff, und alle diese
Zeiten geschehen gleichzeitig. »Das heißt, die Zeit der Natur, die Zeit der Vorfahren, die Zeit der Götter und die Gegenwart sind alle gleich bedeutsam für ein Ereignis, obwohl
die Reichweite eines Ereignisses für jede von ihnen verschieden ist.«

Nach Becker ist das Wayang eine höchst wirksame Erzie-
hung. In der ersten Zeile einer javanischen Geschichte des
Wayang heißt es: »Das traditionelle Schattentheater ist eine
Darstellung der Bedeutung des menschlichen Lebens in der
Welt.« Das Wayang stellt also durch seine reiche Symbolik
die Gegenwart in den Kontext der Vergangenheit und die
kleine menschliche Welt in den Kontext der Energien und
Kräfte der Natur und des Kosmos. »Wayang belehrt die
Menschen über ihren umfassendsten, allervollständigsten
Kontext, und es ist selbst die effektivste Art, etwas über die-
sen Kontext zu lernen.«

Schließlich erzählt Becker eine reizende Geschichte, die uns
zu unserer Diskussion der Wahrnehmung gebogenen und
linearen Raumes zurückführt. Eine der Funktionen des
Wayang ist die, Verrücktheit, Dämonen, Krankheit und
ganz allgemein Kräfte, die Amok laufen, zu unterwerfen.
Becker, der sich fragte, wie das Wayang Kräfte kontrollieren
könnte, berichtet: »Die befriedigendste Antwort auf die
Frage, wie das Wayang Kräfte unterwirft, erhielt ich von einem balinesischen Freund, der mir sagte: ›Weißt du, es ist
wie mit den Türen in Bali.‹« (Anmerkung: Bei einem Eingang in Bali und im traditionellen Java ist immer einige Fuß
hinter der Eingangsöffnung in der Außenwand eine Wand
oder ein Wandschirm, so daß man nicht gerade eintreten
kann, sondern rechts oder links herumgehen muß. Dämonen, Besessene oder Amokläufer bewegen sich in geraden
Linien und nicht in Kurven wie normale Menschen.) Nach-

dem ich ihn etwas verwirrt angesehen hatte, fuhr mein Freund fort: »Die Dämonen können nicht hereinkommen. Die Musik und das Schattenspiel sind ständig in Bewegung und halten die Dämonen draußen.« Dann machte er eine Pause, lachte herzlich und fügte hinzu: »Du würdest sagen, Dämonen denken in geraden Linien.«

Becker schließt: »Schattentheater stellt, wie jede lebendige Kunst, eine inhaltsreiche Schau der Welt und unsere Stellung in ihr dar, die ganz und gesund ist. Die Integration der Kommunikation (Kunst) ist also genauso wichtig für eine gesunde Gemeinschaft wie saubere Luft, gutes Essen und Medizin, um Irrtümer zu heilen. Ein gut aufgeführtes Wayang ist in all seiner vielschichtigen Bedeutsamkeit eine Vision der Gesundheit.«

In der mittelalterlichen alchemistischen Tradition wurde die Entsprechung noch direkter zum Ausdruck gebracht. Agrippa von Nettesheim schreibt: »Es ist die einhellige Meinung aller Platoniker, daß, wie in der archetypischen Welt, alle Dinge in allem enthalten sind; also sind auch in dieser materiellen Welt alle Dinge in allem enthalten, wenn auch auf verschiedene Weise je nach Empfänglichkeit eines jeden Dings.« Paracelsus drückt es noch direkter aus: »Will jemand ein Philosoph sein, ohne in die Irre zu gehen, dann muß er die Grundlagen seiner Philosophie legen, indem er Himmel und Erde in einem Mikrokosmos darstellt und sich nicht um Haaresbreite vertut. Daher muß auch der, der die Grundlagen der Medizin legen will, sich vor dem kleinsten Irrtum hüten und aus dem Mikrokosmos die Umwälzung von Himmel und Erde ableiten, so daß der Philosoph nichts im Himmel und auf Erden findet, das er nicht auch im Menschen findet, und der Arzt nichts im Menschen findet, das er nicht auch im Himmel und auf Erden findet. Und diese beiden unterscheiden sich nur in der äußeren Form, und doch verstehen wir die Formen auf beiden Seiten so, daß sie sich auf ein Ding beziehen.« Auch der große Arzt Hippokrates sagte: »Es gibt ein gemeinsames Fließen, ein gemeinsames

Atmen; alle Dinge stehen in Sympathie zueinander. Der ganze Organismus und jedes seiner Teile arbeiten zum gleichen Zweck zusammen... das große Prinzip dehnt sich aus bis zu den äußersten Teilen, und von den äußersten Teilen kehrt es zurück zum großen Prinzip, zu der einen Wirklichkeit, Sein und Nicht-Sein.«[8] Durch diese Entsprechungen zwischen Himmel und Erde und den Menschen kommt es zu jenen scheinbar akausalen, doch bedeutsamen Koinzidenzen: Ereignisse, die in der einen Sichtweise scheinbar unverbunden sind, werden miteinander verknüpft, wenn man eine umfassende Sichtweise einnimmt.

Die chinesische Vorstellung der reichen, erfüllten und diskontinuierlichen Facette der Zeit kommt in folgenden Zitaten von Helmut Wilhelm zum Ausdruck, in denen er über das *I Ging*, ein klassisches Werk des Konfuzianismus, spricht. Wenn wir diese Zitate lesen, sollten wir uns vor Augen halten, daß zu dieser Zeit in China die mehr abstrakte, lineare Vorstellung von der Zeit sicherlich bekannt war und die Grundlage für eine ziemlich genaue Astronomie bildete. Wilhelm schreibt über die Zeit: »Die Vorstellung von der Zeit in diesen Zitaten (aus dem *I Ging*) ist eine sehr konkrete. Hier wird die Zeit direkt erfahren und wahrgenommen. Sie stellt nicht nur ein Prinzip des abstrakten Fortschreitens dar, sondern ist in jedem ihrer Segmente erfüllt; sie ist etwas effektiv Wirkendes, nicht nur etwas, in dem die Wirklichkeit stattfindet, sondern etwas, das die Wirklichkeit beeinflußt und zur Erfüllung bringt. Genau wie der Raum für den konkreten Geist nicht bloß ein Schema der Ausdehnung ist, sondern etwas, das mit Hügeln, Seen und Ebenen angefüllt ist, in jedem seiner Teile offen für verschiedene Möglichkeiten – so wird auch die Zeit hier als etwas Erfülltes angesehen, als etwas, das schwanger ist von Möglichkeiten, die den verschiedenen Augenblicken verschiedene Qualitäten geben, und die auf magische Weise Ereignisse hervorbringen und bestätigen. Die Zeit ist hier mit Attributen ausgestattet, zu denen Ereignisse in einer Beziehung richtig oder falsch, günstig oder ungünstig stehen.« Und die Rolle des Menschen im Hinblick auf die Zeit kommentiert Wilhelm so: »Die Beziehung des Menschen zur Zeit kann als eine Aufgabe oder als ein vorausbestimmtes Schicksal aufgefaßt werden. In einigen Situationen kann man eine richtige oder falsche Haltung zur Zeit einnehmen, während man in anderen die Zeit als Schicksal annehmen muß. Die vorteilhafteste Beziehung zur Zeit ist natürlich die der Harmonie. In Situationen, in denen man in Harmonie mit der Zeit lebt, sind die Grundsätze des Handelns eine Selbstverständlichkeit oder zumindest leicht zu befolgen.«[9]

Helmut Wilhelms Vater schließlich, Richard Wilhelm, der große Übersetzer und Interpretator des *I Ging*, sagt folgendes über die Zeit: »Um diese Art von Harmonie zu erschaffen, ist es wesentlich, die richtige Position zu finden; und diese richtige Position ist das Zentrum. Die Zeit, so haben wir festgestellt, ist der notwendige Bestandteil, der es uns ermöglicht, Gegensätze zu erfahren; und Erfahrung ist tatsächlich nur möglich, wenn man auf Kontraste stößt. Aber wir sehen jetzt auch, wie wichtig es ist, sich nicht von der Zeit davontragen zu lassen, denn die Zeit kann nicht zu einer Wirklichkeit werden, wenn wir nicht einen Ruhepol haben, von dem aus wir sie erfahren können. Solange wir noch von Augenblick zu Augenblick hin- und hergeworfen werden, ständig Phantasien unserer Vergangenheit reproduzieren, oder in Ängsten und Hoffnungen die Zukunft vorwegnehmen, sind wir bloß ein Objekt unter vielen solcher Objekte. Mechanisch vorangetrieben von unserem Schicksal, wie alle anderen rein mechanischen Objekte, werden wir von Schlägen und Gegenschlägen hierhin und dorthin getrieben. Wenn es uns jedoch gelingt, die Zeit einschließlich ihres Gegenteils von einem zentralen Punkt aus zu erfahren, statt uns von ihr zurückzuziehen, dann wird sich der Kreis langsam schließen; wir erfahren die Zeit als Dauer. Genau darin besteht das Harmonischwerden der Zeit.«[10]

Die Zeit hat also einen enormen Reichtum. Zusätzlich zu ihrem linearen und kontinuierlichen Aspekt scheint sie einen begrenzten, momentanen, diskontinuierlichen Aspekt zu haben. Verschiedene Aspekte solcher Momente scheinen auf allen Ebenen in sinnvoller Weise miteinander verbunden zu sein und ein Gefühl für die Möglichkeiten zukünftiger Augenblicke einzuschließen. Vermutlich ist das Ausmaß der Verwobenheit mit allem und dem Potential jedes Augenblicks ebenso unbegreiflich wie die Welt, in der wir leben.

Krümmungen und Blasen im Raum-Zeit-Kontinuum

Wenden wir uns nun der Beziehung zwischen dem vierdimensionalen Raum-Zeit-Kontinuum und der Materie zu. Zehn Jahre nachdem Einstein seine spezielle Relativitätstheorie veröffentlicht hatte, stellte er seine allgemeine Relativitätstheorie vor. Diese brachte unsere überkommenen Überzeugungen noch nachhaltiger ins Wanken. Er wies damit auf die Gleichwertigkeit zwischen einem Gravitationsfeld und einem beschleunigenden Bezugssystem hin. Im Gravitationsfeld der Erde z. B. beschleunigen alle Objekte mit der gleichen Rate ($g = 9,80665$ $^m/_{s^2}$) zum Zentrum der Erde. Wenn wir uns in einem Raumschiff befänden, das mit der gleichen Rate g beschleunigt, hätten wir keinerlei Möglichkeit, festzustellen, ob wir auf der Erdoberfläche oder in einem solchen Raumschiff sind. Alle Objekte, die wir fallen ließen, würden mit einer Beschleunigung von g auf den Boden des Raumschiffes fallen. Wir würden uns selbst genauso an den Boden gezogen fühlen wie auf der Erde, könnten Baseball oder Cricket spielen, so wie wir es auf der Erde geübt haben, usw. Daher behauptete Einstein, daß die Anwesenheit einer Masse im Raum mit der Anwesenheit eines beschleunigenden Bezugssystems völlig gleichwertig ist. Das Letztere bedeutet in unserer Sprache der vier Dimensionen eine *Krümmung* des Raum-Zeit-Kontinuums. Wenn wir uns vorstellen, die Tischplatten-Welt von Unidem wäre ein Gummituch, dann würde überall dort, wo eine Masse, sagen wir ein Golfball, auf ihm läge, eine Beule entstehen. Und jedesmal, wenn eine andere Masse, sagen wir ein Tischtennisball, in die Nähe dieser Vertiefung rollte, würde er in Richtung des Golfballs abgebogen, als ob er von ihm »angezogen« würde, während er sich in Wirklichkeit einfach nur entlang der Krümmung im Raum-Zeit-Kontinuum bewegt, die von dem Golfball erzeugt wird. Das vierdimensionale Raum-Zeit-Kontinuum verhält sich in der Nähe von Massen analog zu diesem Gummituch. In der Nähe sehr großer Massen ist diese Krümmung groß genug, daß man sie beobachten kann; zum ersten Mal gelang dies Eddington im Jahre 1917, als er zeigte, daß Lichtstrahlen abgebogen werden, wenn sie die Sonne passieren.

Bei einer Zusammenfassung seiner allgemeinen Relativitätstheorie soll Einstein einmal gesagt haben, daß, während Raum und Zeit in Newtons Universum erhalten geblieben wären, wenn man die Materie entfernt hätte, im Universum der Relativität auch Raum und Zeit verschwinden würden, wenn die Materie nicht mehr vorhanden wäre. Das Raum-Zeit-Kontinuum ist nicht nur in der Nähe von Massen gekrümmt, sondern das ganze Universum ist gekrümmt. Statt sich das Universum also als einen rechtwinkligen Kasten von unendlicher Ausdehnung vorzustellen, wäre es vielleicht zutreffender, es sich als das vierdimensionale Äquivalent zur Oberfläche einer Kugel vorzustellen, als eine hyperbolische Röhre oder als einen Krapfen mit einem »Loch« in der Mitte. Wenn eine Masse groß genug ist, kann sie in ihrer Nähe derartige Verzerrungen des Zeit-Raum-Kontinuums verursachen, daß sich Raum und Zeit vollkommen um sie herum abschließen. Dies ist etwa so ähnlich, als würden wir eine Masse auf Unidems Gummituch legen, die so schwer ist, daß das Gummituch abreißt und sie umschließt. Um ein solches Objekt herum wäre eine Raum-

Zeit-Barriere, die man einen Ereignishorizont nennt. Es wäre unmöglich, ihn zu überschreiten, da unsere Geschwindigkeit immer näher an die Lichtgeschwindigkeit herankäme, je mehr wir uns ihm nähern würden. Genauso könnten auch keine Materie oder Strahlung oder Nachrichten irgendwelcher Art aus dem Inneren des Lochs hinausgelangen. Es ist also vollständig und für immer von unserem Universum isoliert – daher der Begriff »schwarzes Loch« – und kann als ein separates Universum für sich betrachtet werden. Innerhalb des Ereignishorizonts, in der zentralen Region des schwarzen Lochs, wären die Bedingungen so, wie sie in unserem Universum vor dem Urknall waren, d. h., bevor die Gesetze der Physik, wie wir sie kennen, wirksam wurden.

Astronomen glauben, daß man das Vorhandensein solcher Objekte indirekt nachweisen kann, und es gibt sogar Spekulationen darüber, daß sich möglicherweise ein solches schwarzes Loch im Zentrum unserer Galaxie befindet. Es gibt auch Spekulationen, daß sich der Ereignishorizont eines solchen Objekts öffnen könnte, so daß die Astronomen einen direkten Einblick in eine Region des Raum-Zeit-Kontinuums bekämen, in dem völlig andere Gesetze der Physik gelten. Auch unser eigenes Universum hat seinen Ereignishorizont, jenseits dessen jede Kommunikation unmöglich ist. Um dies zu verstehen, müssen wir wissen, daß man heute annimmt, daß das Raum-Zeit-Kontinuum selbst sich ausdehnt, und daß alle Galaxien in ihm sich voneinander weg bewegen. Das ist so, als wäre Unidems Welt nicht ein flaches Gummituch, sondern die Oberfläche eines Ballons, auf die Punkte aufgemalt sind, die die Galaxien darstellen. Wenn wir den Ballon aufblasen, wird die gesamte Oberfläche immer größer, und die Punkte bewegen sich voneinander fort. Je weiter nun die Galaxien in unserem Universum voneinander entfernt sind, desto schneller bewegen sie sich relativ zueinander. Ab einer bestimmten Entfernung von unserer eigenen Galaxie (der Milchstraße) bewegen sich andere Galaxien relativ zu uns mit Lichtgeschwindigkeit. Es ist unmöglich für uns, jenseits davon irgend etwas zu beobachten. Dies ist unser eigner Ereignishorizont.

Wir können uns das Raum-Zeit-Kontinuum oder das Gravitationsfeld ähnlich vorstellen wie elektromagnetische Felder oder die Felder der Elementarteilchen, die wir im nächsten Kapitel besprechen werden. Wenn diese Vorstellung zutreffend ist, dann sollte es im Raum-Zeit-Kontinuum Wellen geben ähnlich den elektromagnetischen Wellen. Solche Schwerkraftwellen sind äußerst schwierig nachzuweisen, aber die Physiker sind davon überzeugt, daß es sie gibt, und bemühen sich seit vielen Jahren, sie direkt nachzuweisen. Indirekt glaubt man, diese Schwerkraftwellen durch ihre Auswirkungen auf bestimmte astronomische Objekte bereits nachgewiesen zu haben.

Die andere Konsequenz einer Vorstellung vom Raum-Zeit-Kontinuum als einem Feld ist die, daß es dann auch teilchenartige Effekte aufweisen sollte. Wenn wir also mit unserer Beobachtung nah genug an die kleinsten Intervalle des Raum-Zeit-Kontinuums herankämen, würden wir sehen, wie sie anfangen aufzubrechen wie Schaum auf der Oberfläche des Ozeans. Paul Davies schreibt dazu: »Bevor diese Ideen aufkamen, gingen viele Wissenschaftler stillschweigend davon aus, daß Raum und Zeit kontinuierlich seien, und daß man ihren Maßstab beliebig verkleinern könne. Die Quantenschwerkraft legt jedoch die Vermutung nahe, daß die Leinwand unserer Welt nicht nur eine Struktur hat, sondern daß diese Struktur sogar schaum- oder schwammartig ist, was darauf hinweist, daß man Abstände oder Zeiträume nicht unendlich weiter unterteilen kann.«[11]

Diese Blaseneffekte treten natürlich nur bei unvorstellbar winzigen Unterteilungen der Raum-Zeit auf. Sie bedeuten jedoch, daß wir uns Raum und Zeit nicht länger als kontinuierlich vorstellen dürfen. Wenn man Raum und Zeit in, wenn auch noch so kleine, einzelne Stückchen (genannt Jiffies) aufspalten kann, dann ist es wahrscheinlich, daß sie auch in größerem Maßstab diskontinuierlich sein können. Dieses neue Wissen hat den Effekt, daß die Vorannahmen unserer Erfahrung völlig untergraben werden. Wir können es nicht mehr als eine absolute Gegebenheit ansehen, daß der Raum gleichförmig, gerade und ungebrochen ist, denn nach den neuesten Erkenntnissen ist er gekörnt, gekrümmt, interagierend mit der Zeit und abhängig vom Vorhandensein der Materie. Im nächsten Kapitel werden wir sehen, daß diese »Materie« selbst aus verschiedenen Ebenen von Oberflächen zu bestehen scheint in einem Raum, der, weit davon entfernt, leer zu sein, überquillt von kochenden Energiemeeren oder virtuellen Teilchen. Jiffies und virtuelle Teilchen sind aber natürlich noch nicht der Weisheit letzter Schluß. Physiker arbeiten daran, diese verschiedenen Visionen von Materie und Raum-Zeit mit Hilfe der Feldvorstellung zu einer einzigen Sichtweise zu vereinen – der einheitlichen Feldtheorie. Es kann sogar sein, daß sie, um eine solche Theorie entwickeln zu können, gezwungen sein werden, auf einer fundamentaleren Ebene wiederum die Absolutheit von Raum und Zeit als Hintergrund für die Jiffies zu postulieren... Theorien innerhalb von Theorien innerhalb von Theorien – und keine von ihnen sagt uns die letzte Wahrheit.

Dies sind faszinierende Geschichten, genauso faszinierend wie die von Newton und vor ihm die von Thomas von Aquin. Ebenso wie diese arbeiten sie gewisse Muster in der Natur heraus, die wir sehen können, wenn wir auf eine bestimmte Weise hinschauen. Auch sie beleuchten die Vorurteile und einseitigen Sichtweisen, die wir für so selbstverständlich halten, und die Denkformen, die wir für die letzte Wahrheit halten. Wir haben gesehen, daß es nur auf einer relativen Ebene, der Ebene von Sonne, Erde, Mond, Autos und Astronauten, richtig ist zu sagen, der Raum sei nichtinteragierend, gleichförmig und leer. In sehr viel größeren oder sehr viel kleineren Maßstäben als dieser scheint der Raum völlig anders zu sein: erfüllt, voll brodelnder Energie,

Abb. 2

mit der er interagiert, aufgewirbelt von Wellen vierdimensionaler Expansion und Kontraktion und, am allerkleinsten Ende des Maßstabes, körnig, schaumig, diskontinuierlich. Wichtig ist dabei nicht so sehr, welche dieser Sichtweisen »richtiger« ist, sondern zu sehen, daß ein ungeprüfter Glaube an irgendeine dieser Sichtweisen unsere Erfahrung sehr tiefgreifend konditioniert.

Patrick Heelan hat in einer sehr sorgfältigen und bemerkenswerten Studie gezeigt, daß unsere Vorannahmen einer geradlinigen Welt sehr weitgehende Auswirkungen auf unsere alltägliche visuelle Wahrnehmung haben.[12] Er behauptet, daß uns eine andere Wahrnehmung zur Verfügung steht, die er hyperbolische Wahrnehmung nennt, bei der wir die Welt anschauen, als würde sie sich statt an ein rechtwinkliges an ein gekrümmtes Gitter anlehnen. Die meisten Menschen in unserer wissenschaftlich orientierten Kultur erfahren eine solche Wahrnehmung nur in seltenen Momenten, wenn ihr Sehen vielleicht besonders entspannt ist, oder wenn sie von einer optischen Täuschung aufgerüttelt sind. Einige Maler jedoch, behauptet Heelan, haben ständig auf diese Weise wahrgenommen. Die Gemälde von Van Gogh z. B. beruhen vielleicht nicht auf den Verzerrungen eines extremen Astigmatismus oder eines verrückten Geistes. Möglicherweise sind sie direkte Abbilder der Art und Weise, in der Van Gogh die Welt wahrnahm – ohne den üblichen Filter der Voraussetzung der Rechtwinkligkeit (siehe Abb. 2).

Heelan behauptet, daß in den kulturellen Welten der Antike und des Mittelalters eine Raumvorstellung herrschte, die erfüllt, endlich und gekrümmt war, und daß die visuelle Wahrnehmung dem entsprach. »Die Etablierung einer unendlichen und euklidischen Raumvorstellung als allgemeines Kulturgut war ein Ergebnis der europäischen Renaissance. Der hyperbolische (gekrümmte) visuelle Raum wurde als Norm für eine realistische Beschreibung aufgegeben, und an seiner Stelle setzten sich euklidische (gerade)

Normen durch, die mit dem wissenschaftlichen Weltbild der klassischen Naturwissenschaft in Verbindung standen.« Heelan glaubt, daß der euklidische und der hyperbolische visuelle Raum komplementär zueinander sind, daß wir den Letzteren im allgemeinen verloren haben, und daß unser Empfinden für unseren Platz in der Welt enorm zu erweitern wäre, wenn wir uns entschließen könnten, ihn wieder anzuerkennen: »Die Miteinbeziehung des hyperbolischen visuellen Raumes in einem erweiterten Realismus wäre ein Bekenntnis zum Primat der Wahrnehmung und zu der zentralen Rolle, die der Wahrnehmung bei der physischen Verkörperung im (materiellen Gefüge des) Universum zukommt. Sie würde zum Ausdruck bringen, daß die Personen als Wahrnehmende ein genuiner Bestandteil der Wirklichkeit sind, so wie Wellenlängen, Entropie oder (mögliche) Schwarze Löcher.

... Eine solche Erweiterung der Vorstellungen von einer realistischen menschlichen Erfahrung würde uns auch helfen, die kulturellen ›Mythen‹, nach denen unsere Vorfahren lebten, wiederzuentdecken... uns eine Beziehung zu ›natürlichen‹ Umwelten aufzubauen, sie zu verstehen, ja sie sogar zu konstruieren, mit denen wir, wie unsere griechischen oder mittelalterlichen Vorfahren, umgehen können ohne die reale oder angenommene Notwendigkeit eines speziellen technologischen Gehäuses.«

Heelans Studie zeigt, daß es keine Wahrnehmung gibt, die nicht von begrifflichen und körperlichen Vermittlern strukturiert ist, die die Art und Weise unserer Wahrnehmung formen, und daß solche Strukturen sowohl künstliche Produkte menschlicher Erfindung sein können als auch auf der biologischen Grundlage unserer Verkörperung beruhen können, also auf unserem Körper und der evolutionären Geschichte unserer Rasse.

10 Teilchen?

Sehen wir uns jetzt einmal den »Inhalt« des Raum-Zeit-Kontinuums näher an, jene kleinen, undurchdringbaren Elementarteilchen, und prüfen wir, wie elementar und undurchdringbar sie wirklich sind.[1] Im Jahre 1859 entdeckte Plucher, daß die Kathode einer Entladungsröhre, mit der er arbeitete, unsichtbare Strahlen abgab, die nur als ein grünes Fluoreszieren in der Röhrenwand sichtbar wurden. Er nannte sie Kathodenstrahlen. Im Jahre 1897 verkündete J. J. Thomson nach einer brillanten Serie von Experimenten, daß diese Strahlen aus winzigen Teilchen, später Elektronen genannt, bestünden, von denen jedes eine festgesetzte negative Ladung trüge, und die fast zweitausend Mal leichter als das leichteste Atom, das Wasserstoffatom, seien. Offensichtlich waren die Atome *nicht* die kleinsten Teile der Materie. In den Jahren davor hatte Henri Becquerel gezeigt, daß Uransalze Strahlen aussenden, die noch viel durchdringender als Röntgenstrahlen sind. Diese Strahlen nannte er Alphastrahlen. Es war die Entdeckung der Radioaktivität. Im Jahre 1903 fand man heraus, daß, wenn man ein Stückchen Radon in einen versiegelten und luftleeren Glasbehälter legt und es eine Weile darin liegen läßt, sich Heliumgas in dem Behälter ansammelt. Auf diese Weise konnte man aufzeigen, daß die Alphateilchen Heliumatome waren, die von den Radonatomen ausgestoßen wurden. Offensichtlich waren also Atome *nicht* unveränderlich.

Thomson stellte die Hypothese auf, daß die Atome möglicherweise aus einer schweren positiven Ladung, die ihrem Atomgewicht entspricht, bestehen, in die eine entsprechende Anzahl der winzigen, neu entdeckten negativ geladenen Elektronen eingebettet ist, wie Pflaumen in einem Pudding. Eine rivalisierende Theorie war die, daß das Atom wie eine Art Sonnensystem aufgebaut sein könnte: Die gesamte Masse und positive Ladung ist wie bei der Sonne in einem Kern konzentriert, und die Elektronen fliegen wie Planeten um sie herum und werden durch die Anziehung zwischen ihrer negativen Ladung und dem positiven Kern in der Bahn gehalten. Im Jahre 1911 fand Ernest Rutherford eine Möglichkeit zu entscheiden, welches dieser beiden Modelle das richtige ist, indem er Becquerels Alphastrahlen experimentell nutzte. Er feuerte diese Alphateilchen auf ein dünnes Goldblatt. Wenn Thomsons Modell richtig wäre, würden die meisten positiven Teile der Goldatome das gesamte Goldblatt ausfüllen, und die Alphateilchen könnten es nicht durchdringen. Wenn das Sonnensystem-Modell richtig wäre, dann wären die Atomkerne in dem Goldblatt wie Reihen von Billardkugeln angeordnet, und es gäbe große Lücken zwischen ihnen. In diesem Fall würden, wenn ein Strahl von Alphateilchen auf das Goldblatt abgefeuert würde, die meisten von ihnen direkt hindurchgehen und einige wenige in alle Richtungen zerstreut, so als wären sie auf ein sehr schweres Objekt aufgeprallt. Rutherford fand heraus, daß sich die Alphastrahlen tatsächlich entsprechend dem Sonnensystem-Modell verhalten. Diese Zerstreuungsexperimente bildeten den Prototyp aller zukünftigen Experimente in der Physik der Elementarteilchen: Man richtete einen Teilchenstrahl auf ein festes Ziel und beobachtete, welche Stückchen herauszubrechen sind oder wie die Teilchen von dem Ziel zerstreut werden.

Die Vorstellung vom Atom hatte sich damit wesentlich verändert. Es war nicht mehr ein undurchdringlicher Klumpen, sondern hatte nur noch einen winzigen undurchdringlichen Kern, der fast die gesamte Masse und positive Ladung trug. Um diesen Kern befand sich eine der Atomzahl des Atoms entsprechende Anzahl von Elektronen im Umlauf. Man fand heraus, daß der Durchmesser des Atomkerns ein zehntausendstel des Durchmessers des ganzen Atoms beträgt. Wenn man sich den Kern von der Größe einer Murmel im Zentrum des Houston Astrodomes vorstellt, dann wäre das Elektron wie eine Fliege, die um das Kuppeldach herumfliegt. Zwischen dem Elektron und dem Kern ist »leerer« Raum. Der Kern des Wasserstoffatoms ist nur ein einziges positives Teilchen, das Proton. Die Kerne schwerer Atome enthalten eine Anzahl von Protonen, die ihrer Atomzahl entspricht.

1932 wurde ein drittes Teilchen, das Neutron, entdeckt, das dem Proton sehr ähnlich ist, das aber keine Ladung hat. An diesem Punkt beginnt sich eine sehr elegante Erklärung des Periodischen Systems herauszuschälen. Der Kern besteht aus einer der Atomzahl entsprechenden Anzahl von positiven Protonen, die zusammen mit einer Anzahl von Neutronen fast die gesamte Masse des Atoms ausmachen. Der Kern ist von einer Wolke von Elektronen umgeben, deren negative Ladung die positive Ladung der Protonen ausgleicht. In den folgenden Jahrzehnten wurden die Prinzipien der Chemie zu einem sehr großen Teil durch die Interaktion der Elektronenwolken der verschiedenen Atome, wenn sie sich zu Molekülen zusammenfügen, erklärt. Die Phänomene der Farbe, des Geruchs, der Härte sowie die Vielfalt der Substanzen und ihrer Kombinationen, all dies beruht auf diesen Elektronenwolken, die fast »leeren« Raum umschließen: »leer« bis auf die winzigen Kerne, die aus Protonen und Neutronen bestehen.

Es blieb die Frage, wie ein geladenes Teilchen überhaupt in einer stabilen Umlaufbahn bleiben kann, denn nach der klassischen Theorie sollte eine sich bewegende Ladung ständig elektromagnetische Energie (Licht) abstrahlen. Da sie dabei Energie verlieren würde, müßte sie sich eigentlich schnell in einer Spirale zum Zentrum bewegen. Bohrs Lösung dieses Problems war ein sehr wichtiges Sprungbrett für die Quantenmechanik, mit der wir uns später in diesem Kapitel beschäftigen werden. In einem kühnen Schritt nahm Bohr einfach an, daß Elektronen aus irgendeinem unbekannten Grund gezwungen wären, in diskreten, vorgeschriebenen Bahnen den Kern zu umkreisen, ohne Licht auszustrahlen. Dann stellte er die Hypothese auf, daß mög-

licherweise von Zeit zu Zeit ein Elektron von einer Umlaufbahn auf eine andere überspringt und dabei eine spezifische
Menge Energie (ein Energiequantum) abstrahlt. Bohr berechnete das erwartete Lichtspektrum, das von einem Wasserstoffatom ausgehen würde, wenn dieses Modell richtig
wäre. Sein Modell wurde durch die Übereinstimmung seiner Berechnungen mit dem beobachteten Spektrum glän-
zend bestätigt.

Wenden wir uns nun wieder dem Kern zu. Die Größe eines
Protons und Neutrons beträgt ungefähr nur ein Zehntel der
Größe eines mittelgroßen Kerns; sie sind also ziemlich dicht
gepackt im Kern. Wir könnten jetzt sagen: Aha! Da haben
wir unsere harten, undurchdringlichen Teilchen, die Protonen und Neutronen, dicht gepackt zu Kernen. Leider endet
die Geschichte nicht hier. Das erste Problem ist: Wenn die
Protonen alle positiv geladen und gleichzeitig auf ein sehr
kleines Volumen zusammengedrängt sind, warum werden
sie dann nicht von der abstoßenden elektrischen Kraft der
positiven Ladung auseinandergetrieben? Es muß eine noch
stärkere Kraft geben, die sie zusammenhält; diese bezeichnet man als die starke Kernkraft. Im Jahre 1935 behauptete
Hideki Yukowa, daß es noch ein weiteres Teilchen, später
Pi-Meson (Pion) genannt, geben müsse, das der Träger dieser starken Kernkraft sein müsse. Ein Austausch des Pi-Me-
sons zwischen zwei Protonen oder zwischen einem Proton
und einem Neutron sollte diese aneinanderbinden, so wie
zwei Menschen zusammen bleiben werden, wenn sie einen
Ball zwischen sich hin- und herwerfen. Die Pi-Mesonen
sollten also innerhalb des Kerns eine Wolke um die Protonen und Neutronen herum bilden und sie zusammenhalten
– eine Art nuklearer Klebstoff. 1946 fand man in den kosmischen Strahlen Teilchen, die den geforderten Eigenschaften
entsprachen. Nun gab es also vier Arten von Teilchen, aus
denen alle Atome zusammengesetzt sein sollten: Protonen,
Neutronen, Pi-Mesonen und Elektronen. Dieses Bild war
immer noch ziemlich einfach.

In den fünfziger Jahren fingen die Physiker jedoch damit an, riesige Maschinen, sogenannte Zyklotrone, zu bauen, mit denen man Teilchen zu ungeheuer hohen Energien beschleunigen kann. Diese Teilchen konnte man dann zu Zerstreuungsexperimenten verwenden, um die Kräfte, die zwischen ihnen wirken, zu erforschen, wie bei Rutherfords Zerstreuungsexperimenten auf Goldblätter, die zur Entdeckung des Atomkerns führten. Als man anfing, diese Maschinen zu benutzen, entdeckte man neue, schwere und extrem kurzlebige Teilchen. Anfang der sechziger Jahre gab es buchstäblich Hunderte von solchen Teilchen. Einige von ihnen lebten lange genug, um durch die Spuren, die sie in Blasenkammern hinterließen, nachgewiesen werden zu können; andere waren so kurzlebig, daß man sie nur indirekt nachweisen konnte durch die Spuren, die von den Teilchen hinterlassen wurden, in die sie zerfallen waren, oder durch die Zusammenstöße, die man aus den Zerstreuungsdaten erschließen konnte.

Etwa um die Mitte der sechziger Jahre war die Physik in einen Zustand ziemlicher Verwirrung geraten – es gab eine Überfülle von Teilchen, manchmal liebevoll Teilchenzoo genannt, und scheinbar keine Möglichkeit, ihre Beziehungen zueinander und die Tatsache, daß es so viele von ihnen gab, zu verstehen. Mehr und mehr jedoch gelang es den Physikern, einige Muster in diesem Chaos zu entdecken. (Sie waren sogar dazu in der Lage, die Existenz eines neuen, bis dahin unbekannten Teilchens vorherzusagen, welches dann auch nachgewiesen wurde – das Omega Minus. Das Omega Minus wurde entdeckt, als die Physiker erkannten, daß in einem Muster, das sonst ein wunderbar symmetrisches Arrangement von acht Teilchen gewesen wäre, eines fehlte; auf der Suche nach einem Teilchen mit genau den Eigenschaften dieses fehlenden Gliedes fanden sie es dann.) Physiker, die nach Elementarteilchen suchen, glauben, daß es da, wo Muster sind, eine zugrunde liegende Struktur gibt, und daß es, wo eine zugrunde liegende Struktur vorhanden ist, eine noch elementarere Ebene von Bausteinen gibt. Die wirklich »elementaren« Teilchen können keine Struktur haben. So wurden die Quarks geboren, Teilchen, die noch elementarer sind als Protonen und Neutronen – ein Proton besteht aus drei Quarks. Eine Zeitlang schien die Einfachheit wiederhergestellt zu sein. Damit die Quarks jedoch die nötige Energie haben, um sich zu einem Proton zusammenzuschließen, darf ihre Größe offensichtlich nur ein Zehntausendstel der Größe eines mittelgroßen Kerns betragen. Nun scheint also auch der Kern fast nur aus »leerem« Raum zu bestehen, in dem winzige Quarks herumfliegen. Um unsere Murmel-Analogie noch einmal zu gebrauchen: Wenn die Quarks die Größe einer Murmel hätten, dann würden sie in einem Raum von einer Größe irgendwo zwischen einer großen Scheune und dem Astrodome herumfliegen. Es gibt im Kern nicht einmal ein schweres Zentrum, wie es der Kern für das Atom ist. Die Wolke der im Umlauf befindlichen Elektronenladung definiert die Peripherie des Atoms. Die Peripherie des Kerns jedoch ist durch nichts definiert; sie geht einfach so weit, wie ein Quark kommen kann. Ein Kern ist einfach ein Geschwirr von fliegenden Quarks, so wie ein Schwarm Mücken einfach Mücken sind, die innerhalb eines bestimmten Umkreises fliegen. Aber selbst der kleinste Kern, ein Proton, ist wie drei Mücken oder besser Hummeln, die im offenen Raum von der Größe einer großen Scheune herumfliegen. So ist also auch der Kern weitgehend »leerer« Raum im weitgehend »leeren« Raum des Atoms.

Gibt es dabei irgendwo ein Ende? Einige Physiker, die mit Quarks arbeiten, glauben, sie wären beim Allerkleinsten angelangt, aber sie können ihren Glauben nicht besonders überzeugend begründen. Heinz Pagels sagt dazu: »Kein Physiker, den ich kenne, wäre bereit, viel darauf zu setzen.« Man kennt mittlerweile fünf Quarks statt der ursprünglichen drei, und die Existenz eines weiteren ist fast sicher. Es gibt also heute schon mehr Quarks, als es im Jahre 1950 an schweren Teilchen gab. Und während die Protonen und Neutronen durch ein Teilchen, das Pi-Meson, zusammengehalten werden, werden die Quarks theoretisch von acht verschiedenen Teilchen, den Gluonen, zusammengehalten. Viele Physiker glauben, daß es bereits zu viele Quarks gibt, als daß es sich bei ihnen wirklich um Elementarteilchen handeln könnte, und sprechen bereits von Vorquarks. Einige Physiker glauben, daß es bis hinab auf die Ebene der Blasen im Raum-Zeit-Kontinuum keine Grenzen geben wird.

Der Raum ist nicht »leer«

Aber sehen wir uns jetzt noch einmal unsere Beschreibung des Atoms an: Eine negative Elektronen-Ladungswolke umschließt »leeren« Raum, in dem sich ein winziger Kern befindet, der aus winzigen Quarks besteht, die im »leeren« Raum herumfliegen. Was ist nun mit diesem »leeren« Raum, ist er wirklich *leer*, ein Nichts? Die Antwort der Physiker lautet: nein, ganz und gar nicht. Um dies zu verstehen, müssen wir in das Jahr 1928 zurückgehen und eine andere außerordentlich wichtige Entdeckung betrachten. Paul Dirac arbeitete daran, mathematische Gleichungen aufzustellen, die die Bewegung eines Elektrons in einem elektromagnetischen Feld beschreiben. Er wollte mit diesen Gleichungen die neu entwickelte Quantentheorie mit Einsteins Relativitätstheorie verbinden. Aber während er dieses tat, entdeckte er, daß die Gleichungen eine merkwürdige Eigenschaft hatten: Für jede Lösung, die die Bewegung eines Elektrons mit positiver Energie darstellte, gab es auch eine Lösung mit negativer Energie. Da ein Teilchen keine negative Energie haben kann, stellte Dirac die Hypothese auf, daß diese Lösungen in Wahrheit einen unermeßlichen Ozean von »virtuellen« Elektronen repräsentieren. Er behauptete, daß es möglich sein könnte, daß eines dieser »virtuellen« Elektronen, wenn es mit genügend Energie gespeist würde, in eine positive Energie oder einen realen Zustand überspringen könnte. Dies würde in dem Ozean der Negativ-Energie ein Loch hinterlassen. Dirac behauptete, daß uns ein solches Loch wie ein *positiv* geladenes Teilchen mit positiver Energie erscheinen müßte, das sich im übrigen genau wie das negativ geladene Elektron verhält. Dieses positive Elektron – genannt Positron – wurde sehr bald gefunden.

Die Entdeckung eines von der Theorie vorhergesagten Teilchens ist ein sehr seltenes Ereignis – wir erwähnten bereits Yukawas Voraussage des Mesons im Jahre 1935 und die Vorhersage des Omega Minus im Jahre 1962 und ihre dararaufolgende Entdeckung. Der einzige weitere Fall dieser Art ist die Ende der siebziger Jahre gemachte Vorhersage des Gluons – des Teilchens, das die Kraft zwischen den Quarks trägt (richtig bezeichnet als der zwischengeschaltete Rector Boson) – und seine vorläufige Entdeckung Anfang der achtziger Jahre. Deshalb hält man ein solches Eintreffen einer theoretischen Vorhersage für eine ungeheuer starke Bestätigung der zugrunde liegenden Theorie. Im Falle der Entdeckung des Positrons waren die Physiker schon vorher von der Richtigkeit von Diracs Theorie überzeugt, da sie einige kleine Details in der Bewegung des Elektrons im Wasserstoffatom erklären konnte, die bis dahin noch nicht erklärt waren. Die Entdeckung des Positrons war daher eine sehr starke Bestätigung für Diracs Theorie von einem Ozean von virtuellen Teilchen, die zu jeder Zeit im sogenannten Vakuum existieren und die nur nachweisbar werden, wenn eins von ihnen in einen »realen« Zustand hinaufgestoßen wird und ein Loch zurückläßt. Das Teilchen und sein Loch erscheinen dann als ein Elektron-Positron-Paar. Dies war die Entdeckung der Antimaterie, wobei das Positron das Antiteilchen zum Elektron ist. Später bekamen dann alle Teilchen ihr korrespondierendes Antiteilchen und damit ihren korrespondierenden Ozean von virtuellen Teilchen. Diracs Arbeit an einer Vereinigung der Quantentheorie und der Relativitätstheorie wurde während der folgenden zwanzig Jahre ausgeweitet, und man konzipierte ein anderes Verständnis dieser virtuellen Teilchen. Nach dieser Anschauung ist der gesamte Raum ausgefüllt mit Feldern wie die elektromagnetischen Felder, wobei es für jede Art von Teilchen ein Feld gibt. Der Grad der Schwingung eines dieser Felder an irgendeinem Punkt im Raum wäre ein Zeichen dafür, wie viele reale Teilchen sich dort befinden, wenn wir die Teilchen-Sprache gebrauchen möchten. Wir haben jetzt also zwei gleichwertige Möglichkeiten, uns das Vakuum vorzustellen. Wir können es uns als Ozean von unsichtbaren Teilchen vorstellen, wobei die Paare von Teilchen und Antiteilchen, die nachweisbar sind, wie Wellen auf der Oberfläche schwimmen. Oder wir können es uns mit Feldern angefüllt vorstellen – unendlich viele im kleinsten Stückchen des Raumes – die alle leicht schwingen, wobei die Schwingungen den virtuellen Teilchen entsprechen.

Es gibt eine Debatte unter den Physikern, welches dieser beiden Bilder denn nun die »Realität« repräsentiert. Besteht die »Realität« aus Teilchen, deren Wahrscheinlichkeit, an einem bestimmten Ort zu sein, von einer mathematischen, aber nicht realen Quantität bestimmt wird, die das Feld ist? In diesem Falle ist das Vakuum erfüllt von unendlich vielen Teilchen, die wir nicht sehen können, die jedoch »real« werden, wenn sie einen ausreichenden Schuß Energie empfangen. Oder besteht die »Realität« aus unendlich vielen wirkenden Feldern, die sich über den gesamten Raum erstrecken, deren niedrige Schwingungen das Vakuum ausfüllen, und deren höhere Schwingungen das Vorhandensein von dem, was wir Teilchen nennen, bestimmen? Für welches Bild wir uns entscheiden, scheint davon abzuhängen, ob wir im Bereich der Teilchentheorie oder im Bereich der Feldtheorie arbeiten. Aber wir geraten hier in Interpretationsprobleme, die grundlegende Fragen der Quantenmechanik berühren, mit denen wir uns später beschäftigen wollen. Hier ist zunächst einmal wichtig, daß, welches Bild wir auch wählen, der Raum nicht mehr leer ist. Er ist dermaßen erfüllt, daß nach einigen Berechnungen ein Kubikzentimeter (ein Fingerhut voll) Raum in seinem Ozean von virtuellen Teilchen ebensoviel Energie enthält wie die Energie der gesamten »realen« Masse des Universums.[2] Und wie sollen wir uns jetzt das Atom — unsere kleine, elementare, undurchdringliche Kugel vorstellen? Vielleicht können wir es so sagen: Seine Oberfläche, die von den Elektronenumlaufbahnen bestimmt wird, erscheint in einem bereits erfüllten Raum. Dann erscheint die Oberfläche des Kerns, ebenso in einem bereits erfüllten Raum, jetzt die Oberfläche der Quarks... bis hinunter zu was? Oberflächen, Blasen des Raum-Zeit-Kontinuums selbst? Blasen in Blasen in Blasen... Formationen in Formationen in Formationen in der Erfülltheit des Raumes?

Die Teilchen-Welle-Dualität

Beschäftigen wir uns damit, wie es dazu kam, daß Physiker anfingen, Felder oder Wellen mit Teilchen in Zusammenhang zu bringen. Wir werden sehen, daß diese Tatsache eine tiefgründige Doppeldeutigkeit in das Konzept der Materie einführt und damit die Frage aufwirft, ob dieses Konzept für die Realität der Mikrophysik überhaupt noch irgendeine Bedeutung hat. Und nicht nur das, sie erhebt sogar ernsthaft die Frage, ob überhaupt das Konzept einer »Realität« auf dieser Ebene noch angewendet werden kann.
Zunächst muß ich einige einfache Gedanken erläutern. Ein Teilchen ist ein Klümpchen Materie (oder Energie, da Materie und Energie gleichwertig sind). Das Kennzeichen eines Klümpchens Materie, das uns dazu veranlaßt, es ein Teilchen zu nennen, ist, daß es zu einer bestimmten Zeit in einem kleinen Bereich des Raumes konzentriert ist; wir könnten sagen, es ist im Raum-Zeit-Kontinuum lokalisiert. Im Gegensatz dazu ist eine Welle oder ein Feld zwar auch Ener-

gie, aber beide sind im Raum-Zeit-Kontinuum ausgebreitet. Wenn z. B. zwei Leute die Enden eines Seils festhalten, und der eine sein Ende schüttelt, bewegt sich eine Form das Seil entlang. Die Welle ist die gesamte Bewegung des Seils, wie es sich in der Zeit über seine ganze Länge verändert. Oder wenn ein Windstoß den Rand eines Weizenfeldes ergreift und eine Kräuselung über das Feld schickt, dann ist die »Welle« die Bewegung des gesamten Feldes. Es ist also deutlich, daß Teilchen und Welle ziemlich entgegengesetzte Arten der Energieverteilung in Raum und Zeit repräsentieren. Wir können nach der Position eines Teilchens fragen, aber es wäre ziemlich sinnlos, nach der Position einer Welle zu fragen. Auf der anderen Seite können wir nach der Frequenz einer Welle fragen (ihrer Schwingungszahl pro Sekunde), aber es wäre sinnlos, nach der Frequenz eines Teilchens, eines Klümpchens Stoff, zu fragen.

Das Hauptunterscheidungsmerkmal zwischen wellenartigem und teilchenartigem Verhalten ist das Phänomen der Interferenz. Wenn man zwei Steine in einen Teich wirft, breiten sich von jedem Stein kreisförmige Wellen aus, und wo die Wellen sich überkreuzen, sieht man Interferenzmuster. Wo zwei Täler aufeinandertreffen, sieht man ein doppelt so tiefes Tal, wo zwei Gipfel aufeinandertreffen, sieht man einen doppel so hohen Gipfel, und wo ein Gipfel und ein Tal aufeinandertreffen, gleichen sie sich aus, und das Wasser bleibt glatt. Der Leser kann sehr einfach ein Interferenzphänomen beobachten: Drücke deine Finger so zusammen, daß nur noch ein papierdünner Spalt zwischen ihnen ist. Halte diesen Spalt ganz nahe vor deine Augen und blicke durch ihn in den Himmel oder auf ein Stück weißes Papier. Du wirst viele helle und dunkle Streifen sehen.

Im Jahre 1802 führte Thomas Young ein einfaches Interferenzexperiment durch, das eindeutig zeigte, daß das Licht eine Wellenbewegung ist. Er ließ Sonnenlicht durch ein einzelnes Loch auf einen Schirm mit zwei Löchern fallen, hinter dem sich wieder ein Schirm befand. Statt zwei sich überschneidende Lichtkreise zu sehen, also einen vor jedem Loch, sah er viele Streifen von hell und dunkel, die eindeutig zeigten, daß Interferenz stattfand und daß das Licht daher als eine Wellenbewegung anzusehen ist. Zwei Teilchenstrahlen könnten keinen Interferenzeffekt hervorbringen; insbesondere könnte es keine dunklen Streifen geben, da Teilchen sich nicht ausgleichen.

Um die Jahrhundertwende waren die Physiker fest davon überzeugt, daß das Licht tatsächlich die Wellenbewegung des elektromagnetischen Feldes ist. Es gab nur zwei verwirrende Phänomene, die auf dieser Basis nicht erklärt werden konnten. Das erste war die Art und Weise, in der die Lichtenergie ausstrahlte, wenn man die Temperatur eines »vollkommen schwarzen« Objektes langsam steigerte (ein Phänomen, das man die Ausstrahlung schwarzer Körper nennt). Im Jahre 1900 sagte Max Planck, die einzige Möglichkeit, die Eigenschaften dieser Strahlung zu erklären, sei anzunehmen, daß das Licht aus irgendeinem Grund nicht kontinuierlich, sondern in winzigen Bröckchen oder Quanten von dem Körper abgestrahlt würde. Planck selbst hielt diese Quanten oder Lichtteilchen nicht für »real«. Er glaubte, einen mathematischen Trick entdeckt zu haben. Man hatte schließlich erst vor kurzem bewiesen, daß das Licht elektromagnetische Wellenbewegung ist. Als Planck sich mehrere Jahre später für die Aufnahme von Einstein in die Preußische Akademie der Wissenschaften aufgrund seiner Arbeit über die Relativität einsetzte, bat er sogar den Vorstand der Akademie, die »jugendliche Torheit« Einsteins, die Lichtquanten für real gehalten zu haben, zu übersehen. Wieder einmal begegnet uns das Prinzip: »Ich werde es sehen, wenn ich es glaube.« 1905 jedoch lieferte Einstein eine brillante Erklärung des zweiten ungelösten Rätsels – des photoelektrischen Effekts –, in der er in der Tat behauptete, daß das Licht sich eindeutig wie Teilchen verhält. Der photoelektrische Effekt besteht darin, daß ein elektrischer Strom von Elektronen abgegeben wird, wenn

Licht auf ein Stück Metall scheint. Die Beziehung zwischen der Stärke des elektrischen Stroms und der Intensität und Farbe des Lichts, das auf das Metall fällt, konnte durch die klassische Annahme, daß das Metall langsam immer mehr Licht aufnimmt, bis es genug gesammelt hat, um ein Elektron in Gang zu setzen, nicht erklärt werden. Sie *konnte* jedoch sehr genau erklärt werden, wenn man annahm, daß das Metall das Licht in Bröckchen, Quanten oder Teilchen auf einmal absorbierte. Das Licht verhielt sich also nun, zu jedermanns Erstaunen, unter gewissen Umständen so, als wäre es ein Strom von Teilchen, während es sich in anderen Situationen eindeutig wie eine Wellenbewegung verhielt.

Kehren wir nun zur Materie zurück. Bisher glaubten wir, diese bestünde aus kleinen Teilchen, Atome genannt, die ihrerseits aus kleinen Teilchen, den Protonen, Neutronen und Elektronen bestünden. Nach Bohrs außerordentlich erfolgreicher Erklärung des von einem Wasserstoffatom ausgesendeten Lichtspektrums blieb jedoch das Rätsel, *warum* die Elektronen auf bestimmte Umlaufbahnen um den Kern festgelegt sind. 1923 gab Louis de Broglie zu bedenken, daß, so wie Lichtwellen sich manchmal wie Teilchen verhalten, Elektronen vielleicht auch einen Wellencharakter haben könnten. Die Beschränkungen der Umlaufbahnen beim Wasserstoffatom würden sich dann dadurch erklären lassen, daß nur solche Bahnen möglich sind, die eine ganzzahlige Menge von halben Wellenlängen dieser Elektronenwellen enthalten könnten. Dies ist durch folgende Tatsache zu veranschaulichen: Wenn man ein Seilende an einen Baum bindet und das freie Ende schüttelt, wird das Seil mit einer exakt ganzzahligen Menge von halben Wellenlängen (der Abstand zwischen zwei Gipfeln) zwischen dem freien Ende und dem Baum schwingen – dies ist die Harmonik des schwingenden Seils. Es kann mit einer halben oder einer ganzen oder einer und einer halben oder zwei oder drei usw. Wellenlängen schwingen, aber nicht mit ein und einer drittel

Wellenlänge. Ähnlich wird man, wenn man eine Violinsaite zupft, nur bestimmte Frequenzen hören – die Harmonik – entsprechend der Länge der Saite, die entweder eine halbe Wellenlänge oder ein ganzzahliges Vielfaches davon beträgt. De Broglies Annahme war, daß die möglichen Elektronenumlaufbahnen im Wasserstoffatom proportional zu der »Harmonik« seiner Materiewellen sind. Man konnte daraufhin die »Wellenlänge« einer Elektronen-Materiewelle berechnen. 1923 feuerten Davisson und Germer einen Elektronenstrahl durch eine dünne Goldschicht (die wie ein Mehrfachschlitz wirkte) auf eine photographische Platte. Die Platte zeigte deutlich Interferenzmuster. Der Elektronenstrahl verhielt sich wie Wellen. Die Wellenlänge der »Materiewellen«, die man aus der Breite der Interferenzstreifen berechnen konnte, war in Übereinstimmung mit de Broglies Berechnung der Wellenlänge der »Materiewellen« des Elektrons.

Man könnte nun denken, diese Ergebnisse zeigten, daß ein Elektronenstrahl sich tatsächlich in »Materiewellen« ausbreiten kann. Folglich entwickelte Erwin Schrödinger eine Gleichung, die die Veränderungen dieser Materiewellen über die Zeit beschreibt und die Maxwells klassischen Gleichungen über die Ausbreitung elektromagnetischer Lichtwellen in der Form sehr ähnlich war. Die Lösungen von Schrödingers Wellengleichung für die Bewegung eines Elektrons im Wasserstoffatom entsprachen sehr genau den atomaren Umlaufbahnen von Bohr. Wenn wir uns jedoch vorzustellen versuchen, welche »Materie« diese Materiewelle schwingen lassen könnte, haben wir ernsthafte Probleme, besonders wenn wir die Welle betrachten, die mit einem einzigen Elektron assoziiert ist.

Eine Interpretation dieser Wellen wurde von Max Born gegeben. Er stellte die Hypothese auf, daß Elektronen teilchenartig bleiben, daß sie aber mit einer Welle verknüpft sind, deren Amplitude an einem bestimmten Punkt die *Wahrscheinlichkeit* der Anwesenheit des Elektrons an diesem Punkt bestimmt. Borns Anschauung war also die, daß das Elektron immer ein Teilchen bleibt und daß die »Wellen« einfach nur mathematische Hilfsmittel sind, mit denen Physiker die Wahrscheinlichkeit, ein Teilchen an einem bestimmten Ort zu finden, bestimmen. Aber wir werden sehen, daß es auch bei dieser Interpretation Schwierigkeiten gibt. Wenn wir versuchen, im Sinne von alltäglichen Bildern von »Wellen« und »Teilchen« zu denken, dann scheint sowohl die Aussage, daß Elektronen weggewischt werden und sich im Interferenzexperiment wie eine Welle verhalten, als auch die Aussage, daß sie immer die Charakteristik eines klassischen Teilchens behalten, ungeeignet zu sein. Wir können einfach in keinem dieser beiden klassischen Bilder adäquate Vorstellungen über das Elektron entwickeln.

Um dies deutlicher zu machen, werde ich ein bekanntes »Gedankenexperiment«, das Doppelschlitzexperiment, beschreiben.[3] Stellen wir uns drei zweiteilige Experimente vor: Bei dem ersten haben wir einen gepanzerten Schirm mit zwei Schlitzen darin. Wir feuern mit einem Maschinengewehr auf den Schirm, und auf der anderen Seite des Schirms ist ein Ziel. Wenn wir nur einen der Schlitze öffnen, wird die Verteilung der Kugeln wie in Abb. 3 A aussehen. Wenn wir beide Schlitze öffnen, wird die Verteilung der Kugeln eine einfache Summierung der Verteilung jedes einzelnen Lochs sein wie in Abb. 3 B. Stellen wir uns jetzt ein ähnliches Experiment vor, bei dem wir, statt mit einem Maschinengewehr Kugeln zu feuern, in einer flachen Schale mit Wasser eine Barriere mit zwei Schlitzen aufbauen. Auf der einen Seite der Barriere befindet sich ein Vibrator, der Wasserwellen erzeugt. Anstelle des Schirms haben wir eine Reihe von Korken, womit wir die Amplitude der Wellen messen. Wenn wir nur ein Loch öffnen, werden wir auf der anderen Seite des Lochs ein Muster wie in Abb. 3 C sehen. Wenn wir jetzt jedoch beide Schlitze öffnen, wird das Muster der Korken wegen der Interferenz der beiden Wellen wie in Abb. 3 D aussehen. Beim dritten Experiment verwen-

Abb. 3

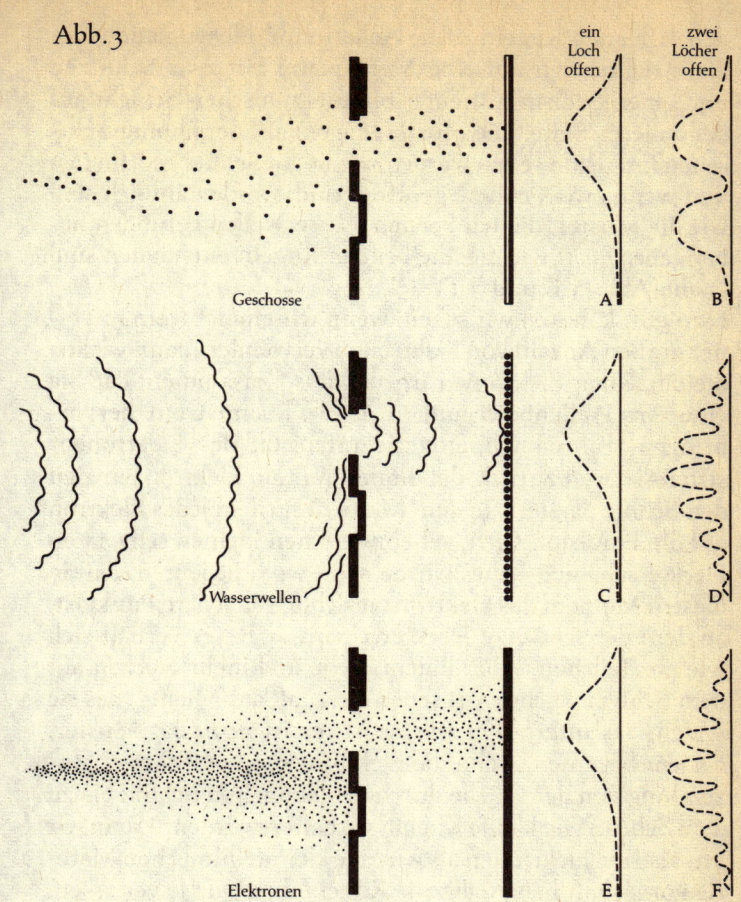

ein Loch offen

zwei Löcher offen

Geschosse

A   B

Wasserwellen

C   D

Elektronen

E   F

den wir statt Kugeln oder Wellen eine Elektronenquelle; diese richten wir auf eine Metallplatte mit zwei Schlitzen und einen Schirm mit einer photographischen Schicht auf der anderen Seite. Die Muster, die wir auf der photographischen Emulsion sehen werden, wenn ein Schlitz geöffnet ist und wenn zwei Schlitze geöffnet sind, werden ähnlich sein wie die Muster, die wir bei den Wasserwellen gefunden haben, aber *nicht* wie die, die bei den Kugeln entstanden sind (siehe Abb. 3 E und 3 F).

Nun gut, könnten wir sagen, wenn wir einen Strom mit einer großen Anzahl von Elektronen verwenden, dann wirken die einzelnen Elektronen irgendwie so zusammen, daß sie eine Art Wellenbewegung in dem Gesamtstrom hervorbringen. Fahren wir also die Intensität des Elektronenstroms so weit zurück, daß immer nur *ein* Elektron zur Zeit den Schlitz passiert. In dem Moment, in dem jedes Elektron auf die Emulsion trifft, sehen wir einen kleinen schwarzen Fleck erscheinen – dies würde dann wohl bedeuten, daß in diesem Moment das Elektron tatsächlich an jenem Punkt ist, an dem der schwarze Fleck erscheint, d. h., es verhält sich wie ein Teilchen. Aber indem mehr und mehr Flecken auf dem Schirm erscheinen, sehen wir, daß das Muster, das sie bilden, das *Interferenzmuster* ist; es ist *nicht* das Muster, das wir bekämen, wenn die Elektronen sich auf ihrem ganzen Weg von der Quelle durch den doppelten Schlitz bis zu dem Schirm wie kleine Kugeln verhalten würden. Wenn wir uns also die Elektronen als winzige kleine Klümpchen Materie vorgestellt haben, die wie Kugeln ihre Quelle verlassen, durch einen der beiden Schlitze hindurchfliegen und auf den Schirm auftreffen und sich dabei die ganze Zeit auf einer ganz bestimmten Bahn bewegen, dann haben wir uns geirrt. Wenn sich die Elektronen so verhalten würden, dann sähe das Muster, das langsam auf der Emulsion erscheint, wie das Muster bei dem Experiment mit den Kugeln aus und nicht wie das beim Wasserwellenexperiment. Darüber hinaus scheint es, daß jedes Elektron es irgendwie »wissen« muß, daß beide Schlitze offen sind und nicht nur einer, damit es seinen angemessenen Beitrag zu der Schwärzung der Emulsion leisten kann. Also ist das Elektron irgendwie »ausgedehnt« genug, um entdecken zu können, daß der andere Schlitz (der, durch den es nicht hindurchfliegt, falls wir uns vorstellen, daß es durch einen bestimmten Schlitz fliegt) offen ist. Vielleicht auch muß die mit dem Elektron assoziierte »Welle« das Vorhandensein beider Schlitze entdecken, und in dem Falle hat sie eine physikalische Realität und ist nicht nur ein Hilfsmittel, mit dem Physiker Wahrscheinlichkeiten berechnen.

Der Leser mag sich jetzt vielleicht fragen: »Ja, aber was *geschieht* denn nun zwischen den Schlitzen und dem Schirm? Sind dort reale physikalische Dinge, die unseren Begriffen »Teilchen« und »Welle« entsprechen? Hier begegnen wir wieder der in Kapital 3 erwähnten Tendenz des westlichen Geistes, anzunehmen, daß etwas schon deswegen ein reales Ding ist, weil wir über es sprechen können. Ob wir sagen wollen, daß dort ein *reales*, objektives, physikalisches Ding ist, das unseren Begriffen »Teilchen« oder »Welle« entspricht oder nicht, ist eine Interpretationssache, die wir im nächsten Kapital betrachten werden.

Quantenverrücktheit

Die sogenannte Verrücktheit auf der Quantenebene der Realität liegt genau darin, daß wir uns die Elektronen als ganz reale klassische Teilchen wie winzige Billardkugeln vorstellen möchten, die eine genau bestimmbare Flugbahn haben. Die Quantenmechanik jedoch zeigt uns immer wieder, daß wir sie uns so auf keinen Fall vorstellen dürfen. Aus einer anderen Perspektive begegnen wir dieser Verrücktheit noch einmal – in Heisenbergs »Unschärferelation«. Diese ist eine direkte und unvermeidliche Folge der Logik der Quantentheorie. Die Unschärferelation sagt aus, daß es eine inhärente Unbestimmtheit über die Position und den Impuls eines Teilchens gibt in der Weise, daß, je genauer die Position eines Teilchens eingegrenzt wird, desto größer die Unbestimmtheit des Impulses dieses Teilchens wird. Diese Unsicherheit zeigt sich in der Unmöglichkeit, Position und Impuls gleichzeitig so genau zu messen, wie wir wollen. Aber dies ist nicht nur eine Eigenschaft des Meßvorganges. Es ist eine wesensmäßige Eigenschaft der Teilchen auf der Quantenebene – es ist eine inhärente Verschwommenheit der Flugbahn, die es *prinzipiell* unmöglich macht, beides, wo sie sind und wohin sie gehen, mit völliger Genauigkeit zu bestimmen. Eben dieses Prinzip läßt uns unmißverständlich klar werden, daß wir einfach nicht versuchen sollten, uns vorzustellen, das Elektron flöge, nachdem es einen Schlitz passiert hat, *tatsächlich* gezielt zu einem bestimmten Punkt auf dem photographischen Schirm.

Vielleicht fühlen wir uns jetzt geneigt zu sagen: »Es könnte doch sein, daß es tiefere Ebenen der Realität gibt, von denen aus andere Faktoren auf das Elektron einwirken, Faktoren, die uns bisher noch nicht bewußt sind und deren wir uns erst bewußt werden können, wenn wir völlig andere Arten der Messung entdeckt haben. Möglicherweise bestimmen diese Faktoren (verborgene Variablen, wie sie genannt werden) tatsächlich eine reale, objektive Flugbahn realer, objektiver Teilchen.« Dies war der Standpunkt, den Einstein in einer jahrzehntelangen hin- und hergehenden Diskussion mit Niels Bohr vertrat. Es ist gut möglich, daß es tiefere Ebenen der Realität als die Quantenebene gibt, aber gibt es verborgene Variablen? Eines der dramatischsten Ergebnisse der Physik der letzten Jahre ist das Theorem von John S. Bell und seine darauffolgende eindeutige experimentelle Verifizierung. Diese Arbeit zeigt im wesentlichen, daß es *keine* »verborgenen Variablen« geben kann, und beendet damit den letzten Versuch, an unserem Bild eines realen, objektiven Elektrons, das sich entlang einer realen, objektiven Bahn bewegt, festzuhalten[4]. Wie wir im nächsten Kapitel sehen werden, versuchen die Physiker immer noch, verschiedene mögliche Interpretationen für das, was zwischen dem Doppelschlitz und dem Schirm »geschieht«, zu entwickeln. Was immer das Elektron jedoch sein mag – wenn wir es überhaupt beschreiben können –, es ist sicherlich nicht so etwas wie ein kleines Materiekügelchen.

Bevor wir zu diesen Interpretationen übergehen können, müssen wir uns noch mit einem weiteren Aspekt der Verrücktheit beschäftigen, nämlich mit dem Verhalten der Wahrscheinlichkeitswellen, wenn sie in irgendeine Wechselbeziehung mit einem Meßinstrument treten. Kehren wir wieder zu dem Doppelschlitz-Experiment zurück. Bevor der schwarze Fleck auf dem Schirm erscheint, bewegt sich das Elektron mit verschiedenen Wahrscheinlichkeiten, in einem bestimmten Punkt aufzutreffen, in Richtung des Schirms, wobei die Wahrscheinlichkeit um so größer ist, je schwärzer die Streifen sind. Diese Wahrscheinlichkeiten sind der Wellenaspekt – die Wahrscheinlichkeitswelle. Wenn dann der schwarze Fleck erscheint – d. h., wenn das Elektron an einer bestimmten Stelle auf den Schirm auftrifft und sich damit wieder als ein Teilchen manifestiert –, wird die Wahrscheinlichkeitswelle abrupt und augenblicklich zu der hundertprozentigen Gewißheit, daß das Elektron dort ist, wo es ist. Wenn es wirklich irgendein der Wahrscheinlichkeitswelle entsprechendes Element physikalischer Realität geben sollte, dann sind solche plötzlichen Veränderungen der Form, wenn eine Messung gemacht wird, sicherlich sehr merkwürdig.

Betrachten wir anhand eines Gedankenexperiments, das Renninger[5] vorgeschlagen hat, die mögliche Beziehung zwischen dem »Teilchen«, seiner assoziierten Wahrscheinlichkeits-»Welle« und dem Akt der Messung ein wenig genauer. Angenommen, wir haben eine Elektronenquelle, die alle zehn Sekunden einmal in eine zufällige Richtung feuert. Angenommen, wir bringen diese Quelle ins Zentrum einer hohlen Kugel, die innen mit einer photographischen

Emulsion beschichtet ist, und ein Elektron braucht zwei Sekunden, um vom Zentrum bis zur Oberfläche der Kugel zu fliegen. Alle zehn Sekunden erscheint ein schwarzer Fleck an einer zufälligen Stelle auf der Kugel, immer zwei Sekunden, nachdem ein Elektron im Zentrum abgefeuert wurde. Zwischen dem Zeitpunkt, an dem ein Elektron das Zentrum verläßt (Zeit: 0 Sek.) und dem Zeitpunkt, an dem es die Emulsion erreicht (Zeit: 2 Sek.) fliegt das Elektron nach der Quantenmechanik in *keine* bestimmte Richtung. Die Wahrscheinlichkeitswelle ist daher gleichmäßig über eine Kugel verteilt, die sich mit dem Elektron nach außen hin ausdehnt. Im Zeitpunkt 2 Sek. jedoch wissen wir genau, wo sich das Elektron befindet (an dem schwarzen Fleck); die Wahrscheinlichkeitswelle ist daher urplötzlich von einer Kugel zu einem Flecken geschrumpft. Diese Reduzierung der Welle von einer unendlichen Anzahl von Möglichkeiten auf eine Tatsächlichkeit ist etwas Ähnliches wie bei dem Doppelschlitzexperiment, bei dem die Welle von den vielen Möglichkeiten, die von den hellen und dunklen Interferenzstreifen bestimmt waren, auf genau eine reduziert wurde.

Wir könnten jetzt sagen: »Gut, es ist also die Interaktion des Teilchens mit dem Meßinstrument (der Emulsion), die diese Veränderung in der Form der Welle verursacht.« Aber betrachten wir nun einen Fall, bei dem es keine solche physikalische Interaktion zwischen dem Teilchen und dem Meßinstrument gibt. Angenommen, wir plazieren eine Halbkugel mit einer Emulsion genau in der Mitte zwischen dem Zentrum und unserer ersten Kugel. Die Welle wird eine Sekunde benötigen, um diese Halbkugel zu erreichen. Angenommen, wir entdecken nach einer Sekunde keine Markierung auf dieser Emulsion; dann wissen wir, daß das Elektron auf seinem Weg zur äußeren Kugel durch die andere Hälfte der Kugel geflogen ist. Die Wahrscheinlichkeitswelle hat sich jetzt von einer vollen Kugel, die sich mit dem Elektron bewegt, zu einer halben Kugel verändert. Die Wahrscheinlichkeit, daß das Elektron sich in jener Hälfte der Kugel befindet, in der die innere Emulsion ist, scheint unmöglich, und zwar nur deswegen, weil der Beobachter *keine* Interaktion zwischen Elektron und innerer Halbkugel zum Zeitpunkt 1 Sek. gesehen hat. Hier wird es also die Beobachtung und nicht irgendeine physikalische Interaktion sein, die die Wahrscheinlichkeitswelle verändert.

Fassen wir zusammen: Ein Elektron scheint Eigenschaften eines Teilchens zu manifestieren, aber es scheint auch mit einer Wahrscheinlichkeitswelle verknüpft zu sein. Die Form einer Wahrscheinlichkeitswelle scheint sich augenblicklich zu verändern, wenn es eine Interaktion mit einem Meßinstrument gibt, auch wenn das »Teilchen« selbst nicht physikalisch mit einem Instrument interagiert. Ob das Elektron mehr teilchenartige oder mehr wellenartige Eigenschaften zeigt, hängt davon ab, wie wir die experimentelle Situation gestalten. Wenn wir ein Experiment wie das von Davisson und Germer durchführen, bei dem wir nach den wellenartigen Eigenschaften des Elektrons suchen, dann werden wir sie finden. Wenn wir Experimente machen, um die Position eines Elektrons, eine teilchenartige Eigenschaft, festzuhalten, dann werden wir diese finden. Aber man kann kein Experiment entwerfen, mit dem man diese Fragen gleichzeitig stellen kann. Dies ist der Ursprung von Bohrs Komplementaritätsprinzip, auf das wir im nächsten Kapitel zurückkommen werden.

Dies ist ohne Frage sowohl für Laien als auch für professionelle Wissenschaftler der am schwersten zu verstehende Punkt in der gesamten heutigen Naturwissenschaft. Unser Geist springt ständig zwischen zwei Konzepten oder Bildern hin und her, die uns von unserer Erfahrungswelt vertraut sind: zwischen dem Bild eines Teilchens, eines konzentrierten kleinen Klümpchens, und dem einer Welle, einer Schwingung oder eines Musters, welches sich über einen ausgedehnten Raum ausbreitet. Wir denken: »Natürlich ist es ein reales Teilchen, wir *wissen* nur einfach nicht, wo es ist, die Welle gibt uns die Wahrscheinlichkeit, es zu finden, an.« Einen Moment lang fühlen wir uns befriedigt, und dann erinnern wir uns an das Doppelschlitzexperiment mit einzelnen Elektronen. Sie verhalten sich einfach *nicht* wie Kugeln. Wie eine Welle scheinen sie irgendeine Art von Interaktion mit dem Doppelschlitz zu haben. Dann erinnern wir uns an das Experiment mit der Halbkugel, bei dem scheinbar nur durch unser Wissen die Wellenfunktion verändert wird. Also kehren wir wieder zu unserem Glauben zurück, daß die Welle einfach nur ein mathematisches Instrument ist. Unser Geist jagt so lange in diesem Kreis herum, bis wir erkennen, daß unsere Bilder von vertrauten Objekten oder Mustern unseres alltäglichen Lebens auf das Elektron einfach nicht übertragen werden können. Aus unserem alltäglichen Leben stehen uns keine Konzepte zur Verfügung, mit denen wir uns vorstellen können, was »wirklich vor sich geht«.

Vielleicht fängst du jetzt langsam an zu glauben, daß du wirklich nicht verstehst, was auf der Quantenebene der Realität überhaupt vor sich geht. Wenn das der Fall ist, dann laß dich dadurch ermutigen, daß du zumindest anfängst zu verstehen, mit welchen Schwierigkeiten es die Physiker seit mehr als einem halben Jahrhundert zu tun haben. Richard Feynmann sagte: »Wenn du es irgend vermeiden kannst, dann sage nicht ständig zu dir selbst: ›Aber wie kann es nur so sein?‹, weil du sonst auf die Nase fällst und in einer Sackgasse landest, aus der noch niemand wieder herausgekommen ist. Niemand weiß, wie es so sein kann.«[6] Die Reaktion auf den ungeheueren Offenheitscharakter der Realität, auf ihre Verweigerung, sich von klassischen Beschreibungen eingrenzen zu lassen, besteht oft darin, diesen Aspekt einfach zu ignorieren, sogar von seiten traditioneller Physiker. Davies bemerkt dazu: »Diese Aussagen sind so erschütternd, daß die meisten Wissenschaftler eine Art Doppelleben führen; sie akzeptieren sie im Labor, aber im täglichen Leben lehnen sie sie ohne zu überlegen ab.« Es kann jedoch eine sehr tiefgehende Wirkung auf unser tägliches Leben

haben, wenn wir erkennen, daß die Physik heute zum innersten Kern der materiellen, objektiven Realität vorgedrun-
gen ist und nichts gefunden hat, von dem man mit Gewißheit sagen kann, daß es jenseits unserer Messung existiert.
Die objektive Realität – das, was unabhängig von seinem
Erkanntwerden real ist, das, was hinter den Erscheinungen
steht und was realer ist als Erscheinungen –, diese objektive
Realität hat sich unseren Begriffen entzogen, selbst den
Begriffen von Existenz und Nichtexistenz. Jene undurchdringlichen kleinen Materieklümpchen – die Elementarteilchen –, die man für die letzten Bausteine von allem hielt,
sind sicherlich verschwunden. An ihre Stelle sind »Erscheinungen« getreten, die davon abhängen, welche Messungen
wir machen, welche Art von Beobachtung und Wahrnehmung stattfindet. Ob es irgend etwas hinter diesen Erscheinungen gibt und was das sein könnte, ist eine Sache der Interpretation, und wir werden uns damit im nächsten Kapitel
beschäftigen.

11 Interpretationen:
Das Mögliche und das Tatsächliche

Im vorigen Kapitel haben wir gesehen, daß die Quantenmechanik die Einführung einer Welle oder eines Feldes erforderlich macht, das mit jedem Teilchen verknüpft ist. Wir
haben erfahren, daß diese Welle, mathematisch gesehen, die
Wahrscheinlichkeit verschiedener möglicher Ergebnisse angibt, wenn wir eine Messung (der Position, des Impulses,
der Drehung etc.) des Teilchens vornehmen. Außerdem
haben wir gehört, daß sich das Feld in dem Moment, in
dem eine Messung gemacht wird, abrupt verändert – die
Wahrscheinlichkeiten verschiedener Ergebnisse werden

plötzlich zu der beobachteten Tatsächlichkeit eines bestimmten Ergebnisses. Die Wahrscheinlichkeitswelle scheint sehr reale Konsequenzen zu haben (die Interferenzstreifen), und sie ist ein wesentlicher Teil der mathematischen Formulierung der Quantenmechanik. Und doch scheint sie sich schlagartig zu verändern, wenn wir eine Beobachtung machen. Dies ist mit den Prinzipien der klassischen Mechanik und der Realität genauso wenig vereinbar wie mit unserer Intuition. Nun stellt sich uns natürlich eine Frage, mit der sich tatsächlich auch viele Physiker zu der Zeit, als die Quantenmechanik formuliert wurde, beschäftigt haben: Gibt es ein Element physikalischer Realität, das von dieser Wellenfunktion abgebildet wird, oder ist sie *nichts anderes* als ein mathematisches Hilfsmittel? Oder noch genauer, was »geschieht« eigentlich in der »realen Welt«, wenn die Wahrscheinlichkeitswelle zur Tatsächlichkeit wird?[1]

Die Kopenhagener Interpretation

Viele Physiker stellen diese Fragen äußerst ungern. Die Quantenmechanik funktioniert wunderbar, auch ohne daß wir sie uns vorstellen können. Aufgrund der Quantenmechanik gibt es Lasertechnik, Supraleiter, Atomenergie, Quarzuhren; warum sollten wir uns aber über ihre Grundlagen den Kopf zerbrechen? Sagen wir doch einfach, daß wir es nicht wissen.

Dies ist eine volkstümliche Version der Kopenhagener Interpretation, die, außer von einigen wenigen Physikern, von den späten zwanziger Jahren bis zu den späten sechziger Jahren allgemein anerkannt war. Die Kopenhagener Interpretation sagt folgendes: Solange wir nicht eine definitive Beobachtung der Welt machen, ist es sinnlos, ihr eine definitive Realität zuzuschreiben. Sie wurde von dem großen Vater der Quantenphysik, Niels Bohr, formuliert, und von

Werner Heisenberg, einem anderen großen Quantenphysiker, erweitert. Bohrs Ansatz sah so aus: Wir leben in einer relativen Welt, die sich nach den klassischen Regeln verhält; unsere Beobachtungen finden auf der Ebene, auf der wir sie machen, in großen Maschinen statt, die den Gesetzen der klassischen Mechanik gehorchen. Daher ist das, was auf der Quantenebene geschieht, für uns einfach nicht erkennbar, und wir sollten bereit sein, nicht zu versuchen, irgendwelche Aussagen darüber zu machen. Er sagte nicht, daß es keine definitive Realität gibt, sondern nur, daß wir sie auf der Quantenebene niemals vollständig erkennen können. Erkennbar ist das, was in dem relativ großen Maßstab unserer Erfahrungswelt geschieht.

Eine ganze Generation von Physikern faßte jedoch die Kopenhagener Interpretation so auf, »daß wir über eine pragmatische Handhabung hinaus nichts wissen können, und daß es daher zwecklos ist, darüber nachzudenken«. Dies war auf keinen Fall Bohrs Absicht und auch nicht die Art und Weise, in der er selbst mit seiner Interpretation umging. Sein ganzes Leben lang hat er sehr tief darüber nachgedacht.[2]

Bohr formulierte seine Auffassung im Komplementaritätsprinzip: Danach entspricht es dem Wesen der Realität, daß es Qualitäten oder Aspekte gibt, die das menschliche Wissen nicht gleichzeitig erfassen kann. Die Wellen- und die Teilchen-Natur des Elektrons z. B. sind zwei solche Aspekte. Bohr verallgemeinerte dieses Prinzip, weit über die Probleme der Messung des Elektrons hinaus, auf alle Bereiche des Lebens, auf die Biologie, die Psychologie und die Philosophie.

Nach Max Jammer, der eine sehr detaillierte Untersuchung über den Ursprung und die Entwicklung der Theorien der Quantenmechanik gemacht hat, war Bohr sehr stark von dem dänischen Philosophen Hoffding und auch von dem amerikanischen Psychologen William James beeinflußt; letzterer wiederum war stark von den Schriften Renouviers geprägt. Nach Jammer hat »Renouvier als einer der frühesten modernen Denker die strikte Gültigkeit des Kausalitätsprinzips als regulative Bestimmungsgröße physikalischer Prozesse in Frage gestellt. Renouvier vertrat einen Phänomenalismus, nach dem alles, was wir direkt erkennen können, nur ein bestimmtes Phänomen bzw. eine ›Repräsentation‹ ist. Jede Repräsentation hat einen zweifachen Charakter, sie ist ein ›Repräsentierendes‹ und ein ›Repräsentiertes‹; sie ist eine Erfahrung von etwas, und sie ist etwas *Erfahrenes*. Der Realismus ist im Irrtum, behauptet Renouvier, wenn er annimmt, daß man das Objekt von seiner Repräsentation trennen kann, und der Idealismus ist im Irrtum, wenn er annimmt, daß es Repräsentationen gibt, die nichts zu repräsentieren haben.« Und Hoffding wiederum erkannte die Willkürlichkeit der Aufteilung in Subjekt und Objekt: »Der Mensch kann sich selbst nicht ohne Verfälschung als einen unparteiischen Zuschauer oder einen unpersönlichen Beobachter ansehen; notwendigerweise bleibt er immer ein Teilnehmer. Die Unterscheidung, die der Mensch zwischen dem Objektiven und dem Subjektiven vornimmt, ist also immer ein willkürlicher Akt und das Leben des Menschen eine Serie von Entscheidungen. Die Wissenschaft ist eine Festlegungsaktivität und die Wahrheit ein menschliches Produkt, nicht nur weil der Mensch das Wissen geschaffen hat, sondern auch, weil das Objekt des Wissens selbst alles andere als ein von Anbeginn fertiges Ding ist.«[3]

William James war speziell von Renouvier beeinflußt, dessen Philosophie James im Jahre 1870 aus einer Depression herausholte und dem James sein letztes Werk *Some Problems of Philosophy* gewidmet hat. Und Bohr wiederum war von James beeinflußt. In einem außergewöhnlichen Interview, das einen Tag, bevor er starb, aufgenommen wurde, erinnert sich Niels Bohr an eine Passage aus einem Kapitel von James mit dem Titel »Der Strom des Denkens«[4], die großen Einfluß auf die Entwicklung seiner Interpretation der Quantenmechanik gehabt hatte. In diesem Kapitel weist James nachträglich darauf hin, daß »Gedanke und Denker, Subjekt und Objekt fest miteinander verbunden sind. Die Objektivierung des Denkens ist unmöglich... Unsere geistige Reaktion auf eine Gegebenheit ist im Grunde das Resultat unserer gesamten Erfahrung in der Welt bis zu diesem Zeitpunkt.« Und dann die Schlüsselstelle, die Bohrs Theorie über das Verhalten von Elektronen im Atom sowie das Komplementaritätsprinzip vorwegzunehmen scheint: »Wie das Leben eines Vogels scheint das Denken aus einem Abwechseln von Fliegen und Sich-Niederlassen zu bestehen. Der Rhythmus der Sprache bringt dies zum Ausdruck, indem jeder Gedanke durch einen Satz ausgedrückt wird, und jeder Satz durch einen Punkt abgeschlossen wird... Nennen wir die Ruhestellen die ›substantiven‹ Teile und die Stelle des Fluges die ›transitiven‹ Teile im Strom des Denkens.« Bohrs Kommentar zu diesem Kapitel in jenem letzten Interview lautete: »Es zeigt ganz deutlich, daß es ziemlich unmöglich ist, Dinge im Sinne von – ich weiß nicht, wie ich es nennen soll, nicht Atomen, ich meine einfach, wenn wir irgendwelche Dinge betrachten... dann sind sie so miteinander verbunden, daß es einfach nichts mehr mit der tatsächlichen Situation zu tun hat, wenn wir versuchen, sie voneinander zu trennen.«[5]

Ich habe diese Passage so ausführlich zitiert, weil ich glaube, daß es wichtig ist, den Kontext zu sehen, in dem Bohr selbst seine Interpretation wahrscheinlich begriffen hat. Bohr war, wie Einstein, ein Mensch von enormer Großzügigkeit, er hatte Humor, ein weites Herz, und er liebte das Leben. Er fuhr gern Fahrrad und spielte Fußball; in seiner Jugend spielte er in der zweiten Mannschaft der dänischen Nationalmannschaft. Während des Krieges bestand er darauf, im besetzten Dänemark zu bleiben, zum Teil deswegen, weil sein Institut für Physik als eine Station, über die jüdische Wissenschaftler Nazi-Deutschland entkommen konnten, fungierte und er die Aufsicht darüber behalten wollte. Er zog nie eine Trennung zwischen seinen Prinzipien der Physik und seinen Prinzipien des Lebens. Er wollte seine Interpretationen der Quantenmechanik in einem viel umfassenderen Stil auf das Leben übertragen. Er selbst hat dazu gesagt: »Es ist bedeutsam... daß wir uns in anderen Wissensbereichen mit Situationen konfrontiert sehen, die uns an die Situation in der Quantenphysik erinnern. Will man z. B. den Eigenschaften der Ganzheit Rechnung tragen, die uns die Integrität lebender Organismen und die spezifischen Merkmale bewußter Individuen und menschlicher Kulturen vor Augen führen, dann muß man typisch komplementäre Arten der Beschreibung benutzen. Wir haben es hierbei nicht mit mehr oder weniger vagen Analogien zu tun, sondern mit klaren Beispielen logischer Beziehungen, die wir in verschiedenen Zusammenhängen in umfassenderen Bereichen wiederfinden.«[6] Jerome Bruner berichtet von einem Gespräch mit Bohr, aus dem hervorging, wie sehr Bohr das Gefühl hatte, daß das Prinzip der Komplementarität sein eigenes Leben bestimmte: »Das Gespräch wandte sich ganz der Komplementarität zwischen Affekt und Denken und zwischen Wahrnehmung und Reflexion zu. Bohr erzählte mir, daß er sich der psychologischen Tiefe des Komplementaritätsprinzips bewußt geworden sei, als eines seiner Kinder etwas Unentschuldbares getan hatte und er sich selbst außer Stande gesehen hatte, eine angemessene Strafe zu verhängen. ›Man kann jemanden nicht gleichzeitig im Licht der Liebe und im Licht der Gerechtigkeit sehen.‹«[7] Die Fähigkeit, in der Spannung von scheinbar gegensätzlichen Anschauungen zu leben und glücklich zu sein, ohne sich an eine von ihnen festklammern zu müssen, die wir sowohl in Bohrs als auch in Einsteins Leben finden, wird manchmal für ein Zeichen von Weisheit gehalten.

Bohrs Sichtweise von der Wahrscheinlichkeitswelle war nun die, daß sie uns eine Methode zur Berechnung der Wahrscheinlichkeit an die Hand gibt, mit der bestimmte Ergebnisse auftreten, wenn wir eine Messung machen. Bei

dem Doppelschlitzexperiment z. B. gibt die Wahrscheinlichkeitswelle eine Aussage darüber, mit welcher Wahrscheinlichkeit wir ein Elektron in einem bestimmten Bereich der photographischen Platte finden werden, nachdem
es den Doppelschlitz passiert hat. Sie kann uns *nichts* darüber sagen, was das Elektron zwischen dem Schlitz und dem
Schirm tut, oder auch nur, was es *ist*. Zwischen dem Schlitz
und dem Schirm hat die Realität einfach nicht die Bestimmtheit, die sie unserer Meinung nach haben sollte, wenn wir
auf unsere gewohnte Weise darüber nachdenken. Daher
müssen wir auf dieser Ebene unsere Art, über die Realität
nachzudenken, ändern und können nicht verlangen, daß die
Realität mit unserer gewohnten Art zu denken, die auf einer
Welt der Objekte beruht, übereinstimmt. Das Komplementaritätsprinzip war Bohrs neue Art zu denken. Für Bohr war
es einfach sinnlos, noch definitivere Antworten auf die
Frage: »Was ist hinter der Erscheinung?« zu erwarten.
Heisenberg, der zu Beginn der Entwicklung der Quantenmechanik Bohrs Kollege war, stimmte Bohrs Anschauung
zunächst zu. In späteren Jahren jedoch spekulierte er darüber, wie man Aussagen über das, was hinter den Erscheinungen ist, machen könnte. Er meinte, daß, obwohl wir
strenggenommen nichts darüber aussagen können, was
zwischen zwei Messungen geschieht, doch anzunehmen ist,
daß das System, das »Objekt« der Beobachtung, sich in einem Zustand der Möglichkeiten oder der Tendenzen befinden muß. Er nannte diese Möglichkeiten manchmal »Potentia« und schloß sich damit Aristoteles' Anschauung über die
Art der Materie, spezifische Formen anzunehmen, an. Heisenberg meinte, daß der abrupte Wechsel von der »Potentia« zum Tatsächlichen stattfindet, wenn das »Objekt« mit
dem physikalischen Meßinstrument interagiert, und daß
dies unabhängig vom Wissen des Beobachters stattfindet.
Gleichzeitig stimmte Heisenberg mit Bohr darin überein,
daß die Aufteilung der gesamten Anordnung in »Objekt«
und »Meßinstrument« willkürlich ist und davon abhängt,

wie der Beobachter sich entscheidet, diese Aufteilung vorzunehmen. Also reduziert in gewissem Sinne das Gesamt-
system selbst, Objekt plus Meßinstrument, sein Potential
auf die Tatsächlichkeit.[8]

Unabhängig davon schlug Karl Popper eine fast identische
Theorie vor, wobei er die Wahrscheinlichkeiten (die Tendenzen oder die »Potentia« von Heisenberg) »Neigungen«
nannte. Für Popper waren diese »Neigungen« objektiv und
physikalisch[9]. Weder für Popper noch für Heisenberg hing
der Wechsel von der Potentialität zur Tatsächlichkeit von
dem getrennten Bewußtsein eines Beobachters ab. Für Heisenberg jedoch gibt es parallel zu dem physikalischen Wechsel von der Potentialität zur Tatsächlichkeit einen Wechsel
im Wissen des Beobachters, und *dieser* Wechsel spiegelt sich
in der Reduktion der Wahrscheinlichkeitswelle. Heisenberg
trennt also merkwürdigerweise die Veränderung in der objektiven Welt von der Veränderung in der subjektiven Welt
und sagt, daß beide nur zusammen geschehen und daß die
eine nicht die Ursache der anderen ist: »Das Wort ›geschieht‹ . . . bezieht sich auf das Physikalische, nicht auf die
psychische Tatsache der Beobachtung, und wir könnten sagen, daß der Übergang des ›Möglichen‹ zum ›Tatsächlichen‹
stattfindet, sobald die Interaktion mit der Meßvorrichtung,
und damit mit dem Rest der Welt, ins Spiel kommt; er hat
nichts mit der Tatsache der Registrierung des Ergebnisses
durch den Geist des Beobachters zu tun. Die diskontinuierliche Veränderung in der Wahrscheinlichkeitsfunktion jedoch ereignet sich mit der Tatsache der Registrierung, denn
die diskontinuierliche Veränderung unseres Wissens im
Moment der Registrierung bildet sich in der diskontinuierlichen Veränderung der Wahrscheinlichkeitsfunktion ab.«[10]

Wenn wir jedoch auf der Frage beharren: »Aber was genau reduziert denn nun das Potentielle zum Tatsächlichen?«, dann brauchen wir scheinbar eine Möglichkeit, den bewußten Akt der Registrierung der Beobachtung durch den Beobachter mit in Betracht zu ziehen. Die einzige Alternative dazu wäre, eine strikte Trennung zwischen Materie und Geist aufrechtzuerhalten und dann zu versuchen, ihre mögliche Interaktion zu verstehen. Dies ist der Ansatz von Karl Popper und John Eccles.[11] Aber wenn wir diese Trennung aufrechterhalten wollen, müssen wir einige völlig neue Prinzipien einführen, um das Erscheinen des Bewußtseins zu erklären. »Jedes Selbst ist eine göttliche Schöpfung«, sagt Eccles.«[12]

John von Neumann und Eugene Wigner wiesen darauf hin, daß am Ende jeder Kette von Ereignissen, die zu einer Messung führt, ein menschlicher Beobachter steht. Wir können nun den materiellen Körper des Beobachters als einen Teil der physikalischen Meßinstrumente ansehen. Wenn wir uns fragen, was in dem ganzen Vorgang der Beobachtung das entscheidende Ereignis ist, landen wir schließlich bei der Tatsache der Registrierung des Meßergebnisses durch das Bewußtsein des Beobachters. Einige Physiker neigen daher dazu, mit Wigner[13] zu sagen: »Ja, es ist die Bewußtwerdung beim Beobachter, die die vielen Möglichkeiten auf eine Tatsächlichkeit reduziert.« Diese Auffassung ist vielleicht insofern befriedigend, als sie anfängt, die Dualität zwischen Geist und Materie aufzubrechen. Einige Leute glauben sogar, daß sie die Psychokinese erklären kann.[14] Aber sie hinterläßt ein gewisses Unbehagen, da sie uns in die Nähe des Solipsismus führt: Die Welt ist nicht real, nur ein Bündel von Möglichkeiten, wenn sie nicht von einem Bewußtsein beobachtet wird. Aber von wessen Bewußtsein? Um zu verstehen, warum diese Frage jetzt wichtig wird, nehmen wir einmal an, es gäbe zwei menschliche Beobachter, Mary und

Tom. Um 15 Uhr teilt Mary Tom das Ergebnis eines Experiments mit, das sie vor einer halben Stunde beobachtet hat. Welche Auffassung vom Zustand des Systems sollte Tom um 14.30 Uhr haben? Er wußte zu diesem Zeitpunkt noch nicht, daß Mary die Beobachtung gemacht hatte; für ihn hatte sich der Zustand des Systems um 14.30 Uhr noch nicht von der Potentialität zur Tatsächlichkeit reduziert. Wird für Tom dadurch, daß Mary ihm ihre Beobachtung mitteilt, die Realität, die eine halbe Stunde in seiner Vergangenheit zurückliegt, verändert? Oder sollten wir sagen, daß für Tom die Potentialität nicht durch Marys tatsächliche Beobachtung zur Realität reduziert wird, sondern durch die Möglichkeit, daß jeder (z. B. auch Tom) während jener halben Stunde diese Beobachtung hätte machen KÖNNEN? In diesem Falle wird das Potentielle immer zur Tatsächlichkeit reduziert, da immer die Möglichkeit besteht, daß irgend jemand eine Beobachtung machen könnte, womit wir bei der Theorie der »vielen Welten« wären.

Die größte Schwierigkeit bei diesem Ansatz scheint darin zu liegen, daß wir nicht wissen, was wir in einem solchen Falle unter Bewußtsein verstehen sollen. Normalerweise haben wir ein Bewußtsein von etwas in der alltäglichen Welt der Körper und Gegenstände. »Ich bin mir bewußt, daß sich mein Körper von einem Schluck Tee erfrischt fühlt.« Oder wir sind uns der Welt der Gedanken und Träume bewußt. Wenn dieses Bewußtsein irgendeine Realität hat, die unabhängig von Tischen und Stühlen, von Träumen und Messungen ist, könnte es sich dann nicht auch den Bereich der Möglichkeiten bewußt machen, bevor diese zur Tatsächlichkeit reduziert werden, und auch den Vorgang der Reduzierung zur Tatsächlichkeit selbst? Wir befinden uns hier in einer Zwickmühle: Entweder reicht dieses »Bewußtsein« in die Welt der Potentialität hinein; dann stellt sich die Frage, warum es sich nur der Dinge bewußt wird, die tatsächlich werden. Oder es reicht nicht in diesen Bereich hinein, dann müssen wir uns fragen, wie es möglich ist, daß das Bewußtsein diesen Bereich insofern beeinflussen kann, daß es eine der Möglichkeiten tatsächlich machen kann.

Viele Welten

Aufgrund dieses Verwirrspiels neigen wir vielleicht dazu, anzunehmen, daß das Bewußtsein Gesetzen gehorcht, die ganz anders sind als diejenigen der Physik. Dies war die Ansicht, zu der Wigner schließlich kam. Eine andere Möglichkeit bestünde darin, daß wir die Vorstellung des Bewußtseins vielleicht am besten ganz aus dem Spiel lassen. Dies versuchten Hugh Everett und Bryce de Witt in ihrer »Viele-Welten«-Interpretation.[15] Sie schlugen vor, die verschiedenen Wahrscheinlichkeiten nicht einfach als Potentialität anzusehen, sondern sie alle als Tatsächlichkeit zu betrachten, jede in einer anderen Welt. Alle möglichen Universen existieren tatsächlich. Jedesmal, wenn zwei Teilchen interagieren und es mehrere annehmbare Ergebnisse gibt, dann geschieht jede dieser Möglichkeiten tatsächlich in irgendeiner Welt. Da Milliarden von Teilchen in jedem Moment miteinander interagieren, verzweigt sich das Universum in jedem Moment in weitere Milliarden von tatsächlichen Universen. Diese Universen existieren dann parallel zueinander fort. Einige unterscheiden sich nur geringfügig voneinander. Andere, welche sich schon vor langer Zeit abgezweigt haben, unterscheiden sich so sehr, daß sie unerkennbar sind. Auch der Beobachter verzweigt sich in jedem Moment. Er ist schließlich ein Teil des Universums. Aber er weiß nicht, daß er sich verzweigt hat, und er erfährt sich kontinuierlich als *ein* Beobachter in *einem* Universum. Wie kann das sein? Betrachten wir zwei Universen, die sich nur wenig unterscheiden. Sie haben sich vor einer tausendstel Sekunde verzweigt und unterscheiden sich jetzt nur im Ergebnis einiger weniger Teilcheninteraktionen. Würde der Beobachter in einem dieser beiden Universen nicht irgendwie das Gefühl einer Verdoppelung oder den Eindruck eines Schattens bekommen? Oder sind diese vielen Universen von dem Moment an, in dem sie sich verzweigen, absolut getrennt? Und wiederum, wer ist dieser Beobachter, der sich als eine Person erfährt, während es in »Wirklichkeit« fast unendlich viele von ihm gibt? Wir sollten festhalten, daß der Beobachter in dem Viele-Welten-Modell nicht so wichtig zu sein scheint. Denn all diese Universen existieren, ob es einen Beobachter gibt oder nicht. Es ist kein Beobachter erforderlich, um die Potentialität auf die Tatsächlichkeit zu reduzieren, da alle Möglichkeiten schon tatsächlich sind.

In Anbetracht dessen, was wir über die für das Leben erforderlichen Bedingungen und über den möglichen Beginn und die Entwicklung des Universums wissen, scheint ein Universum, das Leben und Bewußtsein hervorbringen konnte, ein außerordentlich unwahrscheinlicher Zufall zu sein. Man hat berechnet, daß die Wahrscheinlichkeit für das Zustandekommen von Bewußtsein astronomisch klein ist. Ist seine Existenz also einfach ein außerordentlicher Glücksfall (oder Unglücksfall)? Das Viele-Welten-Modell käme zu einem anderen Schluß: »All die anderen Welten sind real und haben den gleichen Status der Existenz. Wenn das Leben so zerbrechlich ist, dann werden die meisten Welten auch jetzt noch ohne Beobachter sein. Nur unsere Welt und diejenigen, die ihr ziemlich ähnlich sind, werden Zuschauer haben. In diesem Falle haben wir allein durch unser Vorhandensein die Art von Welt, in der wir leben, aus einer unendlichen Vielfalt von Möglichkeiten ausgewählt.«[16] Man nennt dies das anthropische Prinzip. Anders ausgedrückt: Wir können sagen, daß eben dieses Universum so ist, wie es ist, *weil* wir in ihm leben, genausogut wie wir sagen können, daß wir in eben diesem Universum leben, *weil* es ist, wie es ist. Alle Universen sind gleich wirklich, und doch erlebst du nur dieses eine. Und was ist der Grund für die scheinbar so besondere Realität dieses einen Universums? Daß du in ihm lebst.

Die Modelle von Wigner und Everett gehen scheinbar von entgegengesetzten Polen der Materie-Geist-Dichotomie aus. Wigner führt das Bewußtsein als den Schlüssel ein, der die Realität aus dem Bereich der Potentialität herausholt. Wenn wir versuchen, das Bewußtsein festzulegen, dann verlieren wir es aus den Augen. Everett beginnt mit der Realität aller Welten, die unabhängig vom Bewußtsein ist. Dann müssen wir das Bewußtsein wieder einführen, um zu erklären, warum wir in dieser einen bestimmten Welt leben. Beide kehren zu einem unlösbaren Dualismus zurück, weil dieser die Voraussetzung ist, von der sie ausgegangen sind.

Ganzheit und die implizite Ordnung

Wenden wir uns nun einem weiteren Modell der Quantenebene zu, bei dem Bewußtsein und Materie von Anfang an eine gleichberechtigte Rolle spielen, dem Modell von David Bohm.[17] Bohm beginnt damit, daß er alles, was ist, als eine ungeteilte Ganzheit anerkennt. Innerhalb dieser Ganzheit macht der Mensch mit seinem Denken und mit seiner Sprache Unterscheidungen; er trennt die Dinge voneinander. Wenn der Mensch sein Denken *über* das, was ist, mit dem verwechselt, was ist, dann zerstückelt er damit sich selbst und seine Welt.

Aber die Beziehung zwischen dem Denken und der Realität, mit der dieses Denken sich beschäftigt, ist nicht die einer Entsprechung zwischen zwei getrennten Substanzen oder Prozessen: »Wollen wir Klarheit der Wahrnehmung und des Denkens erreichen, ist es offensichtlich erforderlich, daß wir uns grundsätzlich der Tatsache bewußt sind, daß unsere Erfahrung von den (klaren oder verworrenen) Einsichten geformt wird, zu denen wir durch die Theorien gelangen, die in unserer allgemeinen Art zu Denken implizit und explizit enthalten sind... Wenn wir unsere Theorien für direkte Beschreibungen der Realität halten, so wie sie ist, dann behandeln wir Unterschiede und Unterscheidungen (in unserer Theorie) wie Einteilungen, die eine getrennte Existenz von realen Dingen wiedergeben, die den verschiedenen in der Theorie auftauchenden Grundbegriffen entsprechen. Auf diese Weise fallen wir der Illusion anheim, daß die Welt tatsächlich aus getrennten Teilen besteht.« Bohm fährt fort: »Realität und Quantentheorie stimmen darin überein, daß sie beide die Notwendigkeit beinhalten, die Welt als ein ungeteiltes Ganzes zu betrachten, in dem alle Teile des Universums, einschließlich des Beobachters und seiner Instrumente, zu einer einzigen Ganzheit verschmelzen. Eine neue Form der Erkenntnis beinhaltet, daß das Fließen in gewissem Sinne grundlegenderen Wirklichkeitscharakter hat als die ›Dinge‹, deren Bildung und Auflösung wir in diesem Fließen sehen können. Das heißt: Es gibt ein universelles Fließen, das man nicht explizit definieren, sondern nur implizit erkennen kann, aufgrund der explizit definierbaren Formen und Gestalten, von denen einige stabil, andere instabil sind, die man aus dem universellen Fließen abstrahieren kann. In diesem Fließen sind Geist und Materie keine getrennten Substanzen. Sie sind vielmehr verschiedene Aspekte einer ganzheitlichen und ungebrochenen Bewegung.«

Dann analysiert Bohm diese ungebrochene Bewegung und stellt fest, daß sie aus vielen übereinanderliegenden Schichten von immer allgemeineren Stufen der Ordnung besteht, die verborgen, eingefaltet oder implizit sind. Daher nennt er das zugrunde liegende Fließen die implizite Ordnung. Eine spezifische Manifestation ist die Enthüllung oder Entfaltung von Teilen einer gewissen Ebene der Ordnung aus dem Impliziten heraus durch Akte direkter Wahrnehmung. Diese manifeste Erscheinung nennt er dann die explizite Ordnung: »In der Sprache der impliziten Ordnung kann man sagen, daß alles in allem enthalten ist. Dies steht im Gegensatz zu der expliziten Ordnung, die heute in der Physik vorherrscht, nach der die Dinge in dem Sinne entfaltet sind, daß jedes Ding sich nur in seiner eigenen ganz bestimmten Region von Raum und Zeit und außerhalb der Regionen, die zu anderen Dingen gehören, aufhält.« Um deutlich zu machen, wie die vielen expliziten Dinge im Impliziten enthalten sein können, verwendet Bohm ein Modell, das auf dem Hologramm basiert. Ein Hologramm ist eine photographische Platte, die die Interferenzmuster von kohärenten Laserstrahlen aufzeichnet, von denen einer von einem Objekt reflektiert wird. Die Platte kann dann wiederum von einem Laserstrahl gelesen werden, wobei ein dreidimensionales Bild als Objekt entsteht. Der wichtige Unterschied zwischen einem Hologramm und einer normalen Photographie ist der, daß bei einem normalen Negativ jedes kleine Stück des Negativs die Information für ein genau entsprechendes kleines Stück des Objekts enthält. Bei einem Hologramm jedoch enthält jedes kleine Stück der Platte die Information, um ein Bild des gesamten Objekts hervorzubringen (je kleiner das Stück ist, desto undeutlicher wird das Bild, aber schon ein winzig kleines Stück des Hologramms kann das vollständige Bild erzeugen). Das Hologramm selbst sieht in keiner Weise aus wie das Objekt, während man auf einem photographischen Negativ ein Bild erkennen kann, das genau wie das Objekt aussieht.

Bohms Hypothese ist nun die, daß die Art, in der die expliziten Ordnungen in der impliziten Ordnung enthalten sind, analog zu der Art ist, in der die holographische Platte das dreidimensionale Bild »enthält«. So wie man das gesamte Bild aus jedem kleinen Stück der holographischen Platte wieder hervorbringen kann, so ist die gesamte Realität in jedem kleinen Stück der impliziten Ordnung enthalten. Bohm und der Neurophysiologe Karl Pribham haben darüber spekuliert, daß bei der Wahrnehmung möglicherweise ein Mechanismus beteiligt ist, der sich analog zu der Wiedergewinnung eines holographischen Bildes verhält.[18] Nach Bohm sind sämtliche Felder der Quantenmechanik –

Gravitationsfelder, elektromagnetische Felder, starke und schware nukleare Kraftfelder, Felder der Elektronen, der Protonen, des Lichts usw. – in der impliziten Ordnung enthalten, die er, weil sie dynamisch ist, die Holobewegung nennt. Die Ausdehnung der Holobewegung ist unbekannt und unerkennbar: »Selbst die Quantengesetze sind vielleicht nur Abstraktion eines noch allgemeineren Gesetzes, von dem man heute erst einige Umrisse undeutlich erkennen kann. Die Gesamtheit von Einfaltung und Entfaltung geht also möglicherweise weit über das hinaus, was sich unserer Beobachtung bis jetzt offenbart hat.« Die Holobewegung könnte natürlich ohne weiteres in mehr als den vier Dimensionen von Raum und Zeit existieren. Bohm glaubt, daß dies der Fall ist; er stützt sich dabei auf die offensichtliche Verbundenheit von Teilchen über weite Entfernungen, die in den Experimenten von Bell auftritt. Bells Theorem und seine Experimente, die dieses bestätigen, zeigen scheinbar, daß zwei Teilchen, wenn sie einmal miteinander interagiert haben, über weite Entfernungen und lange Zeiten aufeinander bezogen bleiben. Bohm gibt dazu eine Analogie: Ein Fisch schwimmt in einem Aquarium (die implizite Ordnung – eine höhere Dimension), das hinter einem Vorhang verborgen ist. Zwei Fernsehkameras sind auf das Aquarium gerichtet, und alles, was wir sehen können, sind die Bilder, die von den Kameras auf zwei Bildschirme übertragen werden (die explizite Ordnung in unserer vierdimensionalen Raum-Zeit). Wir sind überrascht, wenn wir sehen, wie sich die beiden Fische scheinbar zusammen bewegen. In Wirklichkeit gibt es nur einen realen Fisch, der aus zwei verschiedenen Blickwinkeln gesehen wird, und das ist der Grund, warum die Bewegungen der Fische aufeinander bezogen zu sein scheinen. In der höheren Dimension gibt es nur ein Teilchen, von dem wir in unserer niedrigeren Dimension zwei Aspekte oder Projektionen sehen.

Schließlich sagt Bohm, daß das Bewußtsein selbst, ebenso wie die Materie, auf eine ähnliche Weise in der impliziten

Ordnung eingefaltet ist, die daher etwas Ursprünglicheres ist als diese beiden Aspekte: »Wir kommen daher zu der Hypothese, daß weder der Körper noch der Geist die umfassendste, tiefste und innerste Realität ist, sondern daß eine höherdimensionale Realität, deren Wesen beide überschreitet, ihre gemeinsame Grundlage ist.« Geist und Körper als aufeinander bezogene Projektionen tauchen zusammen aus dieser Grundlage einer höheren Dimension auf. Auch hier können wir wieder die Analogie mit dem Aquarium anwenden. In diesem Falle sind die beiden Bilder, die wir auf dem Bildschirm sehen, das, was wir uns in unserer vierdimensionalen Welt als Geist und Materie vorstellen. Wenn wir versuchen, diese höheren Dimensionen mit unserem normalen Geisteszustand, der nur fähig ist, große Differenzen in Raum und Zeit zu unterscheiden, direkt zu betrachten, werden wir nichts unterscheiden können. Da aber das Erscheinen von Dingen auf Unterscheidung beruht, wird uns diese höhere Dimension als Nichts (engl.: no-thing = kein Ding) erscheinen. Natürlich können wir die Totalität der impliziten Ordnung wahrscheinlich wirklich nicht direkt erfahren; wir können nur immer größere Subordnungen davon in unserem Bewußtsein aufdecken. Unbelebte Objekte, lebende Organismen, bewußte Wesen, all das ist eingefaltet in der impliziten Ordnung enthalten und wird manifest, indem es sich aus ihr entfaltet. Sollten wir also sagen, daß die implizite Ordnung belebt und bewußt ist, oder eher, daß sie unbelebt und unbewußt ist? Wahrscheinlich kann man jede dieser Beschreibungen nur auf eine Subordnung anwenden; die implizite Ordnung selbst ist jenseits solcher Beschreibungen.

Bohms Theorie fügt die zerstückelten Teile des Daseins zusammen und ist damit die Grundlage für ein einheitliches Verständnis von Materie, Leben und Bewußtsein. Fragen wie die, ob der Geist oder die Materie zuerst da war und wie das eine das andere beeinflussen kann, sind hier nicht mehr nötig.

Das Modell der impliziten Ordnung ist weniger direkt auf die detaillierte mathematische Formulierung der Quantentheorie bezogen. In den von Physikern bevorzugten Begriffen ist es daher schwieriger, über dieses Modell zu sprechen als über die Modelle von Wigner oder Everett. Intuitiv empfinden wir es als stärker in unserer direkten Erfahrung verwurzelt, obwohl es durch die Postulierung von weiteren Dimensionen, die über diejenigen, die wir direkt wahrnehmen, nämlich Raum und Zeit, hinausgehen, auch eine Verunsicherung bewirkt.

Alex Comfort weist auf die Analogie zwischen der Überlagerung von Quantenzuständen im Bereich der Potentialität und der Überlagerung von Bildern und Bedeutungen in Träumen hin.[19] Bohm erinnert an das Erleben von Musik, bei dem die Wirkung, die die Musik auf uns hat, von der Wechselwirkung jedes neu gehörten Tones mit dem direkt empfundenen Sinn aller vorhergegangener Töne abhängt. Berühren wir hier höhere Dimensionen der impliziten Ordnung?

Comfort sagt explizit, daß man dies so sehen kann, daß wir in der Überlagerung von Traumbildern möglicherweise in eine andere Dimension hinabblicken, in der Träume koexistent und getrennt sind, so wie wenn wir auf eine gerade Linie von Bäumen blicken und diese überlagert erscheinen.

Und Bohm sagt, daß die Wirkung der Musik auf der Verbundenheit von Tönen in einer impliziten Ordnung beruht, die wir direkt wahrnehmen. Das heißt: Wir nehmen »die Beziehungen von koexistenten Elementen wahr und nicht die Beziehungen von Elementen, die existieren, zu anderen, die nicht mehr existieren«.

Wir könnten die verschiedenen Interpretationen, die wir bisher dargestellt haben, folgendermaßen zusammenfassen: Für Bohr geschieht das, was beobachtet wird, und es wird bestimmt dadurch, *wie* es beobachtet wird. Darüber hinaus gibt es keine weitere Beschreibung der »Realität«. Wenn andere Forscher versuchen, die unmanifestierte Wirklichkeit darzustellen, dann beschreiben sie einen Bereich, über den wir nichts Sicheres wissen können. In den verschiedenen Beschreibungen dieses Bereichs wird gesagt, er bestehe aus Potentia (Heisenberg), Neigungen (Popper), impliziten Ordnungen (Bohm) oder anderen Welten (Everett). Alle diese Darstellungen, die davon ausgehen, daß eben diese Welt die tatsächliche Welt ist, in der jemand lebt und sie beobachtet, beziehen sich auf etwas, das man etwas unbestimmt das »Bewußtsein« dieses Jemand nennt.

Alle diese Interpretationen der Quantenmechanik, in gewissem Sinne auch die Kopenhagener Interpretation, scheinen eine Tatsächlichkeit und ein Bewußtsein, das jemand von dieser Tatsächlichkeit hat, vorauszusetzen. Aber die Vorstellung, daß jeder Beobachter ein kontinuierliches, einheitliches Bewußtsein hat, ist, wie wir in Kapitel 12 und 13 sehen werden, mittlerweile so fragwürdig geworden, daß wir sie fast als wertlos ansehen müssen. Dies scheint nicht nur für jeden von uns persönlich, sondern auch für die Interpretation der Quantenmechanik eine entscheidende Frage zu sein. Für die Kopenhagener Interpretation ist nur das wirklich real, was wir beobachten, und darüber hinaus können wir nichts über die Realität aussagen; aber warum erleben wir dann offensichtlich alle die gleiche »Realität«? Bei Wigners Modell könnten wir fragen: Wessen Wahrnehmung bringt denn nun die Potentialität zur Realität? Beim Everett-Modell ist es allein unsere Wahrnehmung, die diese Welt von all den anderen realen Welten, in denen Kopien von uns existieren, unterscheidet. Davies postuliert in seiner Darstellung des anthropischen Prinzips, daß es vermutlich nur unsere Anwesenheit in dieser Welt ist, welche diese Welt ausgewählt hat. Aber was meint er mit »unserer Anwesenheit«? Die Anwesenheit der organischen Moleküle, aus denen unser Körper besteht, die Anwesenheit eines wahrnehmenden Organismus oder die Anwesenheit »unseres Bewußtseins«? Er meint sicherlich alle drei Aspekte, und doch ist es nur der letztere, der Aspekt des »Bewußtseins« von uns selbst als einem »Beobachter«, der in eben *dieser* Welt anwesend ist. Wenn dein Bewußtsein jedoch völlig von dem meinigen getrennt und jedes in seinem Körper isoliert ist, wie kommt es dann, daß unsere Anwesenheit scheinbar so ähnliche oder sich zumindest überschneidende Welten hervorgebracht hat? Für Bohm, wie auch für Bohr, entstehen Bewußtsein und Erscheinung (explizite Ordnung) zusammen. Sie entstehen aus einer tiefen impliziten Ordnung, in der die Aufspaltung in individuelle »Geistes«- oder »Bewußtseins«-Einheiten fragwürdig ist. Auf dieser Ebene können wir auch nicht mehr sagen, daß das »Bewußtsein« vor der »Materie« oder daß die »Materie« vor dem »Bewußtsein« da war.

Einige der Probleme, denen Quantenphysiker begegnen, wenn sie versuchen, ihre Theorie zu interpretieren, scheinen von der klassischen Annahme herzurühren, daß das Bewußtsein zu einem getrennten Geist gehört, der eine bestimmte Identität hat. Außerdem wird das Wort *Bewußtsein* sehr ungenau verwendet. Wenn wir versuchen wollen, die Beziehung zwischen Manifestation und Bewußtsein zu verstehen, sollten wir daher als nächstes die biologischen Prozesse von Denken und Wahrnehmung untersuchen oder durch die Übung der Meditation den Prozeß des Geistes direkt erforschen.

Vielleicht können wir noch einmal auf Niels Bohr zurückkommen: »Der Gedanke der Komplementarität ist geeignet, die Situation zu charakterisieren, die als tiefgründige Analogie zu der allgemeinen Problematik bei der Bildung menschlicher Ideen verstanden werden kann, die auf der Unterscheidung zwischen Subjekt und Objekt beruht. Besonders der Gegensatz zwischen dem kontinuierlich fortschreitenden Fluß des assoziativen Denkens und der Erhaltung der Einheit der Persönlichkeit ist eine interessante Analogie zu der Beziehung zwischen der Wellenbeschreibung der Bewegung der Materieteilchen, die vom Überlagerungsprinzip bestimmt wird, und ihrer unzerstörbaren Individualität.« Bohr wußte noch nichts von den Einzelheiten des Wahrnehmungsprozesses, wie wir sie heute kennen, aber je mehr dieser Einzelheiten bekannt werden, desto mehr scheinen sie seine Aussage zu bestätigen.

Dies führt uns zu der Philosophie Renouviers zurück, die für Bohr eine Quelle der Inspiration war: »Das Repräsentierte *ist* die Repräsentation«, und jenseits davon gibt es keine Form und keine Begriffsbildung. Hologramme, implizite Ordnungen, andere Welten, all dies sind Versuche, auf das Nicht-Bedingte hinzuweisen, das durch Begriffe und Formen letztlich nicht objektiviert werden kann.

In Teil II habe ich gezeigt, daß unser »gesunder Menschenverstand« – damit meine ich unsere konventionelle, ungeprüfte und ungeübte Wahrnehmung der Welt – vermutlich stark von unbewußten Vorannahmen beeinflußt und beschränkt wird, die zum Teil aus der Physik und der Biologie des neunzehnten Jahrhunderts stammen. Weiterhin habe ich deutlich gemacht, daß die Physik und die Biologie des letzten halben Jahrhunderts diese begrenzenden Vorannahmen ernsthaft untergraben haben.

Auch wenn wir von diesen erweiterten Anschauungen von Raum, Zeit und Materie, die immer noch sehr abstrakt sind, nicht direkt zu unserer unmittelbaren Erfahrung überspringen können, läßt es sich jedoch ohne Zweifel sagen, daß das verkümmerte Weltbild der klassischen Anschauung ausgedehnt worden ist. Wir sind frei, zu dem Reichtum und der Erfülltheit unserer Erfahrung zurückzukehren, das Wesen von Raum und Zeit für uns wiederzuentdecken und uns an der natürlichen energetischen Ordnung unserer Welt zu erfreuen. Prigogine hat die Anfänge davon aufgezeigt, wie man auf einer primären Ebene ein Verständnis des Wandels, des *Werdens* in die Physik einführen könnte, um den Bereich der klassischen und der Relativitäts-Physik, die eine statische, zeitlose Physik des *Seins* war, zu erweitern. Das Ergebnis ist, wie wir gesehen haben, eine Anschauung sich entwickelnder Formationen im Raum-Zeit-Kontinuum. Weiterhin haben wir gesehen, daß auch eine Einteilung der Welt in »Dinge«, die leben, und »Dinge«, die nicht leben, fragwürdig ist. Unsere Beschäftigung mit der Quantenmechanik hat uns gezeigt, daß die unbewußte Kategorisierung unserer Erfahrung als Wahrnehmung einer »äußeren Welt« mit getrennten materiellen Objekten höchst zweifelhaft ist. Wir könnten fragen: Ist es möglich, bei der Erforschung unserer Vorannahmen noch tiefer vorzudringen? Ist es möglich, ein Verständnis unserer realen Lebenswelt zu entwickeln, das selbst auf die Vorannahmen von Raum und Zeit und der Aufteilung in eine innere und eine äußere Welt verzichtet?

Um diese Frage überhaupt zu verstehen, ist es notwendig, uns unsere unmittelbare Erfahrung näher anzusehen. Wir erfahren die Welt durch den Körper, *mit* dem Körper. Wir erfahren nicht eine abstrakte Welt von Raum, Zeit und Objekten, sondern wir sehen *mit* unseren Augen, hören *mit* unseren Ohren usw. Ein vollständigeres Verständnis der Welt muß dieses Vorhandensein des Körpers, das bei jedem spezifischen Inhalt und bei jeder Organisation unserer Wahrnehmung eine Rolle spielt, in Betracht ziehen.

Dies ist der Standpunkt der Prozeßphilosophie, mit der wir uns in Kapitel 14 beschäftigen werden. Die ungeheure Reichweite der Prozeßphilosophie liegt in der Tatsache begründet, daß sie uns einen Rahmen für ein umfassendes Verständnis der Welt bietet, der sowohl die Wissenschaften als auch poetische und religiöse Einsichten miteinbezieht, der aber dennoch nicht auf einer Ebene hoher Abstraktion basiert, sondern auf der Entdeckung der Tiefgründigkeit der unmittelbaren Erfahrung. In Teil III werden wir uns neben der Prozeßphilosophie mit den Stufen der Wahrnehmung beschäftigen, wie sie von der meditativen Einsicht des Vajrayana-Buddhismus gesehen werden. Diese beiden Beschreibungen des Wahrnehmungsprozesses, die zeigen, wie die Erfahrung von Augenblick zu Augenblick aus dem nicht-bedingten Grund aufsteigt, sind trotz des recht verschiedenen kulturellen und philosophischen Hintergrundes, auf dem sie sich entwickelt haben, und trotz der verschiedenen Sprachen, in denen sie ausgedrückt sind, überraschend ähnlich. Andererseits ist die Ähnlichkeit vielleicht doch wieder nicht ganz so überraschend, da wir es auf dieser Ebene mit der Beobachtung des grundlegenden Prozesses der menschlichen Geist-Körper-Einheit zu tun haben, der allen kulturellen Unterschieden vorangeht. Wir werden jedoch mit einem Überblick über die Entdeckungen und Hypothesen der Kognitionspsychologie und der Neurophysiologie beginnen, die während der letzten zehn Jahre die Details der Wahrnehmung immer mehr erhellt haben. Diese Entdeckungen zeigen uns, daß der Prozeß der Wahrnehmung keinerlei Ähnlichkeit mit der Vorstellung hat, die sich die naive Kamera-Theorie von ihm macht. Offensichtlich weisen sie vielmehr in eine ganz ähnliche Richtung wie Whitehead und der Vajrayana-Buddhismus, daß nämlich jeder Moment der Wahrnehmung oder der Erfahrung sich selbst neu erschafft. Wahrnehmung ist ein Prozeß von Augenblick zu Augenblick, in dem eine Welt der Erfahrung zusammen mit der Grenzfläche zwischen »Organismus« und »Umwelt« entsteht, und die Idee einer »äußeren Welt« oder, in diesem Zusammenhang, einer »inneren Welt« löst sich auf.

III ERFÜLLUNG:
DER ZAUBER DER
ALLTÄGLICHEN WELT

12 Flackernde Wahrnehmung

Wir werden unsere Diskussion der Wahrnehmung mit der Betrachtung einiger Ergebnisse der Kognitions- und Neuropsychologie beginnen, die die übliche »Repräsentations«- oder »Kamera«-Theorie der Wahrnehmung erheblich in Frage stellen. Diese Theorie besagt, daß der Endpunkt der Wahrnehmungskette eine mehr oder weniger zutreffende Repräsentation der äußeren Welt in unserem Gehirn ist. Nach dieser Anschauung beobachtet das »Bewußtsein« die Repräsentation, oder die Repräsentation ist, nach einer weiterentwickelten Version, auf irgendeine Art selbstbeobachtend. Wie beim Betrachten einer Photographie bekämen wir also ein relativ zutreffendes Bild von der Welt. Daß diese Theorie wohl eher richtig als falsch sein muß, leitet man aus der Tatsache ab, daß der Organismus fähig ist, in der Welt zu funktionieren. In diese Richtung etwa gehen die Vorstellungen, die die meisten von uns sich von der Welt machen. Wir neigen dazu zu glauben, daß unsere Wahrnehmung an sich rein ist, und daß alle Interpretationen und emotionalen Färbungen dieser reinen Wahrnehmung erst später übergestülpt werden. In diesem Kapitel werden wir sehen, daß die Dinge nicht ganz so einfach sind. Interpretation scheint geradezu das Wesen der bewußten Wahrnehmung zu sein. Darüber hinaus scheint die Wahrnehmung eher einem flackernden Film mit Lükken zwischen den Einzelbildern zu gleichen als einer unbeweglichen Photographie, wobei die Einzelbilder ebenso sehr eine Schöpfung oder Projektion des Beobachters wie ein Abbild der »äußeren Welt« sind.

Wenn wir verstehen wollen, wie unsere sich wandelnde Erfahrung zustande kommen kann und wie Begriffsbildung sowie Achtsamkeit und Bewußtheit in diese Erfahrung hineinspielen können, dann müssen wir uns die Einzelheiten der Wahrnehmung sehr genau ansehen, insbesondere die Momente des Übergangs oder der Verzweigung zwischen Wahrnehmungen. Betrachten wir also als Beispiel die visuelle Wahrnehmung. Wir werden in groben Umrissen nachverfolgen, was mit einem Bild, sagen wir dem Gesicht eines Freundes, geschieht, nachdem es auf die Netzhaut aufgetroffen ist.[1]

Interagierende Subsysteme des Gehirns

Doch bevor wir den Weg eines visuellen Inputs nachverfolgen können, müssen wir zunächst die wichtigsten Subsysteme des Gehirns darstellen, durch die dieser visuelle Input seinen Weg nehmen muß. Die am deutlichsten herausgearbeiteten Subsysteme finden wir in einer vertikalen Einteilung in drei Teile und in einer seitlichen Einteilung in links und rechts. Die vertikale Einteilung wird als das dreiteilige Gehirn bezeichnet und wurde zuerst von Paul Maclean beschrieben, der frühere Hinweise von Papez weiterentwickelte.[2] Die drei Teile sind ziemlich verschieden voneinander und scheinen sich in verschiedenen evolutionären Stufen übereinandergelagert zu haben. Der erste Gehirnteil, das Reptilgehirn, ähnelt dem Gehirn, das man bei prähistorischen und heutigen Reptilien findet. Der zweite Gehirnteil, das »alte Säugetier«-Gehirn, ähnelt dem Gehirn von niederen Säugetieren wie Ratten, Kaninchen, Kängurus, Pferden usw. Der dritte Teil ist das »neue Säugetier«-Gehirn und ist bei Primaten und Menschen besonders stark entwickelt. Maclean sagt, daß diesen drei Gehirnteilen eine Art »neuronales Fahrgestell« untergeordnet ist, das sich aus dem niederen Stammhirn, dem Rückenmark und dem Mittelhirn zusammensetzt. Ohne diese drei Gehirnteile als drei fast voneinander unabhängigen »Fahrern« wäre dieses neurale Fahrgestell wie eine ungesteuerte Rakete, wie ein losrasendes Auto ohne Fahrer. Das neuronale Fahrgestell selbst koordiniert Aspekte der Selbsterhaltung, wie z. B. die Atmung, den Blutkreislauf, den Blutdruck, die Verdauung, die Bewegung und die Selektion von Umweltreizen, die für die Selbsterhaltung von Bedeutung sind.

Der erste Gehirnteil, das »Reptil«-Gehirn, koordiniert ein reiches Spektrum von Verhaltensmustern: Territorialität, rituelle Kämpfe, Bildung sozialer Hierarchien, Begrüßung, rituelle Werbung, Wanderung, das Sammeln von Vorräten und Spielen.

Der zweite Gehirnteil, das »alte Säugetier«-Gehirn bzw. das limbische System, empfängt Informationen sowohl von der »äußeren« Welt als auch von der »inneren« Welt des Organismus und ist ganz erheblich an der Bildung der persönlichen Identität beteiligt. Das limbische System registriert elementare Affekte wie Hunger, Durst, Schmerz, Widerwillen und allgemeine motivierende Verhaltensmuster wie Suchen, Aggression und Liebkosen. Es hat mit Aufmerksamkeit, Emotion, Lernen und Erinnerung zu tun. Es vermittelt von der äußeren Umwelt aufgenommene Botschaften und »versetzt diese mit Stimmungen, die von rosiger Erwartung bis zu bitterer Enttäuschung reichen können, wie bei einer ängstlichen Mutter, die zum Bahnhof kommt und in jedem vorbeifahrenden Jungen ihren Sohn erkennt. « Einige Areale sind vorläufig identifiziert worden, die eine Reihe elementarer Gefühle vermitteln: Wut–Angst; Kampf–Flucht; Lust–Schmerz; Erwartung–Tatsächlichkeit; Spannung–Entspannung. Die ersten beiden Gehirnteile sind nicht »unbewußt« – wir können ihre Äußerungen in einem reichen Spektrum von Körperhaltungen, Gesichtsausdrücken und Verhaltensmustern erkennen. Aber sie können ihre Reaktionen nicht verbalisieren und können nicht direkt Objekte des »Ichbewußtseins« sein.

Der dritte Gehirnteil, der Neocortex, ist nach Maclean einem riesigen neuralen Bildschirm vergleichbar, der die Fähigkeiten der Abstraktion, der Symbolbildung, der Sprache, der Logik besitzt und der zwischen den verschiedenen Sinnen Querverbindungen knüpfen kann. Er ist die Endstation des sensorischen Inputs und hat mit der Kontrolle der motorischen Aktivität zu tun.

Darüber hinaus scheinen die Gehirnfunktionen auch bis zu einem gewissen Grad seitlich zwischen den beiden Hemisphären aufgeteilt zu sein. Die dominante Hemisphäre, in der notwendige Strukturen für das Sprechen und die Sprachfähigkeit lokalisiert sind, scheint auf eine verbal-analytische Weise zu funktionieren. Die entgegengesetzte Hemisphäre (meistens die rechte) hat einen mehr holistischen, intuitiven Modus. Die linke Hemisphäre scheint auch für das Ichbewußtsein eine wichtige Struktur zu sein; deshalb wird sie häufig mit der Sprachfähigkeit in Verbindung gebracht. Diese beiden Funktionsmodi wurden zum ersten Mal entdeckt, als man in einem Versuch, extreme Fälle von Epilepsie zu heilen, das Gehirn von Patienten spaltete, indem man die Millionen von Nervenfasern, die die beiden Hemisphären verbinden, mit einem chirurgischen Eingriff durchtrennte. Später wurden Methoden entwickelt, mit denen man die Unterschiede zwischen der linken und der rechten Hälfte auch bei normalen Personen nachweisen konnte. Man kann die verschiedenen Funktionsweisen der beiden Hemisphären folgendermaßen zusammenfassen:

Linke Hemisphäre	*Rechte Hemisphäre*
verbal	nonverbal
analytisch	ganzheitlich
reduktiv	synthetisch
linear-aufeinanderfolgend	räumlich-visuell
konvergentes Denken	divergentes Denken
ichbewußt	nicht ichbewußt

Hampden-Turner bemerkt dazu: »Die Entdeckung der Bedeutsamkeit der beiden Hemisphären ist ganz gewiß von großer Wichtigkeit. Die Frage, ob Introspektion und Einsicht in das Wesen des menschlichen Geistes etwas bringen oder überhaupt möglich sind, dürfte dadurch nachdrücklich bejaht worden sein. Denn die Dinge, die die physiologische Forschung jetzt entdeckt hat, hat der Geist des Menschen schon seit langem intuitiv gewußt.«[3] Leider neigte man dazu, die Bedeutung dieser Entdeckung überzubewerten und sie als *den* Hauptfaktor bei der menschlichen Evolution hinzustellen. Die Lokalisierung von Funktionen in bestimmten Gehirnarealen ist überhaupt fragwürdig. Was diese Forschung zeigt, ist die Tatsache, daß die Funktionen, wie sie unter der »linken Hemisphäre« und der »rechten Hemisphäre« aufgelistet sind, funktionell zusammengehören.

Wir sollten auch noch auf die Bedeutung des retikulären aktivierenden Systems (RAS) hinweisen, einer Struktur von Zellen, die vom Rückenmark durch das Reptilgehirn bis zum Thalamus reicht. Es ist eine Art Relaisstation, die die sensorischen Informationen auf ihrem Weg zum Cortex durchlaufen müssen. Auch zum Hypothalamus, der mit Emotionen und Trieben zu tun hat, laufen Fasern vom RAS. Das RAS ist die »Alarmglocke des Gehirns«. Es ist für die Wachheit und für die Anregung des Gehirns zur Aktivität verantwortlich. Wenn das RAS beschädigt ist, fällt ein Tier unwiderruflich ins Koma.

Der Cortex ist durch eine große Furche in einen vorderen und einen hinteren Teil geteilt, und die somatosensorischen und motorischen Areale sind auf beiden Seiten dieser Furche in einer Art Projektion des Körpers lokalisiert. Auch Areale für Empfang und Übermittlung von Impulsen der anderen Sinnesorgane sowie Bereiche, die das Sprechen kontrollieren, konnten lokalisiert werden. Es gibt Millionen von Querverbindungen zwischen diesen Arealen und Millionen von Verbindungen zu den niederen Gehirnzentren.

Insbesondere gibt es Verbindungen von den verschiedenen primären sensorischen Arealen zum limbischen System und von dort zum Cortex, speziell zu den präfrontalen Arealen, die mit Planung und dem Gefühl der Bedeutsamkeit zu tun haben.

Komplexe wechselseitige Verbindungen im visuellen System

Die erste Stufe der visuellen Wahrnehmung ist die Aufsplitterung des Bildes auf der Netzhaut in die einzelnen miteinander verbundenen Reaktionen von zehn Millionen Zapfen und hundert Millionen Stäbchen. Die letzte Stufe ist die bewußte Wahrnehmung. Wie wird also ein solches Bild rekonstruiert (oder vielleicht auch konstruiert)? Die »Rekonstruktion« beginnt im Nervensystem der Netzhaut selbst, das bereits beginnt, Muster oder Eigenschaften aus dem Mosaik des Netzhautbildes zu abstrahieren. Diese werden über den Sehnerv weitergeleitet. Die Sehnerven beider Augen überkreuzen sich und je eine Hälfte des Netzhautbildes der beiden Augen wird zu den beiden Hemisphären des Gehirns weitergeleitet. Die rechte Hälfte des visuellen Feldes beider Netzhäute ist mit der linken Hemisphäre des Cortex verbunden und umgekehrt.
Bevor die Millionen von Fasern aus jeder Seite des Sehnervs den Cortex erreichen, münden sie in einen Teil des Thalamus, der als Corpus geniculatus laterale (CGL) bezeichnet wird. Für jede Faser, die das CGL von der Netzhaut erreicht, münden mehr als achtzig Fasern aus anderen Arealen des Gehirns in dem gleichen Punkt, einschließlich Verbindungen, die vom Cortex zurückkommen. Auf einer neuralen Ebene scheint es eine Art Rekonstruktion des Bildes im CGL zu geben, das man aus diesem Grunde auch die »innere Netzhaut« genannt hat. Die vielen Millionen von Nervenfasern, die die visuelle Information transportieren, laufen

dann vom CGL zu mehreren verschiedenen Arealen des Cortex weiter. Zusammengenommen enthalten diese kortikalen Areale mehrere hundert Millionen Neurone, mehrere hundert Mal mehr als die vom CGL eintreffenden Neurone. Auch wenn wir die Prozesse, denen das visuelle Bild im CGL unterworfen war, außer acht lassen, wird es schon kompliziert genug, da diese Informationen jetzt in ein Subsystem eintreten, das mehrere hundert Mal größer ist.

Die visuellen Areale haben Verbindungen zu den präfrontalen Lappen. Wilder Penfield hat diese Lappen die »interpretativen Lappen« genannt, da sie offensichtlich mit Interpretationen über die Beziehung des Individuums zu seiner unmittelbaren Umgebung zu tun haben, Interpretationen wie z. B. »vertraut«, »angsteinflößend«, »einschließend«, »wegbewegend«. Die präfrontalen Lappen haben auch eine Verbindung zum limbischen System, dem Sitz der Emotionen. Eccles sagt daher: »Man kann sich die Funktion des präfrontalen Cortex so vorstellen, daß dort alle gefühlsbetonten Informationen mit somatosensorischen, visuellen und auditorischen Informationen verknüpft werden und dem Subjekt damit eine bewußte Erfahrung ermöglicht und eine Anleitung zu angemessenem Verhalten gegeben wird.« Und noch einmal Eccles: »Über ihre Verbindung zu den präfrontalen Lappen modifizieren und färben der Hypothalamus und das limbische System die bewußten Wahrnehmungen, die sich aus dem sensorischen Input ableiten, mit Emotionen und überlagern sie mit motivationalen Kräften.« Darüber hinaus haben die visuellen Areale des Cortex, wie die präfrontalen Lappen, auch *direkte* Verbindungen zum limbischen System, so daß sich komplizierte Feedback- oder Feedforward-Schleifen aufbauen können. Schließlich hat auch der visuelle Cortex selbst noch Rückverbindungen zum CGL, so daß die visuellen Informationen, die am CGL eintreffen, schon auf dieser relativ frühen Stufe von bereits sehr stark emotional angereicherten Interpretationen modifiziert werden. Das CGL hat auch Verbindungen zu Arealen, die für die visuelle Erkennung und für die Ausrichtung der Augen auf Objekte des Interesses verantwortlich sind, so daß das Feedback vom Cortex schon einen Einfluß darauf hat, was überhaupt von den Augen aufgenommen wird.

Es gibt noch eine weitere sehr wichtige Verbindung, über die wir sprechen müssen – die unserer Fähigkeit, zu sprechen und Begriffe und Bezeichnungen zu bilden. Es hat den Anschein, daß eins der wichtigsten Areale, von dem man weiß, daß es für die Sprache notwendig ist (das Werniche-Sprach-Areal), auch das Areal ist, in dem Assoziationen zwischen den Sinnen (cross-modal) stattfinden. Zitieren wir Geschwind, einen Experten in diesem Bereich: »Die Fähigkeit, cross-modale (sensorische) Assoziationen zu bilden, ist eine Voraussetzung für die Fähigkeit des Spracherwerbs. Bei nicht-menschlichen Formen sind nur Assoziationen zwischen nicht-limbischen (visuellen, taktilen oder auditorischen) Stimuli und limbischen (emotionalen) Stimuli gut etabliert. Nur beim Menschen stellen sich Assoziationen zwischen zwei (sensorischen) Stimuli prompt ein, und diese Fähigkeit ist die Grundlage für das Lernen von Bezeichnungen für Objekte.«[4] Diese Vermischung des Inputs von verschiedenen Sinnen durch Überkreuzassoziationen sowie die Sprachbildung finden in einer kortikalen Region statt, die wiederum Informationen in das CGL – die primäre Umschaltstelle für visuelle Bilder – einspeist.

Fassen wir zusammen: Obwohl ich nur eine äußerst knappe Skizze der Verhältnisse gegeben habe, sehen wir sofort, daß das visuelle System ein komplexes Netzwerk von ineinandergreifenden Schleifen ist, in dem das, was wir sehen, mit unseren übrigen Sinnen, unseren Emotionen, unseren Interpretationen, unseren Interessen und mit unseren Beziehungen verbunden wird und in dem all dies zusammengenommen wieder an den ursprünglichen Eintrittspunkt der visuellen Information aus dem Sehnerv zurückgemeldet wird. Wie konnten wir nur jemals denken, das Auge sei gleich einer Kamera, die reine, unverfälschte kleine

Schnappschüsse von der Welt »da draußen« macht? Und entsprechende Systeme gibt es natürlich auch für die Sinne des Hörens und des Tastens. Der Geruchssinn unterscheidet sich dadurch, daß er in erster Linie Verbindungen zum limbischen System hat und erst danach zum Cortex, was sicherlich zum Teil die spezifische Verbindung des Geruchssinns mit starken Emotionen erklärt.

Über die am Ende stattfindende Rekonstruktion zu einem einheitlichen, »bewußten« Bild habe ich nichts gesagt, weil man darüber fast nichts weiß. Es gibt Hinweise darauf, daß einige Neurone im visuellen Cortex auf ganz bestimmte, sehr einfache Eigenschaften in der Umwelt reagieren, wie z. B. Länge, Dicke, Richtung und Helligkeit von Linien und andere einfache geometrische Eigenschaften. Darüber hinaus gibt es Hinweise darauf, daß einige Neurone möglicherweise sehr spezifisch reagieren – in einem Experiment mit einem Affen z. B. feuerte ein Neuron offensichtlich ganz spezifisch beim Auftauchen der Silhouette einer Affenhand. Wie all dies jedoch zusammengefügt wird, ist aus der Sicht der Neurophysiologie unbekannt.

Wenn wir von der naiven Anschauung des gesunden Menschenverstandes ausgehen – nämlich, daß es eine reale, feste Welt der »Dinge« außerhalb unseres Körpers gibt, daß unser »Bewußtsein« innerhalb des Körpers lokalisiert ist und daß das Gehirn mit Hilfe all dieser komplexen Verbindungen fähig ist, ein Bild, eine »Repräsentation« der äußeren Welt zu konstruieren –, dann müssen wir uns sicherlich fragen, wie »richtig« dieses Bild wohl sein kann.

Die typische Antwort der Neurophysiologie auf diese Frage wurde von Vernon Mountcastle, der von vielen als die höchste Autorität auf dem Gebiet der Psychobiologie angesehen wird, folgendermaßen zusammengefaßt: »Jeder von uns glaubt, direkt in der Welt, die ihn umgibt, zu leben, eine exakte Sinnesempfindung der Objekte und Ereignisse zu haben und in einer wirklichen, gegenwärtigen Zeit zu leben. Ich behaupte, daß dies Wahrnehmungsillusionen sind. Jeder von uns lebt in dem Universum – dem Gefängnis – seines eigenen Gehirns. Millionen empfindlicher sensorischer Nervenfasern gehen von ihm aus, gebündelt in Gruppen, deren spezielle Anpassung in ihrer Fähigkeit besteht, die energetischen Zustände der Welt um uns zu erfassen: Hitze, Licht, Kraft und chemische Zusammensetzung. Das ist alles, was wir direkt von der Welt wissen, alles andere sind logische Schlüsse; die Sinnesempfindung ist eine Abstraktion, nicht eine Reproduktion der realen Welt.«[5] Mountcastles Aussage beruht auf der Annahme, daß wir wirklich in unserem Gehirn leben und daß uns wirklich eine »äußere«, »reale« Welt umgibt. Im nächsten Kapitel werden wir gute Gründe dafür finden, diese Annahme anzuzweifeln.

Annahmen und Wahrnehmungsanpassung

Wenden wir uns jetzt Untersuchungen zu, die sich direkt mit der Wahrnehmung beschäftigen. Die Arbeit von Richard L. Gregory, Professor für Neuropsychologie und Leiter des Brain und Perception Laboratory an der Universität Bristol, ist dabei von einiger Bedeutung.[6] Gregory hat mehr als dreißig Jahre damit verbracht, die Wahrnehmung und insbesondere die visuelle Wahrnehmung zu erforschen. Er führte eine Untersuchung speziell über die visuelle *Illusion* durch. Gregory erkannte, daß die Wahrnehmung in einem äußerst engen Zusammenhang mit unseren Gedanken, Vorstellungen und Hoffnungen über die Welt steht. Wenn wir daher nur das normale Funktionieren der Wahrnehmung untersuchen würden, wäre es schwierig zu sagen, in welchem Ausmaß unsere Theorien über die Wahrnehmung unsere Untersuchungen beeinflussen. Deshalb müssen wir uns nach einer Situation umsehen, in der die Natur sozusagen trotz unserer Beobachtung zu uns spricht. Die beste Möglichkeit, etwas über die Wahrnehmung herauszufinden, das über unsere Vorannahmen hinausgeht, besteht darin, Fälle zu betrachten, in denen sie scheinbar versagt: Fälle von optischen Täuschungen.

Gregory beschreibt vier allgemeine Arten der optischen Täuschung: Verzerrung, Doppeldeutigkeiten, Paradox und Fiktion. Ein Beispiel für die *Verzerrung* ist das bekannte Kinderrätsel, in dem gefragt wird, ob zwei horizontale Linien die gleiche Länge haben (siehe Abb. 4). Die Antwort ist fast immer, daß die obere Linie länger sei. Und selbst wenn wir wissen, daß die beiden Linien tatsächlich gleich lang sind, sieht für uns die obere Linie immer noch länger aus. Dies ist ein einfaches Beispiel für das Phänomen der Größenkonstanz. Wenn man z. B. seinen Daumen einige Zentimeter vor sich hält und ihn dann wegbewegt, dann hat man in der Regel die Wahrnehmung, daß seine Größe ungefähr konstant bleibt. Das Phänomen von Abbildung 4 erklärt Gregory nun so, daß das Gehirn daran gewöhnt ist, in der tatsächlichen Welt oder in Bildern unzählige Beispiele von zusammenlaufenden perspektivischen Linien zu sehen, und daß es weiß, daß in diesen tatsächlichen Situationen die horizontalen Linien nicht die gleiche Länge hätten; deshalb werden sie als ungleich wahrgenommen.

Ein Beispiel für die *Doppeldeutigkeit* ist eine andere berühmte Täuschung: der Necker-Würfel (Abb. 5). Wir nehmen einen solchen Würfel als dreidimensional wahr. Der Punkt A kann jedoch als eine Ecke der Vorderseite oder der Rückseite wahrgenommen werden. Der Würfel springt zwischen diesen beiden Möglichkeiten hin und her. Wir können ihn mit einer Art innerer Anstrengung hin- und herspringen lassen, oder er scheint von selbst hin- und herzuspringen, wenn wir uns entspannen. Wir können zeigen, daß dieses Springen nichts mit Augenbewegungen zu tun hat. Wenn wir das Bild z. B. unter einem hellen Licht ansehen und dann das Nachbild auf der Netzhaut betrachten, erkennen wir, daß auch dieses springt. Das Springen muß daher auf einer tieferen Ebene des visuellen Systems stattfin-

Abb. 4

Abb. 5

Abb. 6

Abb. 7

Abb. 8

Abb. 9

den. Gregory glaubt, daß irgendeine höhere Hirnfunktion zwischen zwei möglichen Annahmen darüber, welches die tatsächliche Lage des Würfels ist (mit »tatsächlich« ist hier gemeint, daß es sich um einen realen Drahtwürfel in der physikalischen Welt handelt) hin- und herspringt. Wenn er ein solcher Drahtwürfel wäre, *müßte* er die eine oder die andere Lage einnehmen, und das Gehirn scheint darauf vorprogrammiert zu sein, solche Doppeldeutigkeiten zu lösen, indem es sich zwischen zwei Annahmen entscheidet. Ein anderes Beispiel für dieses Springen sind die junge Dame und die mürrische Alte von Abb. 6 (ursprünglich die Fräulein-Frau-Illusion genannt). Auch diese hat eine verunsichernde Wirkung, und hier können wir uns schon eher vorstellen, daß solche Illusionen in ziemlich komplexen visuellen Situationen in der realen Welt vorkommen könnten.

Ein Beispiel für das *Paradox* sehen wir in Abb. 7 – eine zweidimensionale Figur, die dreidimensional aussieht; wenn wir die drei Seiten jedoch nachverfolgen, wissen wir, daß sie nicht dreidimensional sein kann. Escher hat in brillanter Weise von dieser Art von Paradox Gebrauch gemacht. Seine Arbeiten verblüffen uns, und manchmal sind wir ziemlich irritiert, da keine der möglichen Annahmen darüber, was »wirklich« in der Szene stattfindet, ganz stimmt.

Schließlich gibt es noch die Täuschung der *Fiktion*. Ein Beispiel dafür sehen wir in Abb. 8. Wir *sehen* tatsächlich ein weißes, flächiges Dreieck, das drei Punkte miteinander verbindet. Es ist nicht nur ein rein intellektueller Prozeß. Auch wenn wir versuchen zu denken, daß in Wirklichkeit kein weißes Dreieck da ist, sehen wir es immer noch. Noch verblüffender ist dies bei Abb. 9, wo die schwarzen, abgewinkelten Linien nicht mit dem, was wir sehen, übereinstimmen – wir sehen ein Dreieck mit gebogenen, konkaven Seiten.

Der gefleckte Hund auf Abb. 10 ist ein Beispiel für dieses Ergänzen unter natürlicheren Bedingungen. Auch hier sagt Gregory, daß wir eine Annahme konstruieren, die

darauf basiert, daß wir die Ohren und das Halsband des Hundes sehen. Den Rest des Hundes ergänzen wir aufgrund dieser Annahme.

All dies deutet in die Richtung, daß bestimmte Merkmale in der Interaktion von visuellem System und Umwelt entstehen und dann höhere, begriffliche Mechanismen des Gehirns den Rest ergänzen, indem sie für diese Merkmale die wahrscheinlichste Hypothese heraussuchen.

Von zwei Seiten findet diese Theorie weitere Bestätigung. Zunächst konnten wir bei unserer Beschreibung der Gehirnmechanismen für den Gesichtssinn erfahren, daß es zwar nur sehr wenige bekannte Neurone im Gehirn gibt, die die Funktion von Musterdetektoren haben – aber es gibt sie. Und sie haben alle mit sehr grundlegenden Aspekten der Umwelt zu tun – Helligkeit, geometrische Muster, Perspektive, plötzliche Bewegung usw. Zweitens vertritt ein anderer Psychologe mit einer großen Anhängerschaft, J. J. Gibson, die Theorie, daß es gewisse Invarianzen des Lichts gibt, die an jeder Stelle der realen Welt auftreten. Wenn wir z. B. durch ein Feld gehen, scheinen sich die gefleckten Muster des Grases auf uns zu zu bewegen, dabei immer größer zu werden und dann zu beiden Seiten an uns vorbeizuziehen. Durch die kontinuierliche Interaktion mit diesen bewegten Perspektiven und Mustern lenken wir unsere eigene Bewegung. Wenn wir das Wesen von Gibsons Invarianzen genauer untersuchen, stellen wir fest, daß sie ziemlich abstrakt sind und daß sie ganz gut mit einigen der neuronalen Musterdetektoren übereinstimmen könnten: die Seiten und Kanten von Objekten, die Beschaffenheit der Erde, die mit wachsender Entfernung immer dichter aussieht, usw. Einige der Beispiele, die Gibson für diese Invarianzen oder »Affordanzen«, wie er sie nennt, bei der direkten Wahrnehmung gibt, scheinen Gregorys Anschauung eher zu bestätigen als zu widerlegen:

»Ein festes Objekt mit einer scharfen, V-förmigen Kante, einer Schneide, eignet sich (engl.: affords) zum Schneiden und Kratzen. Es ist ein *Messer*.

Ein festes Objekt von mittlerer Größe und mäßigem Gewicht, das man aufheben kann, eignet sich zum Werfen. Es könnte ein Wurfgeschoß sein oder nur ein Objekt zum Spielen, ein *Ball*.«[7]

Wir haben hier eine ganz deutliche Beschreibung jenes Wahrnehmungsprozesses vor Augen, der auf der Basis mehrdeutiger Eigenschaften der Umwelt seine Annahmen macht. All diese Argumente gelten genauso für die anderen Sinne: Wir ergänzen Wörter, die wir nicht hören – wenn z. B. nach dem Essen ein Getränk serviert wird, und die Kellnerin fragt: »Möchten Sie lieber Tee oder (Kling)?« dann machen wir daraus: »Möchten Sie lieber Tee oder Kaffee?« Auch im Gehörsinn kommen *Doppeldeutigkeiten* ziemlich häufig vor – wenn ein Student z. B. seinen Professor in dessen Büro besucht und der Professor mitten im Gespräch aufsteht und sagt: »Es ist zehn Uhr, ich muß jetzt wirklich ins Labor (engl.: laboratory) gehen«, dann versteht der Student vielleicht: »Es ist zehn Uhr, ich muß jetzt wirklich zur Toilette (engl.: lavatory) gehen«, und er wundert sich, warum der Professor es für nötig befindet, sich so umständlich zu erklären. Eine Doppeldeutigkeit des Tastsinns wäre es z. B., wenn wir einen scharfen Stich unter unserem Hemd spüren und aus unserem Sessel aufspringen, weil wir in dem Moment glauben, es wäre eine Wespe.

Angst und die zentrale Annahme eines »ICH«

All diese Beispiele zeigen Situationen, in denen die Wahrnehmung nicht ganz richtig funktioniert, aber sie scheinen auch direkt auf die Mechanismen der Wahrnehmung in ihrer normalen Funktionsweise hinzuweisen: Indem wir uns durch die Welt bewegen, erscheinen Muster, über die verschiedene Annahmen gemacht werden, um die am besten Passende herauszufinden. Im normalen Ablauf der Bewegung des Organismus durch seine natürliche Welt funktioniert die Wahrnehmung gut; normalerweise sind wir schneller, als wir es überhaupt merken, in der Lage, ein passendes Konzept zu finden. Wir könnten uns jedoch fragen: was geschieht, wenn das Gehirn *kein* passendes Konzept für bestimmte Wahrnehmungsmuster finden kann. Richard Gregorys Arbeit zeigt, daß das Bewußtsein unserer Wahrnehmungen genaugenommen eine biologische Reaktion auf wahrnehmungsmäßige Fehlanpassung sein könnte. Und wenn wir uns intensiver damit beschäftigen, entdecken wir die motivierende Energie für dieses Bewußtsein, die wahrscheinlich Angst ist.
Verhaltensbiologen haben die allgemeinen Parameter unseres Verhaltens, die emotionalen Energien, die auf der Interaktion zwischen dem Nervensystem und dem endokrinen System beruhen, untersucht. Wut, Schmerz, Angst, Wohl-

befinden, Lust, Bindung, Depression und Gier – jedes dieser Gefühle hat eine biologische und endokrine Basis in diesen Systemen. Von besonderem Interesse für diese Analyse sind die wechselseitige Verbindung zwischen diesen grundlegenden Energien, die zentrale Rolle der Angst und die Mechanismen der Angst selbst. Wie nahe Angst und Wut beieinander liegen, kann man an ihrem äußeren Ausdruck erkennen: Der Gesichtsausdruck der Angst ist kaum von dem der Wut zu unterscheiden; die Kampf-Flucht-Reaktion ist ein heikles Gleichgewicht und scheint sich auf ein gemeinsames Spektrum innerer Reaktionen zu gründen; die strukturellen Teile des Gehirns, die mit Angst und Wut zu tun haben, scheinen zum Teil die gleichen zu sein. Lust kann man auf dieser sehr elementaren Ebene biologischer Energien als eine Entlastung von Streß begreifen, d. h. als die Entspannung einer vorübergehend angsterregenden Situation. Auch Bindung scheint eng mit Angst verbunden zu sein: der Angst vor Verlust: »Die Angst davor, unfreiwillig von einer Bindungs-Figur getrennt zu werden, ist eine aufschlußreiche Reaktion auf einen der natürlicherweise vorkommenden Hinweise auf ein erhöhtes Gefahrenrisiko«, berichtet John Bowlby, einer der größten Psychobiologen und Autor eines dreibändigen Werks über Bindung und Verlust.[8]

Am interessantesten ist der Mechanismus der Angst selbst. Es gibt aus den verschiedensten Quellen überzeugende Bestätigungen für eine Theorie, die zum ersten Mal von Donald Hebb in den vierziger Jahren aufgestellt wurde und die besagt, daß *Angst das Resultat einer Fehlanpassung der Wahrnehmung ist*.[9] Das heißt: Die Angstreaktion wird immer dann ausgelöst, wenn der Organismus eine Wahrnehmung hat, die nicht zu der Erwartung paßt, was er in einer bestimmten Situation wahrnehmen sollte. Nehmen wir ein ganz einfaches Beispiel: Wenn man Küken häufig die Erfahrung machen läßt, daß der Schatten einer Gans über ihr Nest huscht, dann ducken sie sich (eine Angstreaktion), wenn der Schatten eines *Falken* über ihnen auftaucht. Hat man sie jedoch an den Schatten eines Falken gewöhnt, dann ducken sie sich, wenn der Schatten einer Gans vorüberfliegt. Viele Experimente, die man unter den verschiedensten Bedingungen mit Tieren einschließlich Schimpansen und auch mit Menschen gemacht hat, zeigen, daß diese Hypothese sehr wahrscheinlich richtig ist. Auch im Sinne der Evolutionstheorie ist sie sehr einsichtig: Es ist wesentlich effizienter, eine genetische Tendenz ins Nervensystem einzubauen, immer mit Angst zu reagieren, wenn irgendein Reiz auftaucht, der nicht mit unserer Erwartung übereinstimmt, als für jedes einzelne der vielen Dinge, die für ein bestimmtes Tier in seiner normalen Lebenssituation bedrohlich sein könnten, eine spezifische Angstreaktion einzubauen. Was folgt daraus?

Wenn das vermutende Gehirn nicht schnell genug in der Lage ist, ein passendes Konzept für die Muster, die in unserem Wahrnehmungsfeld des Sehens, Hörens etc. auftauchen, zu finden, dann entsteht Angst. Angst ist also der grundlegende Steuerungsmechanismus unserer Wahrnehmung. Wenn wir keine Angst spüren, dann wissen wir, daß uns eine gute Anpassung gelungen ist. Angst hält uns auf unserem Weg durch die Welt in den Gleisen unserer Gewohnheit. Für einen Organismus, der sich durch seine natürliche Umwelt bewegt und dabei Objekte wie Steine, Bäume und andere Mitglieder seiner Art auf diese Weise erkennt, ist all dies sehr vernünftig. Halten wir uns jedoch vor Augen, daß der größte Teil des menschlichen Lebens nicht darin besteht, daß wir Felsen und Bäume erkennen, sondern darin, daß wir versuchen, menschliche Gesichtsausdrücke und Sprache mit all ihren subtilen Untertönen richtig zu verstehen, dann sieht die Sache ganz anders aus. Der Verhaltensbiologe Melvin Konner sagt dazu: »Jede ernstzunehmende Analyse des menschlichen Verhaltens wird unvermeidlich erkennen, daß Situationen, die in Vergangenheit, Gegenwart und Zukunft die schlimmsten Bedrohungen für das Überleben und die Würde der Menschheit waren, viel mehr aus irrationaler Angst als aus irrationaler Wut entstanden sind.«[10] Nun stellt sich aber heraus, daß die meisten Wahrnehmungssituationen, wenn wir sie als gegeben betrachten, auf Angst *gegründet* sind. Wir erkennen, daß der Versuch, unsere Wahrnehmungen immer in Übereinstimmung mit unseren Vermutungen über das, was vor sich geht, zu halten, eine sehr heikle Angelegenheit ist, bei der das Unbekannte immer in der Nähe lauert. Normalerweise bewältigen wir unser Leben, indem wir es ziemlich eng eingrenzen, so daß wir dem Unbekannten nicht allzuoft begegnen. Aus einer anderen Perspektive könnten wir auch sagen, daß jeder Moment eigentlich unbekannt ist und daß wir ihn uns, um Angst zu vermeiden, mit unseren gewohnheitsmäßigen Annahmen vertraut machen. Wenn wir also den Wahrnehmungsprozeß nicht als das erkennen, was er ist, dann ist unser Leben umschlossen von einem Ring der Angst. Und aus eben diesem Grund versuchen wir ständig zu vermeiden, die Basis, auf der wir unser Leben leben, zu erkennen. Wenn wir jedoch bereit sind, die Angst zu sehen und zu erfahren, statt sie zu vermeiden, dann sind wir nicht gezwungen, die gewohnheitsmäßigen Annahmen zu übernehmen. Unbekanntheit kann dann zu einer Quelle von Möglichkeiten werden.

Was könnte nun der Grund für diese Mutmaßungen sein, die ständig von unseren höheren Gehirnfunktionen aufgestellt werden? Wahrscheinlich hat sich dieser ganze Prozeß aus zwei Gründen entwickelt; einmal, um das Individuum vor Gefahren zu warnen, und zum anderen, um es in die Lage zu versetzen, die Umwelt effektiver vorhersagen und manipulieren zu können. Dies scheint im wesentlichen der Zweck des mutmaßenden Aspekts der Wahrnehmung zu sein. Daraus folgt, daß vermutlich eine sehr große Gruppe von Annahmen von dem Gesichtspunkt der Existenz des Individuums als getrennte Einheit geprägt ist, also der Annahme eines »Ichs«. Wir könnten diese Annahme eines

»Ichs« eine zentrale Annahme nennen, um die herum viele andere Annahmen organisiert sind. Es scheint, daß diese zentrale Annahme eines »Ichs« sowohl individuell als auch kulturell eine grundlegende strukturierende Annahme ist. Wie wir in Kapitel 7 besprochen haben, ist es auch auf der biologischen Ebene wahrscheinlich so, daß das Bewußtsein vom Selbst und den anderen als getrennte biologische Einheiten und die Empfindung von inneren Körperzuständen sich zu dem Zweck entwickelt haben, daß die Individuen sich imaginativ in andere Individuen hineinversetzen können, um deren Verhalten besser vorhersagen zu können.

Versuchen wir jetzt, diesen Prozeß der Konstruktion einer »äußeren Welt« noch tiefer zu erforschen. Bisher haben wir gesehen, daß der Organismus eine Botschaft empfängt, die sich aus einer Gruppe von Eigenschaften zusammensetzt, die in der Interaktion mit der Welt entstehen, und daß er dann eine Hypothese über das, was »da draußen« ist, aufstellt. Wir müssen uns daran erinnern, daß der Organismus, wenn er eine bestimmte Gruppe von Eigenschaften auswählt, andere Eigenschaften voraussetzt, die den Hintergrund oder den Kontext für die jeweilige Wahrnehmung bilden, und dazu gehören insbesondere die Eigenschaften seines eigenen Körpers.

Die Wahrnehmung flackert

Wahrnehmung ist ein Prozeß, der eine gewisse Zeit braucht. Man hat gezeigt, daß es ungefähr eine halbe Sekunde dauert, bis ein Sinnesreiz bewußt wird. Im Vergleich dazu dauert es ungefähr eine hundertstel Sekunde, bis ein Sinnesreiz den Cortex erreicht, und für eine »automatische«, vorher gelernte Reaktion auf einen Reiz ist eine zehntel Sekunde nötig. Benjamin Libet hat dies für den Tastsinn demonstriert, dessen Bahnen im Gehirn denen des Gesichtssinns sehr ähnlich und teilweise sogar mit ihnen verbunden sind. Libet machte Experimente mit Patienten, die sich einer Gehirnoperation unterziehen mußten und die bereit waren mitzumachen. Er zeigte, daß anhaltende direkte Stimulierung der für den Tastsinn zuständigen Cortex-Bereiche auf einem Teil der Haut eine Empfindung hervorrief, als würde sie gedrückt. Libet setzte dieses Ergebnis in einige sehr erfinderische Experimente um, in denen er die Reaktionen auf diese cortikale Stimulierung mit direktem Druck auf die Haut verglich, und kam dabei zu folgenden Ergebnissen:

1. Ein einzelner kurzer Impuls auf der Haut kann bewußt gemacht werden.

2. Ein einzelner kurzer Impuls direkt im Cortex wird nicht bewußt wahrgenommen.

3. Bei direkter Reizung des Cortex muß man eine kontinuierliche Kette von Impulsen (die weniger als eine tausendstel Sekunde dauern und mit einem Abstand von einer zwanzigstel Sekunde aufeinander folgen) *mindestens eine halbe Sekunde lang* anlegen, damit diese bewußt wahrgenommen werden kann.

4. Ein einzelner kurzer Impuls auf der Haut wird nicht bewußt wahrgenommen, wenn der Cortex innerhalb einer halben Sekunde nach der Stimulierung der Haut gereizt wird.

Libet schloß daraus, daß, obwohl ein einzelner Impuls auf der Haut den Cortex in weniger als einer hundertstel Sekunde erreichen kann, dieser Impuls vom Cortex zunächst mindestens eine halbe Sekunde lang irgendwie wiederholt und ausgearbeitet werden muß, bevor er bewußt werden kann.

Libet konnte zeigen, daß diese Verzögerung nicht nur bei der Wahrnehmung der äußeren Welt, sondern auch bei der Wahrnehmung unserer eigenen Muskelbewegungen auftritt. Er forderte Versuchspersonen auf, mit einem Finger eine schnelle Bewegung zu machen, wann immer sie wollten, und zeigte, daß das EEG-Muster, das dem Beginn der

Bewegung entspricht, mindestens eine drittel Sekunde, bevor die Versuchsperson glaubte, sich bewegen zu wollen, auftrat.[11]

Solche Zeitverzögerungen zwischen Handlung und Bewußtsein sind in vielen Experimenten und Beobachtungen bestätigt worden, bei denen die Funktionen des frontalen Cortex der Planung, der Aufmerksamkeit und der Projektion von Bedeutung und Zukunftsorientierung eine Rolle spielen. Und man hat gezeigt, daß dieser frontale Cortex auf den Wahrnehmungsprozeß Einfluß nimmt, bevor dieser Prozeß das »Bewußtsein« erreicht. Das heißt, daß unsere Wahrnehmungen bereits sehr weitgehend verarbeitet und programmiert sind, bevor sie uns bewußt werden. Ein typisches Beispiel dafür ist ein Experiment von Karl Pribham, bei dem Affen wählen mußten zwischen einer Karte mit einem Streifen oder einem Kreis, indem sie den richtigen Hebel drückten und dann eine Belohnung empfingen. Die Gehirnwellen der Affen zeigten, daß ihr Gehirn schon auf einer sehr frühen Stufe der Verarbeitung der visuellen Information den richtigen Hebel herausgesucht hatten. Die Affen hatten eindeutig schon relativ lange, bevor sie es tatsächlich taten, die *Absicht*, den Hebel zu drücken. Ein anderes Beispiel ist, daß es nur eine zehntel Sekunde dauert, bis wir auf die Bremse treten, wenn uns jemand vors Auto läuft; aber es dauert mindestens eine halbe Sekunde, bis uns klar wird, was geschehen ist. Diese verzögerte Reaktion ist uns allen wahrscheinlich vertraut. Wir könnten uns jetzt fragen, warum wir die Illusion haben, daß unsere Erfahrungen in der Gegenwart stattfinden, während wir doch in Wirklichkeit die Welt mit einer halben Sekunde Verzögerung erleben. Libet glaubt, daß das Gehirn auf raffinierte Weise seinen bewußten Eindruck auf jenes erste Eintreffen des Impulses im Cortex bezieht (das nur eine hundertstel Sekunde verzögert war) und seine Erfahrung auf diesen Augenblick zurückprojiziert. Damit gibt es uns den Eindruck, daß die Erfahrung mit der Realität zusammenfällt.

Wir könnten hier noch erwähnen, daß Experimente und lange klinische Erfahrung mit Biofeedback gezeigt haben, daß es möglich ist, sich kleinste Veränderungen innerer Körperprozesse, die normalerweise weit unterhalb der Bewußtseinsschwelle liegen, bewußt zu machen oder sie zu beeinflussen. Pulsrate, Blutdruck, verschiedene Arten elektrischer Aktivität im Gehirn (Gehirnwellen), all dies kann durch Biofeedback unter bewußte Kontrolle gebracht werden. Und genau dies wird auch von der Meditation behauptet, nämlich, daß wir unsere Bewußtheit darauf trainieren können, auf Prozesse zu achten, die kürzer als eine hundertstel Sekunde sind. In der Überlieferung heißt es, daß man in der Meditation Augenblicke der Bewußtheit erschließen kann, die nur den sechzigsten Teil eines Fingerschnippens dauern. Damit ist vermutlich der sechzigste Teil der kürzesten Zeitspanne, die einer untrainierten Wahrnehmung zugänglich ist, gemeint, also ungefähr der sechzigste Teil einer zehntel Sekunde. Es ist daher durch Übung möglich, den gesamten Prozeß der Wahrnehmung zu erfahren.

Wir wissen also nun, daß ein einzelnes Bild den Cortex in einer hundertstel Sekunde erreichen kann. Kommt der Organismus in dieser Zeit zu einem abschließenden Urteil über das Objekt? Vermutlich nicht. Wie wir gesehen haben, dauert es in der Tat eine halbe Sekunde, bis ein Bild bewußt wird. Und andere Experimente haben gezeigt, daß man sich zwar an Bilder, die nur eine hundertstel Sekunde lang aufblitzen, nicht bewußt erinnern, sie aber in Träumen oder in Hypnose wieder abrufen kann.

Es gibt viele mögliche Erklärungen für Libets Experimente, die noch nicht ganz ausgereift sind. Gestützt durch die Einsichten der meditativen Tradition vermute ich jedoch, daß sich in der halben Sekunde, die es dauert, bis ein Bild bewußt wird, ein ständiges Hin- und Herspringen zwischen nondualer Wahrnehmung und konzeptuellen Annahmen über das, was »da draußen« ist, abspielt. Gregory Bateson beschreibt einen sehr ähnlichen schrittweisen Zick-Zack-Prozeß der Wahrnehmung, der zwischen Prozeß und Form hin- und herspringt, zwischen Informationen über Unterschiede in der Welt und hierarchischer Kategorisierung dieser Informationen. »Eine Welt der Vernunft, der Organisation und der Kommunikation ist ohne Diskontinuität nicht vorstellbar.« Auf der Basis dieser Beobachtung können wir noch nichts darüber sagen, was in den Lücken zwischen den Vermutungen geschieht. Aber so viel können wir festhalten, daß die treibende Kraft dieses mutmaßenden Prozesses das Bedürfnis ist, Wahrnehmung und Erwartung zur Deckung zu bringen, Angst zu vermeiden und stets in einer handhabbaren Welt zu leben. Möglicherweise sind die Lücken ein offenes Feld der Wahrnehmung, in dem es unendlich viel mehr Möglichkeiten gibt (wahrscheinlich viele recht *unerwartete*), als die eine, auf die man sich schließlich festlegt. Was wir jedoch ganz sicher sagen können, ist, daß die Wahrnehmung ein sehr viel dynamischerer, interpretativerer und teilnehmenderer Prozeß ist als das Betrachten eines photographieartigen Bildes.

Zwei Fragen müssen wir uns schließlich in dem Zusammenhang noch stellen: Was bewirkt dieses Hin- und Herspringen? Und was legt sich am Ende auf die »beste« Annahme fest? Um diese äußerst subtilen Fragen beantworten zu können, ist sicherlich mehr erforderlich als die Art groben Experimentierens, die wir bisher vorgestellt haben. Wir können jedoch davon ausgehen, daß es viel zu ungenau ist, von einem einheitlichen und abgeschlossenen »Bewußtsein« des einzelnen Organismus zu sprechen. Der Prozeß, den wir beschrieben haben, findet sicher nicht auf der Ebene des normalen Bewußtseins statt – obwohl es, wie ich angedeutet habe, möglich sein soll, sich durch Übung dieses Prozesses bewußt zu werden. Um zu zeigen, daß wir uns hier nicht mit dem normalen »Bewußtsein« beschäftigen, sollten wir die folgenden beiden Szenen betrachten – in der einen oder anderen Form für die meisten von uns typische Alltagserfahrungen, Erfahrungen der »Abwesenheit«:

1. Du sitzt mit einem Freund in der Küche. Du bist völlig vertieft in ein Buch. Du greifst zum Wasserhahn, drehst ihn zu und liest weiter. Später sagt dein Freund: »Gut, daß du den Wasserhahn zugedreht hast, das Tropfen hat mich auch aufgeregt.« Du hast keine Ahnung, wovon er spricht. Du hast das Tropfen nicht gehört, und das einzige, woran du dich erinnerst, ist, daß es dir nicht bewußt war, wie du es abgestellt hast.

2. Du sitzt mit einem Freund in der Küche. Du bist ganz vertieft in ein Buch. Du bemerkst ein Geräusch, siehst, daß es der tropfende Wasserhahn ist und drehst ihn zu. Dann wendest du dich wieder deinem Buch zu und bist froh, daß das Geräusch aufgehört hat.

Vielleicht wäre es genauer, wenn wir statt »bewußt werden« »sich an etwas stoßen« (minding) sagen würden. Die Doppelbedeutung des englischen Wortes »to mind« (1. merken, beachten; 2. sich stoßen an, etwas nicht gern sehen, d. Übers.) ist vielleicht nicht zufällig. »Hat dich der tropfende Wasserhahn gestört?« »Nein, er hat mich nicht gestört. Ich habe ihn nicht einmal bemerkt.« Oder: »Ja, er hat mich so gestört, daß ich aufgestanden bin und ihn abgestellt habe.« Fast könnten wir sagen, daß die Welt aus all dem besteht, woran wir uns stoßen – alles, was störend oder attraktiv genug für uns ist, daß wir es bemerken (to mind it), wird in unsere Welt aufgenommen, das übrige nicht. Dieses »minding« geht über die bewußte Ebene hinaus: Im zweiten Fall mußte dich der tropfende Hahn erst stören, bevor du ihn bemerken und zudrehen konntest. Im ersten Fall könnte man das Ereignis, obwohl du dich nicht bewußt daran erinnerst, durch die Hypnose oder durch die ungewöhnlichen Experimente von Wilder Penfield[12] wieder abrufen. Penfield brachte bei Operationen an Epileptikern in verschiedenen Arealen des Cortex elektrische Reize an. Seine Patienten waren bei Bewußtsein und in der Lage, über ihre Erfahrungen zu berichten. Penfield konnte bei seinen Versuchspersonen ungeheuer detaillierte Erinnerungen auslösen. Sie berichteten von ihrem Gefühl, diese Erinnerungen *tatsäch-lich zu erleben* – sie noch einmal zu durchleben, sich an ih-nen zu stoßen (»minding« them). Gleichzeitig waren sie in der Lage, sich selbst im Operationssaal zu erfahren. Zwei verschiedene Erfahrungen schienen gleichzeitig abzulau-fen. Hier stellt sich wieder die Frage, auf wen oder was wir uns beziehen, wenn wir von »Bewußtsein« sprechen, eine Frage, die sich auch bei einem Phänomen stellt, das man als »Blindsehen« bezeichnet. Menschen, die berichten, daß sie in bestimmten Bereichen des visuellen Feldes überhaupt nichts sehen können, die dort völlig »blind« sind, können mit einer weit überzufälligen Genauigkeit den Ort von be-stimmten Objekten »raten«, wenn man sie dazu auffor-dert.[13] Obwohl das bewußte Subjekt nichts »sieht«, ent-deckt der Organismus visuell den Ort von Objekten. Wieder fragen wir uns: Wer oder was »sieht«? Wie wir im nächsten Kapitel erfahren werden, steht diese Frage in engem Zusam-menhang mit der Frage: Was wird gesehen, oder was ist die »äußere Welt«?

13 Die »äußere Welt« als Mutmaßung

Wir müssen uns jetzt der Frage zuwenden, welche Rolle die »äußere Welt« bei der Wahrnehmung spielt. Die traditio-nelle Annahme der Aufteilung der Welt in einen Organis-mus, der wahrnimmt, und ein »Außen«, das er wahrnimmt, ist eine willkürliche, wenn auch nützliche Aufteilung, die der Organismus vornimmt, um zu überleben. Sie ist ein Aspekt der Annahme eines »Ichs«. Aber sie *ist* willkürlich. Es ist mit Sicherheit keine letztgültige Aufteilung der Natur oder eine Aufteilung, auf die wir eine umfassendere Theorie der Wahrnehmung aufbauen könnten.

Im vorigen Kapitel haben wir gesehen, daß das Nervensystem und insbesondere das Gehirn ein ungeheuer komplexes System ist, das auf allen Ebenen *Querverbindungen* hat. Es scheint als eine Einheit zu funktionieren. Jede Veränderung in irgendeinem Subsystem des Gehirns führt überall im gesamten System zu einer Anpassung.

Aufbauend auf diesen Überlegungen hat Varela vorgeschlagen, daß es nützlicher und der Funktionsweise des Organismus angemessener sein könnte, vom Nervensystem als einer autonomen Einheit, als einem operational geschlossenen System zu sprechen. Dieses System durchläuft seine eigenen inneren Zustände (seine Annahmen), wobei die Interaktionen mit der »äußeren Welt« die Auslöser sind. Wir »kennen« die äußere Welt nicht; wir kennen unsere inneren Zustände, oder vielleicht sollten wir sagen, die inneren Zustände kennen sich selbst. Aber diese sind in einem ständigen Wandel begriffen, und dieser Wandel wird von »Interaktionen« ausgelöst, die wir als die »äußere Welt« oder die »Realität« bezeichnen. Um uns eine Vorstellungshilfe dafür zu geben, wie der Organismus seine eigenen inneren Zustände durchläuft, haben Maturana und Varela eine Analogie von einem Flugzeugpiloten benutzt, der bei einem fürchterlichen Sturm ohne Sicht versucht, sein Flugzeug mit Hilfe der Instrumente zu landen. Für den Piloten besteht überhaupt kein Unterschied zwischen dieser Situation und einem in der Sicherheit der Trainingskabine simulierten Sturm. Wenn das Flugzeug gelandet ist und alle ihm zu der wunderbaren Landung in diesem schrecklichen Sturm gratulieren, sagt er vielleicht: »Es war nicht anders als bei den hundert Übungslandungen, die ich gemacht habe.« Er hatte auf die inneren Zustände des Flugzeuges reagiert, die durch die Nachrichten aus dem Kontrollturm ausgelöst worden waren, und nicht auf den Sturm selbst. Für die Interaktion des Menschen mit seiner Umwelt ist vielleicht die

Landung eines Flugzeuges mit »automatischem« Pilot eine bessere Analogie; wir brauchen dann nicht anzunehmen, daß der Mensch ein »kleines Männchen« in sich hat, das vom Körper/Geist getrennt ist und diesen lenkt; wir nehmen also keine Seele oder einen getrennten »Geist« an. Die verschiedenen Zustände, die das Flugzeug in Reaktion auf die Botschaften vom Kontrollturm durchlaufen kann, wie zum Beispiel die Anstellwinkel der Höhenruder usw., sind eine Funktion der inneren Struktur des Flugzeuges selbst.[1]

Wie ein »automatischer« Pilot, sagt Varela, reagiert das Nervensystem auf die sich verändernde Umwelt. Es durchläuft Zustände, die einerseits von seiner eigenen Struktur begrenzt werden und andererseits von der Geschichte früherer Abläufe von Zuständen, die es in vergangenen Interaktionen mit der Umwelt erfahren hat. Das Entscheidende ist hier, daß aus der Perspektive des Nervensystems die ihm zur Verfügung stehenden Zustände in keinster Weise eine direkte Spiegelung der »äußeren Welt« sind. Varela schreibt dazu: »(Diese Forschung) bedeutet, daß wir uns von einer Sichtweise, die das Gehirn als einen Apparat ansieht, der Input in Form von Information zur Bearbeitung braucht, wegbewegen. Statt dessen verändern wir uns hin zu einer Anschauung, die das Gehirn als ein System sieht, das nicht durch seinen Input charakterisiert ist, sondern durch die operationale Geschlossenheit der Dynamik seiner Zustände. Diese definieren wir als ein relatives Aktivitätsgleichgewicht zwischen neuralen Membranen, das so aussieht, daß jede Zustandsveränderung des Systems nur zu einer weiteren Zustandsveränderung des Systems selbst führen kann... Für uns hat das Entstehen des Wissens und das Verstandes keine Ähnlichkeit mit einem System, das daraufhin optimiert ist, einem gegebenen äußeren Standard zu entsprechen (wie eine Kamera, die Schnappschüsse von der »äußeren Welt« aufnimmt). Wir könnten vielmehr sagen: Es gleicht einem Herumbasteln, einem dynamischen Formen, einem Aufbauen von Strukturen aus den Materialien, die einem Organismus zur Verfügung stehen, die er so zusammensetzt, wie sie in der Strömung auftauchen, die einem der vielen möglichen Wege folgt.«

Varela betont, daß diese Anschauung nicht nur für irgendein Nervensystem, das wir untersuchen, gilt, sondern auch für unser eigenes Nervensystem. Er schließt daraus: »Wenn wir recht haben, dann ist unser menschliches Leben, unsere Erfahrung hier und jetzt nur eine der vielen möglichen Bahnen unseres Wissens, bei der der ungeheuer komplexe Hintergrund unserer biologischen Struktur und unserer gesellschaftlichen Praktiken nicht von den Regelmäßigkeiten zu trennen ist, die wir bei uns selbst und in der Welt entdecken. Wenn wir dieser Logik konsequent folgen, können wir die Welt, in der wir uns selbst vorfinden, weder als getrennt noch als entfernt begreifen. Aber es ist auch eine Welt, in der wir keine festen Bezugspunkte mehr haben.

Kriterien für einen geistigen Prozeß

Beschäftigen wir uns weiter mit der Frage, wie der Geist oder der mentale Prozeß aus diesem dynamischen Prozeß des Zusammenspiels eines Organismus mit seiner Umwelt entstehen könnte.

Zu diesem Zweck möchte ich Gregory Batesons Sicht besprechen, die uns auf eine viel tiefere Erklärungsebene führen wird, auf der, wie wir sehen werden, die Unterscheidung zwischen der Welt und dem Prozeß des Geistes in Frage gestellt wird. Als junger Mann arbeitete Gregory Bateson Anfang der dreißiger Jahre mit Margaret Mead zusammen und erforschte als teilnehmender Beobachter die Kulturen von Neu-Guinea und Bali. In den fünfziger Jahren arbeitete er als Psychiater und begann, die neu entwickelten Erkenntnisse der Informations- und Kommunikationstheorie anzuwenden. Während dieser Zeit entwickelte er die Doublebind-Theorie der Schizophrenie. Gleichzeitig führte er seine lebenslange Erforschung des sozialen und kulturellen Verhaltens von Menschen und Tieren weiter. Zum Ende seines Lebens hin war dieser weise und gütige Mann ein Ratgeber für eine große Zahl von jungen Wissenschaftlern, die in den verschiedensten Fachgebieten wie Neurologie, kognitive Psychologie, Ethologie und Informationstheorie arbeiteten. Für viele junge Leute, die die verwirrenden Unruhen der sechziger und siebziger Jahre durchlebten, stellte er eine Autorität dar.

Im Jahre 1980, kurz vor seinem Tod, vollendete Bateson sein Buch *Mind and Nature: A Necessary Unity*, in dem er die Früchte von mehr als fünfzig Jahren Miterleben und Beobachten des Lebens und Verhaltens von Tieren, einschließlich des Menschen, zusammengetragen hat.[2] Batesons Hauptthese ist die, daß die Muster des Geistes eine Reflexion der Muster der Natur darstellen und daß diese Muster das einzige sind, was wir im normalen Sinne einer »direkten Erfahrung« »wissen« können. Wir können weder die Dinge an sich »erkennen«, noch können diese sich gegenseitig erkennen. Daher sind die Regelmäßigkeiten in diesen Mustern die beste Annäherung, die wir an die »absolute Wahrheit« erreichen können.

Als Antwort auf die Frage: Was ist das Muster, das alle Formen des Lebens, des Lernens und der geistigen Prozesse, die wir kennen, verbindet? stellte Bateson eine detaillierte Liste von Kriterien zusammen:

1. Der Geist und jedes andere lebende System ist zusammengesetzt, hat interagierende Teile, und nur wenn wir ein System als ein Aggregat solcher Teile betrachten, können wir die Anwesenheit oder Abwesenheit geistiger Prozesse bestimmen. Es gibt keine isolierten »Geistes-Atome« oder »atomare lebende Systeme«, sondern nur den Prozeß der Interaktion. Der Geist ist kein »Ding«, keine »Monade«, kein »reines Werkzeug der Erkenntnis« oder sonst irgend etwas mit einem getrennten und einheitlichen Wesen.

2. Die Interaktion zwischen Teilen des Geistes wird von Unterschieden ausgelöst. Das heißt, daß ein Teil des Geistes auf einen *Unterschied* zwischen zwei anderen Teilen reagiert, nicht auf einen der anderen Teile alleine. Unsere Augen z. B. machen ständig kleine Bewegungen. Wenn wir sie auf irgendeine Art völlig ruhigstellen könnten und wir eine unbewegte Szene betrachten würden, würden wir sehr schnell vorübergehend blind werden. Unsere Augen reagieren also eigentlich auf Unterschiede, die von ihren schnellen Bewegungen verursacht werden. Ein einfaches Beispiel: Es scheint, daß ein Frosch eine Fliege buchstäblich nicht sieht, bevor sie nicht fliegt.

Ein wichtiger Punkt dabei ist, daß auch Unterschiede keine »Dinge« sind. Unterschiede sind auch nicht lokalisiert. Der Unterschied zwischen dem Schwarz dieser Druckzeilen und dem Weiß der Seite vermittelt uns Bedeutungen, während wir lesen; aber diese Unterschiede selbst sind nicht auf der Seite lokalisiert. Dies ist etwas radikal anderes als der Gedanke der »Ursache« in physikalischen Systemen, der sich auf die Wirkung oder die Kraft bezieht, die von einem Teil des Systems auf einen anderen Teil ausgeübt wird. Eine solche »Ursache« ist immer energetisch, von einem Energietransfer begleitet, und dies ist die einzige Art von Ursachen, die die Physik anerkennt. Im Falle der Unterschiede braucht überhaupt kein Energieaustausch stattzufinden. Bateson weist darauf hin, daß auch ein Ereignis, das nicht stattfindet, einen Unterschied bedingen kann, so z. B., wenn wir vergessen, unsere Steuererklärung abzuschicken (wodurch der Wirtschaftsprüfer alarmiert werden kann).

3. Die Energie für den geistigen Prozeß wird durch die Energie der Veränderung ausgelöst, abgefeuert oder freigesetzt; letztere Energie fließt nicht direkt in den geistigen Prozeß ein. Die Energie im Sprung des Frosches z. B. stammt aus den inneren Prozessen des Fro-

sches und wird von den Bewegungen der Fliege ausgelöst. Die Fliege versorgt den Frosch nicht mit Energie, bevor der Frosch die Fliege nicht gefressen hat. Das erst gibt ihm die Energie für spätere Sprünge. Sie ist so lange auf einer Ebene niedrigerer Ordnung als *die* Energie, durch die der Frosch gesprungen ist, bis der Frosch die Fliege verdaut und diese Energie der Nahrung in eine Energie umgewandelt hat, die in der Ordnung seines neuralen und muskulären Systems gespeichert ist.

Die energetischen Beziehungen zwischen Teilen eines geistigen Systems sind also ineinandergreifende Beziehungen zwischen sich selbst verwirklichenden Subsystemen, welche in Reaktion auf Unterschiede ihre internal kohärenten Veränderungszustände durchlaufen. Als Reaktion auf jeden Auslöser kann ein weites Spektrum von inneren Zuständen zur Verfügung stehen. Dies zeigt deutlich den Unterschied zwischen geistigen Systemen und trägen »Dingen«, die keine selbstverwirklichende Tendenz haben. Bateson macht darauf aufmerksam, welch »tragischer Irrtum« es ist, diesen Unterschied zu verwischen, indem man z. B. entweder subatomaren Teilchen geistige Qualitäten oder Menschen, Hunden und anderen Tieren dinghafte Qualitäten zuschreibt. Solche Verwirrungen mögen uns vielleicht nur als Sprachregelungen erscheinen, aber hinter Sprachregelungen können, wie wir gesehen haben, viel tiefergehende Verwirrungen stehen. Die erste Verwirrung, die Teilchen Qualitäten wie »Charme«, »Fremdartigkeit« usw. zuschreibt, mag noch relativ harmlos sein. Die zweite jedoch, die dem Geist dinghafte, maschinenhafte Qualitäten zuschreibt, könnte gefährlich sein und ist im übrigen, wie wir gesehen haben, einfach falsch.

4. Geistige Prozesse erfordern kreisförmige (oder noch komplexere) Ketten der Determination. Dies ist ein sehr wichtiger Punkt. Bateson gibt als Beispiel einen Menschen, der mit der Axt einen Baum fällt. Den daran be-

teiligten geistigen oder lebendigen Prozeß muß man sich als den gesamten Kreislauf umfassend vorstellen: das Gehirn des Menschen, das Muskelsystem, die Axt, die Kerbe im Baum und das visuelle System des Menschen.

Solche Kreisläufe sorgen für die dynamische Stabilität und die Selbstkorrektur von geistigen Prozessen. Jeder neue Hieb mit der Axt z. B. wird anhand des Ergebnisses des vorherigen Hiebes in einem vollständigen Feedback-kreis korrigiert. Wir können nicht ein Teilstück aus einem solchen Kreislauf herausnehmen und diesem Stück den gesamten geistigen Prozeß zuordnen. Bateson betont die Notwendigkeit, den gesamten Kreislauf miteinzubeziehen, und zwar ganz besonders im Zusammenhang mit unserer Vorstellung vom »Selbst«.

»Die gesamte selbstkorrigierende Einheit, die Informationen verarbeitet oder, wie ich sage, »denkt« und »handelt« und »entscheidet«, ist ein *System*, dessen Grenzen weder mit den Grenzen des Körpers noch mit den Grenzen dessen, was wir im allgemeinen das »Selbst« oder das »Bewußtsein« nennen, gleichzusetzen sind; und es ist wichtig festzuhalten, daß es *sehr viele* Unterschiede zwischen dem denkenden System und dem Selbst, wie es normalerweise aufgefaßt wird, gibt:

a) Das System ist kein transzendentes Wesen, wie man das vom »Selbst« gemeinhin annimmt.

b) Die Gedanken sind immanenter Bestandteil eines Netzwerks von kausalen Bahnen, welche die Transformationen von Unterschieden weiterleiten. Die Gedanken des Systems sind in jedem Fall mindestens binärer Struktur. Sie sind keine »Impulse«, sondern »Informationen«.

c) Dieses Netzwerk von Bahnen ist nicht an das Bewußtsein gebunden, sondern erstreckt sich auch auf alle Bahnen unbewußter Mentationen – autonome und verdrängte, neurale und hormonelle.

d) Das Netzwerk endet nicht an der Haut, sondern umfaßt auch alle äußeren Bahnen, auf denen Informationen weitergeleitet werden. Es umfaßt auch jene wirksamen Unterschiede, die in den »Objekten« dieser Information enthalten sind. Weiterhin umfaßt es die Bahnen von Licht und Klang, die die Unterschiede transportieren, die ursprünglich ein immanenter Teil von Dingen und anderen Menschen – und insbesondere *von unseren eigenen Handlungen* – waren.«[3]

5. Die Beziehung zwischen den Unterschieden und den geistigen Prozessen, die von ihnen ausgelöst werden, sollte man wie die Beziehung zwischen einer Karte und dem zugehörigen Territorium sehen. Das heißt, daß ein Objekt, Ereignis oder Unterschied in der Welt »außerhalb« des Organismus Veränderungen innerhalb des Organismus auslöst, die in ihrer Art nicht mit den äußeren Ereignissen identisch, sondern analog zu ihnen sind, wie die Landschaft zu einer Karte. Wir haben gehört, wie die Arbeit von Maturana und Varela zeigt, daß die Beziehung zwischen möglichen Zuständen des Organismus, wenn man ihn als ein autonomes System betrachtet, und den Auslösern in der »äußeren Welt« nicht mit einer Eins-zu-Eins-Entsprechung wie bei der »Repräsentation« eines Territoriums durch die dazugehörige Karte verglichen werden kann. Tatsächlich hängt selbst das, was zu einem »Auslöser« werden kann, von der Geschichte der früheren Interaktionen des Organismus und von den unmittelbaren Bedingungen der gegenwärtigen Interaktion ab.

6. Solche Beziehungen zwischen Veränderungen oder Unterschieden in geistigen Prozessen bilden eine hierarchische Stufenleiter der Ordnung. Jede Stufe der Ordnung erfordert ein Wissen um den Kontext der nächstniedrigeren Ordnungsstufe, den Kontext des Kontextes usw.

Bateson führt diese Idee der Ordnungshierarchien in geistigen Prozessen aus, indem er verschiedene Arten von Lernprozessen beschreibt.[4] Die erste Stufe, Lernen 0, ist die der Amöbe, die automatisch mit einer genetisch festgelegten Reaktion auf die Anwesenheit von Nahrung oder eines Reizmittels reagiert – sie bewegt sich einfach darauf zu oder davon weg. Sie hat keine Wahl, und das »Lernen« hat bereits auf der Ebene der Spezies stattgefunden. Die nächste Stufe, Lernen I, ist die von Pawlows berühmtem Hund. Immer wenn dem Hund Nahrung dargeboten wird, klingelt eine Glocke. Beim Anblick und Geruch der Nahrung entwickelt der Hund Speichelfluß entsprechend der Lernstufe der Amöbe.

Wenn jedoch nach mehreren Ereignissen dieser Art die Glocke ohne Nahrung klingelt, entwickelt der Hund ebenfalls Speichelfluß. Der Hund hat gelernt, den Kontext, in dem die Nahrung dargeboten wird, nämlich das Klingeln der Glocke, wiederzuerkennen.

Die nächste Stufe, Lernen II, die Bateson »das Lernen lernen« nennt, läßt sich mit einer hübschen Geschichte veranschaulichen, die Bateson über einen Delphin erzählt. Ein weiblicher Delphin in Hawaii wurde von seinem Trainer dazu benutzt, um einfaches Pawlowsches Lernen zu demonstrieren. Der Trainer beobachtete dazu das Delphinweibchen, und wenn er sah, daß sie irgend etwas tat, das zu wiederholen er ihr beibringen wollte (z. B. ein Schlagen mit der Schwanzflosse), dann blies er auf einer Pfeife und gab ihr zu fressen. Nach drei Versuchen schon schlug das Delphinweibchen immer, wenn in die Pfeife geblasen wurde, mit der Schwanzflosse. Anschließend wurde sie in ihr Aufenthaltsbecken zurückgeschickt, um die nächste Vorführung abzuwarten. Damit die Demonstration funktionieren konnte, mußte sich der Trainer natürlich jedesmal einen neuen Trick ausdenken, den der Delphin dann aufmerksam lernen konnte. Zwischen dem vierzehnten und fünfzehnten Versuch beobachtete man, daß das Delphinweibchen sehr aufgeregt in ihrem Aufenthaltsbecken hin- und herschwamm, so als wäre sie irgendwie beunruhigt. Als sie zum fünfzehnten Mal in das Vorstellungsbecken zurückkehrte, berichtet Bateson, »gab sie eine ausgefeilte Vorstellung zum besten, die acht auffällige Verhaltensweisen umfaßte, von denen vier neu und niemals zuvor bei dieser Tierart beobachtet worden waren«. Bateson glaubt, daß das Delphinweibchen zwischen dem vierzehnten und fünfzehnten Durchlauf den *Kontext* erkannt hatte, in dem all diese Versuche stattgefunden hatten, nämlich daß der Trainer sie dazu bringen wollte, neue Tricks zu lernen.

Das Spektrum möglicher Reaktionen vom Typ Lernen II, das einer Person zur Verfügung steht, macht seinen oder ihren »Charakter« aus: abhängig, feindselig, ängstlich, narzistisch, energisch, verwegen, humorvoll, fatalistisch etc. All diese Eigenschaften beschreiben die Muster der gewohnheitsmäßigen Transaktionen einer Person mit ihrer Umwelt. Ein »fatalistischer« Mensch z. B. könnte jemand sein, der seine Interaktionsmuster mit der Umwelt in einer Geschichte von Pawlowschen und Skinnerschen Erfahrungen erworben hat. Daraus folgt, daß die Art von Welt, in der eine Person zu leben glaubt, auch von der Geschichte ihrer Interaktionen vom Typ Lernen II bestimmt wird. Bateson sagt dazu: »Niemand ist ›einfallsreich‹, ›abhängig‹, oder ›fatalistisch‹ in einem Vakuum. Seine Eigenart, wie immer sie sein mag, ist nicht allein seine Eigenart, sondern vielmehr die Eigenart dessen, was zwischen ihm und etwas (oder jemand) anderem geschieht.« Sowohl der Charakter einer Person als auch ihr Gefühl von »Realität« entstehen also als ein Ergebnis ihrer Geschichte von Lernen-II-Erfahrungen. Eine Person, die in einer vorwiegend Pawlowschen Art von Umwelt aufgewachsen ist, wird also dazu neigen, den Kontext ihrer Wahrnehmungen und Handlungen so zu strukturieren, daß eine Pawlowsche oder fatalistische »Realität« verewigt wird.

Die höchste Stufe, Lernen III, kommt nach Bateson wohl auch beim Menschen selten vor. Etwas Derartiges kann z. B. in der Psychotherapie, bei religiösen Bekehrungen, in der Meditationspraxis und immer dann, wenn es zu einer tiefgreifenden Reorganisation des Charakters kommt, geschehen. Bateson sagt, indem er sich auf William Blakes *Ohne Gegensätze keine Weiterentwicklung* beruft, daß Lebewesen durch »Gegensätze, die auf der Stufe II entstehen, auf die Stufe III getrieben werden, daß Lösungen dieser Gegensätze positive Verstärkung auf Stufe III darstellen und daß solche Lösungen viele Formen annehmen können. Wir stellen hier eine gewisse Ähnlichkeit zu Prigogines selbstorganisierenden Strukturen und ihren möglichen Reaktionen auf einen plötzlichen Anstieg des Energie-Inputs fest. Einstein und Bohr sind beide sowohl in ihrer wissenschaftlichen Arbeit als auch in ihrem Privatleben beispielhaft für die Lösung solcher »Gegensätze«.

Bateson schreibt sehr überzeugend über das Verhältnis, das zwischen den Eigenschaften des Lernens auf Stufe III und der Ich-Identität besteht: »Wenn ich auf der Stufe von Lernen II stehenbleibe, dann bin ›Ich‹ eine Ansammlung der Eigenschaften, die ich ›meinen Charakter‹ nenne. ›Ich‹ bin mein gewohnheitsmäßiges Handeln im Kontext, und ich forme und nehme den Kontext wahr, in dem ich handle. Ichbezogenheit ist ein Produkt oder eine Ansammlung von Lernen II. In dem Maße, in dem ein Mensch Lernen III erreicht und es lernt, auf der Ebene des Kontextes der Kontexte wahrzunehmen und zu handeln, wird sein ›Ich‹ in gewisser Weise unbedeutend. Das Konzept des Ichs wird aufhören, ein Modell für die Gliederung der Erfahrung zu sein.«[5]

Diese Stufen der Ordnung sollten nicht miteinander vermischt werden. Geschieht dies, kann es die Ursache von Geisteskrankheit sein. Hierauf beruht Batesons Doublebind-Theorie der Schizophrenie, die, wie er glaubt, dadurch entsteht, daß ein Mensch immer wieder mit Widersprüchen zwischen direkten Stufe-I-Botschaften und kontextuellen Stufe-II-Botschaften konfrontiert wird. Dieses Ineinanderfallen verschiedener Stufen ist auch für einen Großteil der

Verwirrung, die über das Wesen des Lernens und mentaler Prozesse überhaupt herrscht, verantwortlich. Wenn wir Kriterium 6 mit Kriterium 4 verbinden, dann muß die vollständige Beschreibung einer solchen Ebene des Lernens oder des »minding« (merken, sich stoßen an) die gesamte Kette der Determination miteinbeziehen, also den Organismus *einschließlich* seiner Umwelt. Dies ist dann ein Modell des »Lebens« oder des geistigen Prozesses, bei dem wir feststellen müssen, daß dieser Prozeß nicht »innerhalb« des Körpers lokalisiert ist. In der Tat behauptet Bateson, daß »die Phänomene, die wir *Denken, Evolution, Ökologie, Leben, Lernen* usw. nennen, nur in Systemen auftreten, die diesen (6) Kriterien genügen. « Wir sehen also, daß wir bei unserer Suche nach Anzeichen für den Geist oder für mentale Prozesse den gesamten Wahrnehmungskreislauf miteinbeziehen müssen. Bateson vertritt eine Anschauung, nach der der Geist in den höheren Ordnungsmustern der Natur verkörpert ist. Der Geist nicht nicht ein »Etwas«, das von der Natur getrennt ist. Er ist auf verschiedenen Ebenen der Ordnung mit der Gesamtheit der Natur identisch und nicht nur mit individuellen Gehirnen. Auf einer bestimmten Evolutionsstufe entsteht er als ein charakteristisches Merkmal der Prozesse der Natur. Daher ist es zwecklos, nach Beweisen dafür zu suchen, daß die geistigen Prozesse ausschließlich im Gehirn eines individuellen Organismus lokalisiert sind. Wir müssen die Anzeichen des Geistes im gesamten Netzwerk der Interaktionsmuster suchen, die zwischen einem Organismus und seiner Umwelt bzw. zwischen einer Gruppe oder Gesellschaft von Organismen und ihrer Umwelt bestehen. Bateson sagt: »Der individuelle Geist ist immanent, aber nicht nur dem Körper. Er ist auch den Bahnen und Botschaften außerhalb des Körpers immanent; es gibt einen größeren Geist, und der individuelle Geist ist nur ein Subsystem davon. Dieser größere Geist ist vergleichbar mit Gott und ist vielleicht wirklich das, was manche Leute mit ›Gott‹ benennen, aber auch er ist immer noch immanent und zwar der Gesamtheit des verknüpften gesellschaftlichen Systems und der planetaren Ökologie.« Bateson spricht hier nicht von einer theistischen Vorstellung des »Einen Gottes« oder »Einen Geistes«. Er will vielmehr folgendes sagen: Wenn wir erkennen, daß geistige Prozesse Muster in Erscheinungen sind und nicht Wesenheiten, dann kann man diese Muster nicht nur im menschlichen Körper lokalisieren.

Der Trugschluß des lokalisierten Geistes

Diese Lokalisierung des Geistes ist vielleicht der Hauptirrtum bei der Vorstellung, daß man den Geist allein auf der Basis der Schaltkreise des Gehirns in Analogie zu einem Computer verstehen kann. Dieses Beharren auf dem Körper als dem einzigen Ort des Geistes ist eine subtile Wiederbelebung der Seelentheorie, da es an der Zentriertheit von Denken und Wahrnehmung festhält. Zwar ist es eher nihilistisch als substantialistisch, da die Vergänglichkeit des Körpers in der Regel anerkannt wird. Aber dennoch, das Beharren auf dem Versuch, die Wahrnehmung im Sinne einer Zentralisierung auf einen Ort zu interpretieren, ist genauso anthropozentrisch wie das geozentrische Modell der Welt vor Kopernikus und Galilei. Und außer dem persönlichen Wunsch, im Zentrum des Geschehens zu stehen, scheint es dafür keine haltbare Begründung zu geben. Wir sollten vielleicht noch einmal festhalten, daß in keinem der sechs Kriterien, die Bateson für geistige Prozesse angibt, von einem Zentrum die Rede ist. Wir glauben, daß das Bewußtsein in unserem Körper existiert, weil unsere Wahrnehmungen dort zu enden scheinen, und weil unsere Wahrnehmungen sich zwar ändern, wenn wir uns von Raum zu Raum bewegen, wir sie aber immer im gleichen Körper empfinden. Wir geben also den klaren und deutlichen Empfindungen unserer direkten Wahrnehmung den Vorrang. Aber was ist mit dem Bewußtsein, daß überhaupt etwas da ist? Wir können die Annahme, daß die Gesamtheit des Bewußtseins im Körper lokalisiert ist, in Frage stellen. Aber wenn das Bewußtsein nicht im Körper lokalisiert ist, ist es überhaupt im Raum-Zeit-Kontinuum lokalisiert? Vielleicht sollten wir unterscheiden zwischen Bewußtsein, welches nicht lokalisiert ist, und Ich-Bewußtsein, welches lokalisiert ist. Wir werden darauf später zurückkommen.

Es gibt andere mögliche Modelle des Geistes, die mit dem, was wir wissen, ebensogut übereinstimmen wie das Computermodell. Wir könnten ein Modell des Gehirns entwerfen, das mehr Ähnlichkeit mit dem Fernsehen als mit einem Videogerät hat. Nehmen wir an, ein intelligenter Mensch, der nichts über die Technologie des zwanzigsten Jahrhunderts und über elektromagnetische Wellen wüßte, hätte die Aufgabe, ein Fernsehgerät und ein Videogerät, die nebeneinander stehen, zu untersuchen. Er oder sie käme zu dem Schluß, daß in *beiden* Fällen Bild und Ton innerhalb der Maschine erzeugt werden. Würden wir ihm dann sagen, daß das Fernsehen unsichtbare Botschaften aus dem Raum empfängt, das Videogerät dagegen nicht, dann müßte er entweder denken, daß wir uns auf einen seiner Götter beziehen, oder daß wir verrückt sind. In diesem Modell ist das Gehirn nur ein Teil von vielen Schleifen, die Denken oder Wahrnehmung *sind*, und die die gesamte Umwelt miteinbeziehen.

Bei Batesons Beispiel von dem Mann, der einen Baum mit der Axt fällt, muß man den gesamten Kreislauf von Mann, Baum und Axt als die Basis des geistigen Prozesses in dieser Handlung ansehen. Der Mann selbst ist nur ein Teil davon. Statt also zu sagen, daß der Mann den Baum wahrnimmt, und sein Arm die Axt schwingt, könnten wir diese Situation auf eine Weise beschreiben, die der Wirklichkeit näherkommt, indem wir sagen, daß der gesamte Kreislauf selbstwahrnehmend ist. Der Mann hat das Gefühl, daß sich der Ort dieser Selbstwahrnehmung »in ihm« befindet. In unserer Kultur glaubt man, dieser Ort befinde sich im Kopf; in anderen Kulturen glaubt man, er sei das Herz oder *Hara*, der Bauch. Jeder Akt der Wahrnehmung beinhaltet jedoch irgendeinen Aspekt der Welt. Ohne die Welt könnte der Mann überhaupt nicht wahrnehmen.

Edwin Land hat dies sehr gut formuliert: »Wenn wir vom Menschen als einem hochentwickelten Produkt der Evolution und vom Geist als dem am *allerhöchsten* entwickelten Produkt der Evolution sprechen, dann schwingt dabei meistens als Implikation mit, daß wir uns irgendwie über die Struktur der äußeren Welt, in der wir uns entwickelt haben, erhoben und uns von ihr weg bewegt haben... Dieser Mechanismus besitzt auf keinen Fall eine getrennte Existenz, da er auf tausendfache Weise mit dem äußeren Bereich verbunden ist und sich in ständiger Wechselwirkung mit ihm befindet. In Wirklichkeit ist nicht hier ein *äußeres*, rotes Objekt und dort ein wunderbarer Geist, der nur über einen Lichtstrahl mit ihm verbunden ist. Das rote Objekt ist ein Produkt, das sich aus Materie und aus einem Mechanismus zusammensetzt, der sich in einer dauerhaften Verbindung mit einem höchst komplizierten Netzwerk entwickelt hat. Es gibt also nicht ein Zittern in dem, was wir die ›äußere Welt‹ nennen, das nicht durch Tausende feinster Fäden und Verbindungen mit inneren Strukturen verknüpft wäre, die mit ihm mitschwingen und vibrieren, und *die ein Teil von ihm sind*.«[6] Land ist aber nicht bloß ein professioneller Philosoph, sondern auch ein genialer Erfinder, der die Polaroidkamera entwickelt hat. Zu dem eben zitierten Schluß kam er aufgrund seiner lebenslangen Arbeit über Farbwahrnehmung und stereoskopisches Sehen. Die Vorstellung also, daß der Geist in einem bestimmten Organismus lokalisiert ist, ist hilfreich für das Überleben dieses Organismus. Aus der Perspektive der Gesamtheit der Natur ist sie jedoch falsch. Geist und Natur, sagt Bateson, sind eine notwendige Einheit: »Zerbrich das verbindende Muster, und alle Bedeutung geht verloren.«

Vielleicht sollten wir noch einmal deutlich machen, daß die Muster der Organisation, die der geistige Prozeß *sind*, nicht unbedingt Muster in »Materie« sind, wie wir sie uns im Maßstab unseres alltäglichen menschlichen Lebens vorstellen. Solche Muster können auch in der Größenordnung einer einzelnen Zelle oder vielleicht sogar des genetischen Materials existieren. Sie können aber auch in einem galaktischen oder kosmischen Maßstab zu finden sein. Der Physiker Gerald Feinberg und der Biochemiker Robert Shapiro glauben, daß auch interstellares Plasma, elektromagnetische Feldenergie, magnetische Bereiche in Neutronensternen usw. eine Grundlage für Leben sein könnten. Wir müßten in diesem Zusammenhang vielleicht auch erwähnen, daß die geschätzte Zahl der Sterne in unserer Galaxie der Milchstraße ungefähr der geschätzten Zahl von Neuronen im menschlichen Cortex entspricht. Die Möglichkeiten für einen Austausch von Organisation oder Information innerhalb und zwischen galaktischen Systemen sind enorm. Die Stufe der Komplexität und Ordnung in solchen Systemen könnte sicherlich genauso hoch sein wie die des menschlichen Gehirns. Paul Davies, Professor für Physik an der Universität von Newcastle, sagt dazu: »Beim gegenwärtigen Stand der Dinge wäre es möglich zu sagen, daß die Natur ein Produkt ihrer eigenen Technologie ist, und daß das Universum ein Geist *ist*. Unseren eigenen Geist könnte man dann als lokalisierte ›Inseln‹ des Bewußtseins in einem Meer des Geistes sehen.«[7]

Im Laufe der Geschichte hat es die verschiedensten Anschauungen über die Beziehung zwischen Geist und Materie gegeben. Einige haben gesagt, daß Geist und Materie von gleicher Substanz seien. Diese Substanz kann die Qualität der Materie haben, wobei der Geist dann einfach eine komplexe Anordnung von Materie ist, und die subjektive Erfahrung eine Illusion. Dies ist die materialistische Anschauung. Ihre ausgefeilteste Formulierung finden wir heute in der Identitätstheorie, die besagt, daß der Geist mit bestimmten Funktionen des Gehirns identisch und die subjektive Erfahrung einfach das »innere« Empfinden dieser Funktionen ist, die von einem »äußeren« oder »objektiven« Standpunkt aus gesehen nur ein Produkt der materiellen Gehirnaktivität sind. Dieser Ansatz ist eng mit dem »Realismus« verknüpft, d. h. mit der Anschauung, die davon ausgeht, daß die »Realität« der objektiven Welt völlig unbeeinflußt vom wahrnehmenden Subjekt ist. Andere Theorien, die idealistischen Theorien, sagen, daß die eine Substanz die Qualität des Geistes oder der Ideen hat, und daß die Materie bloß eine Illusion, eine der Ideen ist. Eine dritte Gruppe von Theorien meint, daß die eine Substanz weder die Qualitäten des Geistes noch der Materie besitzt, sondern daß diese Qualitäten zweitrangige Merkmale einer fundamentaleren Substanz sind. Dies ist der neutrale Monismus, der von Spinoza und Bertrand Russell in einer seiner Entwicklungsphasen vertreten wurde.

Eine gänzlich andere Gruppe von Theorien behauptet, daß Geist und Materie grundlegend getrennte, verschiedene Substanzen seien. Dies ist der Dualismus, oder, wenn man annimmt, daß es viele geistartige Substanzen gibt, der Pluralismus. Descartes war der einflußreichste Vertreter des Dualismus in der Neuzeit. Er vertrat den Standpunkt, daß die Substanz des Geistes und die Substanz der Materie nicht miteinander interagieren könnten, und daß ihre Verbindung nur durch die Gnade Gottes möglich sei. In jüngerer Zeit hat Karl Popper sich für eine pluralistische Anschauung eingesetzt. Er behauptet, daß seine Welt 2 (subjektive Gefühle und Ideen) und Welt 3 (objektive Theorien, Kunstwerke usw.) eine von der Welt der Physik (Welt 1) unabhängige Existenz hätten. Gemeinsam mit Eccles versuchte er zu zeigen, wie die Welten 2 und 3 durch das Sprachzentrum des Gehirns mit Welt 1 verbunden sein könnten.

Innerhalb des Bereiches, in dem diese Philosophen das Problem von Geist und Materie definieren wollten, haben sie dieses Problem mehr oder weniger befriedigend gelöst.

Nachdem sie, jeder auf seine Weise, die Ganzheit begrifflich in Geist und Materie, das Subjektive und das Objektive aufgespalten haben, schaffen sie sich weitere Abstraktionen, um die Spaltung wieder zu heilen. Solche Aufteilungen sind relativ nützlich, haben aber absolut gesehen keine besondere Gültigkeit. Von dem Standpunkt aus gesehen, den ich in diesem Buch vertrete, machen alle diese Theorien den Fehler, daß sie nach einer *Substanz* suchen. Zunächst betrachten sie »Geist« oder »Materie« als irgendeine Art von Substanz, und dann versuchen sie zu entscheiden, was für eine Art von Substanz sie sind, und in welcher Beziehung sie zueinander stehen. Was ich zeigen möchte, ist, daß »Geist«, »Materie« und »Substanz« allesamt Muster sind, Stufen der Ordnung, die aus der nicht-bedingten Wirklichkeit entstehen, wenn man eine bestimmte Perspektive einnimmt. Wir sind dieser Sichtweise bei Bohms Interpretation der Quantenmechanik begegnet, und wir werden ihr bei Whiteheads Prozeßphilosophie wieder begegnen.

Die Netzwerke oder »verbindenden Muster« können Schleifen tief im Innern des Gehirns *miteinbeziehen*, aber sie reichen auch weit über diese Schleifen hinaus. Sie umfassen einfache Wahrnehmungssituationen wie bei dem Mann mit der Axt und dem Baum. Aber sie schließen auch Netzwerke mit ein, bei denen ein anderes Individuum oder mehrere andere beteiligt sind, etwa in einem Gespräch mit einem Freund, in einer therapeutischen Beziehung oder in einem Lehrer-Schüler-Verhältnis. Diese Muster der Verbindung, des geistigen Prozesses, erstrecken sich auch auf die Auseinandersetzung mit intellektuellen Strukturen, wie z. B. wissenschaftlichen Theorien, auf die Sprache, auf familiäre, politische oder berufliche Gruppensituationen und auf das gesamte mythokulturelle System einer Gesellschaft. Für jede dieser Situationen muß unsere Vorstellung davon, was den »Geist« eines Individuums ausmacht, eine völlig andere sein, da sie von den verschiedenen Netzwerken definiert wird, auf die wir, die Definierenden, uns gerade konzentrieren. Um zu veranschaulichen, wie der »Geist« unter verschiedenen Bedingungen verschieden definiert sein kann, hat Victor Frankl, Autor des Buches *Man's Search for Meaning*, folgende Metapher benutzt: Der Schatten eines festen Objekts, wie z. B. eines Zylinders, einer Kugel oder eines Konus', kann je nach der Richtung, aus der wir es beleuchten, verschieden aussehen (siehe Abb. 11). Entsprechend sieht auch die Dualität Geist/Natur verschieden aus, je nachdem wie der Beobachter die Aufteilung vornimmt, welche Fragen er stellt, und auf welche Netze der Interaktion er sich konzentriert.[8]

Soweit also der Überblick über unsere Theorie von der Einseitigkeit der zentralen Annahme eines »Ich« und von den falschen Anschauungen, die sie uns aufgrund eben dieser Einseitigkeit über den Geist, die Natur und die Wahrnehmung vermittelt. Mountcastle sagt, wir seien in unserem Gehirn gefangen. Dies stimmt aber nur so lange, wie wir den Geist mit dem im Gehirn lokalisierten Ich-Bewußtsein identifizieren. Was uns durch unsere Betrachtung von Experimenten über das visuelle System im Lichte von Berichten aus der meditativen Tradition bisher klargeworden ist, ist folgendes: Auf einer Bewußtseinsstufe, die sehr viel kleinere Zeitintervalle als üblich wahrnehmen könnte, wäre unsere Erfahrung diskontinuierlich. Das Erscheinen einer kontinuierlichen »äußeren« Welt, einer Welt der festen Objekte, ist ein Ergebnis von Annahmen, die Durchschnittswerte aus vielen Momenten der Wahrnehmung sind. Diese Diskontinuität in Kombination mit der Erkenntnis, daß die Kreisläufe des geistigen Prozesses über den Organismus hinausreichen, bedeutet auch eine Diskontinuität der als fest angenommenen Welt.

Ich habe die These aufgestellt, daß das schnelle Flackern unserer psychobiologischen Zustände ein Hin-und-Herspringen ist zwischen, im einen Moment, »Tatsächlichkeit«, Form, einer spezifischen Vermutung über »die Welt« oder der Annahme eines »Ich« mit dem entsprechenden Bewußt-

Abb. 11

sein und, im nächsten Moment, dem, worüber man nicht sprechen kann, dem, *was ist*, oder dem Bereich nicht realisierten Potentials. Momente, in denen wir unseren Körper und die materielle Welt wahrnehmen, wechseln ab mit Momenten nicht aktualisierter Potentialität, und keiner von beiden ist ursprünglicher.

Ich möchte noch anmerken, daß diese Anschauung über die Entstehung der Erfahrung der Welt auch die traditionellen philosophischen Kategorien von »Realismus« und »Idealismus« überwindet. Diese Anschauung ist kein »Idealismus«, weil die nicht-bedingten Momente zwischen den Momenten von Form und Bewußtsein und der kreative Prozeß selbst, durch den Form und Bewußtsein entstehen, nicht die Produkte eines individuellen Geistes oder Daseinsstroms sind. Sie ist jedoch auch kein »Realismus«, da die Formen Mutmaßungen sind, die in einem ganz bestimmten Daseinsstrom entstehen, in Reaktion auf die nicht-bedingte Wirklichkeit und aus den gespeicherten Erinnerungen und Erfahrungen dieses individuellen Stroms heraus.

Dieses schnelle Hin-und-Herspringen zwischen unseren eigenen selbstorganisierenden inneren Zuständen und »dem«, was immer sich jenseits dieser Zustände befindet und sie auslöst, ist die innerste Erfahrung, die, weil sie sich so schnell vollzieht, von der gewöhnlichen untrainierten Aufmerksamkeit nicht beobachtet werden kann. Wir müssen also die persönliche Sprache der Kontemplation benutzen, wenn wir direkt, so wie sie erfahren wird, über sie sprechen wollen.

In einem späteren Kapitel wollen wir uns damit beschäftigen, was man durch direkte Beobachtung in der Meditationspraxis über das Entstehen des Denkens und der Erfahrung herausgefunden hat. Wir werden uns dann natürlich einer etwas anderen Sprache bedienen, nicht mehr der Sprache »objektiver« Gehirnprozesse, sondern der Sprache persönlicher Erfahrung. Aber trotzdem werden wir über den gleichen Prozeß der Wahrnehmung sprechen: Über das

Flackern zwischen Form und dem Nicht-Bedingten, über die Art und Weise, in der spezifische Formen und ihr Bewußtsein aus dem Denken und aus der Erinnerung entstehen, und darüber, wie das Flackern durch das normale, grobmaschige Ich-Bewußtsein geglättet wird, wodurch die scheinbare Kontinuität entsteht. Im nächsten Kapitel werde ich einen Überblick darüber geben, wie eben dieser Prozeß der Wahrnehmung in der Philosophie von Alfred North Whitehead beschrieben wird.

14 Prozeß und Empfinden

Die Prozeßphilosophie wurde zum ersten Mal vor fünfzig Jahren von dem großen englischen Gentleman, Mathematiker und Philosophen Alfred North Whitehead vertreten. Es lag Whitehead sehr am Herzen zu zeigen, daß die Prozeßphilosophie eine natürliche Fortentwicklung der abendländischen Tradition ist, und daß sie für viele der scheinbar vertrakten Probleme, die in dieser Tradition erschienen sind, eine Lösung bietet. Sie entstand insbesondere als eine Kritik an Berkeley, Hume, Locke und Descartes, hat aber im Grunde ihre Wurzeln schon bei Plato und Aristoteles. Whitehead selbst wird von vielen als der größte westliche Philosoph seit Plato betrachtet.[1]

Es ist jedoch nicht zu übersehen, daß die Prozeßphilosophie trotz Whiteheads Beteuerung, daß sie sich nicht im Widerspruch zur westlichen Tradition befinde, einen erheblichen Bruch mit dieser Tradition vollzieht. Sie ist im wesentlichen eine nicht-dualistische Philosophie, die den katastrophalen Dualismus zwischen »Geist« und »Materie«, »Subjekt« und »Objekt« von Grund auf vermeidet. Die Prozeßphilosophie weist daher eine sehr starke Ähnlichkeit mit der buddhistischen Lehre auf, und sie war eine wichtige Brücke zwischen buddhistischen und christlichen, wie auch zwischen wissenschaftlichen und christlichen Anschauungen.[2] Eine ganz besonders enge Parallele werden wir (in Kapitel 15) zwischen Whiteheads Analyse der Wahrnehmung und derjenigen der buddhistischen Vajrayana-Tradition, die auf der Erfahrung der Meditation beruht, feststellen. Diese Parallele ist um so erstaunlicher, als Whitehead nicht explizit gesagt hat, wie er zu seinem Verständnis des Wahrnehmungsprozesses gekommen ist, und er nur sehr wenig Kenntnis von der buddhistischen Tradition gehabt zu haben scheint. Die Qualität und Ursprünglichkeit seiner Schriften vermitteln einem jedoch das sichere Gefühl, daß er aus direkter Erfahrung und nicht bloß aus irgendwelchen theoretischen Kenntnissen schöpfte. Für unsere Diskussion ist die Prozeßphilosophie insofern wichtig, als sie das notwendige Bindeglied zwischen dem tieferen Verständnis der Wahrnehmung, über das wir hier sprechen, und der Abstraktion und Objektivierung der wissenschaftlichen Sichtweise darstellt. Sie ist außerdem für uns wichtig, weil sie zeigt, daß die Sicht der Wahrnehmung, die die Vajrayana-Tradition beschreibt, nicht unbedingt von der buddhistischen Lehre abhängig ist. Sie ist vielmehr eine überkulturelle Entdeckung, die einzig auf genauer Beobachtung und Analyse des Körper-Geist-Prozesses beruht.

Whitehead war von seiner Ausbildung her Mathematiker und veröffentlichte im Alter von fünfzig Jahren zusammen mit Bertrand Russell das revolutionäre Buch *Principia Mathematica*, eine ausführliche und tiefgreifende Untersuchung der Grundlagen von Mathematik und Logik. Dann wurde er Dekan am University College in London, und es begann für ihn ein sehr praktischer Lebensabschnitt, in dem die Arbeit für Bildung und Verwaltung im Vordergrund stand, er jedoch auch gleichzeitig seine Arbeit an der Mathematik fortführte. 1924 nahm er eine Berufung an die Harvard-Universität an und lebte bis zum Ende seines Lebens in

Cambridge, Massachusetts. Während dieser letzten Periode seines Lebens entwickelte er die als »Prozeßphilosophie« bekanntgewordene Anschauung vom Leben. Er war offensichtlich ein sehr gütiger und mitfühlender Mensch und hatte einen außerordentlich weiten intellektuellen Horizont.[3] Dies wird in seiner Philosophie und in all seinen Schriften sehr deutlich. Hier eine Beschreibung, die Victor Lowe in *Understanding Whitehead* von ihm gibt: »Ich kann sein Gesicht nicht beschreiben und mich an keine Photographie oder Zeichnung erinnern, die ihm gerecht würde. Ich kann nur bestätigen, was Edmund Wilson geschrieben hat, als er Whitehead (als Professor Grosebeake) in seinen frühen Roman *I Thought of Daisy* einführte, nämlich daß man, wenn man ihn ansah, das Gefühl hatte, ein wirkliches Gesicht zu sehen, im Vergleich zu anderen Gesichtern, die nur wie Masken wirken.

Ich würde sagen, der allgemeine Eindruck, den man von Whiteheads Präsenz bekam, war von Freundlichkeit, Weisheit und einer vollkommen disziplinierten Energie geprägt. Sowohl im Gespräch mit ihm als auch in seinen Schriften kam eine wundervolle Kombination von Urbanität und Begeisterung zum Ausdruck, vergleichbar etwa mit dem Stil von Platos Dialogen. Er setzte sich gerne mit den Ansichten junger Leute auseinander, und wenn man zu ihm kam, um mit ihm über seine Philosophie zu sprechen, begann die Begegnung immer mit der gespannten Frage: ›Erzähl mir, was du gemacht hast.‹«

Die Prozeßphilosophie

Zunächst werde ich einen kurzen zusammenfassenden Überblick über die Aussagen der Prozeßphilosophie geben, die für uns interessant sind, und dann werden wir uns mit jeder einzelnen Aussage eingehender beschäftigen. Whitehead hielt Raum, Zeit und Materie für hochgradige Abstraktionen der Unmittelbarkeit unserer gelebten Erfahrung. Wenn man solche Abstraktionen als Elemente einer konkreten Wirklichkeit mißversteht, dann begeht man den, wie Whitehead ihn nannte, »Irrtum der unangebrachten Konkretheit«. Das primär Gegebene ist für Whitehead die »Einheit des Wahrnehmungsfeldes«, die nicht mehr ist, als das, »was sie zu sein vorgibt, nämlich die Selbsterkenntnis unserer körperlichen Vorgänge«.

Diese realen körperlichen Vorgänge sind Augenblicke der Erfahrung von begrenzter Dauer, in denen Aspekte aller direkt vorausgegangenen Ereignisse (der Vergangenheit) »zu einer Einheit zusammengefaßt werden«. Diese Zusammenfassung von Aspekten der direkten Vergangenheit zu einer Einheit findet eher auf einer Ebene von »Erfassen« oder Empfindung statt als auf einer Ebene bewußter Wahrnehmung. Das Ereignis der Einheit des empfundenen Augenblicks schließlich ist das Zutagetreten von Wert in der Welt.

»Alles, was ist«, besteht nach Whitehead aus:

1. *Wirklichen* Einzelwesen, das sind begrenzte Augenblicke der Erfahrung.

2. Potentialitäten (die er auch »zeitlose Objekte« nennt), aus denen sowohl das, was ist, als auch das, was nicht ist, aber hätte sein können, besteht. Jedes wirkliche Einzelwesen kann in verschiedenem Maße Potentialitäten miteinbeziehen. Die Wahrnehmung eines Blattes z. B. kann »grün« und »gelb« miteinbeziehen.

3. Der Urnatur »Gottes«, welche ein wirkliches Einzelwesen mit einem spezifischen Status ist. Die Urnatur ist die nicht-bedingte, intuitive Wahrnehmung der gesamten Vielfalt aller Potentialitäten.

4. Der Folgenatur »Gottes«, welche »die Realisierung der gesamten tatsächlichen Welt in der Einheit ihres Wesens ist«.

5. Einem schöpferischen Prinzip: Jedes wirkliche Einzelwesen ist selbsterschaffen, obwohl es seinen Anreiz und

sein Ziel für die Selbsterschaffung, seinen Wunsch nach Erfüllung, von der Urnatur empfängt. Jedes wirkliche Einzelwesen strebt nach »Erfüllung« der Vollständigkeit. Diese besteht in einer relativen Zusammenfassung von Empfindungen, die von den wirklichen Einzelwesen seiner Vergangenheit zu einer Einheit übernommen wurden. Dies ist der schöpferische Prozeß. Wenn ein gegebenes wirkliches Einzelwesen als »Subjekt« Erfüllung erreicht, wird es zu einem Objekt in der unmittelbaren Vergangenheit des nächsten wirklichen Einzelwesens.

Andauernde Objekte, wie z. B. Elektronen oder die Individualität von Personen, beruhen auf sich wiederholenden Mustern von Potentialitäten, die in bestimmten Serien von wirklichen Einzelwesen oder »Gesellschaften« von wirklichen Einzelwesen, die sich gegenseitig erfassen, auftreten. Wenn in eine solche Serie nur sehr wenig oder gar keine Neuigkeit eintreten kann, dann bildet sie ein physikalisches Objekt. Das Ausmaß, in dem eine solche Serie »lebt«, wird durch das Ausmaß, in dem neue Potentialitäten eintreten können, bestimmt.

An dieser Stelle sollte ich vielleicht einen Moment innehalten und mich mit dem scheinbaren Konflikt zwischen Whiteheads Anschauung, daß die »Atome« der Wirklichkeit Augenblicke der Erfahrung sind, und Batesons Anschauung, daß es keine geistigen Atome gibt, und daß es falsch ist, Elektronen eine Qualität von »Bewußtsein« zuzuschreiben, auseinandersetzen. Bateson glaubte offensichtlich, daß Whitehead den Elektronen eine Qualität von »Bewußtsein« zuschrieb, und daß sie deswegen grundlegend verschiedener Meinung seien. Wenn wir die Frage des »Bewußtseins« einmal beiseite lassen, scheinen wir es hier mit zwei verschiedenen Ebenen der Analyse zu tun zu haben. Bateson vertritt die These, daß wir auf der Ebene des normalen Wahrnehmens und Denkens einen Fehler machen, und zwar einen sehr gefährlichen, wenn wir versuchen, den

Geist herauszutrennen und die Natur als grundlegend geistlos zu sehen. Elektronen sind abstrakte Wesenheiten, die
durch Analyse aus dieser »geistlosen« Natur abgeleitet wurden, und die man daher notwendigerweise auch als geistlos
betrachten muß. Nachdem wir jedoch die notwendige Einheit von Geist und Natur und die Willkürlichkeit unserer
Unterscheidung einer »äußeren Welt« erkannt haben, müssen wir uns jetzt fragen, wie wir unsere Erfahrung analysieren können, ohne gleich zu Anfang diese willkürliche Spaltung vorzunehmen. Wenn wir mit Bateson darin übereinstimmen, daß wir das, was wir als geistigen Prozeß erkennen, über die Grenzen von Körper und Bewußtsein hinaus
ausdehnen und die »Objekte« und raumzeitlichen Beziehungen in der »äußeren Welt« miteinbeziehen müssen,
dann könnten wir uns fragen, ob es richtig war, die Objekte
und Beziehungen in dem ersten Gedankenschritt überhaupt
erst abzutrennen. An dieser Stelle setzt Whitehead an.
Whitehead konnte also, indem er vom Primat der empfundenen unmittelbaren Erfahrung ausging, zeigen, wie
»Dinge« und »lebende Organismen« entstehen. Er zeigte
auch bis ins einzelne, wie man durch eine Methode, die er
»extensive Abstraktion« nennt, die räumlichen Dimensionen ableiten kann. Davon ausgehend entwickelte er eine
Theorie der Schwerkraft, die der von Einstein sehr nahe-
kommt, die aber den »Irrtum der unangebrachten Konkretheit« im Hinblick auf Raum, Zeit und Materie vollständig
vermeidet.
Soweit also unsere Zusammenfassung einiger Aspekte von
Whiteheads »Prozeßphilosophie«; wir werden auf jeden
dieser Punkte noch näher eingehen. Wenn man versucht,
Whiteheads Sichtweise wiederzugeben, ist es außerordentlich schwer, seine Gedanken in einer sauberen, linearen
Darstellung zu vermitteln. Dies war auch nicht der Stil, in
dem Whitehead selbst geschrieben hat, und zwar genau deshalb, weil er versuchte, mit seiner Sprache eine Welt darzustellen, von der er erkannt hatte, daß sie ihrem Wesen nach

nicht linear ist und überhaupt keine Ähnlichkeit mit einer einfachen Konstruktion von Subjekt und Prädikat hat. Nach Whitehead bedeutet seine Theorie »die Aufgabe der Subjekt-Prädikat-Form des Denkens, jedenfalls soweit es die Annahme betrifft, daß diese Form eine direkte Verkörperung der absoluten Eigenschaften von Tatsachen ist. Das hat zur Folge, daß der Substanzbegriff vermieden wird, und daß morphologische Beschreibungen durch Beschreibungen dynamischer Prozesse ersetzt werden.«[4] Whitehead zeigt, daß sich die Subjekt-Prädikat-Form der Sprache (z. B.: »Der Baum ist grün«) von unserem Umgang mit den Dingen des alltäglichen Lebens herleitet, die wir, grob gesehen, für dauerhafte Objekte mit sich verändernden Qualitäten halten. Im Sommer z. B. können wir sagen: »Der Baum ist grün«, im Herbst: »Der Baum ist golden«, und im Winter: »Der Baum ist kahl«. Das gibt uns das Gefühl, daß es ein dauerhaftes Objekt Baum gibt, das sich verändernde Qualitäten hat, wie z. B. die Anwesenheit oder Abwesenheit von Blättern und deren Farbe. Zur Charakterisierung dieser traditionellen Sichtweise sagt Whitehead: »Eine solche Bezugnahme auf absolute Atome oder auf absolute Monaden macht eine miteinander verknüpfte Welt von wirklichen Individuen unverständlich. Das Universum wird in eine Vielzahl unverbundener substantieller Dinge zersplittert, wobei jedes Ding auf seine eigene Art sein privates Bündel abstrakter Merkmale veranschaulicht, die in ihrer eigenen substantiellen Individualität ein Zuhause gefunden haben. Aber substantielle Dinge können nicht andere substantielle Dinge ansprechen.«[5] Das heißt, wenn ein Objekt vom Wesen her unveränderlich ist, dann kann es keine wirkliche Beziehung zu anderen Objekten dieser Art haben. Wir sind dieser Frage schon einmal begegnet, als wir darüber sprachen, welche Rolle die Sprache dabei spielt, unseren Wahrnehmungen bestimmte Kategorien aufzuzwingen. Wir sollten uns dabei daran erinnern, daß in den zwanziger und dreißiger Jahren, als Whitehead seine Arbeiten schrieb, die Sprachphilosophie noch in den Kinderschuhen steckte.

Whiteheads Stil, der sein Gefühl für Prozeß und Verknüpftheit widerspiegelt, ist mehr spiralförmig oder gewebeartig als linear. Begriffe werden sehr früh eingeführt, und ihre Bedeutungen dann durch ständige Neudefinitionen und Querverweise schrittweise aufgebaut. Whitehead selbst war äußerst genau beim Gebrauch seiner Begriffe, aber um ihn wirklich richtig zu verstehen, ist es fast notwendig, die Gesamtheit dessen, was er zu sagen hat, von vornherein zu kennen.

Whitehead wollte bestimmte Anschauungen von der Welt, die man traditionell immer als gegensätzlich empfunden hatte, wie Dauerhaftigkeit und Wandel, Kontinuität und Diskontinuität, die Vielen und das Eine, Geist und Materie, Subjekt und Objekt, Immanenz und Transzendenz, Gott und die Welt, in einer einzigen Vision zusammenbringen. Insbesondere kritisierte Whitehead den Beschreibungsmodus der Realität, der »von dauerhaften Objekten mit sich ändernden Qualitäten« ausgeht, den Modus der »Elementarteilchen«, den er als eine hochgradige Abstraktion unserer unmittelbaren Erfahrung ansah, die eine Erfahrung von *Prozeß* oder Veränderung ist. Und er hielt es für völlig falsch, die Veränderung weiter zu analysieren und in »elementare« Teilchen zu zerlegen, die sich nicht verändern. Die Tradition irrte, wenn sie annahm, daß man »den Prozeß in eine Komposition aus letzten Realitäten zerlegen könnte, die selbst frei von Prozeßhaftigkeit sind.« Für Whitehead stellte sich also nicht die Frage, wie man die Veränderung in einer Welt der unveränderlichen Dinge erklären, sondern wie man dauerhafte Muster in einer Welt der Prozesse verstehen könnte.

Dieses Problem von Veränderung und Dauer hat noch einen anderen Aspekt, der ebenfalls mit einem Irrtum zu tun hat, der sich aus unserer unkritischen Beobachtung des alltäglichen Lebens ableitet. Es ist die Annahme, daß Veränderung kontinuierlich sei. Wir sehen, wie ein Vogel fliegt, ein Mensch langsam älter wird, unsere Gedanken wie ein Strom fließen. Wir stellen uns diese Prozesse als kontinuierliche Veränderungen vor und glauben, daß dies »letztlich« die Art ist, wie Dinge sich verändern. Eine verfeinerte Beobachtung unserer unmittelbaren Erfahrung zeigt uns jedoch, daß diese Erfahrung epochenhaft oder momentan ist. Veränderung geschieht als ein Moment oder eine Epoche, wird vollendet und geht dann im Prozeß des Werdens in den nächsten Augenblick der Erfahrung über.

Für Whitehead nun kann die Welt nicht unverbunden sein und getrennte Erklärungen für getrennte Bereiche oder Aspekte der Existenz erfordern. Diese Anschauung wird allerdings auch von den Materialisten und von den Idealisten vertreten: Erstere versuchen, die gesamte Welt, einschließlich des Geistes, auf der Basis von Anordnungen der »Materie« zu erklären; letztere versuchen, die gesamte Welt als geistige Prozesse oder Ideen zu erklären. Whitehead vermeidet beide Abstraktionen, indem er nach der tatsächlichen Natur der menschlichen Erfahrung fragt und von dieser ausgeht. Die fundamentale Tatsache unserer menschlichen Erfahrung, nämlich daß sie aus Einheiten oder Momenten des Werdens besteht, die ineinander übergehen, muß also eine fundamentale Tatsache der gesamten Existenz sein. Ich sollte deutlich machen, daß wir hier nicht unbedingt über *bewußte* Erfahrung sprechen, sondern eher über Erfahrung auf der Ebene des Empfindens. Wir werden später noch auf diesen Punkt zurückkommen.

Für Whitehead besteht also alles Wirkliche aus epochehaften Augenblicken der Erfahrung, die er wirkliche Einzelwesen nannte, oder aus Gruppen solcher Einzelwesen. Jedes wirkliche Einzelwesen selbst ist ein Prozeß des Werdens. Das heißt, es gibt eine Sequenz in dem Prozeß, durch den ein wirkliches Einzelwesen zur Vollendung gelangt. Zeitlich gesehen jedoch muß man jedes wirkliche Einzelwesen als eine Ganzheit betrachten – der Prozeß des Werdens ist nicht zeitlich. Man kann ein wirkliches Einzelwesen zeitlich nicht aufteilen, wie das in der Analyse möglich ist. Der Weltprozeß besteht aus vollständigen zeitlichen Einheiten, die aufeinander folgen. Jedes wirkliche Einzelwesen entsteht aus einem aktiven Prozeß der Selbsterschaffung, der allen wirklichen Einzelwesen gemeinsam ist. Diesen schöpferischen Prozeß also, durch den wirkliche Einzelwesen sich von Augenblick zu Augenblick vervollständigen und in die nachfolgenden wirklichen Einzelwesen übergehen, könnte man als die »absolute« Eigenschaft des Universums bezeichnen. »Kreativität« ist der letzte Grund für die Existenz des Universums, welches daher zu seiner vollständigen Erklärung keines transzendenten »Schöpfers« bedarf. Obwohl man vorsichtig damit sein sollte, Gedanken, die aus sehr unterschiedlichen Zusammenhängen stammen, gleichzusetzen, können wir doch schon langsam erkennen, in welchem Ausmaß Whitehead schon in den dreißiger Jahren Einstellungen vorweggenommen hat, die erst jetzt langsam in die Wissenschaften einsickern. Die selbstorganisierenden Strukturen von Prigogine z. B. und Feinberg und Shapiros Definition des Lebens als Aktivität einer Biosphäre sind Modelle, die als letzte Realität »Prozeß« und »Selbsterschaffung« annehmen und nicht die »Materie« oder einen »Schöpfer«.

Whiteheads Aufgabe war es nun, den Prozeß des Werdens eines wirklichen Einzelwesens zu beschreiben, sowie den Prozeß, durch den ein Einzelwesen, das Vollständigkeit erlangt hat und wirklich geworden ist, in ein anderes, im Prozeß befindliches Einzelwesen übergeht. Dabei tritt ein Rhythmus auf, der der fundamentale Rhythmus des Universums und insbesondere der menschlichen Wahrnehmung ist. Er ist eine Vorwegnahme der Quantennatur der Materie, des Schwingungsaspekts der Elementarteilchen.

Bevor wir den Prozeß des Werdens analysieren, müssen wir
uns zunächst mit einem wirklichen Einzelwesen mit besonderem Status beschäftigen, das Whitehead »Gott« nennt.
»Gott« ist nicht das höchste Prinzip des Universums, welches, wie wir gesehen haben, Selbstschöpfung ist. Er ist
auch kein transzendenter Schöpfer, dessen Existenz nach
dem eben Gesagten ja nicht mehr nötig ist. »Gott« ist ein
wirkliches Einzelwesen, und in gewissem Sinne müssen wir
ihn genauso behandeln wie alle anderen wirklichen Einzelwesen. Der besondere Charakter des wirklichen Einzelwesens »Gott« ist jedoch notwendig, um eine vollständige Erklärung des Prozesses geben zu können. Whitehead nannte
dieses wirkliche Einzelwesen »Gott«, um es dadurch in der
Erfahrung der Menschen mit dem Empfinden von Neuheit
und Mitgefühl zu verbinden, welches die meisten Menschen
mit religiösen oder spirituellen Erfahrungen assoziieren.
Und wir werden sehen, daß sich diese Verbindung ganz natürlich herstellen läßt. Auf der anderen Seite *ist* der Begriff
»Gott« im überlieferten jüdisch-christlichen Sinne vor allem mit einem transzendenten und allmächtigen Schöpfer
assoziiert, der als Richter über die Welt waltet. Whitehead
analysierte diese überlieferte Vorstellung ebenso wie die
entgegengesetzte pantheistische Vorstellung von einem
Gott, der eigentlich die Natur selbst ist, und zeigte, daß
beide mit erheblichen Mängeln behaftet sind. Da nun aber
tiefverwurzelte Mißverständnisse, die auf diesen üblichen
Assoziationen mit dem Begriff »Gott« beruhen, zu einem
festen Bestandteil unserer Kultur geworden sind, scheint es
mir nicht sinnvoll, diesen Begriff hier noch weiter zu gebrauchen, auch nicht in Whiteheads sehr viel durchdachte-
rem Sinne. Ich werde mich also nur auf die zwei Aspekte
oder Wesenszüge dieses besonderen wirklichen Einzelwesens beziehen, die Whitehead ihm zuschreibt, nämlich auf
die Urnatur und auf die Folgenatur. Kurz gesagt – wir wer-

den später darauf zurückkommen – ist die Urnatur die nicht-bedingte Intuition oder der nicht-bedingte Bereich der gesamten Vielfalt von Möglichkeiten oder Potentialitäten, die in einen Moment der Wirklichkeit eintreten können; die Folgenatur ist die bewußte Realisierung der gesamten wirklichen Welt als einer Einheit.

Für den Aspekt von Whiteheads Philosophie, mit dem wir uns vor allem beschäftigen wollen, dem Prozeß der Wahrnehmung, wird die Urnatur der wichtigere Teil sein. Um diese Urnatur verstehen zu können und um einen weiteren Schritt in unserer Analyse des Werdeprozesses eines wirklichen Einzelwesens voranzukommen, müssen wir uns die Kategorie des »Möglichen« näher anschauen. In jedem wirklichen Moment der Erfahrung werden bestimmte Wahrscheinlichkeiten oder Potentialitäten, die in diesen Moment *hätten* aufgenommen werden *können*, ausgeschlossen, während andere aufgenommen werden. »Baum«, »grün« und »Rauschen« werden z. B. aufgenommen, während »Felsen«, »grau« und »dumpfer Aufschlag« ausgeschlossen werden. Wir könnten vielleicht sogar sagen, daß die primären Charakteristika eines Erfahrungsmoments darin bestehen, *welche* spezifischen Potentialitäten in diesen Moment aufgenommen werden, und *wie* sie aufgenommen werden. Mit »wie« meinen wir die Bewertung, Intensität oder Empfindungsqualität, mit der eine Potentialität in einen wirklichen Augenblick aufgenommen wird.

Die Urnatur besteht aus einem Bereich, in dem alle Potentialitäten, obwohl sie noch nicht wirklich sind, in ihren natürlichen, hierarchisch geordneten Beziehungen »intuitiv wahrgenommen« werden. Whitehead bezeichnet die »intuitive Wahrnehmung« dieses Bereiches auch als »begriffliche Würdigung«. Wir müssen dabei beachten, daß er das Wort »begrifflich« wohl nicht in der gleichen Art verwendet, wie wir das bisher in diesem Buch getan haben, sondern mehr im Sinne von »geistig«. Wenn wir das Universum so betrachten, daß es in seiner Ganzheit einen »geistigen« und einen »physischen« Pol hat, dann wäre die Urnatur der geistige und die Folgenatur der physische Pol. Wir sollten jedoch betonen, daß die Urnatur nicht *vor* allem, was ist, existiert; sie ist vielmehr *mit* allem, was ist, als primäre Wirklichkeit, die von der natürlichen Ordnung ausgeht, und in der die Selbstverursachung jedes wirklichen Einzelwesens beginnt.

Erfahrung

Jedes wirkliche Einzelwesen, jeder Augenblick der Erfahrung beginnt als ein werdendes Subjekt, das nach Erfüllung strebt, die darin besteht, daß es sich seiner Wirklichkeit als vollendeter Augenblick erfreut. Dieses Subjekt entsteht, gleichzeitig mit seinem subjektiven Wunsch, aus der Urnatur. Die »Objekte« zu diesem Subjekt finden wir in der gesamten Mannigfaltigkeit der unmittelbar vorausgegangenen Augenblicke der Erfahrung. Den Begriff Objekt dürfen wir hier nicht in dem Sinne verstehen, daß damit ein objektives Ding gemeint ist, das für alle Ewigkeit unabhängig vom Subjekt existiert. Das »Objekt« ist vielmehr immer relativ zu dem erfahrenden »Subjekt«. »Objekt« ist kein Synonym für ein äußeres Ding, sondern ist immer ein direkt vorausgegangenes wirkliches Einzelwesen, das dem erfahrenden Subjekt *immanent* ist. Auf diese Weise überwindet Whitehead die absolute Dualität von Subjekt und Objekt, die die westliche Welt so lange geplagt hat.
Genau der Prozeß, in dem vorausgehende wirkliche Einzelwesen immanenter Teil eines Subjekts und in diesem Subjekt intensiviert und harmonisiert werden, um schließlich den vollendeten Augenblick der Erfahrung zu formen, *ist* der Werdensprozeß jenes Augenblicks. Whitehead bezeichnet diesen Prozeß auch als »Konkretisierung«. Die Art und Weise, in der jeder vorausgehende Augenblick in das sich konkretisierende wirkliche Einzelwesen eintritt, ist dem Ge-

fühl und dem direkten Energietransfer, der beim Gefühl stattfindet, vergleichbar. Sie hat jedoch keine Ähnlichkeit mit bewußtem Erkennen, und aus diesem Grund bezeichnet Whitehead dieses fundamentale »Eintreten« des Objekts in das Subjekt als »Erfassen«.

Um die Wichtigkeit des »Erfassens«, des Modus, in dem das »Subjekt« das »Objekt« empfängt, verstehen zu können, müssen wir Whiteheads allgemeine Analyse der menschlichen Erfahrung kennen. Da Erfahrung, wie ich bereits erläutert habe, das Wesen aller wirklichen Einzelwesen ist, können wir vom Wesen der menschlichen Erfahrung auf das der »Erfahrung« aller wirklichen Einzelwesen schließen. Whitehead ist ein radikaler Kritiker einer Sichtweise der Erfahrung, die im wesentlichen auf Descartes zurückgeht, und die sehr tief in der westlichen Kultur verwurzelt ist. Diese beruht auf der Vorstellung, daß das herausragende Merkmal der Erfahrung »Vergeistigung« oder »Bewußtsein« ist, und daß »unbewußte Erfahrung« ein Widerspruch in sich ist. In den letzten fünfzig Jahren sind wir mit dem Aufkommen der Psychoanalyse und aller möglicher anderer psychologischer Modelle, die auf diese folgten, mit der Vorstellung einer »unbewußten Erfahrung« natürlich sehr viel vertrauter geworden. Wir halten dieses Verständnis jedoch noch strikt auf der psychologischen Ebene, während die Wissenschaften wie Physik und Biologie immer noch auf der Voraussetzung des Primats der »bewußten« Erfahrung aufgebaut sind – auf der Voraussetzung, daß die »klare und deutlich unterscheidbare Sinnesempfindung« die einzige Grundlage für eine wahre Wahrnehmung und Erkenntnis sein kann.

Whitehead weist darauf hin, daß »Denken« oder »Bewußtsein« variabel sind – wenn wir schlafen, bewußtlos sind oder unter dem Einfluß von Drogen stehen, gibt es kein Denken oder Bewußtsein mehr. Daher ist nach Leclerc »Descartes Schlußfolgerung ›cogito ergo sum‹ (ich denke, also bin ich) zwar zulässig, aber nur als ein Schluß von der Tatsache des

Denkens auf die Tatsache des Daseins«.[6] Sie ist jedoch nicht zulässig, wenn wir daraus ableiten, daß das Denken die wesentliche *Natur* unseres Daseins und unserer Erfahrung ist. Whitehead verwirft daher die sensualistische Theorie der Wahrnehmung, welche Wahrnehmung mit Sinneswahrnehmung identifiziert. Nach dieser Theorie besteht die Wahrnehmung im Grunde aus dem Bewußtsein ganz bestimmter, deutlich abgehobener »Sinnesgegenstände«. Diese »Sinnesgegenstände« hält man für die Grundelemente der Erfahrung, von denen alles andere abgeleitet ist. Whitehead sagt zu dieser Theorie: »Die anderen Faktoren der Erfahrung«, die über die reine Sinneswahrnehmung der unmittelbaren, gegenwärtigen und strukturierten Verbindungen hinausgehen, »müssen daher als Derivate konstruiert werden, die ihren Ursprung in diesen Sinnesgegenständen haben. Gefühle, Erwartungen, Hoffnungen, Angst, Liebe, Haß, Absichten und Erinnerungen haben nur mit Sinnesgegenständen zu tun. Ohne diese Sinnesgegenstände wären sie nicht existent.«[7] Diese Sicht der Wahrnehmung wird natürlich auch von der groben »Kamera-Theorie« der Wahrnehmung vorausgesetzt, die besagt, daß das Gehirn so etwas wie Schnappschüsse von einer objektiven Welt, die unmittelbar gegeben ist, konstruiert.

Whitehead gibt zu, daß solche Sinnesgegenstände existieren, aber er verwirft die Annahme, daß »sie, weil sie bestimmbar sind, auch fundamental seien«. Wenn wir unsere Erfahrung untersuchen, sagt er, »dann ist das erste, was wir bemerken, die Tatsache, daß diese deutlichen Sinnesgegenstände die allervariabelsten Elemente unseres Lebens sind. Wir können unsere Augen schließen oder für immer blind sein und sind nichtsdestoweniger lebendig. Wir können taub sein und sind dennoch lebendig. Wir können diese Einzelheiten der Erfahrung fast beliebig umformen oder verändern.

Weiterhin variiert unsere Erfahrung im Laufe eines Tages im Hinblick auf die Aufnahme von Sinnesgegenständen.

Auch im Verlaufe unseres Lebens gibt es diese Veränderungen; wir machen unsere ersten Erfahrungen im Mutterleib und in der Wiege, dann werden wir langsam immer geschickter in der Kunst, unsere fundamentale Erfahrung mit der Klarheit neuerworbener Sinnesgegenstände in Beziehung zu setzen.«[8]

Diesen Modus der Wahrnehmung, der also auf keinen Fall der primäre Modus ist, auf den wir unser Verständnis der Erfahrung aufbauen können, nennt Whitehead die »vergegenwärtigende Unmittelbarkeit«, weil damit das gemeint ist, was unserem Bewußtsein durch unsere Sinne unmittelbar gegenwärtig ist. Er sagt dazu jedoch: »Klare, bewußte Unterscheidung ist eine Nebensache der menschlichen Existenz. Sie macht uns zum Menschen. Aber sie macht nicht, daß wir leben. Sie ist das Wesentliche unserer Menschlichkeit, aber sie ist eine Nebensache für unsere Existenz.«[9]

Whitehead arbeitet dann einen primitiveren, fundamentaleren Modus der Wahrnehmung auf der Ebene des Empfindens heraus, den er »kausale Wirksamkeit« nennt. Wenn wir die kausale Wirksamkeit verstehen wollen, müssen wir die Körper-Geist-Einheit beachten und uns immer das »Beteiligtsein« des Körpers an jeder Erfahrung vor Augen halten. Wir erfahren mit dem Körper. Wir sehen nicht einfach nur »rot«, wir sehen »rot« *mit* den Augen, wir hören einen Klang *mit* den Ohren usw. Whitehead macht deutlich, daß es dieses »Beteiligtsein« des Körpers ist, das ihn zum Ausgangspunkt für unser Wissen von unserer Welt macht. Daher muß dieses »Beteiligtsein des Körpers«, statt als irrelevant abgetan zu werden, die Grundlage unserer Theorie von der Erfahrung als Wahrnehmung bilden.

Normalerweise sind wir uns jedoch der körperlichen Dimension, des »Beteiligtseins« unseres Körpers an der Erfahrung nicht bewußt. Leclerc schreibt dazu: »Es bedarf einer speziellen Ausrichtung unserer Aufmerksamkeit, um uns der körperlichen Funktionen bei der Sinneswahrnehmung bewußt zu werden. Sie sind jedoch vorhanden, denn die klare, bewußte Wahrnehmung auf der Ebene der Vergegenwärtigung ist von körperlichen Sinnesorganen abgeleitet. Der entscheidende Punkt, auf den wir dabei achten müssen, ist der, daß diese ›Ableitung‹ selbst *unbewußt* ist und nicht als ein bewußter Faktor in der vergegenwärtigenden Unmittelbarkeit auftaucht.«[10] Nach Whitehead ist es das Erkennen dieser unbewußten Rolle des Körpers, dieses Beteiligtseins des Körpers an der Wahrnehmung – welches selbst ein Modus der Wahrnehmung ist – das uns einem Verständnis der kausalen Wirksamkeit näherbringt: »Die kausalen Einflüsse des Körpers haben die extreme Unbestimmtheit derjenigen Einflüsse verloren, die von der äußeren Welt herkommen. Aber selbst bezüglich des Körpers hat die kausale Wirksamkeit etwas Vages, vergleicht man sie mit der vergegenwärtigenden Unmittelbarkeit. Diese Schlußfolgerungen werden bestätigt, wenn wir auf der Skala des organischen Seins tiefer gehen. Es scheint nicht so sehr der Sinn für kausale Gewißheit zu sein, der den niederen Lebewesen fehlt, als vielmehr die Mannigfaltigkeit der sinnlichen Vergegenwärtigung und damit die lebhafte Deutlichkeit der vergegenwärtigenden Unmittelbarkeit. Aber Tiere, und selbst Pflanzen, in niederen organischen Formen legen Verhaltensweisen an den Tag, die auf Selbsterhaltung ausgerichtet sind. Es gibt viele Hinweise auf ein vages Empfinden einer kausalen Beziehung mit der äußeren Welt, wobei diese Beziehung eine gewisse Intensität besitzt und hinsichtlich der Qualität und der Lokalität irgendwie abgegrenzt ist. Eine Qualle bewegt sich vorwärts und zieht sich wieder zurück, und indem sie dies tut, verrät sie die Wahrnehmung einer kausalen Beziehung zu der sie transzendierenden Welt; eine Pflanze wächst nach unten, in die feuchte Erde, und nach oben, zum Licht. Es gibt daher einen direkten Grund, hier von dunklen, schwachen Empfindungen eines Kausalnexus zu sprechen, auch wenn wir keinen Anlaß haben, die klaren Wahrnehmungsgegenstände in der Weise der vergegenwärtigenden Umittelbarkeit zu unterstellen.«[11]

Whiteheads Sichtweise macht uns deutlich, welch wichtige Rolle die unklar empfundene, aber massiv funktionierende kausale Wirksamkeit der Vergangenheit in jedem Moment für die Wahrnehmung spielt. »Wahrnehmung in diesem Sinne (kausale Wirksamkeit) ist die Wahrnehmung einer in der Vergangenheit festgelegten Welt, zusammengesetzt aus ihren Gefühlsfärbungen und wirksam aufgrund dieser Gefühlsfärbungen.« Meistens beschreiben wir unsere Erfahrung im Sinne der gerade im Vordergrund stehenden Klänge, Gerüche, Farben usw., also auf der Ebene von Whiteheads »vergegenwärtigender Unmittelbarkeit«. Dabei ignorieren wir jedoch die Verbundenheit des gegenwärtigen Augenblicks mit allen Aspekten der unmittelbaren Vergangenheit, auch wenn sie nur dumpf empfunden wird. Für Whitehead war es diese Ignoranz des »Eingebettetseins« unserer unmittelbaren Erfahrung in das ungeheure Gewebe von Kausalverbindungen mit der Vergangenheit, die zu dem Ungleichgewicht der westlichen Philosophie geführt hat, das sich vor allem in der Verzerrung der Wissenschafts- und Erkenntnistheorie mit ihrer Betonung von »klar unterscheidbaren Gedanken« als Wahrheitskriterium zeigt. Es ist vor allem dieses »Eingebettetsein« eines zeitlichen Moments in die Gesamtheit der wirklichen Welt, das diesem Moment ein Gefühl von Reichtum und Wert verleiht. »Diese Weise bringt Wahrnehmungsgegenstände hervor, die vage, nicht kontrollierbar und voller Emotion sind: Aus ihr kommt der Sinn für die Herkunft aus einer unmittelbaren Vergangenheit und für den Übergang in eine unmittelbare Zukunft; ein Sinn für emotionales Empfinden, das zu einem selbst in der Vergangenheit gehört, auf einen selbst in der Gegenwart übergeht und von einem selbst in der Gegenwart zu einem selbst in der Zukunft übermittelt wird; ein Sinn für das Einfließen von Einflüssen anderer, vagerer Gegenwarten aus der Vergangenheit, die lokalisiert sind und doch der lokalen Abgrenzung entgehen, wobei ein solcher Einfluß den Strom des Empfindens, den wir empfangen, vereinigen, erleben und übertragen, modifiziert, verstärkt, verhindert oder umleitet. Das ist unser allgemeiner Sinn für Existenz als einem Aspekt unter anderen in einer wirkenden wirklichen Welt.«[12]

So wie Wahrnehmungen im Modus der kausalen Wirksamkeit (also Wahrnehmungen auf der Empfindungsebene) primäre Bestandteile unserer eigenen Erfahrung sind, so sind die »Empfindungen« die primären Bestandteile jedes wirklichen Einzelwesens oder Erfahrungsereignisses. »Empfindung« ist das grundlegende Wesen des Vorgangs, in dem ein wirkliches Einzelwesen ein anderes erfaßt, in dem das Erste ein immanenter Teil des Zweiten wird. »Ein wirkliches Einzelwesen ist ein Prozeß, in dem die vielen Daten (vergangene wirkliche Einzelwesen) so ›empfunden‹ werden, daß sie zu der Einheit einer einzigen individuellen Erfüllung verschmolzen werden.«

Viele Empfindungen wachsen zur Einheit einer Erfüllung zusammen

Jetzt werde ich beschreiben, wie die vielen Empfindungen, die in einen wirklichen Moment der Erfahrung einfließen, in diesem Moment zu einer Einheit geformt werden. Ich werde versuchen, diesen Prozeß so einfach wie möglich zu beschreiben, ohne dabei Whiteheads Theorie zu entstellen. Vielleicht mag diese Beschreibung zunächst ziemlich abstrakt erscheinen, doch dies ist nur deswegen so, weil wir völlig daran gewöhnt sind, im Sinne von »Dingen« in »Raum« und »Zeit« zu denken und die Bedeutung des Körpers als zentralem Bezugspunkt für unsere Erfahrung zu ignorieren. Indem wir die Körper-Geist-Verbindung ignorieren, ignorieren wir unsere subtilen Empfindungen von der Welt.

Der Prozeß des Werdens oder der Konkretisierung eines wirklichen Einzelwesens ist ein sehr komplizierter Prozeß, der in eine Reihe von Schritten zerlegt werden kann. Wieder müssen wir uns daran erinnern, daß es sich dabei nicht um eine *zeitliche* Reihe handelt. Der wirkliche Augenblick der Erfahrung ist eine zeitliche Einheit von einer bestimmten, begrenzten Dauer. Die Reihe von Schritten ist nichtzeitlich; in der Analyse ist es richtig, sie eine Reihe zu nennen, aber in Wirklichkeit finden alle Schritte gleichzeitig statt, innerhalb der erwähnten begrenzten Dauer.

Als erstes taucht ein werdendes Subjekt als subjektiver Wunsch nach Erfüllung oder Vollendung aus der Urnatur auf. Mit dem Auftauchen des Subjekts wird die gesamte Mannigfaltigkeit der wirklichen Ereignisse in der vorausgegangenen Welt in bezug auf dieses Subjekt »objektiviert«. Sie werden zu Daten für die Empfindungen des Subjekts. Als zweites empfängt das Subjekt die Empfindungen seiner Daten, seiner vorausgegangenen Ereignisse. Das Subjekt kann Empfindungen von der reinen Tatsächlichkeit des vorausgegangenen Ereignisses empfangen, rein physische Empfindungen, die der Übertragung physikalischer Energie entsprechen. Das Subjekt kann aber auch Empfindungen von den verschiedenen Potentialitäten empfangen, die in dem vorausgegangenen Ereignis aktualisiert waren. Angenommen, das vorangegangene Ereignis enthält etwas, das wir in konventioneller Ausdrucksweise einen roten Ball nennen würden. Dann wird das Subjekt einerseits rein physische Empfindungen der rein physischen Gegenwart dieses Dinges empfangen und in sich aufnehmen. Es wird auch Empfindungen aufnehmen, die von den Qualitäten der Röte, der Rundheit, des Gummis, also all der Potentialitäten, die in diesem spezifischen Ereignis wirklich geworden sind, verursacht sind (während grün, quadratisch und hart Potentialitäten sind, die in diesem vorangegangenen Ereignis nicht wirklich geworden sind). Das Subjekt wird eine Vielfalt solcher Empfindungen aufnehmen, die von der Vielfalt der Potentialitäten ausgelöst werden, die in jedem einzelnen der vorangegangenen Ereignisse wirklich geworden sind. Und diese Vielfalt steigert sich noch dadurch, daß eine solch ungeheure Menge von wirklichen Ereignissen die unmittelbare Vergangenheit des Subjekts bevölkert. Das werdende Subjekt nimmt also eine fast unendliche Zahl von Empfindungen in sich auf, und seine Aufgabe, sein subjektiver Wunsch, ist es dann, diese zu einer abschließenden Erfüllung zu vereinen. Dieser Prozeß der Vereinigung fängt schon in dem Moment an, wenn die Empfindungen aufgenommen werden: Sie werden positiv oder negativ bewertet im Hinblick auf den subjektiven Wunsch des Subjekts nach Intensität und Harmonie.

Die verbleibenden Stufen im Prozeß der Konkretisierung dieses spezifischen Moments der Erfahrung haben alle damit zu tun, wie die verschiedenen Empfindungen, die von der »objektiven Welt« empfangen werden und die bereits positiv oder negativ bewertet wurden, schließlich zu der Erfüllung des Subjekts harmonisiert werden. Die dritte Stufe ist eine besonders wichtige. Es gibt auf dieser Stufe zwei Möglichkeiten: Die erste besteht darin, daß die von den Potentialen der vorangegangenen Ereignisse abgeleiteten Empfindungen einfach ohne Veränderung wieder mit den von der reinen Physikalität abgeleiteten Empfindungen zusammengesetzt werden. Dies entspricht einer einfachen Wiederholung des vorherigen wirklichen Ereignisses und ist die Art von Aktivität, die ein einfaches »physikalisches Objekt«, wie z. B. ein Elektron, entfaltet. Die andere Möglichkeit ist die, daß in bezug auf die Empfindungen aus den vorhergegangenen Potentialen neue, aus der Urnatur abgeleitete Empfindungen aufgenommen werden. Auf diese Weise kann Neuheit in eine Serie von wirklichen Ereignissen einfließen. Die neuen, aus der Urnatur abgeleiteten Empfindungen von Potentialitäten werden dann mit den physischen, von den vorhergegangenen wirklichen Einzelwesen abgeleiteten Empfindungen integriert, woraufhin Aussagen entstehen, in denen dieses wirkliche Einzelwesen zu einem »Es« verallgemeinert wird. Im Falle des roten Balles z. B. entsteht möglicherweise eine neue Empfindung von »grün«. Die Empfindungen von »rot« und »grün« lassen, wenn sie mit der physischen Empfindung von einem »Etwas« (dem Ball) integriert werden, die Aussagen »er ist rot« und »er ist grün« entstehen.

Für Whitehead liegt die Bedeutung von Aussagen nicht in ihrer »objektiven Wahrheit oder Unwahrheit«, sondern in ihrer Funktion als »Anreiz für Empfindungen«. In dem Beispiel mit dem Ball löst die Aussage »er ist grün« möglicherweise, auch wenn sie nicht richtig ist, die Inspiration aus, ihn grün zu malen. Betrachten wir ein Beispiel, das Donald Sherburne gibt: »Viele Menschen mögen von der Existenz eines leeren Baugrundstücks im Zentrum der Stadt wissen, aber nur ein einziger unternehmungslustiger Geschäftsmann mag die Aussage positiv aufgreifen, die lautet: ›Restaurant an dieser Ecke.‹ In dem Moment, in dem er die Aussage zuerst aufgreift, ist sie falsch. Aber das ist nicht das Wichtige an der Aussage. Als Anreiz für die Empfindung kann die Aussage den Geschäftsmann dazu bringen, das Grundstück zu kaufen und das Restaurant zu bauen.«[13]

Aussagen sind Prädikate, die auf ein Subjekt warten, Kategorien, die auf ein wirkliches Ereignis warten, das auf sie paßt. Dieses »Anpassen« entsteht, wenn die aus einer Aussage abgeleitete Empfindung im Gegensatz steht zu der physischen Empfindung von einem wirklichen Einzelwesen oder einer Gruppe von wirklichen Einzelwesen, die fähig sind, das Subjekt der Aussage zu bilden (z. B. der Ball). Das physische Empfinden dieses wirklichen Einzelwesens ist die »objektivierte Tatsache«, während die von der Aussage abgeleitete Empfindung »das, was sein könnte«, ist. Der Kontrast zwischen den »Tatsachen« und »dem, was sein könnte«, eine Spannung, die in dem sich konkretisierenden wirklichen Einzelwesen als eine Einheit zusammengehalten wird, hat die Form des Bewußtseins.

Betrachten wir einen anderen Fall, der uns die Bildung aussagegebundener Empfindungen und ihre weitere Integration mit physischen Empfindungen im Bewußtsein veranschaulichen kann. Angenommen, wir lesen, und es tropft ein Wasserhahn. Wir hören das Geräusch auf einer vorbewußten Ebene, und dann bilden sich Vermutungen über seinen Ursprung in Form von Aussagen: »Es ist ein tropfender Wasserhahn«, »Es klopft jemand«. An einem gewissen Punkt bemerken wir beides, das Geräusch und die Aussage, und fragen uns: »Was ist dieses Geräusch, ist es ein tropfender Wasserhahn, oder klopft jemand?« Und wir kommen zu dem Schluß: »Aha, es ist ein tropfender Wasserhahn.« Die Schlußphase: »Aha, es ist ein tropfender Wasserhahn«, in der all die vielfältigen Empfindungen (einschließlich anderer Empfindungen, die an diesem Moment beteiligt sind, in diesem Fall z. B. die Empfindung, auf einem Stuhl zu sitzen) zu einer komplexen Einheit zusammengefaßt werden, ist die »Erfüllung« dieses Moments.

Sobald ein Augenblick die Erfahrung seiner Erfüllung erlangt hat, indem er all seine übernommenen neuen Empfindungen intensiviert, kontrastiert, harmonisiert und zu einer Einheit integriert hat, hört er auf, ein »Subjekt« zu sein. Er wird dann ein »Objekt« für nachfolgende wirkliche Ereignisse.

Wir sollten noch erwähnen, daß nicht alle Stufen, die wir beschrieben haben, *notwendigerweise* bei jeder Konkretisierung vorkommen. Es fließt z. B. nicht unbedingt Neuigkeit ein; in dem Fall ist das wirkliche Einzelwesen einfach eine Wiederholung des früheren wirklichen Einzelwesens. Es kann auch sein, daß in der späteren Stufe kein Bewußtsein auftritt.

Whiteheads Analyse des Werdensprozesses eines Augenblicks der Erfahrung ist natürlich noch sehr viel detaillierter, reichhaltiger und subtiler als dieser kurze Überblick. Aber vielleicht kann der Leser sich jetzt in etwa vorstellen, wie Empfindungen die Grundbausteine eines wirklichen Augenblicks bilden, und wie Neuheit oder Frische, die aus der Urnatur stammt, einfließen kann. Vielleicht hat dieser

Überblick einen Eindruck vermittelt von der hohen Organisationsstufe und Variabilität der *bewußten* Empfindungen und von der abschließenden Empfindung von Vollständigkeit und Einheit des jeweiligen Augenblicks. In Kapitel 15 werden wir uns mit der Lehre des Vajrayana-Buddhismus über den Prozeß der Wahrnehmung des Augenblicks beschäftigen, die auf Beobachtungen in der Meditationspraxis beruht. Wir werden entdecken, daß sie eine verblüffend ähnliche Reihe von Schritten beschreibt: Zunächst das reine Erscheinen der Subjekt-Objekt-Dualität, dann eine positive, negative oder neutrale Bewertung des Objekts durch das Subjekt, dann eine Stufe, auf der Frische, ein Aufblitzen der nicht-bedingten Möglichkeit einfließen kann, dann eine Kategorisierung unterhalb der Bewußtseinsschwelle und schließlich Bewußtheit.

Gesellschaften

Um das Entstehen von dauerhaften Mustern in einer Welt des Prozesses zu erklären, spricht Whitehead von einer »Gesellschaft« von wirklichen Einzelwesen. Er meint damit eine Gruppe oder eine Verknüpfung von Ereignissen, die untereinander geordnet sind, und die ein gemeinsames Merkmal haben, aufgrund der Tatsache, daß sie sich dieses Merkmal weitervererben. Gesellschaften haben also die Eigenschaft der zeitlichen Dauer; sie entstehen durch eine zeitliche Serie von Ereignissen. Gesellschaften sind also die Träger von Bedeutung – bestimmte Eigenschaften bekommen eine Bedeutung, indem sie in einer Gesellschaft fortdauern. Die Eigenschaften von Gesellschaften reichen von der einfachen Wiederholung eines physikalischen Objekts, wie z. B. eines Elektrons, bis hin zum dauerhaften »Ich-Bewußtsein« einer menschlichen Persönlichkeit. Auf diese Weise konnte Whitehead zeigen, wie man aus einer Betrachtung, die von der primären Wirklichkeit von Augenblicken empfundener, unmittelbarer Erfahrung ausgeht, das Entstehen von Dingen und lebenden Organismen ableiten kann, indem man sie als Wiederholung von Mustern in Gesellschaften von wirklichen Einzelwesen begreift, bei denen ein mehr oder weniger großes Maß an Neuheit einfließen kann. Für die Dauerhaftigkeit einer Gesellschaft von wirklichen Einzelwesen ist es erforderlich, daß jedes einzelne wirkliche Einzelwesen, das ein Element ist, ein erhebliches Maß an Bedeutungsintensität erreicht. Dies gilt besonders für Gesellschaften auf einer hohen Ordnungsstufe, wie beispielsweise die, die an »persönlicher Ordnung« beteiligt sind. Die Gesellschaft, in der ein wirkliches Einzelwesen ein Element ist, stellt also den unterstützenden Kontext dar, in dem dieses wirkliche Einzelwesen entstehen kann.

Whitehead sagt: »Daher ist eine Gesellschaft für jedes ihrer Elemente eine Umgebung mit einem Ordnungselement darin, und sie besteht aufgrund der genetischen Relationen zwischen ihren eigenen Elementen fort. Ein solches Ordnungselement ist die in der Gesellschaft vorherrschende Ordnung.« Darüber hinaus existiert eine Gesellschaft natürlich nicht in der Isolation und kann dies auch gar nicht. Sie kann nur in einem Kontext oder vor einem Hintergrund von Gesellschaften einer umfassenderen Ordnung existieren, die ihre Existenz unterstützen: »Es gibt aber keine isolierte Gesellschaft. Jede Gesellschaft muß mit ihrem Hintergrund einer weiteren Umgebung von wirklichen Einzelwesen betrachtet werden, die auch ihre Objektivierungen beisteuern, denen sich die Elemente der Gesellschaft anpassen müssen. Daher müssen die gegebenen Beiträge der Umgebung zumindest die Selbständigkeit der Gesellschaft zulassen. Auch muß dieser Hintergrund im Verhältnis zu seiner Bedeutung diejenigen allgemeinen Eigenschaften beitragen, die die speziellere Eigenschaft der Gesellschaft für ihre Elemente voraussetzt. Das bedeutet aber, daß die Umgebung gemeinsam mit der betroffenen Gesellschaft eine weitere Gesellschaft bilden muß, im Sinne einiger Eigenschaften, die allgemeiner sind als diejenigen, welche die Gesellschaft abgrenzten, von der wir ausgingen. So gelangen wir zu dem Prinzip, daß jede Gesellschaft einen sozialen Hintergrund braucht, von dem sie selbst einen Teil bildet. Hinsichtlich irgendeiner gegebenen Gesellschaft muß die Welt von wirklichen Einzelwesen als ein Hintergrund in Schichten sozialer Ordnung aufgefaßt werden, wobei die abgrenzenden Charakteristika weiter und allgemeiner werden, je mehr wir den Hintergrund erweitern.«[14]

So beschreibt Whitehead also das Miteinanderverbundensein aller wirklichen Einzelwesen oder Augenblicke der Erfahrung; jedes formt auf verschiedenen Ebenen der Ordnung den Hintergrund für alle anderen. All dies erinnert sehr stark an Bohms implizite und explizite Ordnungen, in denen ein Elektron z. B. als eine Serie von elektronenhaften Augenblicken anzusehen ist, die in der impliziten Ordnung eingebettet oder verborgen sind. Das Erscheinen des Elektrons in der expliziten Ordnung ist dann die sequentielle Manifestation der Serie von elektronenhaften Ereignissen oder Momenten aus der impliziten Ordnung heraus in einer zeitlichen Abfolge. Bohm stellt sich auch für die implizite Ordnung Ebenen von immer umfassender werdender Allgemeinheit vor. Darüber hinaus ist es sowohl für Bohm als auch für Whitehead durchaus denkbar, daß die spezifischen Muster oder Gesetzmäßigkeiten, die wir auf der Ordnungsebene dieser spezifischen kosmischen Epoche entdecken, von Ordnungsebenen noch größerer Allgemeingültigkeit abhängen, und daß diese Gesetze selbst daher Gegenstand der Veränderung sein könnten. Whitehead sagt: »Es wird aber keineswegs eine vollkommen ideale Ordnung erreicht, durch welche die unbegrenzte Dauer einer Gesellschaft gesichert würde... Der günstige Hintergrund einer weiteren Umgebung zerfällt entweder selbst, oder er hört auf, die Fortdauer der Gesellschaft über eine bestimmte Wachstumsstufe hinaus zu begünstigen: Die Gesellschaft reproduziert ihre Elemente dann nicht mehr, und schließlich verschwindet sie nach einer Phase des Zerfalls von der Bildfläche. Daher gelangt ein System von ›Gesetzen‹, das die Reproduktion in irgendeinem Teil des Universums bestimmt, nach und nach zur Vorherrschaft; es durchläuft eine Phase der Dauer und verschwindet mit dem Zerfall der Gesellschaft, aus der es emaniert.«[15] Dieser Prozeß bezieht sich auf jede Gesellschaft, von der eines flüchtigen Elementarteilchens bis zu der unserer eigenen kosmischen Epoche – »der weitesten Gesellschaft von wirklichen Einzelwesen, deren unmittelbare Relevanz für uns selbst nachweisbar ist. Diese Epoche wird charakterisiert durch elektronische und protonische wirkliche Einzelwesen und durch noch grundlegendere wirkliche Einzelwesen, die undeutlich in den Energiequanten auszumachen sind.« Es gibt aber in dieser Epoche auch »Unordnung in dem Sinne, daß die Gesetze nicht vollkommen eingehalten werden, und daß die Reproduktion einzelne Fälle des Versagens aufweist. Entsprechend findet ein gradueller Übergang zu neuen Ordnungstypen statt, die zur graduell sich durchsetzenden Vorherrschaft der gegenwärtigen Naturgesetze hinzutreten.«[16] Dieser Abschnitt ist charakteristisch für die außerordentliche Weite des Denkens von Whitehead, die ihn zur Prozeßphilosophie geführt hat.

Der Irrtum unangebrachter Konkretheit

In Whiteheads Beschreibung der Welt, die auf den wirklichen Momenten der Erfahrung aufbaut, kommt den Vorstellungen von »Raum« und »Zeit« keine letzte Realität zu. Whitehead hielt sie für hochgradige Abstraktionen von der unmittelbaren Erfahrung. Er glaubte, daß die Neigung, Raum und Zeit für die allerrealsten »Gegebenheiten« zu halten, für noch grundlegender sogar als die Erfahrung selbst (eine Neigung, die sowohl in der nicht hinterfragten Alltagswahrnehmung als auch in der philosophischen und wissenschaftlichen Tradition des Westens bestimmend ist), ein gefährlicher Irrtum ist, den er den »Irrtum der unangebrachten Konkretheit« nannte. Um jedoch die Prozeßphilosophie mit den Kategorien der Alltagserfahrung und den wissenschaftlichen Beschreibungsmodi verbinden zu können, mußte Whitehead zeigen, wie man Raum und Zeit von Gesellschaften von Ereignissen ableiten kann. Wir haben bereits gesehen, wie man die Zeit als den Ordnungsprozeß einer bestimmten Gesellschaft von wirklichen Einzelwesen verstehen kann. »Zeit« ist dann relativ zu der jeweiligen Gesellschaft von Einzelwesen, die wir ausgewählt haben, und Whitehead konnte zeigen, daß diese Definition von Zeit in Übereinstimmung mit den Prinzipien der Relativität ist. Er entwickelte auch eine Methode zur Ableitung räumlicher Ausdehnung, die er die Methode der extensiven Abstraktion nannte. Diese besteht im wesentlichen darin, aufeinander bezogene Gesellschaften von wirklichen Einzelwesen nach einer Hierarchie des Einschließens zu definieren, etwa so wie ein Satz konzentrischer Kugeln oder ineinanderpassender chinesischer Schachteln eine räumliche Hierarchie bildet. Mit Hilfe dieser Definition von räumlicher Ausdehnung und Zeit konnte Whitehead eine Theorie der Schwerkraft ableiten, die der allgemeinen Relativitätstheorie sehr ähnlich ist, die aber trotzdem den Irrtum der unangebrachten Konkretheit vollständig vermeidet.[17]

Ich möchte hier eine noch recht spekulative Hypothese jüngeren Datums erwähnen, die den Versuch macht, die Grenzen der Wissenschaft zu erweitern, und für die die Prozeßphilosophie Grundlage und Kontext sein könnte. Ich meine die Theorie von den morphogenetischen Feldern. Diese kühne Hypothese wurde von Rupert Sheldrake in seinem Buch *A New Science of Life* vorgestellt.[18] Er nimmt die Existenz eines morphogenetischen Feldes einer bisher noch unbekannten Natur an. Dieses Feld verhält sich folgendermaßen: Sobald irgendeine Form entstanden ist, fängt sie an, einen Abdruck (ein Chreode) in dem morphogenetischen Feld zu hinterlassen, der dann bei einer zukünftigen Gelegenheit das Erscheinen dieser oder einer ihr sehr ähnlichen Form erleichtert. Man kann es sich etwa so vorstellen, wie mit den Kanälen, die vom schmelzenden Schnee in einen Berg gegraben werden; im nächsten Jahr wird das Schmelzwasser in den im Jahr zuvor ausgewaschenen Kanälen leichter abfließen können. Die Existenz solcher Felder würde einige Phänomene erklären, die lange unbegreifliche Rätsel waren; die Art und Weise z. B., in der Embryonen sich in einer absolut exakten Sequenz im Raum entfalten, wobei verschiedene Veränderungen zu einem genau vorherbestimmten Zeitpunkt eintreten, ist allein auf der Basis der Informationen der DNS nur schwer zu verstehen. Sheldrakes Theorie würde auch eine Erklärung für einige der evolutionären Phänomene, über die wir gesprochen haben, liefern, wie z. B. das Auftreten von Parallelformen, das scheinbare Vorhersehen einer Anpassung im voraus und die scheinbare Tendenz von Formen, in bestimmte Richtungen zu experimentieren, wie in unserem Beispiel mit den Geweihen. Unnötig zu sagen, daß Sheldrakes Hypothese sehr umstritten ist; von der orthodoxen Zeitschrift *Nature* wurde sie abgelehnt und wenig später von dem nicht weniger angesehenen, aber flexibleren *New Scientist* unterstützt. Ein Teil des Problems liegt darin, daß Sheldrake seine Hypothese bisher so formuliert hat, daß die morphogenetischen Felder Raum und Zeit transzendieren und sich damit außerhalb des Bereichs der Wissenschaft befinden, wie sie gegenwärtig praktiziert wird. Außerdem sieht er die Verursachung, die an der Bildung von Chreodes und an der von ihnen ausgehenden Steuerung des Erscheinens neuer Formen beteiligt ist, nicht als eine energetische Verursachung an. Sheldrake versucht also, die Biologie in einen sehr viel weiteren Bereich des Denkens hineinzuziehen.

Vom Standpunkt der Prozeßphilosophie nun sind Raum, Zeit und energetische Verursachung hochgradige Abstraktionen und auf keinen Fall absolute Faktoren, von denen jede Erklärung ausgehen muß. Wir haben gesehen, daß jedes wirkliche Einzelwesen bei seinem Prozeß der Konkretisierung *alle* vorhergegangenen Einzelwesen, wie weit entfernt sie auch sein mögen, miteinbeziehen muß. Die Intensität, mit der ein entferntes wirkliches Einzelwesen ein immanenter Teil des sich konkretisierenden Einzelwesens wird, kann durch eine positive Bewertung dieses Einzelwesens erheblich gesteigert werden. Wirkliche Einzelwesen in einer Gesellschaft, die durch eine bestimmte Form, sagen wir die eines Embryos, charakterisiert ist, können also durch Muster verstärkt werden, die in der größeren Gesellschaft verankert sind, die der relevante Hintergrund ist, der sich durch frühere Aktualisierungen dieser Gesellschaft, dieses sich entwickelnden Embryos, gebildet hat. Sheldrakes »morphogenetische Felder« werden zu der relevanten Ordnung der größeren Hintergrundgesellschaften und brauchen überhaupt nicht als transzendent angesehen zu werden.

Sheldrakes Theorie macht experimentell nachprüfbare Vorhersagen. Die ersten Daten, die für die Existenz von morphogenetischen Feldern oder Mustern sprachen, fand Sheldrake in Experimenten, die William McDougall im Jahre 1920 durchführte. McDougall untersuchte das Lernverhalten von Ratten, indem er sie durch ein Labyrinth laufen ließ und beobachtete, wie viele Versuche sie benötigten, bevor sie in der Lage waren, den direkten Weg zu laufen. Zweiundzwanzig Rattengenerationen später machte er die Beobachtung, daß Ratten, die von Eltern abstammten, die er als *allgemein* langsame Lerner herausgesucht hatte, dieses spezifische Labyrinth fast zehnmal schneller durchliefen, als die erste Generation. Sheldrake erklärt dies so, daß das Lernen der frühen Generation von Ratten auf irgendeine Weise einen Abdruck in den morphogenetischen Feldern hinterlassen hat und sich über diesen auf die spätere Generation übertragen hat. Als McDougalls Experimente später in Schottland und Australien mit Ratten, die mit den ursprünglichen Lernern *nicht* verwandt waren, wiederholt wurden, meisterten auch diese das Labyrinth genauso schnell wie die ursprünglichen Ratten von McDougall. Sheldrake hat weitere Experimente auf der Basis der Theorie der morphogenetischen Felder vorgeschlagen, und diese werden zur Zeit überprüft.

Ganzheit und Frieden

Wir sollten jetzt noch einmal kurz zu jenem besonderen wirklichen Einzelwesen zurückkehren, daß Whitehead »Gott« nennt, das wir aber vielleicht besser als »Ganzheit des Universums« ansprechen. Nach Whitehead kann man die Ganzheit nicht als die große Ausnahme von allen metaphysischen Prinzipien behandeln, die dazu berufen ist, ihren Zusammenbruch zu verhindern. Sie ist ein wirkliches Einzelwesen, das zwar einen besonderen Charakter hat, das aber nichtsdestoweniger den gleichen Gesetzmäßigkeiten des Prozesses folgt, wie alle wirklichen Einzelwesen. Die Urnatur ist ein Aspekt des besonderen wirklichen Einzelwesens, aber sie ist selbst kein wirkliches Einzelwesen. Daß es ihr an etwas fehlt, zeigt sich in zweierlei Hinsicht. Erstens haben wir von ihr als dem »Bereich« aller Potentiale gesprochen, ein »Bereich« muß jedoch irgendwo existieren, er kann nicht vom Universum selbst getrennt sein. Dieses »Irgendwo« ist das Universum in seiner Ganzheit, es ist also das besondere wirkliche Einzelwesen. Zweitens gibt es in der Urnatur kein Werden, keinen Prozeß und kein physisches Empfinden, das sich von allen anderen wirklichen Einzelwesen ableitet, und all dies sind notwendige Kriterien für ein wirkliches Einzelwesen. Die Folgenatur umfaßt andere wirkliche Einzelwesen in Einheit mit der Urnatur. »Das Universum birgt also einen dreifachen kreativen Akt in sich: 1. die unendliche begriffliche Realisierung (die Urnatur), 2. den vielfachen Zusammenhalt freier physischer

Realisierungen in der zeitlichen Welt (die Gesamtheit der wirklichen Ereignisse), 3. die elementare Einheit aus einer Vielfalt wirklicher Tatsachen und der uranfänglichen begrifflichen Tatsache (die Folgenatur).«

Während die Urnatur ewig und unveränderlich ist, ist die Folgenatur zeitlich; sie ist »nachfolgend auf das schöpferische Voranschreiten der Welt«, und sie verändert sich, indem sie jedes neue wirkliche Ereignis in der Welt in eine neue Einheit hinaufzieht. Und schließlich, weil die Folgenatur physische Empfindungen hat, die von all den einzelnen wirklichen Ereignissen herrühren, und weil sie unendliche Empfindungen der Potentialität hat, die aus der Urnatur stammen, ist die Folgenatur auch bewußt: »Die Folgenatur entsteht zusammen mit physischer Erfahrung, die sich von der zeitlichen Welt herleitet, und wird dann mit der uranfänglichen Seite integriert. Sie ist bestimmt, unvollständig, folgerichtig, ›immerwährend‹, vollständig wirklich und bewußt.« Die Folgenatur gibt dem Ganzen ein Gefühl von fundamentalem Gutsein, da durch diese Folgenatur alle individuellen Einzelwesen in einer Einheit realisiert werden. Wirkliche Einzelwesen als Subjekte individueller Erfahrung entstehen und vergehen. Aber in ihrem Vergehen finden sie ihren Platz in der Integration der sich ewig wandelnden Welt. »Darin kommt es weder zu Verlusten noch zu Verhinderungen. Die Welt wird in einem Gleichklang der Unmittelbarkeit empfunden. Die Eigenschaft, kreatives Fortschreiten mit der Beibehaltung wechselseitiger Unmittelbarkeit zu verbinden, ist das, was mit dem Begriff ›immerwährend‹ gemeint ist.«[19]

Wir könnten, zumindest auf einer theoretischen Ebene, den Versuch machen, dieses besondere wirkliche Einzelwesen, die Ganzheit, mit der Vorstellung des nicht-bedingten Gutseins in Beziehung zu setzen, die ich in Kapitel 1 eingeführt habe. Besonders zwischen dem nicht-bedingten Aspekt und der Urnatur könnte man einen Zusammenhang sehen, da diese zugleich Entstehungsgrund für einen Augenblick der

Wahrnehmung und Quelle für Neuheit und Frische in der Wahrnehmung ist. Wir sollten uns jedoch daran erinnern, daß das Nicht-Bedingte in seiner vollen Bedeutung jenseits der Begriffe von Sein und Nicht-Sein liegt. Es ist nicht eindeutig klar, ob die Prozeßphilosophie diese tiefe Ebene der Selbstkritik erreicht.

Die Prozeßphilosophie vermittelt uns zwar eine Anschauung, in der man den Weg menschlichen Wachstums und spirituellen Trainings verstehen kann; Whitehead selbst hat jedoch weder von einem solchen Training gesprochen, noch hat er direkt mitgeteilt, auf welchem Weg sich seine eigene Einsicht und Weisheit entwickelt hat. Dies ist ohne Zweifel zum Teil auf seine Bescheidenheit zurückzuführen, aber es ist auch der Ausdruck eines Schwachpunktes der gesamten westlichen Tradition der Philosophie, der in einer Abtrennung der theoretischen Anschauung von den Erfordernissen der menschlichen Transformation besteht. Trotzdem hat man den Eindruck, daß Whitehead sich über die Bedeutung, die eine Anschauung wie die Prozeßphilosophie für die Entwicklung der Menschheit hat, völlig im klaren war. Seine Weisheit und sein Mitgefühl sprechen aus all seinen Schriften, wie z. B. aus dieser Passage über den Frieden: »Der Friede, den ich hier meine, hat nichts mit dem negativen Begriff der Anästhesie zu tun. Er ist vielmehr ein höchst positives, ›Leben und Bewegung‹ der Seele krönendes Gefühl, das sich schwer definieren und über das sich überhaupt nur unter den größten Schwierigkeiten sprechen läßt. Es handelt sich bei ihm nicht um eine Hoffnung, die auf die Zukunft gerichtet wäre, und auch nicht um ein bestimmtes Interesse an Details der Gegenwart. Es handelt sich vielmehr um so etwas wie eine Erweiterung, ein Umfassenderwerden unseres Fühlens, das auf eine tiefe, noch nicht zur Sprache gekommene, aber für die Koordination unserer Werte höchst bedeutsame Einsicht zurückgeht. Der erste spürbar werdende Effekt ist ein Nachlassen unseres Strebens nach Gewinn, das auf der Voreingenommenheit der Seele von sich selbst beruht. Der Frieden führt also zu einem Überschreiten des rein Personalen und zu gewissen Umkehrungen in der Reihenfolge unserer Werte. In erster Linie handelt es sich bei ihm... um das Gefühl, daß die ständige Verfeinerung des Erreichten uns gleichsam einen Schlüssel in die Hand gibt, der uns einen Zugang zu Schätzen verschafft, den die beschränkte Natur der Dinge sonst vor uns verborgen hält. Es steckt in ihm also so etwas wie ein Ergreifen des Unendlichen, ein Appell, der über alle Schranken hinausgeht. Im emotionalen Bereich führt er zu einer Dämpfung störender Turbulenzen. Genauer gesagt: er erhält die Antriebskräfte unserer Energie, lenkt sie aber gleichzeitig so, daß alle sie möglicherweise lähmenden Störfaktoren ohne Einfluß bleiben...

Das Erlebnis des Friedens ist der Kontrolle durch unsere Zwecksetzungen weitgehend entzogen. Es kommt als ein Geschenk. Das bewußte Anstreben des Friedens entartet nur allzu leicht und führt dann zum Erreichen eines fatalen Ersatzobjekts, nämlich der Anästhesie. Mit anderen Worten: An die Stelle einer Qualität, die von ›Leben und Bewegung‹ erfüllt ist, tritt deren Destruktion. Durch den wahren Frieden werden Hemmungen aufgehoben, aber nicht herbeigeführt. Er erweitert den Horizont unserer bewußten Interessen und das Blickfeld unserer Aufmerksamkeit. Es handelt sich beim Frieden also um Selbstkontrolle im weitesten möglichen Sinne – in einem Sinn, der so weit ist, daß von einem ›Selbst‹ eigentlich nicht mehr die Rede sein kann, und das Interesse sich auf Koordinationen verlagert hat, die umfassender sind als eine einzelne Person. Wobei unter ›Interesse‹ hier die wirklich bewegenden Interessen des Geistes zu verstehen sind, und nicht etwa bloß ein oberflächliches Spiel diskursiver Vorstellungen. Allerdings dient auch diese oberflächliche Weite des Blicks dem Frieden und wird ihrerseits durch ihn gefördert. In der Tat ist es gerade dieser Umstand, der zum guten Teil begründet, warum der Frieden für die Zivilisation so unentbehrlich ist. Er verhindert die Engstirnigkeit. Und eine seiner Früchte ist jene Leidenschaft, deren Existenz Hume geleugnet hat, nämlich die Menschenliebe, die Liebe, deren Gegenstand die Menschheit im allgemeinen und als solche ist.«[20]

Die außerordentliche Kraft der Prozeßphilosophie liegt darin, daß sie eine Verbindung herstellen kann von dem allerflüchtigsten Augenblick unmittelbarer Erfahrung zu einerseits unserer nicht hinterfragten Alltagswelt der Dinge sowie andererseits zu den höchsten Abstraktionen der Wissenschaft und dem profunden Reichtum menschlicher Erfahrung, der in den poetischen und religiösen Einsichten zum Ausdruck kommt.

15 Die Unermeßlichkeit im Allerkleinsten

In diesem Kapitel werden wir noch einmal das Entstehen eines Augenblicks der Erfahrung beschreiben, das Entstehen eines Moments des Seins aus jenem Urgrund, der jenseits von Sein und Nicht-Sein ist. Dieses Mal stammt die Beschreibung aus der meditativen Tradition des Buddhismus.[1]

Nach den meditativen Traditionen der Shambhala-Lehren und des Vajrayana-Buddhismus sind die Manifestation und das Bewußtsein dieser Manifestation nicht getrennt, genausowenig wie das eine das Primäre und das andere das Sekundäre ist. Sie entstehen zusammen aus dem grundlegenden, nicht-bedingten Urgrund des Gutseins. Die Beobachtung der Zustände von Geist und Bewußtsein in der Meditationspraxis – eine reine, nichtbegriffliche Beobachtung also – zeigt, daß Manifestation und Bewußtsein gemeinsam auf eine diskontinuierliche, abrupte Weise entstehen. Jeder individuelle Augenblick des Bewußtseins ist auch ein individueller Augenblick der Manifestation, und zwischen solchen Augenblicken herrscht Nicht-Manifestation und Nicht-Existenz, eine Rückkehr zum nicht-bedingten Urgrund, auf den sich solche ausschließenden Kategorien nicht anwenden lassen. Jeder dieser Augenblicke formt sich selbst aufgrund von früheren Mustern der Konditionierung. Diese Augenblicke von Manifestation und Bewußtsein sollen nach der Überlieferung etwa den sechzigsten Teil der Dauer eines Fingerschnippens ausmachen.

Das Entstehen eines solchen Augenblicks der Erfahrung aus dem Bewußtsein heraus wird als eine Sequenz beschrieben. Diese sequentielle Natur wird jedoch nicht mit Zeitvorstellungen in Verbindung gebracht. Innerhalb der scheinbaren Dauer jedes Augenblicks gibt es ein sequentielles Entstehen von bestimmten Mustern. Diese Elemente der Erfahrung, die in früheren Augenblicken durch Gewohnheit geformt wurden, werden zu der erlebten Einheit – mit der Möglichkeit, spezifische Eigenschaften zu unterscheiden – dieses Augenblicks zusammengefügt.

Unbegrenzte Pforten der Wahrnehmung

Die Beschreibung beginnt auf der nicht-bedingten Ebene, die als unbegrenzt, vollständig, offen und voller Potentialität empfunden wird. Innerhalb dieser Offenheit ist auch die Potentialität der Sinneswahrnehmung unbegrenzt. Im Sanskrit werden diese unbegrenzten Grundlagen der Wahrnehmung als AYATANAS bezeichnet. *Ayatana* bedeutet wörtlich »Pforte des Entstehens«; Edward Conze sagt: »Vielleicht wäre ›Quelle‹ ein annehmbares Äquivalent, da Pforte die Nebenbedeutung von ›Ursache‹ oder ›Mittel‹ hat (was nicht damit gemeint ist).«[2] Es gibt zwölf dieser *Ayatanas*, die paarweise entstehen: Sehen (Auge) und das Feld des Sehens, Hören (Ohr) und das Feld des Hörens und entsprechend für die übrigen drei Sinne, insgesamt also fünf Paare.

Das sechste Paar ist das Erkennen (der denkende Geist) und das Feld des Denkens. Auf dieser Ebene ist die Potentialität des Sehens, Hörens etc. und des Denkens unbegrenzt. Es gibt keine Einschränkungen für die Möglichkeiten des Sehens, Hörens, Denkens und Erfahrens. Auf dieser Ebene existieren ganze Welten, von denen wir keine Ahnung haben, als Möglichkeiten der Wahrnehmung. Tschögyam Trungpa sagt: »Du machst die Erfahrung, wie sich ein unermeßlicher Bereich der Wahrnehmung *(Ayatanas)* entfaltet. Es gibt unbegrenzten Klang, unbegrenztes Sehen, unbegrenzten Geschmack, unbegrenztes Empfinden usw. Der Bereich der Wahrnehmung ist grenzenlos, so grenzenlos, daß die Wahrnehmung selbst uranfänglich, undenkbar, jenseits des Denkens ist. Es gibt so viele Wahrnehmungen, daß man es sich nicht vorstellen kann. Es gibt eine unermeßliche Zahl von Klängen. Es gibt Klänge, die du noch nie gehört hast. Es gibt Anblicke und Farben, die du noch nie gesehen hast. Es gibt Empfindungen, die du nie zuvor erfahren hast. Es gibt endlose Felder der Wahrnehmung.

Aufgrund der Unermeßlichkeit der Wahrnehmung hast du die Möglichkeit mit der Tiefe der Welt zu kommunizieren... der Welt des Sehens, der Welt des Klanges... der größeren Welt.«[3]

Der Beginn eines Augenblicks der Erfahrung liegt also dort, wo das Bewußtsein bemerkt, daß es in diesen unermeßlichen Raum der Möglichkeiten hineinfließt, und wo es anfängt, sich selbst als ein Echo oder eine Reflexion darin wahrzunehmen. Indem es diese Echos bemerkt, erkennt das Bewußtsein die Grenzenlosigkeit der Pforten der Wahrnehmung. An jedem winzigen Echo seiner selbst erkennt das Bewußtsein die Unermeßlichkeit, in der es entsteht.

An einem gewissen Punkt erscheint ein Gefühl von getrennter Identität, und mit dieser Getrenntheit entsteht Angst. Warum ein solches Gefühl der Getrenntheit aufkommt, kann man nicht sagen; man kann es nur erfahren. Es scheint spontan zu entstehen und außer der Gewohnheit offensichtlich keinen Grund zu haben. Wenn die Getrenntheit erst einmal erschienen ist, isoliert sich die Identität weiter, statt entspannt wieder in die Offenheit zurückzusinken. Die Angst nimmt zu, das Bewußtsein fängt an, sich selbst zu reduzieren und zu begrenzen; es versucht, die Angst und die Getrenntheit zu ignorieren.

Zwischen dem unbegrenzten Grund des Bewußtseins, *Alaya* genannt, und den unbegrenzten Sinneswahrnehmungen erscheint eine Zwischenstufe. Diese wird als das siebte Bewußtsein bezeichnet (die ersten sechs entsprechen den sechs Paaren von *Ayatanas*). Dieses siebte Bewußtsein hat eine neugierige, absichtsvolle, ängstliche Qualität. Es übernimmt die Rolle eines Vermittlers zwischen dem *Alaya* und den Sinnesfeldern. Es nimmt die reinen Sinneswahrnehmungen und fügt sie mit seiner eigenen Version vom Alaya zusammen, um daraus eine Geschichte zu formen, ein Gefühl von Kontinuität, von persönlicher Geschichte. Das siebte Bewußtsein ist wie ein Herausgeber, es nimmt ständig Eindrücke auf, speichert sie, kategorisiert sie und gibt sie, geleitet von alten Gewohnheiten und Erinnerungen, heraus, spielt sie wieder ab.

Eine andere Analogie zum siebten Bewußtsein ist ein heftiger Wind, der über die Oberfläche eines Sees (des *Alaya*) bläst. Der See wird aufgewühlt, so daß er Himmel und Mond, Berge und Bäume nicht mehr klar reflektieren kann. Auf ganz ähnliche Weise wühlt das siebte Bewußtsein das grundlegende Gutsein des *Alaya* auf, so daß es den unermeßlichen Raum der *Ayatanas* nicht mehr klar reflektieren kann. Tschögyam Trungpa schreibt dazu: »Wenn wir den Prozeß der Wahrnehmung untersuchen, haben wir zunächst ein Sinnesobjekt. Dann folgen die konkreten Mechanismen, welche die Dinge wahrnehmen, unsere physischen Fähigkeiten. Wir haben Augen, Ohren usw. Danach gibt es noch die mentale Fähigkeit, die diese Instrumente jeweils gebraucht, um über bestimmte Objekte zu reflektieren (dies ist das Erkennen, das sechste *Ayatana*-Paar). Wenn wir weitergehen, stoßen wir auf die Absicht etwas zu tun, die Faszination, die Neugier, die wissen will, wie man sich zu diesen Situationen in Beziehung setzen könnte. Und wenn wir über all dies noch hinausgehen, dann entdecken wir, daß es eine grundlegende Erfahrung gibt, die wir das *Alaya*-Prinzip nennen, und die fundamentales Gutsein ist.

Das natürliche Gutsein von Alaya, das fundamentale Gutsein, bezieht sich auf Erfahrung, nicht bloß auf den strukturierten, mechanischen Prozeß der Projektion. Wir können diesen Prozeß in Analogie zu einem Filmprojektor beschreiben: Zunächst haben wir die Leinwand, die Welt der Phänomene. Dann projizieren wir uns selbst auf diese Welt der Phänomene. Der Film ist ein Bild für die Unbeständigkeit des Geistes (siebtes Bewußtsein), der die Einzelbilder ständig verändert, so daß wir ein bewegtes Objekt auf der Leinwand erscheinen sehen. Es gibt eine Menge mechanischer Vorrichtungen, die dafür sorgen, daß die Projektion kontinuierlich wird – genau die gleiche Situation finden wir bei den Sinnesorganen. Wir sehen und hören. Wenn wir sehen, hören wir. Wir binden die Dinge aneinander, obwohl die Dinge sich durch die Zeit in jedem Augenblick vollständig verändern. Hinter dem Ganzen steht eine Glühbirne, die alles auf die Leinwand projiziert. Diese entspricht dem Wesen von Alaya, das leuchtend und strahlend ist. Sie wird nicht an der Unruhe des übrigen Apparats beteiligt.«[4] Das siebte Bewußtsein ist also ruhelos, neugierig und lauernd. Aufgrund seiner wesenhaften Verwirrung und seinem Mangel an Klarheit wird es manchmal als der umwölkte Geist bezeichnet.

Statt sich wieder ins Alaya zurücksinken zu lassen, fängt der ängstliche Geist des siebten Bewußtseins an, sich auf eine begrenzte, handhabbare Welt einzuschränken. Der Wahrnehmende registriert bestimmte, begrenzte Wahrnehmungen, obwohl auch diese Wahrnehmungen noch einen Hauch oder einen Geschmack von der Unermeßlichkeit in sich tragen. Aufgrund dieses herübergeretteten Hinweises auf die

Unermeßlichkeit haben die Dinge einen Symbolcharakter; sie sind Symbole ihrer selbst, sie bringen ihr eigenes Gefühl des unbegrenzten Gutseins von *Alaya* mit.

Man sagt, die *Ayatanas* seien Pforten, die sich von beiden Seiten öffnen können, von der des Wahrnehmenden und von der des Wahrgenommenen. Jedes Objekt kann sich selbst weiter öffnen und enthüllen, da es das Gefühl des Unbegrenzten in sich trägt. Ob es dies tut, hängt vom Grad der Offenheit des Wahrnehmenden ab.

Was wir hier beschreiben, ist die Ebene der einfachen, direkten Wahrnehmung eines bestimmten Sinnesfeldes, vielleicht das Aufblitzen eines roten Fensterrahmens, das wir auffangen, während wir in einem Zug an einem Dorf vorbeifahren, der scharf umrissene Schatten eines Blattes im Sonnenschein, der uns ins Auge springt, während wir die Straße entlanggehen, das plötzliche Klingeln einer Glocke oder der feiste Geruch von Kuhmist, der mit dem Wind herangetragen wird. Auf dieser Stufe gibt es kein Benennen. Anblicke und Klänge könnten auftreten, die wir nie zuvor erfahren, für die wir keinen Namen und keine vertraute Beschreibung kennen, und unbemerkt verstreichen. Auf dieser Stufe sind die Dinge weniger beängstigend und könnten direkt und wahrhaftig erfahren werden.

Die Entwicklung der Dualität

Dann entsteht das erste Erkennen einer Welt, eines »Anderen«, welches getrennt und außerhalb von einem selbst steht. Es ist daher auch ein erstes versuchsweises Erkennen unseres »Selbst«, obwohl es noch sehr viel kurzlebiger ist, als auf der Stufe, die wir normalerweise Bewußtsein nennen. Um die Angst vor seiner Getrenntheit, oder wir könnten auch sagen, die Herausforderung der möglichen Offenheit und Unermeßlichkeit weiterhin zu ignorieren, klammert sich der Wahrnehmende fester an seine begrenzten

Wahrnehmungen, und die Frische, der Glanz und die Sanftheit der Wahrnehmungen, die aus der Reflexion oder dem Nachgeschmack des Unbegrenzten in ihnen herrühren, entgleiten ihm immer mehr.

Die Entwicklung dieses Augenblicks – bis hin zu seiner letzten Stufe als bewußtem Gedanken – läuft nun fast automatisch über vier weitere Stufen ab. Da wir jetzt die erste Unterscheidung zwischen »uns selbst« und der »Welt« gemacht haben, ist jede weitere Stufe eine Interpretation der Welt in bezug auf uns selbst. An diesem Punkt jedoch haben wir noch kein klares Gefühl eines Ich-Bewußtseins, sondern nur ein vages, aber eindeutig vorhandenes Gefühl von »Anderem«, welches eher indirekt ein »Selbst« impliziert. Wir empfinden jetzt das »Andere« in seiner Beziehung zum »Selbst« entweder als unterstützend, bedrohlich oder neutral, und wir stufen diese Empfindungen automatisch als angenehm, unangenehm oder bedeutungslos ein. Jeder Aspekt der in diesem Augenblick wahrgenommenen Welt trägt eine bestimmte, positive oder negative Gefühlsqualität oder interessiert uns in diesem spezifischen Augenblick nicht und verliert sich im nebelhaft empfundenen Hintergrund, wird bewußt ignoriert, da alles seinen Platz haben muß in Relation zum werdenden Selbst. Wenn wir einmal auf unsere Gefühle achten, während wir uns in einem Zimmer umsehen, besonders, wenn dies ein Zimmer ist, daß uns einigermaßen vertraut ist, können wir uns einen Eindruck davon verschaffen, wie diese Positiv-Negativ-Färbung bei jeder Wahrnehmung entsteht. Wir haben unsere Lieblingstasse, bei der wir immer ein gutes Gefühl haben, und einen Lieblingsstuhl, in dem wir gerne sitzen, einige Erinnerungen, die uns jedesmal zum Schwärmen bringen. Dann haben wir bestimmte Räume, die uns immer feindselig zu sein scheinen, bestimmte Photographien, die uns ein schlechtes Gefühl vermitteln usw. All dies läuft ständig auf einer Stufe ab, die noch vor jedem Ich-Bewußtsein und jeder Benennung liegt.

Auf der dritten Stufe wird ein definitiver zentraler Bezugs-punkt eingerichtet. Dies ist der Punkt, um den herum der gesamte Augenblick konstruiert wird. Er ist das erste ein-deutige Gefühl eines »Ich«, obwohl er immer noch keinen Namen hat. Er ist ein Gefühl von Kriterium, Urteil, Mes-sung. Der Augenblick beginnt nun eine bestimmte Form in bezug auf das Zentrum anzunehmen; er ist ein besonders großartiger Augenblick, in dem wir uns wichtig fühlen oder überhaupt nicht wichtig fühlen. In bezug auf das »Ich« wird das andere als »außen« empfunden, als nah oder fern, klein oder groß. Dies ist der Punkt, an dem das Gefühl von Sub-stantialismus oder Nihilismus aufkommt. Dieser Augen-blick wird entweder die Existenz eines »Ich« oder die Nicht-Existenz eines »Ich« bestätigen. Manchmal, wenn wir etwas ausdrücken möchten, sagen wir nur: »Ich... ich... em...« Wir scheinen in der Reflexion unserer Ichheit steckenzu-bleiben. Dies könnte ein Hinweis auf die dritte Stufe sein. Man sagt auch, daß dies ein Punkt ist, an dem wir uns wieder dem nicht-bedingten *Alaya* öffnen könnten. Es ist nicht nö-tig, daß sich unser Bewußtsein auf eine rein mechanische Weise, die auf Gewohnheitsmustern beruht, entwickelt; es ist möglich, daß an dieser Stelle wieder ein Gefühl von Fri-sche und fundamentaler Entspannung aufkommt. Wenn dieses Aufleuchten der Offenheit jedoch nicht geschieht, dann reagiert der Wahrnehmende ganz mechanisch auf sein Gefühl von »Anderem« und die damit verbundene Bestäti-gung seiner selbst. Dann kommt es zu impulsiven Handlun-gen, die auf Gewohnheitsmustern beruhen.

Nach dem Auftauchen des zentralen Bezugspunktes ent-steht das Benennen. Die Wahrnehmungen werden katego-risiert und benannt, und zwar nach Maßgabe all der komple-xen, psychologischen und praktischen Gewohnheitsmuster des Denkens, die wir aus früheren Erfahrungen zurückbe-halten haben. Dies ist die Stufe der Sprache und der Be-griffe. Sie ist immer noch nicht bewußt und besteht aus ei-nem ausgedehnten Gewebe von Assoziationen und Gedankensystemen, förderlichen und nicht förderlichen, religiösen und weltlichen; sie besteht aus all den verschiedenen Meinungen und Vorurteilen, die die Annahmen und Voraussetzungen bilden, in die wir unsere Erfahrungen einpassen.

Auf der fünften Stufe schließlich entsteht bewußtes Denken, ein bewußtes Erfahren von etwas. Diese bewußte Stufe ist es, auf der wir Kontinuität in einem ständigen Strömen von Gedanken und bewußten Wahrnehmungen aller Art erleben. Aufgrund dieses Gedankenstroms, der alle vorherigen Stufen überdeckt und konsolidiert, bemerken wir diese Stufen in unserer Alltagserfahrung normalerweise nicht. Wir erleben das Entstehen und Enden des einzelnen Augenblicks der Erfahrung nicht; statt dessen produziert unser Strom von Gedanken ein Gefühl von Kontinuität. Dies können Gedanken aller Art sein: Gedanken über Wahrnehmungen (»Dies ist eine rote Blume«); ernste, schwere, bedeutsame Gedanken philosophischer Natur; leichte, flackernde, labile Gedanken einer flüchtigen Erinnerung; nagender Hunger usw. Aber sie sind alle auf eine Weise miteinander verbunden, daß unser Gefühl von einer festen, sicheren, vernünftigen Welt der allgemein anerkannten Objekte, der sinnvollen Beziehungen, und was sonst noch alles dazugehört, kontinuierlich erhalten bleibt. Es gibt nur wenige Lücken, wenige Hinweise auf Frische oder Offenheit.

Dies ist also die Beschreibung des Entstehens eines jeden Augenblicks der alltäglichen Erfahrung aus dem nicht-bedingten Urgrund, wie sie als ein Ergebnis der Entdeckungen von Ausübenden der Meditation in der buddhistischen Tradition überliefert wird. Obwohl sie in traditionellen Texten in systematischer Form vermittelt wird, ist sie im Grunde keine philosophische Lehre, sondern die Formulierung einer direkten Beobachtung. Wir haben sie weniger formal vorgestellt, um mehr einen Geschmack von ihr zu vermitteln. In traditionellen Texten werden die fünf Stufen der Entwicklung der Erfahrung SKANDHAS genannt, ein Sanskritwort, das »Haufen« oder Ansammlung bedeutet.[5] Dies spiegelt die Erkenntnis wider, daß jede Stufe einfach aus einer Anhäufung von Gewohnheitselementen, die aus früheren Augenblicken stammen, entsteht. Wie wir im vorigen Kapitel gesehen haben, weist diese Beschreibung der Art und Weise, wie ein Augenblick der Erfahrung sich bis zur Stufe der Bewußtheit entwickelt, sehr viel Ähnlichkeit mit Whiteheads Beschreibung eines wirklichen Einzelwesens, eines Augenblicks der Erfahrung, auf.

Die Dualität durchschauen

Es ist direkt einleuchtend, daß diese Beschreibung uns die Möglichkeit eröffnet, die alltägliche Welt auf eine ganz andere Art zu sehen und zu erfahren. Wir können Schritt für Schritt die Stufen der Erfahrung durchschauen: Wir blicken hinter den Strom der bewußten Gedanken und Bilder, hinter die Schichten der Begriffssysteme, hinter das Gefühl von einem zentralen Bezugspunkt und die gefühlsmäßige Färbung der Wahrnehmung und gehen zurück bis zu den reinen Sinnesfeldern. An diesem Punkt stoßen wir direkt auf das siebte Bewußtsein, den umwölkten Geist, der dafür verantwortlich ist, daß gleich zu Beginn des Prozesses die Gewohnheitsmuster aufgewühlt werden, die das Gefühl einer kontinuierlichen, angstvollen und begrenzten Existenz hervorbringen.

Es gibt zwei verschiedene Ansätze, mit denen wir an die Energie der *Ayatanas* und des siebten Bewußtseins herangehen können und die den Unterschied zwischen den Shambhala-Lehren oder den Traditionen des Vajrayana-Buddhismus und dem Ansatz, den die Religion im allgemeinen wählt, ausmachen. Der Ansatz der Religion beruht meistens darauf, das siebte Bewußtsein direkt zu boykottieren, es zu transzendieren und den Geist im grundlegenden *Alaya* ruhen zu lassen. Dem umwölkten Geist wird es ermöglicht, aus eigenem Antrieb zur Ruhe zu kommen. Der gesamte Prozeß der Formation der Erfahrung von der ersten Trennung vom *Alaya* bis zur bewußten Realisierung von Gedanken und Wahrnehmungen kann weitergehen, aber er wird jetzt durchschaut. Es wird erkennbar, daß die Erfahrung aus dem *Alaya* aufsteigt und von ihm getrennt ist. Man sieht die Lücken der Nicht-Existenz zwischen der Erfahrung, und ein Gefühl der Frische kann hereinkommen. Da wir von diesem Standpunkt aus das siebte Bewußtsein, das unsere Sinneswahrnehmungen zu einer einheitlichen, aber getrennten Welt zusammenbindet, boykottieren, werden uns diese Wahrnehmungen an sich suspekt. Eine schöne Blume wird dann leicht als eine mögliche Quelle des Anhaftens und der Fixierung an die normale Welt gesehen, und wir versuchen vielleicht, nicht an diese Welt gebunden zu werden. Die normale Welt erkennen wir als nicht-substantiell und leer und sehen durch sie hindurch das *Alaya*.

Die Shambhala-Tradition, eine nicht-religiöse Tradition, die sich damit beschäftigt, wie man in der alltäglichen Welt leben kann, hat eine etwas andere Einstellung zu den *Ayatanas* und dem siebten Bewußtsein. Die Sinneswahrnehmungen werden gewürdigt und direkt verwendet. Das siebte Bewußtsein wird nicht als ein Hindernis angesehen, das man boykottieren muß, sondern es wird gereinigt und zu einem klaren Kommunikationskanal gemacht, der die Sinneswahrnehmungen mit dem Grund des fundamentalen Gutseins verbindet. Weil die *Ayatanas* ursprünglich in dem unermeßlichen Grund des fundamentalen Gutseins grenzenlos waren, können sie uns auch zur Grenzenlosigkeit zurückführen. Wir fangen an, die Bedeutung, die hinter einfachen Sinneswahrnehmungen steht, zu erkennen. Die Details der alltäglichen Wahrnehmung sind strahlend, klar und von inhärenter Reinheit.

Aus der Sicht der Shambhala-Lehren ist der entscheidende Punkt die Erkenntnis der Angst, die als erstes die grenzenlosen *Ayatanas* einengt und den ganzen Mechanismus in

Gang hält. Wenn wir die Angst erkennen, können wir auch die Furchtlosigkeit erkennen und der Wahrnehmung aufrichtig und direkt begegnen. Auf diese Weise wird die alltägliche Welt wieder im fundamentalen Gutsein gegründet, und die natürliche Heilsamkeit der Welt wird wiederentdeckt. In der Shambhala-Tradition bezeichnet man diese natürliche und inhärente Heilsamkeit und Gesundheit der alltäglichen Welt als Heiligkeit. Die säkulare Welt selbst ist heilig. Die Dinge müssen nicht durch irgend etwas, irgend jemand oder durch irgendein göttliches Wesen außerhalb von ihnen selbst geweiht oder geheiligt werden. Wenn wir sie in allen Einzelheiten klar und deutlich sehen, dann werden sie freigelegt und enthüllen ihre nicht-bedingte Dimension. Wir erkennen, daß sie fundamental nicht getrennt, daß sie gut und daher heilig sind. Ein solches Empfinden von der Heiligkeit der alltäglichen, weltlichen Erfahrung transformiert die Welt. Farben, Klänge, Gerüche usw. sind strahlend und klar, entstehen von nirgendwo, sind von nichts abhängig, bleiben einfach, was sie sind.

Diese Beschreibung des Wahrnehmungsprozesses stammt aus den Beobachtungen von Generationen von Ausübenden der Achtsamkeits-Bewußtheits-Meditation, die bereit waren, sich ihren Geist und ihre Wahrnehmung direkt anzusehen, ohne die Voreingenommenheit von Hoffnung oder Angst. Sie zeigt, wie wir aus den flüchtigen, unvorhersagbaren und diskontinuierlichen Blitzen der Wahrnehmung eine scheinbar stabile und kontinuierliche Welt formen. Man beachte, daß das, was wir normalerweise »Bewußtsein« nennen, erst auf der letzten Stufe der Begrenzung auftritt. Unter diesem Gesichtspunkt könnten also Bemühungen, »bewußter« zu werden, den Effekt haben, daß sie unser Gefühl von Getrenntheit und Begrenzung noch verstärken, wenn sie nicht auf eine Einsicht in die Natur des »Bewußtseins« gegründet sind. Diese Beschreibung zeigt, daß wir uns durch die Schichten der Begrenzung und der Angst zurückarbeiten können, um die Klarheit und Unbegrenztheit der Sinne selbst wiederzuentdecken und uns auf diese Weise wieder mit dem nicht-bedingten Gutsein, *Alaya*, zu verbinden.

Dieses Zurückarbeiten durch den Prozeß der Wahrnehmung und der Begriffsbildung über die verschiedenen Stufen, in denen die Wahrnehmung die Welt konkretisiert, beginnt genau dort, wo wir sind. Das heißt, es beginnt mit der sorgfältigen Erforschung dieser Prozesse auf der normalen, alltäglichen Ebene. Eine solche Aufmerksamkeit für die Details des Denk- und Wahrnehmungsprozesses führt jedoch automatisch zu einer Zähmung der Wildheit und Grobheit des Geistes. Auf diese Weise werden wir fähig, unsere Aufmerksamkeit auf die kleineren Details der Erfahrung zu richten. Dies ist also der Prozeß der Achtsamkeits-Bewußtheits-Übung, die ein natürlicher und sich selbst korrigierender Prozeß der Verbindung von Körper und Geist ist.

Stufen der Einsicht

Nach dem Vajrayana-Buddhismus gibt es für den Übenden im Verlauf der Verwirklichung des Achtsamkeits-Bewußtheits-Trainings vier Hauptstufen der Aufdeckung der Wahrnehmung. Mit diesen Stufen ist nicht gemeint, daß der Übende andere Dinge sieht, sondern daß er die Dinge anders sieht. Es ändert sich sein grundlegendes Verständnis, seine Art zu sehen und die Natur dessen, was er sieht. Diese Stufen sind in der Vajrayana-Tradition des Buddhismus, aus der die Aspekte der Shambhala-Lehren, die mit dem meditativen Training zu tun haben, im wesentlichen stammen, sehr klar beschrieben.[6] Einige Eigenschaften dieser Stufen bilden eine Parallele zu den historischen Schulen des Buddhismus, die sich über die Jahrhunderte entwickelt haben: die Abhidharma-Schulen, die Yogacara-Schulen, die Madhyamika-Schulen und die Vajrayana- oder tantrischen Schulen. Die einzelnen Stufen der Einsicht werden also bis zu einem gewissen Grad von den formalen Lehren der historischen Schulen repräsentiert.

Die erste Stufe wird mit den frühen Vor-Mahayana-Schulen und Abidharma-Lehren in Verbindung gebracht und besonders deutlich von den Sarvastivadins verkörpert, deren Name soviel bedeutet wie: »Diejenigen, die glauben, daß alles real ist.« Die Erfahrung wird bei ihnen als flüchtig, diskontinuierlich und aus einer Serie von Augenblicken bestehend erkannt. Jeder Augenblick wird als in Bestandteile zerlegbar angesehen, die als *Dharmas* oder »Erkennbarkeiten« bezeichnet werden. Die Erkennbarkeiten sind es, die real sind, und die direkt Objekte der Erkenntnis sind, die unmittelbar erfahren werden. Ein Augenblick der Erfahrung, der normalerweise als die Dualität von einem Subjekt, das ein objektives Feld der Objekte in Raum und Zeit wahrnimmt, empfunden wird, wird als zusammengesetzt gesehen. Jeder Augenblick besteht aus einer Zusammensetzung von *Dharmas*, und der sich ständig verändernde Fluß von *Dharmas* vermittelt den Eindruck der Veränderung von Augenblick zu Augenblick.

Jede Schule dieser Periode kategorisierte diese Elemente, Erkennbarkeiten oder *Dharmas* und zeigte, wie man jede gegebene Erfahrung auf diese Elemente zurückführen konnte. Es war fast wie eine Periodentafel der Elemente der Erfahrung. Die spezifische Anzahl und die Beschreibung der Elemente war jedoch von Schule zu Schule unterschiedlich, wenn es auch im einzelnen beachtliche Gemeinsamkeiten gab sowie ein allgemeines Einverständnis über die Hauptuntergruppen der Elemente. Die fünf wichtigsten Untergruppen von Erkennbarkeiten, die von den Sarvastivadins herausgearbeitet wurden, waren:

1. Die physisch-materielle Gruppe: Festigkeit, Zusammenhalt, Temperatur und Bewegung, die fünf Sinne und die fünf Sinnesobjekte und ein allgemeines Gefühl von Festigkeit oder Lockerheit, von Zusammenhängen oder Auseinanderfallen. Dieses letzte Element des Zusam-

menhängens oder Nicht-Zusammenhängens bringt die Tendenz der Elemente hervor, von Augenblick zu Augenblick zusammenzubleiben oder nicht zusammenzubleiben, also die Beziehung von Ursache und Wirkung zwischen Augenblicken.

2. Der Geist – das, was bestimmte Elemente auswählt, denen sich die Aufmerksamkeit zuwendet. Herbert Guenther schreibt dazu: »Wahrnehmung und Vorstellung beginnen, wenn wir bestimmte Verbindungen auswählen und beachten, die in der Bewußtheit der Sinne bereits »gedacht« (»minded«) wurden, *über* die aber noch nicht »nachgedacht« wurde.

3. Geistige Ereignisse, die jeden Augenblick der Wahrnehmung begleiten und färben. Bei dieser Kategorie variiert die Zahl der Elemente, die die verschiedenen Schulen ihr zuordnen, am stärksten. In einer Schule z. B. gibt es einundfünfzig[7] solcher Elemente, in einer anderen sechsundvierzig.[8] Sie umfassen Erkennbarkeiten wie Aufmerksamkeit, Motivation, Vertrauen, Nicht-Haß, Lust, Wut, Dogmatismus, Ärger, Eifersucht, Nachlässigkeit, Schläfrigkeit, Reue und Sprunghaftigkeit.

4. Verbindende Elemente, die angeblich von den »physisch-materiellen« und den »geistigen« verschieden sind: Substantive, Verben, Abfolge, Zeit, Prozeß, Unterscheidungen, Verbindungen, Geburt, Tod usw. In einer Schule gibt es dreiundzwanzig dieser Entitäten, in einer anderen vierzehn.

5. Das, was nicht aus Ursachen und Bedingungen entstanden ist. Dies ist die Kategorie der nicht-bedingten *Dharmas*. Drei dieser *Dharmas* wurden oft beschrieben. Der erste ist Raum, der alles, was existiert, beherbergt und doch selbst weder existent noch nicht-existent ist. Der zweite nicht-bedingte *Dharma* ist Nirwana, das Erwachen, das durch die Praxis der Meditation erreicht wird, und der dritte ist der natürliche, inhärente, kreative Prozeß, der das Erwachen spontan hervorbringt.

Wir sollten darauf hinweisen, daß auf dieser ersten Stufe der Einsicht die Vorstellung eines inneren Objekts, eines »Ich«, oder eines spezifischen äußeren Objekts, wie z. B. »Stuhl« oder »Katze«, nicht als real und erkennbar angesehen werden. Solche Vorstellungen sind Hypothesen, die vom Geist (Nummer 2) aus den physisch-materiellen Elementen geformt werden und denen von den geistigen und verbindenden Elementen ihre spezifische Färbung und Qualität der Existenz verliehen wird. Das erfahrbare Gefühl der Individualität wurde in diesen Schulen lediglich als eine Zusammensetzung von *Dharmas* angesehen, die sich von Augenblick zu Augenblick verändert. Die Möglichkeit, daß Frische und Offenheit in den Strom des Seins einfließen können, ist in diesem Schema durch die fünfte Kategorie vertreten.

Man kann hier eindeutige Parallelen feststellen zu den Arbeiten über Kognition und Wahrnehmung, insbesondere zu der von Gregory. Die Begrenzung, die sich an dieser Stelle einschleichen könnte, könnte darin bestehen, die *Dharmas*, die Erkennbarkeiten selbst, für absolut real zu halten. Es wäre glaubhaft, daß diese *Dharmas* eine reale, unabhängige Existenz hätten, die in Vergangenheit, Gegenwart und Zukunft unvergänglich sei. Diese frühe Stufe kann auch noch zu einer Art von persönlichem Nihilismus führen, der Erwachtsein mit individueller Auslöschung gleichsetzt. Sie könnte aber auch zu einem persönlichen Substantialismus führen, wenn man die Person mit Kategorie 2, dem Geist oder Subjekt der Erfahrung identifizieren würde und gleichzeitig diesen *Dharma* für absolut real und unvergänglich hielte.

Die zweite Stufe der meditativen Einsicht in die Wahrnehmung ist die Erkenntnis, daß alle *Dharmas* aus einem Urgrund des Bewußtseins, dem *Alaya*, entstehen und zu ihm zurückkehren. Die *Dharmas* werden nun nicht mehr als reale, getrennt existierende Wesenheiten, sondern als Manifestationen des Urgrunds gesehen. Nach dieser Sichtweise entsteht jeder Erfahrungsmoment selbst aus dem *Alaya* als ein Resultat von Reifungsprozessen von Potentialen, die dort aus früheren Momenten gelagert worden sind. Das erlebte Gefühl einer Kontinuität, eines fortlaufenden Lebensweges beruht ebenso auf diesem zugrundeliegenden Bewußtsein, dem *Alaya*; es ist jedoch kein individuelles Gefühl eines »Selbst« damit verbunden. Die Annahme eines »Ich« entsteht durch das Aufwühlen des Ich-Bewußtseins, welches der Beobachter und Herausgeber der Erfahrung ist.

Weil nach dieser Anschauung die gesamte phänomenale Existenz von Augenblick zu Augenblick aus dem *Alaya* entsteht und wieder dorthin zurückkehrt, haben wir hier ein Gefühl der Einheit oder Nichtgetrenntheit der Phänomene. Daher wird diese Stufe die *Yogacara*-Stufe genannt – der Weg der Einheit (yoga = Einheit; cara = Weg). Weil das *Alaya* keine Eigenschaften der Körperlichkeit oder Objektivität hat, kommt in dieser Erfahrung ein Gefühl auf, als ob »die relativ dauerhaften Bedingungen der aufeinander bezogenen Sinne geistige Wesen sind«. Daher wird diese Schule oder Stufe der Einsicht auch manchmal als die Anschauung des »Nur-Geist« bezeichnet. Dieser Begriff kann sehr leicht mißverstanden werden, da »Geist« im Kontext der westlichen Kultur immer mit irgendeiner Form von individuellem, persönlichem, lokalisiertem Geist in Verbindung gebracht wird. Das ist nicht das, was mit dem Schlagwort »der Geist allein zählt« oder »Nur-Geist« gemeint ist. Vielleicht soll dadurch lediglich darauf hingewiesen werden, daß die gesamte Existenz, die gesamte phänomenale Welt auf dieser Stufe in oder aus einem grundlegenden Substrat des Bewußtseins zu entstehen scheint. Wieder ist damit nicht ein *Ich*-Bewußtsein oder Bewußtsein des Selbst gemeint. Wir beziehen uns eher auf den kreativen Prozeß, durch den Wahrnehmungen bewußt *werden*. Da man auf dieser Stufe sieht, wie die Phänomene aus der Nichtgetrenntheit des *Alaya* entstehen, erlebt man hier die akausale Verbundenheit oder verheißungsvolle Koinzidenz aller Phänomene. Das Problem, das auf dieser Stufe entstehen könnte, wäre ein Anhaften an der Vorstellung des *Alaya* als etwas absolut Realem, das das Wesen eines »Selbst« hat, am »Bewußtsein« oder an der »Einheit« also, als absoluter Realität. Das Problem ist, daß das »Alles ist Eins« fast unmerklich zu einem »Alles bin Ich« werden kann, wenn man nicht sieht, daß beiden keine letzte Realität zukommt. In dieser Anschauung gibt es immer noch einen subtilen Beobachter, einen Erfahrenden, der außerhalb seiner Erfahrung steht und diese als solche registriert. Dieser Irrtum erschien in der historischen Entwicklung als der »*Citta-matra*-Irrtum« – der Glaube, daß nur das Bewußtsein real sei. Leider wird dieser Irrtum auch in einigen gegenwärtigen Tendenzen des Denkens immer mehr zu einem Problem, weil es eine Überbetonung des »Bewußtseins«, insbesondere des individuellen Bewußtseins gibt. Manchmal wird sogar behauptet, das »Bewußtsein des Selbst« sei die nächste Stufe in der Evolution des Menschen. Damit stehen wir wieder vor dem »*Citta-matra*-Irrtum«. Er schafft die absolute, substantielle Realität eines höheren Selbst oder einer Einheit, die von der alltäglichen Welt getrennt ist.

Auf der nächsten, der dritten Stufe, beginnt das Bewußtsein in seinem fundamental nicht-bedingten Wesen zu ruhen und den gesamten Prozeß der Begriffsbildung, einschließlich der Begriffe von »Einheit«, von Subjekt-Objekt, Geist-Materie, innen-außen usw. als das zu erkennen, was er ist, nämlich eine Bildung von Begriffen. Diese Stufe, die mit der *Madhyamika*-Lehre[9] assoziiert wird, bezeichnet man oft als die Erkenntnis der Leere – ein Begriff, der von westlichen Kommentatoren meistens ziemlich mißverstanden wurde. »Leerheit« ist einfach das voll und ganz erfahrungsmäßig durchdrungene Erfassen der gesamten Struktur der Begriffsbildung und Mutmaßung, die um die zentrale Annahme eines »Ich« zentriert ist. Sie ist die Erkenntnis, daß *alle* Beschreibungen relativ und einseitig sind und daß wir normalerweise in unseren Beschreibungen leben. Sie ist daher die Erkenntnis des fundamentalen, nicht-bedingten, unbeschreibbaren Wesens der Realität. Sie wird nicht als »Einheit« empfunden, sondern als Nicht-Zwei. Das heißt: Da man die Einseitigkeit und Relativität der Dualitäten von Subjekt-Objekt, Geist-Materie, innen-außen usw. entdeckt hat, ruht man in dem, was weder eins noch viele ist, in Nicht-Zwei. Die Entdeckung der Leerheit ist auch ein Mittel, das verhindern kann, die Dharmas als real aufzufassen, und so wurde sie historisch zunächst auch verstanden.

Es kann jedoch immer noch ein gewisser Rest des Anhaftens an der »Leerheit«, an der Erfahrung der Nicht-Dinge und des Nicht-Selbst zurückbleiben. Auf der vierten und letzten Stufe, der der Vajrayana-Lehre, die in gewissem Sinne genau die Ergänzung der vorherigen Stufe ist, werden die Energie und der Glanz der Phänomene gewürdigt. Diese Stufe vereinigt die Erfülltheit des *Alaya*-Bewußtseins der *Yogacara*-Stufe mit der Entdeckung der vollkommenen Nicht-Begrifflichkeit, der »Leerheit« der *Madhyamika*-Stufe. Ein nicht-bezogener Urgrund der Bewußtheit wird jenseits des Bewußtseins wiederentdeckt. Es wird erkannt, daß nicht-bezogene Bewußtheit nicht-bedingt und gleichzeitig die wesentliche Natur des menschlichen Lebens ist. Es ist diese Stufe, die Guenther zu der in Kapitel 2 zitierten Bemerkung veranlaßt hat: »Um das Absolute zu erkennen, muß der Mensch auf irgendeine Weise daran teilhaben.« *Rigpa*, das wir in Kapitel 2 beschrieben haben, ist die Fähigkeit, diesen nicht-bedingten Urgrund der Bewußtheit zu erkennen.

Wir haben *Rigpa* zunächst mit intuitiver Einsicht übersetzt. Nach Guenther könnte man es auch mit »ästhetischer Erfahrung« oder »intrinsischer Wahrnehmung« übersetzen, Begriffe, die den über die Erkenntnis hinausgehenden Aspekt betonen. Guenther sagt: »*(Rigpa)* ist die ästhetische Würdigung oder intrinsische Wahrnehmung des Künstlers, des Dichters, des Sehers, dessen Worte die Kommentierung einer Vision sind, und nicht ein sinnloser Versuch, ein System universeller Wahrheiten über und jenseits der kognitiven und empfindungsmäßigen Kapazität des Menschen zu errichten oder letztere auf irgendein vorgefaßtes Schema zu reduzieren, das den Ausschluß von allem verlangt, was der Verkünder dieses Schemas nicht begreifen kann.«[10]

Guenther bringt das Wesen von *Rigpa*, die intrinsische, nicht-duale Wahrnehmung, mit Leerheit (nichts) und Erfülltheit von Bedeutung in Verbindung: »Bei der ästhetischen Erfahrung (von *Rigpa*) können wir sagen, daß das, dessen wir uns ästhetisch bewußt sind, bevor es uns bewußt ist, nichts ist. Aber dieses Nichts ist, wie die Texte immer und immer wieder versichern, kein absolutes Nichts, das einfach nur nicht ist. Es ist ein dynamisches Nichts, welches, wenn wir uns seiner ästhetisch bewußt sind, bereits eine Form erhalten hat und so der lebendigen Gegenwart und ihrer Bedeutung innewohnt.«

Diese Stufe, die auch als »leuchtender Glanz« bezeichnet wird, beschreibt Trungpa so: »Wenn wir eine rote Blume sehen, sehen wir sie nicht nur in Abwesenheit der Komplexität des Egos und in Abwesenheit von vorgefaßten Namen und Formen, sondern wir sehen auch den leuchtenden Glanz jener Blume. Wenn der Filter der Verwirrung zwischen uns und der Blume plötzlich beseitigt ist, wird automatisch die Luft klar und das Sehen (ist) sehr genau und lebendig.« Er fährt fort mit einem Zitat aus einem Vajrayana-Text: »Diese Energie, die im Herzen aller Wesen wohnt, aus sich selbst existierende Einfachheit... ist der Träger der uranfänglichen Intelligenz, die die phänomenale Welt wahrnimmt. Sie ist unzerstörbar in dem Sinne, daß sie immer weiter geht. Sie ist die Triebkraft von Emotionen und Gedanken im verwirrten Zustand und von Mitleid und Weisheit im erwachten Zustand.«[11] Auf dieser Stufe wird die Einfachheit und Heiligkeit der alltäglichen Welt voll und ganz erfahren.

Wir haben diese Stufe auf eine Weise beschrieben, die suggerieren könnte, daß jede Stufe erst dann eintreten kann, wenn die vorherige völlig verwirklicht ist. Erfahrung jedoch *ist* diskontinuierlich, und der gesamte Prozeß des Entstehens der bewußten Wahrnehmung aus dem nicht-bedingten Grund entsteht augenblicklich, immer wieder von neuem. Daher ist es für jeden von uns durchaus möglich, in jedem Augenblick ein Aufblitzen irgendeiner dieser Stufen zu entdecken. Dieses Aufblitzen mag ziemlich plötzlich und flüchtig sein und kann leicht übersehen werden, aber es geschieht dennoch ständig. Der Zweck der Ausübung der Achtsamkeits-Bewußtheits-Meditation liegt darin, Bedingungen herzustellen, die das Erkennen solcher Momente als Teil unseres natürlichen Stroms des Lebens erleichtern. Die Momente solchen Aufblitzens und die Möglichkeit, sie in unser Leben zu integrieren, sind der Grund dafür, daß sich unser Leben nicht als automatische Reaktion abspulen muß, daß sich die Wahrnehmung öffnen kann und Humor und Leichtigkeit einfließen läßt. Zitieren wir Tschögyam Trungpa: »Deine Sinnesfähigkeiten eröffnen dir den Zugang zu Möglichkeiten tieferer Wahrnehmung. Jenseits der normalen Wahrnehmung gibt es Superklang, Supergeruch und Superempfinden, die in deinem Seinszustand enthalten sind. Du kannst sie aber nur erfahren, wenn du dich in der Tiefe der Meditationspraxis übst, die jede Verwirrung und Verschleierung beseitigt und die die Genauigkeit, Schärfe und Weisheit der Wahrnehmung – die Jetztheit deiner Welt – herausschält.«[12]
Die Veränderung der Wahrnehmung, über die wir hier sprechen, ist eigentlich eine Veränderung unseres ganzen Lebens. Wir fangen an, immer stärker unsere Verbundenheit mit der natürlichen Kraft und Energie der Welt der Phänomene zu spüren. Noch einmal Tschögyam Trungpa: »Die Meditationspraxis bringt also das Übernatürliche zum Vor-

schein, wenn ich dieses Wort hier einmal benutzen darf. Du siehst keine Geister und erlangst auch keine telepathischen Fähigkeiten, aber deine Wahrnehmungen werden über-natürlich, einfach über-natürlich.

Normalerweise begrenzen wir die Bedeutung von Wahrnehmungen. Nahrung erinnert uns an essen; Schmutz erinnert uns daran, das Haus zu putzen; Schnee erinnert uns daran, daß wir das Auto abfegen müssen, wenn wir zur Arbeit fahren wollen; ein Gesicht erinnert uns an unsere Liebe oder unseren Haß. Mit anderen Worten, wir pressen das, was wir sehen, in ein bequemes oder vertrautes Schema. Wir schließen die Unermeßlichkeit oder die Möglichkeiten tieferer Wahrnehmung aus unserem Herzen aus, indem wir uns an unseren eigenen Interpretationen der Phänomene festklammern. Aber es ist möglich, die persönliche Interpretation zu transzendieren, die Unermeßlichkeit durch das Medium der Wahrnehmung in unser Herz einzulassen. Wir haben immer eine Entscheidungsmöglichkeit: Wir können die Wahrnehmung benutzen, um die Unermeßlichkeit zu beschränken oder auszuschließen, oder wir können zulassen, daß die Unermeßlichkeit uns berührt. Wenn wir die Kraft und Tiefe der Unermeßlichkeit in eine einzelne Wahrnehmung hineinziehen, dann entdecken und beschwören wir Magie. Mit Magie meinen wir nicht eine unnatürliche Macht über die Welt der Phänomene, sondern die Entdeckung der inhärenten oder uranfänglichen Weisheit in der Welt, so wie sie ist.«[13]

Diese transformierte Wahrnehmung könnte man »alltägliche Magie« nennen. Sie ist alltäglich, da sie in eben der alltäglichen, allgemein bekannten Welt, in der wir leben, zu finden ist, in der Welt von Ursache und Wirkung, von Raum und Zeit, von Leben und Tod. Sie ist alltäglich, weil sie durch nichts anderes vor uns verborgen ist als durch unsere Weigerung, sie zu sehen, durch unseren gewohnheitsmäßigen Glauben an Kampf und Getrenntheit und durch unsere Angst. Sie ist magisch, weil eine solche Transformation der

Wahrnehmung plötzlich und ohne Ursache oder Bedingungen geschieht, wenn auch das Training langwierig sein mag und sehr viel Ausdauer und Energie erfordert. Und schließlich ist sie magisch, weil wir, wenn wir die Nichtgetrenntheit von der Welt der Phänomene entdecken, auch entdecken, daß Wahrnehmung und »inhärente uranfängliche Weisheit« nicht zwei getrennte Wesenheiten sind. Die Wahrnehmungen der alltäglichen Welt sind nach Tschögyam Trungpa voller Weisheit. Über diese inhärente Weisheit und Kraft der Wahrnehmung werden wir im letzten Kapitel sprechen.

16 Achtsamkeit und Bewußtheit

Das Hauptthema, auf das wir in diesem Buch immer wieder zurückgekommen sind, ist die Möglichkeit, sich durch den Wahrnehmungsprozeß hindurchzuarbeiten und sein Wesen und seine Grundlagen zu entdecken. Dadurch ist es möglich, sowohl auf der individuellen als auch auf der gesellschaftlichen Ebene eine grundlegende Transformation herbeizuführen, die durch die Erkenntnis des nicht-bedingten Gutseins entsteht. Es gibt viele Beschreibungen dieser Entdeckungsreise, sowohl in Form von formellen Abhandlungen als auch als persönliche Berichte in den neokonfuzianistischen, taoistischen, buddhistischen und den Shambhala-Lehren. Man findet solche Beschreibungen ebenfalls, wenn auch ziemlich selten, in der kontemplativen Literatur des Christentums. Meister Eckhart ist das deutlichste Beispiel aus der traditionellen Literatur und Thomas Merton der bekannteste Vertreter aus neuerer Zeit. Merton sagt: »Das erste, was du tun mußt, bevor du überhaupt anfängst, an so etwas wie Kontemplation zu denken, ist zu versuchen, deine grundlegende, natürliche Einheit wiederzuentdecken, dein in einzelne Stücke aufgeteiltes Leben wieder zu einem koordinierten und einfachen Ganzen zu integrieren und als ein einheitlicher Mensch leben zu lernen.

Das kontemplative Leben ist vor allem ein Leben der *Einheit*. Ein kontemplativer Mensch ist jemand, der die Spaltung transzendiert hat, um eine Einheit jenseits der Spaltung zu erreichen. Es ist wahr, daß der erste Schritt darin besteht, daß er sich zu einem gewissen Grad von den normalen Aktivitäten der Menschen zurückzieht. Er muß sich sammeln, sich nach innen wenden, um das innere Zentrum der spirituellen Aktivitäten zu finden, welches unzugänglich bleibt, solange er in die äußere Geschäftigkeit des Lebens verwickelt ist. Aber sobald er dieses Zentrum gefunden hat, ist es sehr wichtig, daß er den nächsten Schritt erkennt.

Der wahrhaft kontemplative Mensch ist am normalen Leben nicht weniger interessiert als andere und nicht weniger betroffen über das, was in der Welt vor sich geht, sondern *stärker* interessiert und *stärker* betroffen.

Die ›Realität‹, die der kontemplative Mensch zu ›durchdringen‹ sucht, um einen Kontakt mit dem, was ›absolut‹ in ihr ist, herzustellen, ist nichts anderes als sein eigenes Dasein, sein eigenes Leben. Der kontemplative Mensch ist nicht jemand, der eine magische, spirituelle Intuition auf andere Objekte richtet, sondern jemand, der, weil er vollkommen in sich selbst vereint und im Zentrum seiner Demut gesammelt ist, mit einer Unmittelbarkeit in Kontakt mit der Realität tritt, die die Spaltung zwischen Subjekt und Objekt vergißt.«[1]

Der persönliche Bericht der fünfzigjährigen kalifornischen Hausfrau Bernadette Roberts ist in seiner Klarheit und seinem sachlichen Stil vielleicht eine der außergewöhnlichsten Beschreibungen. Nach frühen Erfahrungen in der Kindheit lebte Roberts sechzehn Jahre lang das christlich orientierte, kontemplative Leben einer Karmeliterin und war überzeugt, die Frucht dieses Weges, nämlich die Einheit mit Gott, gefunden zu haben. Dann heiratete sie und bekam vier Kinder. Zwanzig Jahre später jedoch geschah ihr eine »zweite Bewegung«, wie sie es nannte, ganz gegen ihren Willen. Es war ein Weg, der sie zu einem völligen Verlust eines Selbst und eines persönlichen Gottes als Bezugspunkte oder Kategorien und zu der Entdeckung dessen, was IST, führte. Sie sagt: »Die empirische Realität an sich ist kein Hindernis zu sehen (was ist); das, was wir über diese Realität *denken*, schafft ein Hindernis für den Übergang, der sonst gar nicht erst nötig geworden wäre.« Und: »Das Selbst ist ein vorläufiger Mechanismus, der nur für eine bestimmte Art des Wissens nützlich ist. Herauszufinden, was in Abwesenheit des Selbst bleibt, ist eine kostbare Perle, ein langer Weg, ein Wandel des Bewußtseins und der Anfang eines neuen Lebens.

Wenn man den Weg bis zum Ende gegangen ist, bleibt als einzig mögliche Art zu leben, das Leben im Augenblick des Jetzt. Es gibt keine Kopf-Trips mehr, kein Festklammern an einen Bezugsrahmen, auch wenn es nur der Bezugsrahmen der Erwartung auf morgen ist. Was getan oder gedacht werden muß, liegt immer auf der Hand, und es gibt keinen Grund sich zurückzuziehen, um herauszufinden, was gedacht, geglaubt oder getan werden müßte.«

Bernadette Roberts hat diesen Weg offensichtlich durch eine Art natürlicher Bewußtheit spontan entdeckt, denn sie sagt: »Schon in sehr frühem Alter habe ich durch sorgfältige Beobachtung erfahren, daß meine Empfindungen, meine Emotionen und natürlich auch meine Gedanken ziemlich stark von irgend etwas anderem getrennt und entfernt waren, das manchmal in den allerungelegensten Augenblicken aufspringen und mich mit Freude erfüllen konnte.«[2]

Mein Hauptanliegen, das ich mit der Darstellung der Konzepte der Wissenschaft in diesem Buch verfolgt habe, bestand darin, einen Beitrag dazu zu leisten, die begrifflichen Hindernisse für eine Realisierung der nicht-bedingten

Wahrnehmung zu beseitigen, Hindernisse, die aus starren, beschränkten Überzeugungen über das Wesen von Raum, Zeit, Materie, Geist, das Wesen des Menschen und den Wahrnehmungsprozeß selbst erwachsen. Darüber hinaus habe ich gezeigt, daß unser gegenwärtiger Wissensstand über die Physiologie der Wahrnehmung zumindest auf der theoretischen Ebene mit dem Prozeß und den Entdeckungen der Meditation vereinbar ist.

All dies wäre jedoch ziemlich unerheblich, gäbe es nicht eine spezifische Methode, eine verfügbare Übung, durch die jeder von uns diese Entdeckungen für sich persönlich machen kann. »Shall I compare thee to a summer's day, thou art more lovely and more temperate...« bedeutet wenig für jemanden, der noch nie geliebt hat oder der nicht wenigstens einen menschlichen Körper hat. Eine Beschreibung einer Rose bedeutet uns nichts, wenn wir die Rose nicht sehen und riechen und uns an ihren Dornen stechen können. Vielleicht gibt es die Möglichkeit, daß wir rein zufällig und ohne jede Hilfe diese Entdeckungen machen oder indem wir nur intensiv genug über sie nachdenken und an sie glauben. Aber genauso, wie es sehr unwahrscheinlich ist, daß wir uns einfach ans Klavier setzen und ohne jede Übung die schönste Musik spielen können, genauso unwahrscheinlich ist es, daß wir den Prozeß der Wahrnehmung ohne Übung zu durchschauen lernen. Leider wird die Bedeutung der Disziplin in vielen, in der letzten Zeit erschienenen Bücher, die so überzeugend für die Notwendigkeit eines neuen Bewußtseins argumentieren, nicht genügend betont oder gar nicht erst erwähnt. Es ist ein weitverbreitetes Mißverständnis, daß die Entdeckung unseres grundlegenden Wesens eine »weit entfernte und faszinierende Erfahrung« sei.[3] Dabei ist uns unser ursprüngliches, nicht-bedingtes Wesen von allem, was ist, das nächste. Es ist das, was wir sind, wenn wir unseren Kampf um bewußte Kontrolle oder um höheres Bewußtsein irgendwelcher Art aufgeben. Es ist selbst nichts weniger als eine Erfahrung, und doch liegt es all unseren Erfahrungen, selbst den allerweltlichsten, zugrunde. Wir können es in dieser weltlichen Erfahrung durch die Übung der Achtsamkeitsmeditation entdecken. Die Praxis beseitigt einfach die Eintrübungen, die uns daran hindern, in unserem nicht-bedingten ursprünglichen Wesen zu ruhen und von diesem Standpunkt aus in der Welt zu leben und sie wahrzunehmen. Wir müssen auch nachdrücklich klarstellen, daß es weder die Absicht noch das Ergebnis der Achtsamkeits-Bewußtheits-Meditation ist, das Denken abzuschalten, wie es nach den Aussagen vieler westlicher Kommentatoren den Anschein haben mag. Wie viele Übende früher oder später entdecken werden, ist es im Gegenteil so, daß, indem man den Ursprung und das Wesen des Denkens erkennt, das Denken selbst klar und präzise wird.

Shamatha: Achtsamkeit

Wie ich bereits erwähnt habe, ist die grundlegende Übung im Buddhismus und in den Shambhala-Lehren das Sitzen in Meditation. Diese Form der Meditation ist auch unter ihrem Sanskrit-Namen SHAMATHA-VIPASHYANA bekannt. *Shamatha* bedeutet wörtlich: »Entwicklung von Frieden«. Es bedeutet auch das Zähmen des Geistes oder Achtsamkeit. *Vipashyana* bedeutet Einsicht oder Bewußtheit. Daher wird diese Technik auch als Achtsamkeits-Bewußtheits-Übung bezeichnet. In diesem Kapitel werde ich die Entwicklung von Achtsamkeit und Bewußtheit beschreiben.[4]
Achtsamkeit bedeutet, daß der Geist bei jeder Handlung, die wir ausführen, voll und ganz gegenwärtig ist, beim Arrangieren einer Blume genauso wie beim Spülen einer Teetasse, beim Waschen des Autos oder bei der Programmierung eines Computers. Sie ist sorgfältige, fast bedächtige Aufmerksamkeit auf jedes Detail. Sie ist eine völlige Identifikation mit unserem Körper, unseren Gedanken und Handlungen, so daß nichts übrigbleibt, kein Bewußtsein von uns

selbst, kein Beobachter, kein gespaltener Geist. Sie bedeutet nicht zu beobachten, was wir tun, sondern einfach ganz das zu *sein*, was wir tun, denken und fühlen, in seinen kleinsten, unbedeutendsten Einzelheiten. Bewußtheit ist die Qualität der plötzlichen Offenheit, die sich einstellt, wenn wir völlig gegenwärtig sind. Sie ist ein plötzlicher Augenblick, ein plötzliches Aufblitzen von Frische und einer weiteren Perspektive. Wir können nicht feststellen, woher sie kommt, wir können sie nicht festhalten, und wir können sie nicht künstlich wieder erzeugen. Mit dieser Qualität der Offenheit geht ein Gefühl von Neugier einher, ein Interesse an der Umwelt, in der unsere Handlungen und Gedanken stattfinden. Bewußtheit kann sich als eine Lücke der Offenheit in der geschlossenen Kette unserer Gedanken oder unseres unterbewußten Geschwätzes einstellen. Sie kann darin bestehen, eine Blume oder das Gesicht eines Menschen plötzlich aus einer neuen Perspektive zu sehen. Sie kann ein Anflug von Humor inmitten eines Wutanfalls sein. Sie ist die Raumqualität in unserem Geist, die uns erkennen läßt, daß unsere Gedanken, Gefühle, Wahrnehmungen keine festen, schweren »Dinge« sind, sondern einfach transparent, energetisch und fundamental heilsam.

Bei der Praxis des Sitzens ist die körperliche Aktivität auf ein Minimum reduziert, um der Entwicklung von Achtsamkeit und Bewußtheit die besten Voraussetzungen zu geben. Auf diese Weise werden die Wahrnehmungsreize weniger dicht gedrängt, und wir haben die Möglichkeit, den Wahrnehmungsprozeß im Detail zu sehen. Wir sitzen also einfach mit überkreuzten Beinen in aufrechter Position. Der Rücken ist gerade und fest, die Vorderseite offen und weich, Kopf und Schultern fest, der Atem natürlich, Augen und alle Sinne offen, aber entspannt, nicht auf irgend etwas gerichtet.

Während der Schüler sitzt, wird er achtsam auf seine Haltung und auf die körperlichen Empfindungen, die ruhelos oder gar schmerzhaft sein können, oder aber auch recht entspannt. Er wird sich der körperlichen Empfindungen in seinem Rumpf, seinen Gliedern und seinem Schädel, der sanften Bewegungen von Brust und Bauch und des ein- und ausgehenden Atems bewußt. Der Atem kann schnell oder langsam, flach oder tief sein, wir lassen ihn, wie er ist. All dem liegt eine fundamentale Qualität des Wohlbefindens und der Heilsamkeit zugrunde, die Würde, einfach dazusitzen wie ein Berg ohne Wolken. Der Körper ist einfach da, fest, erdhaft, unbeweglich und ganz. Die Bewußtheit der Festigkeit des Körpers, der aufrechten, würdevollen Haltung, der Präzision und Natürlichkeit des Atmens, ist die Grundlage für die Verbindung von Körper und Geist. Dies wird in der Tradition als die erste Grundlage der Achtsamkeit bezeichnet.

Als nächstes kann der Schüler auf der Gefühlsebene der Erfahrungen, die lustvoll, schmerzhaft oder neutral sein können, Achtsamkeit entwickeln. Auch das Gefühl kann besonders körperorientiert oder aber auf Imagination und Phantasie ausgerichtet sein. Jede körperliche Empfindung und jeder Gedanke ist von irgendeiner Stimmung geprägt, hat die Eigenschaft, angenehm, unangenehm oder bloß langweilig zu sein. Wenn man tiefer in das Gefühl eindringt, kann man ein grundlegendes Gefühl der Angst entdecken, ein Gefühl von Kampf ums Überleben, von Sich-Anklammern an eine kontinuierliche Existenz und von Angst, daß man nicht überleben könnte. Wenn man anfängt, diesen Kampf loszulassen, entdeckt man mit Freude, daß man *lebt*. Es ist ein Gefühl von Lebendigkeit und Lebhaftigkeit, an das man sich jedoch nicht anklammern kann. Man muß es einfach berühren und dann gehen lassen, es nicht festhalten, sondern es sein lassen. Wenn wir diese Qualität der Lebendigkeit realisieren, wird die Praxis des Sitzens etwas sehr Persönliches, Vertrautes. Sie ist nicht mehr eine übernommene Idee, die wir uns auferlegt haben, sondern ein sehr direkter Ausdruck des Lebens an sich. Obwohl die Praxis auch weiterhin oft langweilig und schwierig sein kann, ist sie doch ein Teil unseres Lebensstroms geworden, und wenn wir von Zeit zu Zeit das Gefühl von Leben berühren, kann sie ungeheuer erfrischend sein und uns eine Basis von natürlichem Vertrauen und von Freude geben. Dies ist die zweite Grundlage der Achtsamkeit.

Ein weiterer Aspekt der Achtsamkeit ist der Zustand des Geistes. Wir können z. B. feststellen, daß unser Geist sehr eingeschränkt oder ziemlich expansiv, sehr fest oder ziemlich locker ist. Der Geist kann in einem Zustand von freudiger Erregung oder von Depression sein, konzentriert oder zersplittert. Es mag uns so vorkommen, als sei er in einem verfeinerten, fast spirituellen Zustand oder in einem Zustand der Wildheit und des Aufruhrs. All diese Zustände sind Objekte der Achtsamkeit, und den Zuständen an sich wird keine besondere Bedeutung zugemessen. Wir können auch anfangen, auf die offensichtliche Unbeständigkeit des Geistes zu achten, auf die flackernde, unruhige Eigenschaft der Gedanken und Wahrnehmungen. Manchmal sind wir fähig, dazusein, die Übung zu praktizieren, in der Sitzhaltung zu bleiben und achtsam auf den Körper, die Gefühle usw. zu sein. Manchmal schweifen wir ab, haben keine Ahnung, wo wir sind und kehren dann plötzlich zur Achtsamkeit zurück. Wir wissen nicht, was uns zurückgebracht hat, aber ohne jede bewußte Anstrengung erkennen wir, daß wir sitzen und kehren wieder zur Achtsamkeit zurück. Wir können uns nicht selbst bewußt zurückbringen, wenn wir abgeschweift sind, wir können nur erkennen, daß der Geist plötzlich und natürlich zurückkommt. Wir beginnen, ein Gefühl des Vertrauens zu entwickeln, daß Achtsamkeit wirklich funktioniert, daß sie in gewissem Sinne sogar ohne uns geschieht. Wir müssen nicht versuchen, achtsam zu sein; Achtsamkeit stellt sich vielmehr automatisch ein, wenn wir das allgemeine Klima dafür schaffen, indem wir sitzen, die Absicht haben zu üben, und die Möglichkeit der Übung zu schätzen wissen. Die Tatsache, daß Achtsamkeit ohne unsere bewußte oder unbewußte Manipulation geschieht, ist eine Manifestation unseres nicht-bedingten Gutseins und ist der Grund dafür, daß echte Achtsamkeit überhaupt möglich ist. Dies ist die dritte Grundlage der Achtsamkeit.

Schließlich können wir achtsam werden auf die Inhalte des Geistes, auf die ganze Mannigfaltigkeit der verschiedenen Arten von Gedanken, Gefühlen und Empfindungen, die ständig durch unser Bewußtsein strömen. Wir haben schnelle, aufblitzende Gedanken, schwere, düstere Gedanken, religiöse und philosophische Gedanken, gemeine Gedanken, wütende, leidenschaftliche, verträumte Gedanken usw. Wir können auch auf die allgemeine Geschwindigkeit des Gedankenprozesses achtsam werden. Nach einer traditionellen Analogie ist er manchmal dahinjagend wie ein felsiger Gebirgsbach, manchmal bewegt er sich schnell, aber gebändigt wie ein Fluß in einem tiefen Canyon, dann wieder gleitet er langsam wie ein breiter Strom, und manchmal kann er auch still und ruhig sein wie ein See ohne Wellen. Keine wird als erwünschter als eine andere angesehen. Sie sind einfach nur Inhalte unseres Geistes, so wie er ist. Wir entdecken eine weitere Möglichkeit, unsere menschliche Würde und unser Vertrauen zu spüren; wir können in voller Achtsamkeit dasitzen, unbewegt und gelassen, während unsere Gedanken ständig Veränderungen durchlaufen. Dies ist die vierte Grundlage der Achtsamkeit.

Diese vier Kategorien von Gegenständen der Achtsamkeit, die wir eben beschrieben haben – Achtsamkeit auf Körperempfindungen, auf Gefühle, auf Geisteszustände und auf geistige Inhalte – umfassen unser gesamtes psychophysisches Dasein. Traditionell werden sie als die vier Grundlagen der Achtsamkeit bezeichnet.[5]

Wenn wir mit der Praxis der Achtsamkeitsmeditation beginnen, stellen wir fest, daß das Üben nicht so glattgeht, wie wir gedacht haben. Wir fühlen uns eine Zeitlang aufs äußerste gelangweilt, dann plötzlich wieder ziemlich ruhelos.

Vielleicht werden wir wütend und aufgeregt oder ziemlich deprimiert. Manchmal mögen wir vielleicht ein Aufleuchten von fundamentaler natürlicher Würde und von Vertrauen erleben, während wir wach und entspannt einfach dasitzen. Dann jedoch scheint es sofort wieder von neuen Aufregungen überdeckt zu werden. Manchmal mag ein Aufleuchten von grundlegendem Gutsein nur zu noch mehr Verzweiflung, Ärger oder Frustration führen, darüber nämlich, daß wir nicht fähig sind, es festzuhalten oder uns in ihm zu entspannen und in ihm zu bleiben. Um dem Schüler dabei zu helfen, seine Praxis fortzusetzen, werden in der Tradition allgemeine Arten von Hindernissen und auflösenden Kräften mit den entsprechenden Gegenmitteln genannt, um diese Hindernisse zu überwinden und in der Übung fortfahren zu können.[6] Im wesentlichen hängen die Hindernisse mit der offensichtlichen Schwere und Dumpfheit von Körper und Geist zusammen und mit der Tendenz des diskursiven Geistes, die Einsicht des erwachten Zustands zu vermeiden und an den sicheren und bequemen Gewohnheitsmustern des Denkens festhalten zu wollen. Einige Hindernisse haben also mit Faulheit, Vergeßlichkeit und allgemeiner Trägheit und Depression zu tun, andere mit Wildheit, mit der Verrücktheit des diskursiven Geschwätzes und der Phantasie, mit Leichtsinn und allgemeiner Überempfindlichkeit, so daß man durch den kleinsten Gedanken aus der Balance der Achtsamkeit herausgeworfen wird. Möglicherweise halten wir es für eine ausgezeichnete Idee, unseren Geist zu trainieren und unser grundlegendes Wesen zu entdecken, aber wenn wir tatsächlich damit anfangen, merken wir, daß wir dabei sind, uns unseren allerpersönlichsten und intimsten Erfahrungen zu stellen, was wir dann doch lieber vermeiden möchten.

Die Gewohnheitsmuster von Körper und Geist stellen sich also der Absicht zu meditieren entgegen und werfen Hindernisse auf. Der Weg, an diesen Hindernissen zu arbeiten und Mittel gegen sie zu entwickeln, beginnt mit einem allgemeinen Gefühl von Vertrauen in die Wirksamkeit der Übung und in die Einsicht und Hingabe von Millionen von Übenden, die das Training bereits erfolgreich durchgeführt haben. Dann sollten wir uns darüber im klaren sein, daß das Training Anstrengung erfordert und daß wir ein Gefühl von Vertrautheit mit dem Training entwickeln müssen. Wenn wir uns körperlich durch Jogging oder Konditionstraining fit machen wollen, dann wissen wir, daß die ersten Monate recht mühselig sein können. Später merken wir dann zu unserer Überraschung, daß wir schon langsam fitter werden und mehr Kondition haben. An diesem Punkt erkennen wir, daß wir bereits süchtig nach dem Training sind. Es ist uns so vertraut geworden, daß wir nicht mehr als ein paar Tage ohne Training verstreichen lassen können. Genauso verhält es sich mit dem Achtsamkeitstraining. Die Entdeckung, daß das Training wirkt und das Gefühl von Vertrautheit, ja fast schon Süchtigkeit nach ihm, kann als Mittel gegen die Faulheit und Depression, die des öfteren auftauchen, angesehen werden. Schließlich kann auch ein allgemeines, auf die Umwelt bezogenes Gefühl von Wachsamkeit ein Mittel gegen die Leichtsinnigkeit des diskursiven Geistes sein, so daß die Neigung des Geistes abzuschweifen selbst zu einer Mahnung werden kann, zur Achtsamkeit zurückzukehren.

Die Achtsamkeitspraxis ist also der Prozeß der Entwicklung einer elementaren Vertrautheit mit dem gesamten Denk- und Wahrnehmungsprozeß und einer freundlichen Haltung diesem Prozeß gegenüber. Der Geist wird nicht mehr als ein feindseliges, fremdes Ding empfunden, das oft abgelenkt ist und in dem unbekannte Schrecken lauern. Langsam zähmen und befrieden wir die wilde, ruhelose Energie des Geistes immer mehr, so daß dieser ganz natürlich zur Ruhe kommt. Die Vorstellung, »Frieden zu entwickeln«, beruht nicht auf einem Anhalten der Gedanken, sondern auf der Entdeckung der zugrundeliegenden Friedlichkeit und Weite, in der Wahrnehmungen und Gedanken entstehen, verweilen und gehen.

Traditionell wird diese schrittweise Entdeckung der fundamentalen Friedlichkeit des Geistes und des Zur-Ruhe-Kommens in ihr in neun Hauptstufen beschrieben, die als die neun Wege zur Beruhigung des Geistes bezeichnet werden.[7] Diese Stufen umfassen den ganzen Weg, angefangen von einem ersten Einschränken der Wildheit des Geistes und des unkontrollierten Gedankenprozesses und einer schrittweisen Verlängerung dieses Zustands bis hin zu der Fähigkeit, den Gedankenprozeß mit Achtsamkeit dahinziehen zu lassen, ohne aus dem Gleichgewicht geworfen zu werden, und der Fähigkeit, den Geist vollkommen in Frieden ruhen zu lassen, so natürlich, wie Schwäne schwimmen und Vögel fliegen. Wenn man mit der Achtsamkeitspraxis fortfährt, entwickelt man eine Vertrautheit mit seinen Gedanken und Gefühlen. Die Zweifel und Ängste, Depressionen und Wildheiten werden weniger bedrohlich. Man fängt an, sich zu entspannen und entwickelt ein grundlegend freundliches Gefühl für sich selbst, so wie man ist, ohne Ansprüche. Auf diese Weise stellt man die Verbindung mit der Weichheit und der ursprünglichen Freundlichkeit seines Herzens wieder her. Gewohnheitsmuster des Denkens und Fühlens haben eine Abwehr gebildet, die die natürliche Freundlichkeit überdeckt, und haben uns mit einer harten Schale versehen, um mit den scheinbaren Härten und Schwierigkeiten des Lebens fertig werden zu können. Die Wiederentdeckung der Freundlichkeit jedoch öffnet uns neu für die Welt und für die Möglichkeiten einer klaren Wahrnehmung und einer echten Kommunikation.

Man könnte folgendes Bild als Analogie heranziehen: Der Geist ist zunächst wie ein wildes Pferd, das über die Weiden galoppiert, hierhin und dorthin rennt, turbulent, voller Energie und das man unmöglich reiten kann. Wenn wir versuchen würden, das Pferd des Geistes zu reiten, würde es uns abwerfen oder mit uns durchgehen. Zunächst müssen wir es zähmen: Wir geben ihm eine sehr große Weide und legen ihm das Halfter der Technik an, aber noch mit einem sehr langen Seil. Wir ziehen ein wenig an dem Seil, gerade soviel, um dem Pferd zu zeigen, daß jemand da ist, der es trainieren möchte. Wir versuchen nicht, uns in die Achtsamkeit hineinzuzwingen; wir geben dem Geist einfach Raum. Wenn das Pferd nahe genug herankommt, machen wir eine Geste der Freundschaft, legen ihm den Sattel an und steigen auf. Jetzt können wir das Pferd lenken, wir können mit ihm die Würde und Eleganz des Dressurreitens demonstrieren oder schwierige Gebirgspässe erkunden. Jetzt, da der Geist sich ein wenig beruhigt hat, und wir mit ihm Freundschaft geschlossen haben, statt an dem Gefühl der Ruhe festzuhalten, können wir die sich einstellende Offenheit und Lebendigkeit würdigen. Dies ist die *Vipashyana*-Haltung.

Vipashyana: Bewußtheit

Der Bewußtheits- oder *Vipashyana*-Aspekt der Übung bringt ein Gefühl von Wißbegier, Neugier, Lebendigkeit und Einsicht mit ins Spiel. Ein traditionelles Bild dafür ist, daß die Friedlichkeit von Shamatha wie ein See ohne Wellen oder Strömungen ist, die in die Stagnation führen könnte, wenn nichts in ihr wüchse. *Vipashyana* ist wie die Lilien, die im See wachsen, und wie die Schwäne, die auf ihm herumschwimmen.

Vipashyana entwickelt sich, indem wir die verschiedenen Wahrnehmungen, Empfindungen, Emotionen und Gedanken, die ständig aufeinanderfolgen und sich in unserem Leben vermischen, deutlich zu unterscheiden lernen. Haben wir die Klarheit und Helligkeit der Bewußtheit erreicht, um sie unterscheiden zu können, dann entdecken wir eine natürliche Wißbegier, ein natürliches Interesse daran, wie sie entstehen und in unsere Erfahrung eintreten. Durch dieses natürliche Interesse und durch die ständige Achtsamkeit, die sich bereits entwickelt hat, wird die Bewußtheit nicht durch die großen Ausbrüche von Emotionen und Stimmungen gestört, die immer noch leicht vorkommen können und die den Zustand des Geistes ständig färben. Dies ist ein wichtiger Punkt bei der Entwicklung von Bewußtheit, da es genau diese emotionalen Färbungen sind, die die Bewußtheit meistens ablenken, und die uns daran hindern, die Begriffsbildungen, die wir auf unsere Erfahrungen projizieren, zu erkennen. Auf der Basis dieser Beständigkeit, die nicht auf das dramatische Auf und Ab der Stimmung reagiert, und mit Hilfe der Präzision der Achtsamkeit kann sich die Bewußtheit der winzigen Details des Gedanken- und Wahrnehmungsprozesses entwickeln. Langsam lernt man, die kleinsten Einzelheiten der Wahrnehmung und des Denkens, die Beziehungen zwischen ihnen und die Stimmung oder geistige Atmosphäre, die jeden Gedanken umgibt, zu bemerken. Vielleicht fängt man auch an, die Unverbundenheit oder Diskontinuität der Wahrnehmungen und die flüchtigen Lücken zwischen ihnen zu bemerken.

Bei der Übung des Sitzens und bei ihrer Anwendung im alltäglichen Leben sind der *Shamatha*- und der *Vipashyana*-Aspekt immer zusammen gegenwärtig. Man muß nicht erst den ganzen Weg der Vollendung von *Shamatha*, der völligen Zähmung des Geistes, bis zu Ende gegangen sein, bevor das erste Aufleuchten von *Vipashyana* geschehen kann. Dennoch erleben wir meistens, wenn wir mit dem Sitzen anfangen, daß die Erfahrung unseres Geistes zunächst ziemlich wild ist. Unser Geist schwankt zwischen Euphorie und Depression, zwischen Straffheit und Lockerheit und ist nur sehr selten mit dem Körper, der einfach dasitzt, synchron. Daher ist es im wesentlichen so, daß die *Shamatha*-Praxis betont wird, und es dem *Vipashyana*-Aspekt erlaubt wird, sich natürlich zu entwickeln.

Bei der Entwicklung von *Vipashyana* sollen sechs Entdeckungen auftreten. Diese Entdeckungen haben mit der Erkenntnis der direkten Wahrnehmung, der unmittelbaren

Erfahrung zu tun. Sie beziehen sich natürlich nicht bloß auf neue Informationen über Dinge, sondern auf persönliches Verständnis. Die erste, die »Entdeckung der Bedeutung«, ist die Entdeckung, wie die Sprache funktioniert. Der Übende lernt, den richtigen Gebrauch der Wörter und der Logik zu unterscheiden, so daß er nicht mehr von ihnen verwirrt ist, sondern direkt zu der Bedeutung durchdringt, die von ihnen vermittelt wird. Er erkennt die Beziehung der Sprache zu dem, was jenseits der Sprache ist, und wird nicht mehr von seinen eigenen Denkschemata oder von denen anderer verwirrt. Er lernt wahrzunehmen, was jenseits der Verbalisierungen geschieht.

Die zweite Entdeckung, die »Entdeckung der Realität«, hat damit zu tun, zwischen »innen« und »außen« unterscheiden zu lernen. Der Übende unterscheidet zwischen persönlichen Meinungen, Emotionen oder Lebenssituationen im allgemeinen und der ihn umgebenden weiteren Welt, vom Wetter angefangen bis zur internationalen Politik. Er oder sie lernt zu unterscheiden, was ein Produkt seiner eigenen »inneren« Welt ist und was nicht. Außerdem wird es ihm zunehmend klarer, wie wichtig es ist, sich anderen zuzuwenden und sich mit dem Gutsein und der Heilsamkeit der Welt zu verbinden.

Die dritte Entdeckung, die »Entdeckung des Wesens«, läßt uns erkennen, wie schnell Gedanken auf die reine Wahrnehmung dessen, was ist, also einer Farbe, eines Klanges usw. folgen. Der Übende erfährt, wie auf einen ersten kurzen Einblick sofort Gedanken an Handlungen oder Reaktionen folgen. »Wesen« bezieht sich hier auf das Wesen des Wahrnehmungsprozesses und ebenso auf die eigentlichen Merkmale oder Eigenschaften der Wahrnehmungen, die sie voneinander unterscheiden.

Die vierte Entdeckung, die »Entdeckung der Seiten«, lehrt, wie man Situationen und Handlungen, die Achtsamkeit und Bewußtheit fördern, von solchen unterscheiden kann, die sie nicht fördern. »Seiten« entspricht hier also in etwa der üblichen Bedeutung von »gut« und »böse«. Diese Entdekkung erkennt, was für einen selbst und für andere förderlich ist und was nicht, manchmal durchaus auf der Ebene konventioneller Höflichkeit und guten Benehmens. Außerdem kann sie unterscheiden, wann Bewußtheit vorhanden ist und wann nicht.

Die fünfte Entdeckung, die »Entdeckung der Zeit«, lehrt, weniger von Erinnerungen an die Vergangenheit und Hoffnungen auf die Zukunft verwirrt zu werden. Der Übende lernt zu erkennen, wie Vergangenheit und Zukunft in den gegenwärtigen Augenblick hineinreichen, so daß er nicht in die komplizierten Muster von Hoffnung und Angst verstrickt wird, aus denen wir unser Netz von Gewohnheiten spinnen, das unsere Wahrnehmung färbt. Er weiß also, was er hier und jetzt tatsächlich erfährt.

Die sechste Entdeckung, die »Entdeckung der Einsicht«, lehrt, die kausale Effizienz und Verknüpftheit der Welt zu erkennen und auf sie zu vertrauen. Sie ist eine direkte und durchdringende Erkenntnis der kausalen Beziehungen in der relativen Welt, so daß uns klar wird, wieviel bei unserer normalen Wahrnehmung der alltäglichen Welt vorausgesetzt und für selbstverständlich gehalten wird. Gestützt auf diese Entdeckung braucht sich der Übende weder an bestimmte Bezugspunkte für die Wahrnehmung noch an die Logik anzuklammern, um seinen eigenen Standpunkt als den einzig richtigen zu verfechten. Er lernt, verschiedene Standpunkte ohne Parteilichkeit einzunehmen. Diese Entdeckung ist der Vorläufer von *Rigpa*, der intrinsischen, nicht-dualistischen Wahrnehmung der nicht-bedingten Wirklichkeit.

Es gibt natürlich sehr viel detailliertere Beschreibungen der Entdeckungen auf dem Pfad der *Shamatha-/Vipashyana-*Übung, die von Generationen von Übenden zusammengetragen worden sind. Ich habe versucht, dem Leser einen gewissen Vorgeschmack dieses Pfades zu geben, gerade genug, um zu zeigen, daß diese Übung nicht irgendeine vage, subjektive Introspektion, sondern eine intersubjektiv nachvollziehbare, detaillierte Methode des Trainings und der Beurteilung ist.

Achtsamkeit und Bewußtheit im Handeln

Es ist wichtig zu betonen, daß die Achtsamkeits-Bewußtheits-Praxis vor allem dies ist – Praxis. Die Praxis ist einfach eine Möglichkeit, unser grundlegendes Wesen zu entdecken und die daraus entstehende Freundlichkeit und Furchtlosigkeit zu entwickeln, auf denen unser Handeln in der Welt beruhen könnte.

Wir haben die Prinzipien von Achtsamkeit und Bewußtheit im Zusammenhang mit der Praxis des Sitzens dargestellt, bei der die körperliche Aktivität auf ein Minimum reduziert ist. Um aber in der Welt aktiv sein zu können, müssen wir aufstehen, gehen, körperliche Gesten ausführen und sprechen. Es gibt andere Disziplinen, die ein sehr wertvolles Verbindungsglied zwischen dem Sitzen in Meditation und den normalen Aktivitäten des alltäglichen Lebens bilden. Diese Disziplinen, die hauptsächlich aus japanischen Traditionen stammen, sind z. B. *Ikebana* (Blumenstecken), *Kyudo* (Bogenschießen), *Chanoyu* (Teezeremonie), Kalligraphie, verschiedene Kriegskünste (wie z. B. T'ai chi chuan) sowie die westliche Disziplin des Dressurreitens (Reitkunst). Da diese Disziplinen selbst jahrhundertelang Wege waren, um den Geist zu trainieren, verkörpern sie bereits die Prinzipien von Achtsamkeit und Bewußtheit. Wenn wir sie daher in Verbindung mit der elementaren Übung des Sitzens praktizieren, ist es uns möglich zu lernen, wie man Achtsamkeit und Bewußtheit in körperlichen Aktivitäten fortsetzen kann, so daß wir diese Haltung dann in unserem alltäglichen Leben beibehalten können.

Das Wesentliche der Disziplin des Ikebana besteht darin, die natürliche, lebendige Qualität von Harmonie und Eleganz zum Ausdruck zu bringen, die aus der Verbindung von Körper und Geist im Achtsamkeits-Bewußtheits-Training entsteht.

Ikebana ist eine jahrhundertealte Schule des Blumenarrangements, die ein Ausdruck von natürlicher Eleganz und Schönheit ist, und gleichzeitig eine Übung, ein Weg (japanisch *do*) zur Schulung von Herz und Geist. Die traditionelleren Arrangements bestehen aus drei Hauptzweigen, die den Himmel, die Erde und den Menschen repräsentieren, und aus Blüten, die für den universellen Herrscher stehen. Gustie Herrigel sagt in einer Passage, in der sie über die traditionelle Einstellung zu Ikebana und seine Rolle im Leben der Japaner schreibt: »Ist nun ein solches Blumenarrangement ein Produkt der Natur oder der Kunst? Oder steht es auf halbem Wege zwischen beiden und ist mehr als Natur, aber doch noch nicht reine Kunst? Darauf kann man nur sehr schwer eine eindeutige Antwort geben. Für den Japaner bilden Leben und Kunst, Natur und Geist eine unauflösliche Einheit, ein ungebrochenes Ganzes. Für ihn hat die Natur eine Seele und ist der Geist ein Teil der Natur ohne eine Absicht. Also hat für ihn eine Frage keinen Sinn, die eine Trennung der Natur vom Geist und eine Trennung des Lebens von der Kunst voraussetzt und so tut, als wären sie einander fremde Teile. Die Natur ist für ihn weder tot noch unspirituell und auch nicht bloß Symbol oder Schein. In ihrer lebendigen Schönheit ist das Ewige unmittelbar gegenwärtig. Diese Sichtweise ist typisch für alle japanischen Künste. Folglich verfehlen wir ihr eigentliches Wesen, wenn wir meinen, sie »idealisierten« ihre Objekte, und es sei ihr Ziel, Spannungen zu mildern und Gegensätze zu versöhnen, um dadurch Harmonie zu schaffen. Für den Japaner ist Harmonie die Form, die der Natur, dem Leben und der Welt letztlich zugrunde liegt, und die Kunst kann keine andere Aufgabe haben, als diese Harmonie zu porträtieren, sie in verschiedenen Graden »unbewußter Bewußtheit« zu bestätigen. Der Künstler saugt sie mit einem tiefen Atemzug aus unendlicher Weite in sich auf, verstärkt sie und verkörpert sie. Mit weit geöffneten Sinnen nimmt er die neue Schöpfung wahr und überführt sie aus ihrem Hintergrund in sichtbare Form. Da er jeden Gedanken daran, sich selbst in den Vordergrund zu spielen, aufgibt, wird er sich mit der greifbaren Gegenwart der Blume – in welcher sich der Kosmos manifestiert – zugleich der Gesetze ihres Daseins und seines eigenen Wesens bewußt.«[8]

Indem er einigen Grundregeln folgt und Blüten und Zweige mit Aufmerksamkeit fürs Detail arrangiert, übt der Schüler seine Wahrnehmung. Das fertige Arrangement wird nicht einfach nur als eine attraktive Dekoration angesehen. Es ist ein Spiegel für den Geisteszustand des Schülers, dafür, wie angespannt oder entspannt, wie abgelenkt oder aufmerksam, wie voller Zweifel oder wie zuversichtlich, wie verwirrt oder klar er oder sie sich bei jeder Blume, die gesteckt wurde, gefühlt hat. An einem Ikebana-Kurs teilzunehmen hat fast etwas Magisches. Die neuen Schüler machen ihre Arrangements und versuchen vielleicht, ein Arrangement des Lehrers nachzuahmen. Ihre Arrangements haben oft etwas Unbeholfenes. Vielleicht erscheinen sie ein wenig verkrampft oder etwas überladen. Und doch mag gleichzeitig schon ein Anflug von Freude, ein Anzeichen von Offenheit zu erkennen sein. Ein meisterhafter Lehrer wird dann das Arrangement des Schülers betrachten und mit einer kleinen Veränderung – einem leichten Beschneiden hier und einer kleinen Drehung eines Zweiges dort – das Arrangement plötzlich zum Leben erwecken. Was in dem Arrangement des Schülers nur ein Hinweis war, wird zu einer leuchtenden Manifestation von Harmonie und Leben. Indem er immer und immer wieder übt, diese Qualität von Harmonie und Freude in seinen Arrangements zu verwirklichen, lernt der Schüler, sie auch in seinem eigenen Geist zu erfahren. Tschögyam Trungpa sagte bei einer Rede vor der Kalapa-Ikebana-Schule, deren Gründer er ist, folgendes: »An diesem Abend wollen wir über Wahrnehmung und die Wertschätzung der Rea-

lität sprechen. Im allgemeinen glauben wir, daß man Talent braucht, um ein Kunstwerk zu erschaffen. Menschen lehnen sich manchmal selbst ab, weil sie das Gefühl haben, daß ihnen ein solches Talent fehlt. Ihre Kunst könnte Nähen, Kochen, Malen, Innendekoration, Photographie oder jedes andere Gebiet sein, das mit Ästhetik zu tun hat. Natürlich gehört auch das Arrangieren von Blumen dazu. In dieser Diskussion jedoch geht es nicht um das künstlerische Talent, das jemand hat. Jeder, der einen Sinn für Bilder, Gerüche, Klänge und Empfindungen hat, ist fähig, mit dem Rest der Welt zu kommunizieren. Unsere Wahrnehmung der Welt sowie ein allgemeines Gefühl für Raum können in der Kunst zum Ausdruck gebracht werden. Unter diesem Gesichtspunkt könnten wir sagen, daß Ikebana ein Weg ist, in die allgemeine soziale Welt unserer Sinneswahrnehmungen einzutreten und unser ganzes Leben als eine künstlerische Disziplin zu betrachten. Ikebana erlaubt uns, Disziplin zu üben, und es zeigt uns, wieviel allgemeine Wertschätzung wir entwickelt haben und wieweit wir schon ein Gefühl dafür aufbringen, harmonisch in der Welt zu leben. Die Disziplin des Ikebana hat nicht nur das Anordnen schöner Blumen, die Herstellung hübscher Arrangements zum Ziel. Sie ist viel grundlegender eine Reflexion unserer selbst.«[9]
Auch im alltäglichen Leben könnten wir jede Handlung als vollständig erkennen, wie z. B. die Anordnung einer Blume oder ein einzelner Atemzug. Ob wir jemanden begrüßen, jemandem die Hand schütteln, ein Glas Wein zum Mund führen, unser Auto anlassen, den Teekessel aufsetzen – jede Handlung hat ihren Anfang, ihre Mitte und ihr Ende, jede ist vollständig. Wenn wir malen, ist zunächst die leere Leinwand da, dann der erste Pinselstrich und schließlich die Vollendung des Bildes. Wenn wir einen Brief schreiben, haben wir zunächst ein leeres Blatt Papier vor uns liegen. Wir fangen an mit: »Lieber Freund!«, dann schreiben wir unseren Brief und zum Schluß: »Herzliche Grüße, Dein...«, und er ist fertig. Eine solche Würdigung des gegenwärtigen

Augenblicks wird als »Jetztheit« bezeichnet – die Erkennt-nis, daß in jedem Augenblick genau dieser Augenblick die einzige Gelegenheit unseres Lebens ist, unverdorben von Vergangenheit oder Zukunft.

Nach den Lehren von Shambhala ist dies die Basis für ein Leben in Übereinstimmung mit der nicht-bedingten Wirk-lichkeit. Jeder Gedanke, jedes Wort, jede Geste könnte voll-ständig sein und seinen natürlichen Platz einnehmen, ange-messen, harmonisch und elegant. Diese Möglichkeit beruht auf den Prinzipien von *Shamatha* und *Vipashyana*. Das Herz der Übung ist die Synchronisierung oder Verbindung von Geist und Körper, oder, was das gleiche bedeutet, die Verbindung von Bewußtheit und Wahrnehmung.

Der Prozeß des Verbindens von Geist und Körper ist ein Prozeß kontinuierlichen Loslassens. Auf jeder Stufe des Weges, jeder Stufe der Achtsamkeits-Bewußtheits-Praxis stoßen wir auf die zentrale Annahme des »Ich«, auf die Angst und Aggression, die aus dem Festhalten an ihr ent-steht und auf all die anderen Konzepte, persönlichen An-schauungen und Meinungen, von denen sie umgeben ist. Auf jeder Stufe also lassen wir diese Annahme und die sie umgebenden begrifflichen Strukturen los, um das, was jen-seits von ihr ist, klar sehen zu können. Daraus entwickelt sich eine natürliche Ethik, die das nicht-bedingte Gutsein von anderen und von uns selbst erkennt und die unsere ei-gene persönliche Entdeckung des Gutseins losläßt, um das fundamentale Wohl anderer und unserer selbst zu fördern.

Die Synchronisierung von Geist und Körper in der Jetztheit bedeutet, die Welt direkt, jenseits von Sprache, zu sehen. Trungpa sagt: »Manchmal, wenn wir die Welt wahrneh-men, nehmen wir ohne Sprache wahr. Wir nehmen spontan wahr, mit einem vorsprachlichen System. Ein anderes Mal jedoch, wenn wir die Welt wahrnehmen, denken wir erst ein Wort und nehmen dann wahr. Mit anderen Worten, im er-sten Fall empfinden oder sehen wir das Universum direkt, im zweiten Fall reden wir uns selbst die Wahrnehmung unseres Universums ein. Entweder sehen wir die Welt also durch den Filter unserer Gedanken, indem wir zu uns selbst reden, oder wir schauen und sehen jenseits von Sprache – als erste Wahrnehmung... Wenn wir das Gefühl haben, daß wir uns entspannen und die Welt direkt wahrnehmen, dann kann sich unsere Einsicht ausdehnen. Wir können mit Wachsamkeit genau auf den Punkt sehen. Unsere Augen beginnen sich zu öffnen, weiter und weiter, und wir erkennen, daß die Welt so farbig, frisch und präzise ist; jede scharfe Kante ist phantastisch.«[10]

17 Gesellschaft

Zu Beginn dieses Buches habe ich auf die Situation der heutigen Welt und auf die verschiedenen Vorschläge, wie man dieser »Wendezeit« begegnen könnte, hingewiesen. Ich habe behauptet, daß, solange solche Vorschläge auf ungeprüften Konditionierungen und Überzeugungen, besonders auf dem Glauben an ein »Selbst« beruhen, sie nur noch mehr Kampf und Konflikte hervorrufen können, auch wenn sie noch so gut gemeint sind. Ich habe die Idee der nicht-bedingten Wirklichkeit vorgestellt und die Möglichkeit, die Wahrnehmung so zu trainieren, daß sie ihre nicht-bedingte Grundlage erkennt. Dies war das Thema des Buches. Unsere Analyse, wie tief die Vorstellung eines »Selbst« auf jeder Stufe in den Prozeß der Wahrnehmung verwickelt ist, hat deutlich gezeigt, daß ein solches Training in keinster Weise selbstsüchtig ist. Es ist vielmehr die einzige Möglichkeit, die Verzerrung und Aggression der Ichbezogenheit von Grund auf zu überwinden und tatsächlich eine gute Gesellschaft zu errichten. Wie ich bereits gesagt habe, ist das Training der Wahrnehmung in der Meditationspraxis tatsächlich Praxis:

Die Transformation der Wahrnehmung führt zur Transformation des Handelns. Dieses Handeln kann dann fundamental auf Freundlichkeit, Nicht-Aggression und Überwindung der Angst durch Mut zur Authentizität beruhen und kann die Basis für eine erleuchtete Gesellschaft sein.

Die Rolle von Überzeugungen und Angst in der Gesellschaft

In einer eingehenden Analyse ist der Psychiater Roger Walsh zu dem Schluß gekommen, daß die Probleme, mit denen es die Welt heute zu tun hat, die Probleme des Hungers, der Armut, der Überbevölkerung und der Bedrohung durch eine nukleare Katastrophe sämtlich auf psychologische und nicht auf materielle Ursachen zurückzuführen sind.[1] Es sind genügend materielle Ressourcen und technische Fähigkeiten vorhanden, um jedes dieser Probleme in unserer Zeit zu lösen. Daß die Welt in gefährlicher Inaktivität erstarrt zu sein scheint, beruht auf psychologischen Problemen, die dem Psychiater täglich in seiner Praxis begegnen und die sich auf gesellschaftlicher und internationaler Ebene widerspiegeln. Die wichtigsten und grundlegendsten der Probleme, auf die Walsh sich konzentriert, sind die kognitiven Faktoren von Überzeugungen und Dissonanz, Abwehrmechanismen und die zentrale Rolle der Angst. Jedes dieser Probleme ist uns in früheren Kapiteln im Laufe unserer Diskussion schon begegnet, und zwar als eine der vielen Methoden, unser nicht-bedingtes Wesen zu vermeiden oder es zuzudecken.

Über Vorannahmen und Überzeugungen sagt Walsh: »Überzeugungen bestimmen, wonach wir suchen, was wir erkennen, wie wir interpretieren und wie wir auf diese Interpretationen reagieren. Das Problematische an diesen Prozessen jedoch ist, daß sie leicht zu einer sich selbst erfüllenden Prophezeiung werden und zwar weitgehend unbewußt.« Dann weist er auf die außerordentliche Schwierigkeit hin, sich seiner eigenen Vorannahmen bewußt zu werden und fährt fort: »Doch wir müssen uns unserer Vorannahmen bewußt werden, weil wir nur dann die zerstörerischen Überzeugungen erkennen können, die uns auf individueller und kultureller Ebene in unsere gegenwärtige Krise hineinsteuern.« Er erwähnt Überzeugungen wie »Meine Überzeugungen sind die Wahrheit und die einzige Wahrheit« – »Es ist ihr eigener Fehler, nicht unserer« – »Da kann man nichts machen«, als Beispiele, die auf der individuellen Ebene auftreten, aber auch sehr gefährliche und weitreichende Konsequenzen auf der gesellschaftlichen Ebene haben.

Über Abwehrmechanismen schreibt Walsh: »Abwehrmechanismen bilden aus psychodynamischer Sicht den Kern der individuellen Psychopathologie. Das Konzept der Abwehrmechanismen bietet uns sowohl auf der individuellen als auch auf der gesellschaftlichen Ebene reiche Einsichten in viele Aspekte unseres gegenwärtigen Dilemmas. Warum das so ist, wird deutlich, wenn wir uns erinnern, daß viele der Probleme aus einem Mangel an Bewußtsein über die wahren Zusammenhänge resultieren und daß Abwehrmechanismen über eine Reduzierung und Verzerrung des Bewußtseins funktionieren. Für Leute, die in diesen Bereichen arbeiten, ist es eine unerschöpfliche Quelle der Verzweiflung zu erkennen, wie schwer es ist, ein Bewußtsein über den wahren Zustand der Welt aufrechtzuerhalten.« Er sagt: »Wir möchten nicht nur den Zustand der Welt verleugnen, sondern auch unseren Anteil daran, daß es so weit kommen konnte.« Auf diese Weise projizieren wir das Konzept »Feind« auf andere, und das gleiche Konzept projizieren andere auf uns.

Die zentrale Rolle der Angst beschreibt Walsh so: »Wenn wir diese Abwehrhaltungen, Verzerrungen, Abhängigkeiten und Aversionen näher untersuchen, können wir erkennen, daß sie ungeschickte Versuche sind, mit der Angst umzugehen. Aus dieser Perspektive erscheinen uns die gegenwärtigen internationalen und atomaren Bedrohungen als Ausdrucksformen der Angst: Angst vor dem Angriff, Angst um unser Überleben, Angst vor dem Verlust unseres materiellen Komforts, unseres Lebensstils, unserer Ideologien und unserer ökonomischen Absicherung.«

Individuelles Training ist die Basis einer erleuchteten Gesellschaft

Wir haben gesehen, daß all diese Faktoren – Überzeugungen, Abwehrmechanismen und Angst – im Individuum auf einer tiefen Ebene der Wahrnehmung wirksam werden, und es ist das Verdienst von Walshs Analyse zu zeigen, daß sich die Wirksamkeit eben dieser Faktoren über das Individuum hinaus auf die gesamte Kultur erstreckt. Trotzdem entstehen die Probleme auf der individuellen Ebene, da die Kultur selbst auf Individuen beruht, und breiten sich von dort auf die Gesellschaft aus und beeinflussen andere Individuen. Entsprechend müssen wir auf der individuellen Ebene ansetzen, wenn wir diese Konflikte lösen und die kulturellen Einstellungen verändern wollen. Als ein erster Schritt mag es ganz hilfreich sein, wenn wir versuchen, kulturelle Einstellungen zu verändern, allgemein verbreitete »negative« Überzeugungen durch »positive« zu ersetzen. Es ist tatsächlich wichtig, dies zu tun. Aber ebenso wie für die individuelle Ebene gilt auch für die gesellschaftliche Ebene, daß ein Wechsel von einem System von Überzeugungen zu einem anderen eben nur ein Wechsel von Überzeugungen ist und nicht die grundlegende Veränderung bewirkt, die in der Befreiung vom Festklammern an Überzeugungen überhaupt besteht. Zu einer fundamentalen Veränderung der Gesellschaft kann es nur kommen, wenn diese Gesellschaft anfängt, sich auf völlige Freiheit von Parteilichkeit und Ausschließlichkeit zu gründen, auf jene Freiheit, die aus der Erkenntnis des nicht-bedingten Gutseins des menschlichen Wesens entsteht. Obwohl diese Unparteilichkeit, diese Freiheit von der Notwendigkeit zu glauben, wohl nicht von allen Individuen im Laufe eines Lebens ganz zu erreichen sein wird, bedeutet doch das *Streben* nach dieser Freiheit schon einen erheblichen Unterschied. Die Anerkennung des nicht-bedingten Aspekts des menschlichen Wesens, der auf der Erfahrungsebene die Freiheit von der Annahme eines »Selbst« entspricht, die Entdeckung dieser Freiheit, die zunächst nur manchmal kurz aufblitzt, und das Streben danach, sie völlig zu verwirklichen, sind die Grundlagen einer echten Veränderung der Gesellschaft.

Wie wir in diesem Buch immer wieder gesehen haben, ist die Erkenntnis des nicht-bedingten Gutseins ein durch und durch praktikables Vorhaben, da die geeigneten Mittel, es zu verwirklichen, vorhanden sind und seit vielen Generationen gelehrt und erfahren werden. Ich meine damit natürlich die Praxis des Sitzens in Meditation und andere verwandte meditative Praktiken wie Ikebana, T'ai chi chuan usw. Damit diese Techniken jedoch für eine Veränderung der Gesellschaft wirksam werden können, müssen sie in einen Kontext, eine Tradition oder Lehre eingebettet sein, die die erfahrungsmäßigen Entdeckungen der Übung durch ein intellektuelles Verständnis ergänzen. Auf diese Weise kommt die individuelle Entdeckung der gesamten Gesellschaft zugute und wird von Generation zu Generation weitergereicht. Und auf diese Weise kann auch die Realisierung des nicht-bedingten Wesens die Strukturen, Aktivitäten und Organisationsformen der Gesellschaft beleben und transformieren.

Zwei solcher Traditionen, die über mehr als zweitausend Jahre eine Grundlage für spirituelles Training und gesellschaftliche Organisation waren, sind die buddhistische und die neokonfuzianistische Tradition. Leider sind beide Traditionen in der westlichen Literatur, sowohl in der wissenschaftlichen als auch in der populären, bis vor etwa einem halben Jahrhundert gründlich mißverstanden worden. Beide repräsentieren einen vollständigen philosophischen und praktischen Weg, das alltägliche Dasein als etwas Heiliges zu leben in dem Sinne, daß es die fundamentale Reinheit und das Gutsein der Welt würdigt. Doch beide sind auf eine recht gegensätzliche Art mißverstanden worden. Der Buddhismus wurde als eine der »großen Weltreligionen« eingeordnet, während er im üblichen Sinne der Verehrung einer Gottheit, des Strebens nach Erlösung von dieser Welt etc. auf keinen Fall eine »Religion« ist. Der Neokonfuzianismus auf der anderen Seite wurde uns als eine weltliche, humanistische Lehre der gesellschaftlichen Verantwortung und der Regierungskunst vorgestellt, während er auf keinen Fall rein »weltlich« ist im üblichen Sinne einer Verleugnung der allen Männern und Frauen offenstehenden Möglichkeiten, ihre Egozentrik durch ein Leben der Übung zu transzendieren.

Zwei traditionelle Lehren des nicht-bedingten Gutseins

Die buddhistische Tradition begann im sechsten Jahrhundert v. Chr., als Prinz Gautama im Alter von neunundzwanzig Jahren den Luxus und die Sicherheit seines väterlichen Palastes verließ, um nach dem Wesen des menschlichen Lebens zu suchen. Nach vielen Jahren des Studiums und des Leidens durch asketische und yogische Übungen setzte sich der Prinz eines Abends unter einen Baum (später Bodhi-Baum genannt) und beschloß, nicht eher wieder aufzustehen, als bis er sein eigentliches Wesen verstanden und durchblickt hätte. Als der Morgen graute, erkannte Prinz Gautama voll und ganz die nicht-bedingte Grundlage allen Daseins. Dies wird als der Augenblick seines Erwachens bezeichnet, und von dieser Zeit an wurde er der Buddha genannt, was soviel bedeutet wie »der, der zu seinem wahren Wesen erwacht ist«. Zunächst schwieg der Buddha sieben

Wochen lang, da er sich unsicher war, wie er seine unaussprechliche Erkenntnis anderen mitteilen könnte. Trotzdem begann er zu lehren und andere darin zu unterweisen, wie sie eine solche Verwirklichung erlangen könnten und setzte diese Lehrtätigkeit in den verbleibenden fünfundvierzig Jahren seines Lebens fort. Die Lehren des Buddha, die wir heute als Buddhismus bezeichnen, breiteten sich von Indien nach China, Japan, Tibet, Korea, Sri Lanka und in viele andere Länder aus. Während der Buddhismus sich entfaltete, nahm er die kulturellen und philosophischen Formen der verschiedenen Länder an. So scheint der Buddhismus in Japan sich sehr stark von dem Buddhismus in Sri Lanka oder Tibet zu unterscheiden. Trotzdem bleibt die grundlegende Botschaft die gleiche: Erstens die Erkenntnis des Leidens, das durch egozentrisches Anhaften verursacht wird; zweitens Lehren, wie wir das Anhaften loslassen und unser nicht-bedingtes Wesen des Gutseins durch die Praxis des Sitzens in Meditation entdecken können; drittens Lehren, wie wir das nicht-bedingte Gutsein aller Wesen in mitfühlendem Handeln manifestieren können, um das Leiden anderer zu lindern.

Die Lehren von Shambhala haben ihren Ursprung im Königreich von Shambhala, das möglicherweise in Zentralasien zwischen der Mongolei und der chinesischen Provinz Sinkiang existiert hat. Legenden berichten, daß der erste König von Shambhala, Dawa Sangpo, den Buddha nach Shambhala eingeladen hätte, damit er dort lehren sollte. König Dawa Sangpo sagte dem Buddha, er wolle, daß seine Untertanen nicht ein religiöses oder mönchisches Training erhielten, sondern Belehrungen darüber, wie sie in ihrem alltäglichen Leben wach und ganzheitlich leben könnten. Also lehrte der Buddha das Kalachakra-Tantra des Vajrayana-Buddhismus, welches heute als eine der tiefgründigsten Lehren des Buddhismus angesehen wird. Die Untertanen des Königreichs von Shambhala begannen, die Meditation zu praktizieren und ihre Gesellschaft in Übereinstimmung mit diesen Belehrungen zu gestalten. So wurde das König-reich von Shambhala zu einem Modell für eine erleuchtete Gesellschaft, d. h. eine Gesellschaft, die auf der Erkenntnis aufbaut, daß das grundlegende Wesen aller Menschen nicht-bedingtes Gutsein und Freundlichkeit ist, und auf dem Streben aller Mitglieder dieser Gesellschaft, ihre Wahrnehmung zu trainieren, um diese Freundlichkeit furchtlos in der Welt manifestieren zu können. Mit anderen Hauptlehren des Buddhismus haben wir uns bereits an verschiedenen Stellen des Buches, an denen sie von Bedeutung waren, beschäftigt, so daß wir hier nicht weiter auf die bud-dhistische Tradition einzugehen brauchen.[2]

Konfuzius erkannte, in welchem Ausmaß das Innerste des Menschen von den gesellschaftlichen Beziehungen, in die wir unausweichlich verstrickt sind, gelenkt und geformt wird. Tatsächlich ist für Konfuzius das Individuum durch seine Beziehungen und durch die rechte Erfüllung seiner Verantwortlichkeiten in diesen Beziehungen *definiert* – es gibt einfach kein individuelles »Selbst«, das von der Gesellschaft, in der es lebt, isoliert ist und dessen Wünsche ständig befriedigt werden müssen. Für Konfuzius bestand daher die Verwirklichung der Weisheit – die Manifestation des nicht-bedingten Gutseins, der Menschlichkeit – in der wahrhafti-gen und rückhaltlosen Erfüllung der Verantwortlichkeiten und Rituale der Gesellschaft, in die man hineingeboren ist. Dies mag zunächst paradox erscheinen: Wie können wir un-ser nicht-bedingtes Wesen durch das Ausführen vorge-schriebener Formen realisieren? Aber dies ist nur für den Geist unserer Zeit paradox, für den Freiheit vor allem darin besteht, nicht das tun zu müssen, was »Ich« nicht tun will, oder unbeschränkt zu sein in dem, was »Ich« tun will. Für Konfuzius ist unsere alltägliche Welt selbst heilig, und der einzelne kann durch wirkliche Aufrichtigkeit und Respekt vor der Heiligkeit dieser Welt ihr Wirken und die Heiligkeit seines eigenen Platzes in ihr erkennen. Auf diese Weise ent-hüllt er Schritt für Schritt seinen nicht-bedingten Geist oder seine »Himmelsnatur«, die nicht von der Heiligkeit der all-täglichen Welt getrennt ist. Konfuzius erkannte, daß fast jede menschliche Handlung eine soziale Handlung und da-her eine Form von Ritual, *Li*, ist. Von der Begrüßung, dem Händeschütteln, dem Servieren und Essen einer Mahlzeit bis hin zu Regierungsgeschäften ist alles Ritual, das von Ge-neration zu Generation weitergereicht wird. Fingarette sagt: »Konfuzius kann nur so verstanden werden, daß der Mensch für ihn absolute Würde besitzt, eine heilige Würde aufgrund seiner Rolle beim Ritus, bei der Zeremonie, bei *Li*. Dabei müssen wir daran denken, daß Konfuzius die Bedeu-tung des Wortes *Li* so weit ausgedehnt hat, daß sie die Ge-sellschaft selbst umfaßt.«[3]

Leben und Werk von Konfuzius selbst liegen ziemlich im dunkeln, und erst ein Anhänger seiner Lehren, der hundert Jahre später lebte, systematisierte die konfuzianistischen Lehren und brachte sie auf den Weg, auf dem sie zu Stütz-pfeilern der chinesischen Kultur wurden. Dieser Schüler mit Namen Mencius (371–289 v. Chr.) lehrte als erster aus-drücklich das fundamentale Gutsein des menschlichen We-sens: »Wenn du die Menschen ihren Gefühlen (dem ur-sprünglichen Wesen) folgen läßt, werden sie fähig sein, Gu-tes zu tun. Das ist damit gemeint, wenn wir sagen, das We-sen des Menschen sei gut. Wenn der Mensch Böses tut, dann ist das nicht ein Fehler seiner natürlichen Ausstattung. Das Gefühl des Mitleids findet man in jedem Menschen... (und) ist das, was wir Menschlichkeit nennen. Menschlich-keit wird uns nicht von außen anerzogen. Wir haben sie von Anfang an in uns. Aber wir denken nicht (daran, sie zu fin-den). Darum wird gesagt: ›Suche, und du wirst sie finden, vernachlässige, und du wirst sie verlieren.‹«[4]

Etwa zur selben Zeit wie Mencius lebte ein anderer Kommentator des Konfuzianismus, Hsun Tzu (298–238 v. Chr.), der die Anschauung vertrat, das menschliche We-sen sei schlecht und müsse erzogen werden, um das Böse zu überwinden; andererseits erkannte er dem Menschen eine fast unbegrenzte Fähigkeit zu, auf diese Weise erzogen zu werden.[5] (Für Mencius ist diese Fähigkeit selbst ein Aspekt des inhärenten Gutseins.) Die Debatte zwischen Anhängern des Mencius und Anhängern des Hsun Tzu dauerte viele Jahrhunderte, und ich erwähne sie hier, weil, wie zu erwarten, eine ähnliche Debatte auch in der westlichen Tradition jahrhundertelang die Gemüter erhitzt hat. Spätere Autoren erkannten, daß diese beiden Anschauungen nur von einer etwas anderen Perspektive ausgehen, sich aber nicht grundsätzlich unterscheiden; Mencius hat sich auf das fundamentale nicht-bedingte Wesen konzentriert, während Hsun Tzu sein Hauptaugenmerk auf die Befleckungen und Verdunkelungen dieses nicht-bedingten Gutseins gerichtet hat, nämlich auf unsere Konditionierungen und Überzeugungen. Dies wird von Tai Chih, einem Neokonfuzianisten des dreizehnten Jahrhunderts zum Ausdruck gebracht: »Die Leute sprechen über das Wesen des Menschen – einige sagen, es sei gut, andere, es sei schlecht. Im allgemeinen bevorzugen sie die Anschauung des Mencius und lehnen die von Hsun Tzu ab. Nach dem Studium beider Bücher habe ich erkannt, daß Mencius über die Himmels-(nicht-bedingte-)Natur spricht und mit dem, was er Gutsein nennt, deren Aufrichtigkeit und Größe meint. Er wünschte, sie zu ermutigen... Hsun Tzu dagegen spricht über die materielle (bedingte) Natur, wie er die Schlechtigkeit des menschlichen Wesens nennt, und meint ihre Falschheit und Grobheit. Er wünschte, sie zu verbessern und zu kontrollieren... Die Lehre des Mencius bedeutet also, das, was schon rein ist, zu stärken, so daß die Befleckungen von selbst verschwinden, während Hsun Tzu lehrt, das befleckte Handeln zu beseitigen.«[6] Die Anschauung des Mencius ist die grundlegendere, da Hsun Tzu die seine nur vertreten kann, indem er das nicht-bedingte Wesen ignoriert oder indem er es der Kontrolle des Menschen unterstellt, was nicht möglich ist.

Der Konfuzianismus wurde geschwächt, als im ersten Jahrhundert dieses Jahrtausends der Buddhismus nach China kam und für die nächsten acht Jahrhunderte mit dem Taoismus um den Vorrang als herrschende Philosophie wetteiferte. Die Konfuzianisten reagierten darauf, indem sie die ethisch-sozialen Prinzipien des frühen Konfuzianismus mit der Kosmologie und der Naturwissenschaft des Taoismus und den Studien über den Geist und die Metaphysik des Buddhismus kombinierten, und schufen so eine neue Synthese, die man Neokonfuzianismus nennt. In dieser neuen Synthese war die Anschauung des Mencius über das menschliche Wesen vorherrschend, und die Praxis des Sitzens in Meditation spielte eine wesentliche Rolle.[7]

Der Neokonfuzianismus wurde zur Grundlage der chinesischen Politik und Kultur und blieb dies bis ins neunzehnte Jahrhundert. Die konfuzianistische Regierungsform war eine Hierarchie, die vom Kaiser bis auf die unterste Ebene der Gesellschaft reichte. Die Mitglieder der Regierung nannte man *Shih* oder Krieger-Gentleman; ein *Shih* zu sein, war das höchste Ziel für einen jungen Mann. Die Auswahl fand durch Prüfungen statt; die Hierarchie beruhte also auf Verdiensten und nicht auf Geburt. Der *Shih* wurde in jedem Aspekt des Lebens geprüft: Sein Verständnis der Klassiker des Konfuzianismus, seine Fertigkeiten in den Kriegskünsten, in der Reitkunst, im Bogenschießen, im Schwertfechten, sein Können in der Kalligraphie, im Malen, in der Dichtkunst und schließlich seine Stufe des Verständnisses der heiligen Weisheit. Die Hierarchie war also sowohl spiritueller als auch weltlicher Natur, und der Kaiser wurde als ein vollendeter Heiliger angesehen. Historisch betrachtet erreichte jede Ära dieses Ideal natürlich nur mehr oder weniger vollkommen, je nachdem, wie ausgeprägt die Aufrichtigkeit und Echtheit der *Shih* und die spirituelle Verwirklichung des Kaisers und seiner Handlungen zum Wohle des Volkes waren. Es gab ruhmreiche Zeiten in der Geschichte des chinesischen Kaiserreiches sowie auch Zeiten des Verfalls.[8]

In späteren Jahrhunderten waren der Buddhismus und der

Konfuzianismus in der Politik und Kultur von China, Korea und Japan untrennbar miteinander verwoben. Diese kooperative Verbindung bildet die Grundlage für die kriegerischen und kontemplativen Künste Japans: Kendo (Schwertfechten), Kyudo (Bogenschießen), Aikido (Zweikampf), Chanoyo (Teezeremonie), Ikebana (Blumenarrangement). Wie wir gesehen haben, ist jede dieser Disziplinen eine Form, durch die man seinen Zustand des Geist/Herz (Kokoro) durch seine Handlungen aufdecken kann. Andererseits ist jede auch ein Pfad des spirituellen Trainings – der Geist wird klar und wach, indem man seine Handlungen verfeinert; dabei spielt es keine Rolle, ob man ein Schwert führt, Tee serviert oder eine Blume steckt.

Wir sollten jedoch nicht den Eindruck entstehen lassen, daß die konfuzianistische Suche nach Weisheit nichts als der Versuch war, unreflektiert mit den Normen der Gesellschaft konform zu gehen, unabhängig davon, wie korrupt oder dekadent diese war. Um das verstehen zu können, müssen wir uns mit der Vorstellung von *T'ien* oder Himmel beschäftigen.[9] Himmel bedeutet im Konfuzianismus das nicht-bedingte Wesen aller Dinge, die Essenz oder fundamentale Norm dessen, wie die Dinge sind.

Himmel, Erde und Mensch

Himmel ist der klare, blaue Himmel über uns und der offene Raum, der uns umgibt. Himmel meint auch das Gefühl von Unermeßlichkeit und Uranfänglichkeit, das noch vor dem Denken, vor den Begriffen, vor der Form, vor Raum und Zeit da ist. Der Himmel ist unermeßlich, unbegrenzt, leer im Sinne von leer von Konzeptualisierungen und erfüllt im Sinne von erfüllt von Potentialität. Er ist der nicht-bedingte Aspekt der Ganzheit von Sein und Nicht-Sein, den ich in Kapitel 15 dargestellt habe.

Himmel ist der Aspekt des uranfänglichen Geistes, der uranfänglichen Intelligenz jenseits von Denken und Begriffen. Daher ist der Himmel jenseits von Hoffnung und Angst. Er ist ein Gefühl von Reinheit, Klarheit und Glanz, das alles in sich aufnimmt. Er ist jenseits der Hoffnung auf Fortdauer und der Angst vor Nicht-Fortdauer. Er ist Abwesenheit von Kampf, Belastungen oder Problemen. Daher herrscht eine Qualität von Entspannung, Offenheit und Loslassen ohne Verweilen und Festhalten. Im Raum des Himmels, der alle Möglichkeiten beherbergt, gibt es also ungeheure Freiheit ohne alle Pläne oder Voraussetzungen. Da es diese Freiheit gibt, lebt ein Gefühl von Heiligkeit in der alltäglichen Welt. Diese Heiligkeit kommt nicht von irgend etwas anderem; sie ist nicht bedingt durch die Verheißung von irgend jemandem oder überhaupt durch irgendeine Verheißung. Alle Dinge sind aufgrund ihres fundamentalen, nicht-bedingten Wesens, ihres Himmels-Aspekts, einfach aus sich heraus heilig. Der Himmel steht für die Tiefe und Unermeßlichkeit der Wahrnehmung, die wir in Kapitel 15 besprochen haben.

Erde ist die reale, feste Erde unter unseren Füßen. Erde ist auch die Reflexion und Manifestation der Potentialitäten des Himmels, das Tatsächlichwerden der vielen Möglichkeiten, die der Himmel umfaßt. Der Himmel gibt die Möglichkeiten der Wahl, der Normen, der inhärenten natürlichen Ordnung. Die Erde ist die Verwirklichung dieser Normen.

Das Prinzip des Menschen ist dasjenige, das Himmel und Erde miteinander verbindet. Während die wesentliche Natur des Menschen nicht-bedingtes Gutsein ist, ist die Konstitution des Menschen bedingt, und es ist seine Funktion, eine klare, ungehinderte Verbindung zwischen dem Nicht-Bedingten und dem Bedingten zu sein. Wenn die Verwirrungen geklärt und die Hindernisse beseitigt sind, treten Himmel und Erde in eine natürliche Verbindung. Der Mensch verbindet also Himmel und Erde einfach dadurch, daß er wirklich der ist, der er ist. »Die größte Tugend von Himmel und Erde ist zu leben.«

Die Suche nach Weisheit ist die Suche nach dem Weg des Himmels, danach, wie die Dinge sind, und der Versuch, diesem Weg zu folgen. Nach dem Konfuzianismus kommt dem Menschen die einzigartige Rolle zu, Himmel und Erde zu verbinden, d. h. das nicht-bedingte Wesen aller Dinge in die praktische Durchführung der alltäglichen Angelegenheiten und der sozialen Beziehungen einfließen zu lassen. Dies ist der Weg des Weisen. Nach der Tradition hängt Ruhm oder Verfall eines Reiches davon ab, in welchem Maße der Kaiser – und seinem Beispiel folgend alle Untertanen – dem Pfad der Weisheit, dem Weg des Himmels folgen. Wenn der Kaiser dem Weg des Himmels folgte, blühte das Reich; tat er es nicht, fiel es ins Chaos.

Die Gründer der konfuzianistischen Tradition unterschieden sich in vielen Punkten voneinander, aber dennoch hatten sie nach Charles Hucker[10] eine »gemeinsame geistige Grundhaltung«. Diese gemeinsame geistige Grundhaltung »kann man, ohne allzusehr zu vereinfachen, in sieben Aussagen zusammenfassen:

1. Das Universum und die Menschheit werden von einem unpersönlichen, doch absichtsvollen Himmel *(T'ien)* geleitet.

2. Der Himmel will, daß der Mensch in Übereinstimmung mit der kosmischen Harmonie *(Tao)* glücklich und geordnet lebt.

3. Ein ethisches und tugendhaftes Leben ist der angemessene menschliche Beitrag zur kosmischen Harmonie.

4. Tugend *(Te)* entwickelt und manifestiert sich in richtigem Verhalten *(Li)*. Wir sollten in diesem Zusammenhang besonders darauf hinweisen, daß Tugend nicht etwas ist, das man in seinem geheimsten Inneren nährt und einschließt; der Mensch ist nur das, was er tut. Mencius sagt: »Wenn du die Kleider des (weisen Herrschers) Yao trägst, die Worte des Yao sprichst und die Handlungen des Yao ausführst, dann wirst du ein Yao sein. Wenn du aber die Kleider des (Tyrannen der Hsia-

Dynastie) Chieh trägst, die Worte des Chieh sprichst und die Handlungen des Chieh ausführst, dann wirst du ein Chieh sein.«

5. In bestimmten, sehr wichtigen Krisensituationen ist es nicht leicht, den Willen des Himmels zu kennen oder sich zwischen Werten zu entscheiden, die in Konflikt miteinander stehen. Dies gilt hauptsächlich für den Herrscher.

6. Das richtige Verhalten herauszufinden, besonders in wichtigen Angelegenheiten, erfordert oft Weisheit oder Heiligkeit, und diese kann nur erreicht werden durch ein ernsthaftes Studium der Gebote der alten Weisen und der Lehren der Geschichte und durch das angestrengte Bemühen, sich selbst in diesem Sinne zu erziehen.

7. Der einzelne Mensch und die menschliche Gesellschaft haben die Fähigkeit zur Vervollkommnung; das heißt, daß jeder Mensch potentiell ein Heiliger sein kann und die Gesellschaft potentiell für alle harmonisch und erfüllend sein kann.«

Wir sehen also, daß die buddhistische und die neokonfuzianistische Tradition sich komplementär ergänzen können. Der Ansatz der buddhistischen Tradition war der, den einzelnen Praktizierenden so zu trainieren, daß er oder sie seine oder ihre Selbstbezogenheit durchschauen und zum Wohle anderer arbeiten könnte. Dieser Praktizierende war dann fähig, die Beziehungsformen der etablierten Gesellschaft zu übernehmen und sie dazu zu verwenden, das Erwachen zu fördern und anderen zu helfen. Der Ansatz des Neokonfuzianismus war der, die Gesellschaft nach spirituellen Prinzipien zu organisieren, die von vornherein den Irrtum vermieden, individuelle, isolierte »Ichheit« zu fördern. Indem der Krieger-Gentleman also den Normen einer solchen Gesellschaft folgte und seinen Platz in ihr fand, konnte er für sich selbst diesen Irrtum durchschauen und Heiligkeit erlangen. Wir wollen natürlich für beide Fälle nicht behaupten, daß der einzelne automatisch und ohne Anstrengung zu höchster Verwirklichung käme oder daß die Gesellschaft automatisch frei von Korruption wäre. All dies hängt von individueller Anstrengung ab.

Ich habe den Buddhismus und den Konfuzianismus als zwei historische Lehren des spirituellen Trainings beschrieben, die die Grundlage einer erleuchteten Gesellschaft bilden können. Vielleicht fragt sich der Leser nun, warum ich in diesem Zusammenhang nicht auch das Christentum erwähnt habe. Sicherlich war das Christentum zusammen mit der Wissenschaft ein wesentlicher kulturbildender Faktor in der Geschichte des Abendlandes. Mir war es jedoch besonders wichtig, auf die Bedeutung der Erkenntnis des nicht-bedingten Aspekts der Welt sowie auf die Bedeutung der tatsächlichen Praxis der meditativen Disziplinen hinzuweisen. Es würde in diesem Rahmen zu weit führen zu diskutieren, welche Rolle das Nicht-Bedingte im kontemplativen Christentum gespielt hat und wie dies wiederum die christliche Gesellschaft beeinflußt hat, doch wäre eine solche Diskussion sicherlich lohnend. Die Dialoge zwischen dem Christentum und dem Buddhismus, die während der letzten Jahrzehnte stattgefunden haben, haben gezeigt, daß die kontemplativen Richtungen des Christentums sehr lebendig sind und wieder mehr Bedeutung bekommen, nachdem sie wohl viele Jahrhunderte lang nicht anerkannt waren.

18 Die Kraft der alltäglichen Welt

Im vorigen Kapitel haben wir gesehen, daß die beiden großen Traditionen des Buddhismus und des Konfuzianismus zweitausend Jahre lang mögliche Grundlagen für den Aufbau einer erleuchteten Gesellschaft waren, die auf der Anerkennung des nicht-bedingten Gutseins und auf dem spiritu-

ellen Weg des einzelnen zum Erwachen beruht. Wir könnten uns jetzt fragen, welche Möglichkeiten sich einem Menschen unserer Zeit anbieten, der sich auf diesen Weg bege-
ben möchte.

Eine Bewertung spiritueller Lehren

Um diese Frage zu beantworten, muß man recht sorgfältig
vorgehen. Ein sehr weites Spektrum von Disziplinen, Wegen und sogenannten »neuen Religionen« bietet sich zur
Zeit im Westen an, angefangen von solchen, die offensichtlich zerstörerisch auf die menschliche Würde und Intelligenz wirken und die keinerlei befreiende Eigenschaft haben,
wie z. B. Jonestown und Synanon, bis hin zu solchen, die
ebenso eindeutig grundlegend positive Eigenschaften haben, wie die traditionellen buddhistischen oder vedischen
Hindu-Lehren. Dann gibt es noch verschiedene populäre
Bewegungen, die zwar höchst fragwürdig sein mögen, aber
nicht direkt destruktiv sind, die jedoch aufgrund ihrer Doppeldeutigkeit in gewissem Sinne noch schädlicher sein mögen. Als Beispiele dafür mögen Scientology und Moons
Vereinigungskirche dienen.
Westliche Soziologen und besonders solche, die in einer persönlichen Erfahrung mit einer Disziplin irgendwie eine Bedrohung ihrer »Objektivität« sehen und die deswegen be-
stenfalls Erfahrungen aus zweiter Hand über das haben,
worüber sie reden, konnten in dieser Frage meist gründlich
zur Verwirrung mit beitragen. Da sie die Wirklichkeit der
spirituellen Praxis und Transformation, die auf ein nicht-
dualistisches Verständnis, das weder »objektiv« noch »subjektiv« ist, hinausläuft, nicht erkannt haben, wurde von ihnen das gesamte Spektrum in einer bedeutungslosen Kategorie zusammengefaßt. Auf der anderen Seite haben einige
Soziologen, die die Wirklichkeit der menschlichen Spiritualität erkannt *haben*, in einem Bemühen um Ökumene die

Haltung eingenommen, daß alle Disziplinen letztlich das gleiche sagen – der sogenannte Ansatz der »ewigen Philosophie« –, was auch wieder einen relativ wertlosen Einheitsbrei ergibt. Morris Berman z. B. erkennt im allgemeinen die Möglichkeit spiritueller Transformation an und tritt in seinem Buch *The Reenchantment of the World* sehr überzeugend für sie ein. Im letzten Kapitel spricht er von den Gefahren des »Guruismus«, womit er wahrscheinlich die Verehrung meint, die sich auf die Persönlichkeit des Lehrers und nicht auf seine grundlegende geistige Gesundheit und auf die Lehren, die er verkörpert, richtet. Er macht jedoch nicht die Unterscheidung zwischen diesen beiden Aspekten und scheint daher die Bedeutung, die die Überlieferungslinie von geistigen Führern und Lehrern für jeden spirituellen Übungsweg hat, nicht richtig einzuschätzen. Gleichzeitig sollte man Warnungen wie die von Berman nicht übergehen, da es ohne Zweifel sehr viel Verzerrungen und Fehlinterpretationen authentischer Lehren gegeben hat. Es besteht immer die Möglichkeit, spirituelle Praxis als ein Mittel für größeren Egoismus statt für mehr Öffnung und Freundlichkeit gegenüber anderen zu gebrauchen.

Wie sollen wir also die Situation einschätzen? Gibt es allgemein anwendbare Kriterien, nach denen man eine nützliche Unterscheidung zwischen den verschiedenen Bewegungen vornehmen kann? Die Soziologen Dick Anthony und Tom Robbins haben mit ihrer Arbeit einen Schritt in diese Richtung getan. Sie stützen sich dabei auf ausführliche und in die Tiefe gehende Erhebungen, die unter anderem auch lange Tonband-Interviews mit Mitgliedern bestimmter Gruppen umfassen. Anthony und Robbins schlagen eine dreifache Klassifizierung vor: monistisch/dualistisch; technisch/charismatisch und einstufig/zweistufig.

Monistisch/dualistisch bezieht sich darauf, ob alle Menschen oder nur eine bestimmte Gruppe, die »Auserwählten«, fähig sein sollen, die Früchte der Lehren zu erlangen. Monistische Arten von Lehren sind allen zugänglich, während dualistische Lehren auf verschiedenste Weise die meisten Teilnehmer von den höheren Möglichkeiten ausschließen. Charismatische Bewegungen konzentrieren die Aufmerksamkeit auf die persönliche Macht des Gruppenführers, während technische Bewegungen die Techniken und Praktiken betonen, die dem Schüler helfen sollen. Einstufige Lehren konzentrieren sich auf rein weltliche und oft materialistische Zielsetzungen, während zweistufige Lehren auf irgendeine Weise transzendente oder heilige Möglichkeiten anerkennen. Insgesamt kamen Robbins und Anthony zu dem Ergebnis, daß dualistische, charismatische, einstufige Gruppen in der Regel die negativsten oder problematischsten waren. Die positivsten und unproblematischsten Gruppen waren die monistischen, technischen und zweistufigen. Beispiele für das erste Extrem sind Jonestown, Synanon und die Anhänger des Rev.end Moon, Beispiele der letzteren Gruppen sind integraler Yoga, vedische Hindu-Lehren und buddhistische Traditionen.

In »Eye to Eye« geht Ken Wilber noch einen Schritt weiter in dem Versuch, auf einer rationalen Ebene die Heilsamkeit einer spirituellen oder religiösen Lehre einzuschätzen. Ich werde Wilbers Argumente kurz zusammenfassen. Wilber schlägt drei Kategorien vor, mit deren Hilfe man die verschiedenen Lehren als problematisch oder unproblematisch einschätzen kann. Diese Kategorien sind: 1. Authentizität, 2. Legitimität und 3. Autorität. Mit Authentizität meint Wilber das Ausmaß, in dem eine Lehre ein weiteres Spektrum von Möglichkeiten im menschlichen Leben erkennt, das über Egoismus und persönliche Macht hinausgeht. Eine authentische Lehre ist eine Lehre, die in der Lage ist, Menschen über die ich-zentrierte und rein rationale Entwicklungsstufe des Lebens hinauszuführen zu einer transrationalen Stufe, die von echter Intuition geprägt ist. Wilber macht die sehr hilfreiche Unterscheidung zwischen *trans*rationalen und *prä*rationalen Lehren. Die Verwechslung dieser beiden Arten nennt er den Prä/trans-Irrtum. Eine transrationale Lehre transzendiert die allgemein anerkannte, ich-zentrierte Rationalität, ohne Rationalität an sich zu negieren, während eine prärationale Lehre die Rationalität ablehnt und versucht, den Schüler auf die prärationale Entwicklungsstufe eines Kindes oder einer früheren mythischen Stufe der Menschheitsentwicklung zurückzuführen. Die Verwechslung dieser beiden Arten führt zu dem typischen Irrtum, der z. B. von Suzanne Langer gemacht wird und den Berman wiederholt, daß alle meditativen Techniken den problematischen Aspekt hätten, das Denken abzulehnen. Auf der anderen Seite führte diese Verwechslung zu der Verzerrung des Zen in den sechziger Jahren, in denen man alles Denken für »abgefuckt« erklärte und eine Rückkehr zur Impulsivität propagierte. Wenn man jedoch prä- und transrational unterscheidet, ist es recht leicht zu erkennen, welche Lehren im Sinne Wilbers authentisch sind.[1]

Mit Legitimität meint Wilber die Art und Weise, in der eine Lehre ihre eigene Gültigkeit begründet. Das heißt, sagt Wilber, »daß wir uns den Grad der Integration, des sinnvollen Engagements, der Zielsetzung und der Stabilität ansehen ... Wird die Legitimität von einer ganzen Gesellschaft, von einer Tradition oder von einer einzelnen Person verliehen?« Problematisch ist eine Lehre, die ihre Legitimität nur aus der Aktivität einer einzelnen Person bezieht und nicht aus einer größeren Gemeinschaft, einer Überlieferungslinie oder einer Tradition.

In seiner Diskussion der Autorität schließlich unterscheidet Wilber zwei Aspekte günstiger oder heilsamer Autorität. Erstens funktionale Autorität: Autorität, die einer Person aufgrund seiner oder ihrer Funktion verliehen ist. In der Schule z. B. erwartet der Lehrer von einem Kind, daß es die Arithmetik so lernt, wie der Lehrer es ihm sagt. Dies ist einfach die einzige Möglichkeit, wie das Kind von eben diesem Lehrer die Arithmetik lernen kann. Wenn das Kind die Arithmetik, soweit der Lehrer sie ihm vermittelt hat, beherrscht, dann mag es in der Lage sein, bessere Methoden der Arithmetik zu finden; ein wirklicher Lehrer wird dies anerkennen. Der zweite Aspekt einer heilsamen Autorität ist der, daß sie »entwicklungsstufenspezifisch« sein sollte. Das heißt: Der Lehrer muß zeitweilig für den Schüler eine Autorität sein, solange dieser das, was gelehrt wird, noch nicht vollständig beherrscht. Wenn der Schüler diese Stufe der Lehre jedoch beherrscht, hört der Lehrer auf, eine Autorität zu sein. Außerdem besteht die Funktion der Autorität des Lehrers auch nur darin, ein Führer zu sein, der bereits einen Teil der Reise zurückgelegt hat und der darum dem Schüler zeigen kann, wie er diese für sich selbst entdecken kann. Der Lehrer betrachtet sich immer selbst als einen Schüler; es gibt immer noch mehr zu lernen. Daher kann ein Lehrer niemals eine absolute oder dauerhafte Autorität werden. Dies sind also Wilbers drei Kriterien für die Einschätzung eines Übungsweges.

Zum Schluß dieses Buches möchte ich kurz zwei Lehren beschreiben, die heute zugänglich sind und die einen modernen, nicht-religiösen Kontext für einen Weg des meditativen Trainings bieten. Es sind dies der Vierte Weg und die Lehren von Shambhala. Es stehen natürlich auch noch andere Lehren dieser Art zur Verfügung, und ich stelle diese beiden nur aus dem Grund vor, weil sie die Lehren sind, mit denen ich persönlich vertraut bin und von denen ich weiß, daß sie im Sinne der drei Kriterien von Wilber vertrauenswürdig und unproblematisch sind. Zusätzlich zu diesen beiden nicht-religiösen Lehren gibt es noch die Lehren der großen Tradition des Buddhismus selbst, die heute im Westen ziemlich weit verbreitet sind. Einige Menschen mögen vielleicht durch die religiösen Aspekte des Buddhismus davon abgehalten werden, sich näher mit ihm auseinanderzusetzen. Aber wie ich bereits gesagt habe, kann man den Buddhismus auch nicht so sehr als ein Glaubenssystem betrachten, sondern als einen Übungsweg, der uns hilft, unser Leben intensiver zu leben und uns weniger auf enge Überzeugungen zu stützen.

Sowohl der Vierte Weg als auch die Shambhala-Lehren sind moderne, für eine weltweite Gemeinschaft konzipierte Darstellungen von Lehren, die vor vielen Hunderten von Generationen in Zentralasien entstanden sind. In den ersten Jahrzehnten dieses Jahrhunderts gab es die verschiedensten Versuche, die Lehren des »mystischen Ostens« den westlichen Bedingungen anzupassen. In diesem Zusammenhang scheint der Begriff »mystisch« eher das äußerst einseitige und manchmal absurde Verständnis von westlichen Forschungsreisenden und Geschichtenerzählern zu repräsentieren, als irgend etwas den Lehren selbst Zugehöriges. Die »geheimen« und »okkulten« Gesellschaften, die sich bildeten, um diese angepaßten Lehren zu propagieren, beruhten weitgehend auf Phantasie und Wunschdenken. Dies gilt ebenso für die romantische Schwärmerei von Shangri-la wie für die vielen Ebenen der Existenz der Okkultisten und die »Magie« eines Aleister Crowley. Selbst scheinbar seriöse Autoren wie Madame Alexandra David-Neel, die Autorin von *Initiations and Initiates in Tibet*[2], wurden zu einem gewissen Grad in diese Traumwelt hineingezogen. Leider wird diese falsche Darstellung von der populärwissenschaftlichen Presse fortgesetzt, indem Aussagen der Lehren aus ihrem richtigen Kontext herausgerissen werden, nämlich dem Kontext einer lebenslangen Meditationspraxis. Dabei wird die Tatsache unterschlagen, daß für die Lehrer dieser Lehren das Training selbst der entscheidende Faktor ist. Sie warnen den Novizen davor, sich von solchen zielorientierten Aussagen fesseln zu lassen, die nur als Metaphern für die direkte Wahrnehmung und als Anreize gedacht sind, um den Schüler auf seinem schwierigen Weg des individuellen spirituellen Wachstums zu ermutigen. Es ist das Training selbst, nicht das Ziel, das diese Traditionen als wichtig ansehen.

Eine gewaltige und aufrichtige Anstrengung, Methoden spirituellen Trainings für die heutige Zeit zugänglich zu machen, wurde von G. I. Gurdjieff in der ersten Hälfte dieses Jahrhunderts unternommen. Gurdjieff wurde um 1877 in Rußland geboren.[3] Als junger Mann reiste er durch Indien, Tibet und den mittleren Osten »auf der Suche nach dem Wunderbaren«, d. h. auf der Suche nach dem, was alle Möglichkeiten des menschlichen Lebens entfaltet. 1912 tauchte er wieder in Moskau auf, und die nächsten sechsunddreißig Jahre lehrte er zunächst in Rußland und dann in Frankreich und Amerika. Er nannte seine Lehre den Vierten Weg, um sie von den folgenden drei traditionellen Ansätzen in der Spiritualität zu unterscheiden: dem Weg des »Yogi«, der eine extreme Entwicklung des Intellekts erfordert; dem »Weg des Mönches«, der eine extreme Entwicklung der Hingabe des Herzens erfordert, und dem »Weg des Asketen«, der eine extreme Entwicklung körperlicher Geschicklichkeiten erfordert. Der Vierte Weg, der Weg des Hausvaters, ist eine Übungsmethode, welche die Erfahrungen des alltäglichen Lebens benutzt, um die Energien von Körper, Geist und Emotion zu beobachten und mit ihnen zu experimentieren. Das Ziel ist die harmonische Integration dieser drei Aspekte des Menschen. Man könnte den Vierten Weg als eine Mischung aus Sufismus, Buddhismus und Christentum bezeichnen; Gurdjieff selbst nennt ihn manchmal das »esoterische Christentum«.[4]

Der Vierte Weg macht deutlich, daß, obwohl jeder sich als eine abgeschlossene Einheit, als ein Selbst, ein »Ich« empfindet, wir unsere Identität, unser »Ich«, gewöhnlich in jedem flüchtigen Gedanken, in jedem Gefühl und in jeder Handlung, die sich gerade einstellen, finden. Unsere Identität verändert sich von Augenblick zu Augenblick, und oft steht ein Gedanke oder Gefühl völlig im Widerspruch zu dem eben vorangegangenen. Wir entbrennen in Wut oder

Leidenschaft, ohne zu wissen wie oder warum und sagen: »Ich bin wütend« oder »Ich bin verliebt«. Wir fühlen uns in Reaktion auf veränderte Umstände deprimiert oder euphorisch und identifizieren unser »Ich« mit diesen Stimmungen. Es gibt drei wesentliche funktionale Zentren im Menschen, das Denkzentrum, das emotionale Zentrum und das Bewegungszentrum. Alle drei haben ein separates »Ich« und stehen sehr oft in Konflikt miteinander: Wir denken etwas, das wir nicht fühlen; wir empfinden ein Verlangen nach etwas, das unser Körper zurückweist; unser Körper sabotiert etwas, von dem wir denken, daß wir es tun sollten usw. Insgesamt gesehen ist unser Leben nach Gurdjieff im allgemeinen ein ziemliches Durcheinander.

Indem er auf dieses Durcheinander hinweist, fordert Gurdjieff alle Männer und Frauen auf, den Zustand ihres Lebens nicht länger als selbstverständlich hinzunehmen, sondern anzufangen, die gesamte Basis ihres Lebens von Grund auf in Frage zu stellen. Männer und Frauen befinden sich in einem Zustand des Schlafens, sind hypnotisiert von ihren eigenen Gedanken, treiben hilflos von Augenblick zu Augenblick. Erst wenn sie anfangen, dies zu sehen und in Frage zu stellen, können sie überhaupt merken, daß sie schlafen. Und die Erkenntnis, daß man schläft, ist die einzige Möglichkeit, aufzuwachen.

Die »Arbeit« des Vierten Weges liegt in der »Selbstbeobachtung«. Diese besteht darin, auf eine einfache, nicht bewertende Weise an verschiedenen Zeitpunkten während des Tages den Zustand seines Denkens, seines Fühlens und seines Körpers festzustellen. Man sagt, die Selbstbeobachtung funktioniere ungefähr so, wie wenn man zufällige Schnappschüsse von sich selbst aufnehmen würde und dadurch Schritt für Schritt die eigene Zersplitterung und Unordnung erkennt. Verschiedene ruhige Übungen und Bewegungsübungen werden angeboten, um diese Selbstbeobachtung zu erleichtern. Der Tag beginnt mit einer kurzen Übung des Sitzens, die »Sammlung« genannt wird und die der Achtsamkeitspraxis sehr ähnlich ist – ein einfaches Feststellen von Gefühlen, Gedanken und insbesondere von körperlichen Empfindungen. Zusätzlich zu ihrer Funktion, ein nicht-beurteilendes Bemerken oder die Selbstbeobachtung zu trainieren, geben uns diese Übungen auch die Gelegenheit, einen Augenblick zu schaffen, in dem Körper, Gefühle und Gedanken harmonisiert sind. In solchen Augenblicken soll eine völlig neue Wahrnehmung oder Qualität der Aufmerksamkeit entstehen und im Zusammenhang damit ein völlig neues Gefühl davon, wer man ist. Es ist wohl deutlich geworden, daß die Selbstbeobachtung im wesentlichen der Praxis der Achtsamkeit entspricht, die, wenn auch zunächst nur gelegentlich, zu einer Harmonisierung der Gedanken, Gefühle und des Körpers führt. Ich habe dies weiter oben als die Verbindung von Geist (im weiteren Sinne) und Körper beschrieben.

Gurdjieff unterscheidet zwischen »Wesen« und »Persönlichkeit«. Persönlichkeit bezieht sich auf das, was wir glauben zu sein. Sie ist das Empfinden von einem abgeschlossenen »Selbst«, das durch die verschiedenen Kräfte der äußeren Umstände in uns aufgebaut worden ist – durch die Erwartungen unserer Eltern, unserer Lehrer, unserer Freunde –, aber auch durch die inneren Reaktionen von Angst und Imagination, die wir »Bewußtsein« nennen. Durch unsere Weigerung zu sehen, wer wir sind, wird all dies zu einem soliden, festgefügten Ding zusammengeklebt, zu unserem »Ich«, unserer Persönlichkeit, und unser Leben ist ein einziger Versuch, diese aufrechtzuerhalten. Gleichzeitig ist die Persönlichkeit aber auch das Beste, was uns unsere Erziehung gegeben hat, das Beste, was wir durch Kultur und Erziehung werden konnten.

Das Wesen ist unsere inhärente Natur, die Energien und spezifischen Qualitäten unserer Zentren der Bewegung, des Gefühls und des Denkens. Wir werden mit den Möglichkeiten zu positiven wie auch negativen Manifestationen geboren. Die Harmonisierung von Wesen und Persönlichkeit ist eine andere Form, die Notwendigkeit der Harmonisierung in unserem Leben zum Ausdruck zu bringen. Oft wird unser wahres Wesen durch unsere Erziehung nicht gefördert, sondern einfach übertüncht. Das Wesen bleibt ein Säugling. Die Selbstbeobachtung beginnt damit, die harte Schale unserer Persönlichkeit aufzuweichen, so daß das, was tot ist, abfallen kann, und das, was brauchbar ist, zur Nahrung für das Wesen werden kann.

Der Kern unseres Wesens und damit die Basis unseres gesamten Daseins ist das, was Gurdjieff unser »Nichtsein« nennt. Gurdjieff soll einmal gesagt haben, daß »man einem Menschen erst dann wirklich helfen kann, wenn er anfängt, sein eigenes Nichtsein zu erkennen«. Das heißt: Erst wenn ein Mann oder eine Frau anfängt, sein oder ihr nicht-bedingtes Wesen zu erkennen, kann sich die Möglichkeit eröffnen, zum vollen Menschsein zu erwachen.

Der spirituelle Weg wird oft für eine ernste und feierliche Angelegenheit gehalten; dabei scheinen Fröhlichkeit und Sinn für Humor der eigentliche Kern dieses Weges zu sein. Gurdjieff selbst soll einen bemerkenswerten Sinn für Humor gehabt haben, und es machte ihm Spaß, mit seinen Schülern Scherze zu machen und sich darüber zu amüsieren, wie ernst sie sich selbst nahmen. Während der letzten Jahre seines Lebens pflegte er die Gewohnheit, seine Schüler in seiner kleinen Wohnung in Paris zu wunderbaren Mahlzeiten mit köstlichen Speisen und Armagnac-Brandy zu versammeln. Diese Mahlzeiten endeten immer mit einer Runde von »Trinksprüchen auf die Idioten«, womit vielleicht sowohl die Verwirrtheit der menschlichen Träume als auch die Weisheit und der Humor gemeint waren, die erwachen können, wenn wir unsere »Idiotie« erkennen. Gurdjieff soll zu seiner Frau über seine Schüler gesagt haben: »Alles, was ich mir für sie wünsche, ist, daß sie glücklich sind.« Mit »glücklich« meinte er nicht das oberflächliche Glück, das im Gegensatz zur Depression steht, sondern das fundamentale Gefühl von Wohlsein, das aus dem vollen Menschsein entsteht.

Wichtige Aspekte des Vierten Weges sind die Zusammenarbeit in Gruppen, die Bildung von Gemeinschaften, die auf den Prinzipien des Weges beruhen, und das Aktivwerden in der Gesellschaft. Es gibt heute eine große Zahl solcher Gruppen überall in der Welt, die daran arbeiten, eine Gesellschaft zu schaffen, die auf einem wirklichen Wissen davon, wer wir sind, und auf der Möglichkeit des Erwachens beruht.

Leider hat Gurdjieff, als er starb, keine klare Linie der Nachfolge hinterlassen. Viele Schulen sind unter seinem Namen entstanden, von denen einige vertrauenswürdig, andere Imitationen und wieder andere Rückfälle in den Okkultismus sind. Dennoch bleibt Gurdjieffs Vierter Weg einer der ältesten und lebendigsten Versuche, verschiedene östliche und westliche Traditionen der spirituellen Praxis miteinander zu verbinden und sie einem modernen Verständnis anzupassen.

Shambhala: Der heilige Pfad des Kriegers

In den letzten zehn Jahren hat sich unter der Anleitung von Tschögyam Trungpa XI. ein moderner, nicht-religiöser Rahmen für die Praxis der Meditation entwickelt. Dieser Pfad des Trainings wird Shambhala-Training genannt. Tschögyam Trungpa XI. wurde in Tibet geboren und in frühem Alter als die Wiedergeburt des zehnten Trungpa erkannt. Im Alter von fünf Jahren begann seine Ausbildung in den Lehren und den meditativen Übungen der Kagyü- und der Nyingma-Schule – der beiden wichtigsten kontemplativen Schulen des tibetischen Vajrayana-Buddhismus. Er wurde zum Halter dieser Überlieferungslinien ermächtigt und als höchster Abt der Surmang-Klöster und als Zivilgouverneur der Region von Surmang in Osttibet eingesetzt.

Nach der chinesischen Invasion floh er 1959 aus Tibet. Nachdem er drei Jahre in Indien gelebt hatte, ging er als Spaulding Scholar an die Universität von Oxford und studierte die westlichen Traditionen der Psychologie, der Vergleichenden Religionswissenschaft und der Schönen Künste. Hier entdeckte er auch seine bleibende Vorliebe für die Kultur Japans, und er studierte Ikebana nach der Sogetsu-Schule.

Während seines Aufenthalts in Großbritannien fing Tschögyam Trungpa an, westliche Schüler im Buddhismus zu unterweisen und gründete in Schottland das Meditationszentrum Samye Ling. Nach einem schweren Autounfall im Jahre 1969 kam es zu einem Wendepunkt in seiner Beziehung zur westlichen Gesellschaft. In seiner Autobiographie *Born in Tibet* schreibt er: »Dieser (Autounfall) brachte mich dazu, meine Roben abzulegen. Der Zweck davon lag für mich persönlich darin, Kraft dafür zu finden, das Lehren durch das Ablegen von Masken fortzusetzen, aber auch, die ›exotischen‹ Äußerlichkeiten abzulegen, die allzu faszinierend für meine westlichen Schüler waren.«[5] Etwas später im Jahr 1969 heiratete er eine Engländerin und ging in die Vereinigten Staaten, wo er von neuem begann, das Buddhadharma zu lehren. Aus der Erkenntnis der Notwendigkeit, eine nicht-religiöse Darstellungsform und ein kulturelles Gefäß für die buddhistischen Lehren zu schaffen, und aus der Erkenntnis der großen Ähnlichkeit zwischen dem Neokonfuzianismus und dem kulturellen und politischen Training, das er auf der Basis der Tradition von Shambhala in Tibet erhalten hatte, begann Tschögyam Trungpa 1976 damit, die Lehren von Shambhala zu vermitteln. Außerdem ist er Gründer und Präsident des Naropa-Instituts, eines meditativen geisteswissenschaftlichen Colleges, dessen Ziel es ist, Intellekt und Intuition in einem traditionellen universitären Rahmen zu verbinden.

Tschögyam Trungpa ist ein Mensch von sehr großem Mitgefühl und hat die außergewöhnliche Fähigkeit, einen sehr weiten und tiefgründigen Geist mit einer sehr erdhaften, realistischen Direktheit zu verbinden. Er macht gern Witze mit seinen Schülern und erinnert sie oft daran, daß ein natürlicher Sinn für Humor das beste Mittel gegen die Enge und Angst des Ich ist. Sein westlicher Meisterschüler und designierter Nachfolger in der Überlieferungslinie des Vajrayana-Buddhismus, der Amerikaner Thomas F. Rich, der jetzt den Namen Ösel Tendzin trägt, ist gemeinsam mit Trungpa Rinpoche Mitbegründer des Shambhala-Trainingsprogramms, durch das die Shambhala-Lehren an die Öffentlichkeit getragen werden. Der Weg von Shambhala bietet einen authentischen und praktikablen Weg, durch den die nicht-bedingte und die bedingte Wirklichkeit, Himmel und Erde im individuellen Leben und in der Gesellschaft verbunden werden können.[6]

Die Shambhala-Lehren greifen zum Teil die Lehren der buddhistischen und der neokonfuzianistischen Traditionen auf. Wir haben gesehen, daß der Konfuzianismus und der Buddhismus zwei große kontemplative Traditionen sind, die immer von der nicht-bedingten Basis des menschlichen Wesens ausgehen. Für beide besteht der Weg des Menschen im alltäglichen Leben darin, das Nicht-Bedingte und das Bedingte zusammenzuführen, Himmel und Erde miteinander zu verbinden. Dieser Weg wird in den Lehren von Shambhala in einer für die heutige Zeit geeigneten Form vorgestellt. Die Lehren von Shambhala werden auch der Weg des Kriegers genannt. Mit »Krieger« ist hier nicht jemand gemeint, der Krieg führt, sondern jemand, der Krieg und persönliche Aggression überwindet, jemand, der gütig und furchtlos ist.

Überall in Nordamerika und Europa gibt es Gruppen von Ausübenden der Shambhala-Lehren. Diese Praktizierenden trainieren gemeinsam in intensiven Übungsprogrammen, in denen die Prinzipien von Shambhala studiert und die Achtsamkeits-Bewußtheits-Praxis (wie in Kapitel 16 beschrieben) sowie andere kontemplative Praktiken geübt werden. Sie kommen aus allen Berufen: Kaufleute, Handwerker, Hausfrauen, Rechtsanwälte, Wissenschaftler und Ärzte. Wie beim Vierten Weg ist das Ziel des Shambhala-Trainingsprogrammes ein sehr praktisches: Es geht darum, die Prinzipien und Praktiken des Trainings in jedem Aspekt des alltäglichen Lebens zu verwirklichen und dadurch den Grundstein für eine Gesellschaft zu legen, die auf diesen Prinzipien beruht.

Die Lehre von Shambhala ist eine Darstellung weltlicher Erleuchtung; damit ist gemeint, daß wir auch ohne eine Abhängigkeit von religiösen Lehrsätzen einen fundamentalen Wandel in unserem Leben herbeiführen können. Sie ist jedoch nicht eines der vielen Programme zur »Selbstverbesserung«. Shambhala beschäftigt sich sehr eingehend mit unserer Verantwortlichkeit für die Welt. Wir könnten sagen, das Hauptziel der Vision von Shambhala ist es, »ein heilsames Leben für uns selbst und andere zu ermutigen«. Shambhala ist die Aussage, daß es das grundlegende Wesen des Menschen von Gutsein und Weisheit *gibt* und daß dieses die Welt aufrichten kann. Dieses Gutsein und diese Weisheit beginnen mit der Erkenntnis, wer wir sind, und damit, keine Angst mehr davor zu haben, zu sein, wer wir sind. Eine solche Furchtlosigkeit entsteht nicht daraus, daß wir unser Leben äußerst wichtig nehmen oder daß wir vorgeben, etwas zu sein, von dem wir denken, daß wir es sein sollten, sondern daraus, einfach und authentisch zu sein.

In seiner Diskussion der Furchtlosigkeit spricht Tschögyam Trungpa vom »aufrichtigen Herzen der Traurigkeit«. Traurigkeit bedeutet hier nicht Depression, Selbstmitleid oder Sentimentalität. Sie steht eher für ein Gefühl von jugendlicher Weichheit und Sanftheit. Sie hat auch mit einem Gefühl der Sehnsucht nach Kommunikation zu tun, das aus dem Gefühl des Erfülltseins entsteht. Das Wort *sad* (traurig) hat die gleiche Wurzel wie das Wort *satisfy* (befriedigen) und trägt ein Gefühl von Alleinsein und von der Erfülltheit der Reife in sich. Wir beobachten einen Vogelschwarm, der über den Herbsthimmel zieht; wir verlassen als Erwachsener unser Zuhause, um vielleicht nie wieder zurückzukehren; ein Essen mit guten alten Freunden geht zu Ende; wir hören, wie in der Ferne ein altvertrautes Lied wunderschön gesungen wird, während wir weit weg von zu Hause sind: All diese Bilder verbinden Freude und Schmerz und können nicht voll und ganz mitgeteilt werden. Und doch haben wir vielleicht den sehnsüchtigen Wunsch, unsere Freude und unseren Schmerz mit anderen zu teilen.

»Traurigkeit trifft dich ins Herz, und dein Körper produziert eine Träne. Bevor du weinst, ist ein Gefühl in deiner Brust, und dann, etwas später, steigen Tränen in deine Augen. Du bist drauf und dran, einen Platzregen oder einen Wasserfall von Tränen zu produzieren, und du fühlst dich traurig und einsam und vielleicht gleichzeitig romantisch. Das ist der erste Zipfel der Furchtlosigkeit und das erste Zeichen wirklichen Kriegertums. Vielleicht denkst du, wenn du Furchtlosigkeit erfährst, wirst du den Anfang von Beethovens Fünfter Symphonie hören oder eine große Explosion am Himmel sehen, aber es geschieht nicht auf diese Weise. In der Shambhala-Tradition entsteht die Entdeckung der Furchtlosigkeit aus der Arbeit mit der Weichheit des menschlichen Herzens.«

Die Große Sonne des Ostens

In der Shambhala-Lehre wird das Bild der Großen Sonne des Ostens als ein Symbol für die Vision verwendet, das Leben zu feiern und die Heiligkeit der Welt zu sehen, und es steht im Kontrast zu dem Bild der »untergehenden Sonne«, das für die Einstellung der Angst, der Feigheit und des Bemühens, sich gegen den Tod abzusichern, steht.

Die Welt der untergehenden Sonne, die Welt der Dunkelheit, die das menschliche Wesen degradiert und herabsetzt, versucht den Menschen auf das Niveau von Affen oder Maschinen zu reduzieren. Die Mentalität der untergehenden Sonne finden wir überall in der Welt: Der Versuch, ein sicheres Heim zu finden; sich den gierigen Nachbarn vom Halse halten, indem man das nötige Angstniveau aufbaut; Zufluchtsuchen in der Familie, der Heimatstadt, dem Nationalstolz und die Hoffnung, daß irgend jemand anders etwas tun wird. Es ist genau die Welt, die der Psychiater Walsh beschreibt, die Welt, in der individuelle Abwehrmechanismen, Angst und engstirnige Überzeugungen zu gesellschaftlichen Normen werden. Diese Welt ist herzlos. Sie ist ohne Sympathie, Freundlichkeit und Wärme für andere, die verbindenden Faktoren in jeder menschlichen Gesellschaft.

Das menschliche Wesen wird degradiert durch die Weigerung, die Authentizität von Männern und Frauen anzuerkennen, die tatsächlich den Versuch gemacht haben, jene Mentalität, die immer nur die persönliche Bequemlichkeit und Sicherheit sucht, aufzugeben, um wirklich die zu sein, die sie sind. Auf diese Weise geht jedes Gefühl für die Möglichkeit authentischer Führerschaft und authentischer Weisheit verloren in dem Drang, alles auf einer Ebene zu halten, auf der wir es uns gemeinsam bequem machen können. Es gibt keine Kraft des Bösen in der Welt, die wir für diese Degradierung verantwortlich machen könnten. Die Mentalität der untergehenden Sonne besteht darin, faul und ängstlich zu sein. Man hat Angst, ein Leben intensiv zu leben, welches vergänglich, unvorhersagbar und voller Kraft und natürlicher Schönheit ist, ein Leben, das von dem Verständnis geleitet wird, das von der Großen Sonne des Ostens symbolisiert wird.

In dem Bild der Großen Sonne des Ostens ist die Erkenntnis enthalten, daß wir wirklich die Kraft haben, unser Leben zu erheben, es heiterer zu machen und es zu feiern. Die Energie, unser Leben aufzurichten und uns an unserer Welt zu erfreuen, ist immer verfügbar, sie ist die Basis unseres Lebens. Die Große Sonne des Ostens ist uranfänglich, jenseits jeder spezifischen Geschichte der Kultur. Es ist zwar oft auf sie hingewiesen worden, aber sie ist außerhalb jeder spezifischen Lehre. Wo immer es Menschen gegeben hat, auf jedem Kontinent und in jeder Epoche, hat es Zeugnisse von großer Harmonie und Würde, von Freude und Festlichkeit, von Freundlichkeit und Fürsorge für andere gegeben. Eine solche Gesellschaft zustande zu bringen, ist eine inhärente Fähigkeit des Menschen, die sich trotz aller Hindernisse immer und immer wieder zeigt. Das ist der Grund, warum die Sonne »groß« genannt wird.

»Osten« ist die Richtung des Vorwärtsgehens. Es ist keine geographische Richtung damit gemeint, sondern es ist immer die Richtung, in die man blickt, solange man direkt vorwärts geht und sich den Herausforderungen und Schwierigkeiten seines Lebens stellt, statt sich vor ihnen zurückzuziehen. Osten ist die Richtung der Morgendämmerung und des Erwachens. Die Entdeckung des Gutseins ist wie die Frische der Morgendämmerung, und unser eigenes Leben und das Leben anderer wird von jenem plötzlichen Aufleuchten der Heiligkeit erwärmt und bereichert, das spontan entsteht und jederzeit zugänglich ist.

Die »Sonne« schließlich repräsentiert Glanz und Schärfe. Sie ist eine nicht-bedingte Sichtweise, die Kleingeistigkeit, Feigheit und die Dunkelheit der Verwirrung miteinbezieht und daher jedes kleinste Detail von Geist, Körper und Gesellschaft aufnimmt und erleuchtet. Der Glanz einer nicht-bedingten Wahrnehmung zeigt uns bei jedem Schritt unseres Lebens, welche Richtung wir einschlagen sollen, er gibt uns Disziplin und läßt uns erkennen, was wir als wertvoll annehmen und was wir als schädlich vermeiden sollten.

Nach den Lehren von Shambhala können wir in jeder Kultur, jeder Institution, jedem Individuum und auch in unserem eigenen Geist beide Einstellungen finden. Der Pfad des Kriegers besteht darin, zwischen ihnen zu unterscheiden und sich durch die Praxis der Meditation immer mehr und immer wieder der Welt der Großen Sonne des Ostens zu öffnen. In die Welt der Großen Sonne des Ostens einzutreten, bedeutet nicht, die untergehende Sonne abzulehnen, sondern sie miteinzuschließen und zu transformieren. Es ist die Sichtweise, die die alltägliche Welt als heilig betrachtet, und die nichts ausschließt. Alles hat seinen Platz, selbst die scheinbar erniedrigendste Situation. In der Welt der untergehenden Sonne erscheint alles als sinnlos, humorlos und verdorben. Die Vision der Großen Sonne des Ostens klärt auf eine sanfte Weise das Durcheinander der Disharmonie, indem sie das Gefühl für das grundlegende, nicht-bedingte Gutsein wiedererweckt.

Nach Trungpa ist die Vision der Großen Sonne des Ostens nicht bloß eine intellektuelle Vision, sondern sie bringt eine völlig neue Wahrnehmung der Welt mit sich: »Wenn du wirklich gütig bist, ohne Arroganz, dann siehst du den Glanz des Universums. Du entwickelst eine wahre Wahrnehmung des Universums.« Er spricht hier über unsere gewöhnlichen fünf Sinne sowie über den Denkprozeß. Wie wir Farben sehen, Klänge hören usw., alles wird von der Vision der Großen Sonne des Ostens transformiert, so daß wir anfangen, diese Welt als heilig zu erfahren.

»Die Idee einer heiligen Welt bedeutet, daß, obwohl du die Verwirrungen und Probleme, von denen die Welt voll ist, siehst, du auch wahrnimmst, daß die phänomenale Existenz ständig von der Vision der Großen Sonne des Ostens beeinflußt wird. Du siehst, daß es in jeder Situation ein Potential der Heiligkeit gibt. Die heilige Welt zeigt dir immer mehr, wie du mit dem Reichtum und dem Glanz der phänomenalen Welt verwoben bist.«

Dralas: Weisheit und Kraft der alltäglichen Welt

Diese Heiligkeit ist der Struktur der Welt inhärent. Sie kommt nicht von außen und braucht nicht ausgedacht oder geplant zu werden. In den vorherigen Kapiteln haben wir gesehen, daß jede Erfahrung von Augenblick zu Augenblick spontan aus dem nicht-bedingten Grund des Gutseins entsteht. Uns wurde klar, daß in jedem Moment die Möglichkeit besteht, die Unermeßlichkeit unserer Wahrnehmungen zu erkennen. Auf diese Weise können wir lernen, uns mit den ungeheuren Potentialen von Kraft und Energie zu verbinden, die in der Welt der Phänomene vorhanden sind. Normalerweise schließen wir uns selbst von dieser Verbindung aus: Wir können diese Potentiale nicht kontrollieren und auch nicht zu unserem persönlichen Nutzen manipulieren und fürchten, daß sie uns überwältigen werden. Wir haben in früheren Kapiteln über die fundamentale Angst gesprochen, die uns normalerweise lenkt und die unsere Wahrnehmung einschränkt. Durch die Praxis von Achtsamkeit und Bewußtheit lernen wir, diese Angst zu erkennen und zu berühren und sie so vielleicht in Furchtlosigkeit zu transformieren. Dann hört sie auf, eine Barriere zu sein, die zwischen uns und der strahlenden, lebendigen und kristallklaren alltäglichen Welt steht, die jenseits von Getrenntheit und Aufteilung, jenseits davon, für oder gegen etwas zu sein, ist. Wenn wir fähig sind, auch nur für einen Augenblick die Angst auf diese Weise zu überwinden, erfahren wir, daß sich uns Quellen von Energie und intuitiver Weisheit eröffnen. Trungpa nennt diese Kraftquellen »*Dralas*« oder »Energien jenseits von Aggression«.

Dralas sind Kräfte oder Verkörperungen von Kraft in der Welt der Phänomene, die direkt im menschlichen Organismus erfahren werden können, wenn wir fähig sind, unsere Wahrnehmung auf sie einzustellen. Sie sind nicht »übernatürlich«, aber sie sind größere Muster von Energien und Beziehungen als diejenigen, die normalerweise die Katalysatoren menschlicher Wahrnehmung sind. Wir haben solche größeren Muster von geistigen Prozessen in unserer Auseinandersetzung mit der Arbeit von Bateson diskutiert. Wenn unsere Wahrnehmung sich durch Training erweitert und öffnet, ist es möglich zu lernen, auf einer tieferen Ebene mit der Welt Kontakt aufzunehmen als auf der Ebene des reinen Oberflächenbewußtseins. Auf dieser tieferen Ebene können die Dralas erfahren werden.

Tschögyam Trungpa beschreibt die Dralas folgendermaßen: »Man könnte Drala fast eine Wesenheit nennen. Es ist nicht direkt mit einem Gott oder Göttern gleichzusetzen, aber es ist eine individuelle Kraft, die existiert. Daher sprechen wir nicht nur vom Drala-Prinzip, sondern wir sprechen davon, den ›Dralas‹ zu begegnen. Die Dralas sind die Elemente der Realität – Wasser des Wassers, Feuer des Feuers, Erde der Erde –, alles, was dich mit der elementaren Qualität der Wirklichkeit verbindet, was dich an die Tiefe der Wahrnehmung erinnert. Es gibt Dralas in den Felsen, den Bäumen, den Bergen, in einer Schneeflocke oder in einem Klümpchen Dreck. Was immer da ist, was immer dir in deinem Leben begegnet, das sind die Dralas der Wirklichkeit. Wenn du diese Verbindung mit der elementaren Qualität der Welt herstellst, dann hast du eine direkte Begegnung mit den Dralas; an dieser Stelle triffst du sie. Es ist die grundlegende Existenz, zu der alle Menschen fähig sind. Wir haben immer die Möglichkeit, die Magie zu entdecken. Ob wir im Mittelalter oder im zwanzigsten Jahrhundert leben, die Möglichkeit der Magie ist immer vorhanden.

Ein konkretes Beispiel für die Begegnung mit Drala, das aus meiner persönlichen Erfahrung stammt, ist das Blumenarrangement. Wie immer die Zweige, die wir finden, auch aussehen, keiner wird als häßlich aussortiert. Sie können immer integriert werden. Wir müssen lernen, ihren Platz in der Situation zu sehen; das ist der entscheidende Punkt. Wir weisen also nie etwas zurück. So kann man eine Verbindung zu den Dralas der Wirklichkeit herstellen.

Die Drala-Energie ist wie die Sonne. Wenn du in den Himmel schaust, ist die Sonne da. Indem du sie anschaust, produzierst du nicht eine neue Sonne. Vielleicht glaubst du, daß du die Sonne von heute geschaffen oder gemacht hast, indem du sie angesehen hast, aber die Sonne ist immer da. Wenn du die Sonne am Himmel aufdeckst, fängst du an, mit ihr zu kommunizieren. Deine Augen treten in Beziehung zu dem Licht der Sonne. Auf gleiche Weise ist auch das Drala-Prinzip immer da. Ob du dich darum kümmerst, mit ihm zu kommunizieren oder nicht, die magische Kraft und die Weisheit der Wirklichkeit sind immer da... Indem du deinen Geist entspannst, kannst du dich wieder mit jenem uranfänglichen, ursprünglichen Grund verbinden, der vollständig rein und einfach ist. Aus diesem heraus wirst du durch das Medium deiner Wahrnehmung Magie oder Drala entdecken. Du kannst in der Tat deine eigene intrinsische Weisheit mit einem Sinn für größere Weisheit oder Erkenntnis, die über dich hinausgeht, verbinden.

Du denkst vielleicht, daß dir irgend etwas Außergewöhnliches passieren wird, wenn du die Magie entdeckst. Es passiert tatsächlich etwas Außer-Gewöhnliches. Du findest dich einfach im Bereich absoluter Realität wieder, vollständiger und perfekter Realität.«

Der Begriff »Drala« bedeutet wörtlich »über« *(la)* »Feind« *(dra)*, d. h. über Aggression. Er stammt aus der Bön-Tradition, der ursprünglichen Religion Tibets, bevor der Buddhismus kam. Die Bön-Religion war eine pantheistische Tradition, in der es rituelle Praktiken gab, um eine Beziehung zu Naturkräften herzustellen, die in den Dralas verkörpert sind. Ähnliche Überzeugungen und Praktiken findet man in fast allen Gesellschaften, bevor sie die überdeckende Schicht des wissenschaftlichen Überzeugungssystems angenommen haben, die sie von ihren natürlichen Wurzeln abschneidet. Die Shinto-Religion Japans enthält ebenso wie die Religion der Ureinwohner Amerikas dieses Verständnis der Verwobenheit von Geist und Natur, ganz besonders in ihrer Einstellung zu ihrer Umwelt und in ihrem Verständnis von heiligem Boden und heiligem Ort. Es ist auch ziemlich sicher, daß es Elemente dieser Art in der griechischen und der römischen Tradition gegeben hat.

Trungpa sagt: »Die Griechen und Römer legten ihre Städte mit einem gewissen Verständnis für das äußere Drala an. Man könnte vielleicht sagen, es sei eine zufällige Entscheidung, einen Brunnen im Zentrum eines Platzes oder an einer Straßenkreuzung anzulegen. Aber wenn man zu diesem Brunnen kommt, hat man ganz und gar nicht das Gefühl, daß er zufällig dort ist. Er ist an seinem ganz eigenen Platz, und er scheint die Qualität des Raumes um ihn herum zu erhöhen. Man hat in der heutigen Zeit keine sehr hohe Meinung von den Römern. Angesichts all ihrer Ausschweifungen und ihrer korrupten Herrscher neigen wir dazu, die Weisheit ihrer Kultur herunterzuspielen. Gewiß vertreibt Korruption Drala. Aber die römische Zivilisation besaß eine gewisse Kraft und Weisheit, die wir nicht übersehen sollten.«

Dieses Verständnis einer tieferen Weisheit, die Rationalität miteinbezieht – aber über sie hinausgeht – war in Europa mindestens bis zum frühen Mittelalter lebendig. Thomas Goldstein dokumentiert diesen Austausch zwischen mystischen und wissenschaftlichen Einsichten in dieser Zeit sehr gekonnt in seinem Buch *Dawn of Modern Science:* »Die grundlegenden philosophischen Voraussetzungen sind mit genügend Unsicherheiten besetzt, um zumindest die plausible Möglichkeit offenzulassen, daß jene unsichtbaren (und oft nicht beweisbaren) Kräfte existieren und ihre geheimnisvollen Einflüsse auf unsere alltägliche Umwelt ausüben. Die moderne Wissenschaft hat sich offenkundig gezwungen gesehen, einige merkwürdige Phänomene zu akzeptieren, die die pedantischeren Wissenschaftler des neunzehnten Jahrhunderts als Humbug abgetan hätten, die von Mystikern des Mittelalters jedoch ohne jede Schwierigkeit akzeptiert worden wären: Die Manifestation von außersinnlicher Wahrnehmung; die verschiedenen Botschaften und Einmischungen des Unbewußten der modernen Psychoanalyse (vielleicht sogar des »kollektiven Unbewußten« von Carl Gustav Jung); oder, auf einer etwas anderen Ebene, der wachsende Verdacht moderner Wissenschaftler, daß unsere gewohnten Voraussetzungen und Methoden des Denkens angesichts gewisser, bisher noch unerforschter physikalischer Phänomene – seien sie subatomarer oder supragalaktischer Natur –, die möglicherweise auf elementare Mängel unseres methodologischen Ansatzes hinweisen, zusammenbrechen könnten. Für die Mystiker des Mittelalters war es selbstverständlich, daß unbekannte Kräfte von irgendwo außerhalb (oder auch innerhalb) unserer Selbst auf uns einwirken; sie wären kaum überrascht gewesen von der Tatsache, daß unser übergenauer, pragmatischer Rationalismus von einem tieferen Verständnis der Welt ins Wanken gebracht wird. Diese und vielleicht noch tausend andere Symptome zeigen, daß die Zeit des pragmatischen Rationalismus (oder »rationalen Positivismus«), der aus einer Phase des modernen Zeitalters herrührt, die sich ihrer selbst noch sicherer war, abgelaufen ist, daß die mittelalterliche Mystik sehr wohl einige Körnchen höherer Wahrheit – neben einer reichen Erfahrungsdimension – enthalten haben könnte, die uns seit jener Zeit von Grund auf verschlossen geblieben sind. In der Wissenschaft jedenfalls arbeitete der Geist des Mittelalters auf eine Weise, die Mystik und einen pragmatischen Ansatz, ungeprüfte magische Überzeugungen und genaue empirische Beobachtung miteinander verbinden konnte.«[7]

Sehen wir uns das Drala-Prinzip oder »Kami«, wie es in der japanischen Shinto-Tradition heißt, noch ein wenig näher an. Shinto, der Weg des Kami, ist ein Lebensstil, »ein Amalgam von Einstellungen, Ideen und Handlungsweisen, die in zweitausend Jahren und mehr zu einem integralen Teil des Lebens des japanischen Volkes geworden sind«, sagt Sokyo Ono, eine japanische Autorität in Sachen Shinto. Er beschreibt den Begriff »Kami« als einen Ehrentitel für vornehme, heilige Geister, der ein Gefühl von Respekt, Liebe und Ehrfurcht zum Ausdruck bringt. Er sagt: »Alle Wesen haben solche Geister, so daß man in gewissem Sinne alle

Wesen Kami nennen oder als potentielle Kami ansehen kann.«

Ono beschreibt Kami sehr klar und deutlich. Ich werde seine Beschreibung hier ausführlich zitieren: »Zu den Objekten oder Phänomenen, die als Kami bezeichnet werden, gehören die Qualitäten des Wachstums, der Fruchtbarkeit und der Schöpfung; natürliche Objekte wie die Sonne, Berge, Flüsse, Bäume und Felsen; einige Tiere; und Ahnengeister... Auch die Schutzgeister des Landes, der Berufe und der Fertigkeiten werden als Kami angesehen; dann die Geister der Nationalhelden, der Männer, die herausragende Taten vollbracht oder besondere Tugenden verkörpert haben und derjenigen, die Wichtiges für Zivilisation, Kultur und die Wohlfahrt der Menschen geleistet haben; diejenigen, die für den Staat oder die Gemeinschaft gestorben sind, und die beklagenswerten Toten...

Es ist wahr, daß es viele Fälle gibt, bei denen man die Kami scheinbar nicht von den Göttern und Geistern des Animismus oder Animatismus unterscheiden kann, aber im modernen Shinto werden alle Kami in einem verfeinerten Sinne aufgefaßt und als Geister von Würde und Autorität gesehen. Das heutige Konzept von Kami umfaßt die Idee der Gerechtigkeit, der Ordnung und der göttlichen Gnade (Segen) und beinhaltet das grundlegende Prinzip, daß die Kami in einer harmonischen Kooperation zusammenwirken und sich an der Manifestation von Harmonie und Kooperation in dieser Welt erfreuen.

Im Shinto gibt es keine absolute Gottheit, die der Schöpfer und Herrscher von allem ist. Die schöpferische Funktion der Welt verwirklicht sich durch die harmonische Kooperation der Kami bei der Ausübung ihrer jeweiligen Aufgaben.

Im Zusammenhang mit dem Kami-Konzept gibt es viele Aspekte, die man nicht ganz verstehen kann, und auch unter den Experten in diesem Gebiet gibt es Uneinigkeiten. Die Japaner selbst haben keine klare Vorstellung von Kami. Sie sind sich der Kami in den Tiefen ihres Bewußtseins intuitiv bewußt und kommunizieren direkt mit den Kami, ohne die Kami-Idee begrifflich oder theologisch ausgeformt zu haben.«[8]

Die dringende Notwendigkeit, in unserer Zeit ein »partizipierendes Bewußtsein« wiederzuentdecken, ein Bewußtsein unserer Verbindung mit und unserer Teilnahme an einer lebendigen Welt, einer »verzauberten Welt«, ist das Thema von Morris Bermans Buch *The Reenchantment of the World*. Die im Westen bis zum Aufkommen der wissenschaftlichen Revolution vorherrschende Anschauung von der Natur war die einer verzauberten Welt. Felsen, Bäume, Flüsse und Wolken wurden als wundersam, als lebendig erlebt, und die Menschen fühlten sich in dieser Umwelt zu Hause. Der Kosmos war, kurz gesagt, ein Ort der *Zugehörigkeit.* Der Bewohner dieses Kosmos war nicht ein entfremdeter Beobachter, sondern ein direkter Teilnehmer an dessen Geschehen. Sein persönliches Schicksal war an das Schicksal des Kosmos gebunden, und diese Beziehung gab seinem Leben Sinn. Diese Art von Bewußtsein – ... »partizipierendes Bewußtsein« – beinhaltet eine Verschmelzung oder Identifikation mit der Umwelt und zeugt von einer psychischen Ganzheit, die es seit langem nicht mehr gibt. Die Alchimie war, wie es scheint, das letzte große zusammenhängende Zeugnis eines partizipierenden Bewußtseins im Westen.«[9] Dieses »partizipierende Bewußtsein« ist genau das, was mit der Verbindung mit der Drala- oder Kami-Energie gemeint ist. Sich wieder mit der Drala-Energie zu verbinden, bedeutet, an der Kraft der Natur teilzuhaben, statt sich von ihr zu entfremden und sie dann »kontrollieren« zu müssen.

Diese Wiederverzauberung kann natürlich, wie Berman deutlich macht, nicht darin bestehen, die Einsichten der Wissenschaft zu ignorieren und zu versuchen, zu einem primitiven Glaubenssystem zurückzukehren. Sie muß auf ein erweitertes Bewußtsein aufbauen, das in der Lage ist, sowohl den rationalen Pragmatismus der Wissenschaft als auch die intuitive Weisheit der natürlichen Magie und der direkten Wahrnehmung zu umfassen. Diese beiden Erkenntniswege scheinen polare Gegensätze zu sein und wurden von vielen lange Zeit für völlig unvereinbar gehalten. Die Fähigkeit, solche scheinbaren Unvereinbarkeiten unter einen Hut zu bekommen, ist jedoch der erste Schritt zu größerer Weisheit. Der große Physiker Wolfgang Pauli sagt dazu: »Ich begrüße das Streben, die Gegensätze zu überwinden, eine Synthese zu finden, die sowohl rationale als auch mystische Erkenntnis umfaßt.« Der scheinbare Konflikt zwischen Wissenschaft und intuitiver Weisheit ist vielleicht die größte Herausforderung, die sich uns je gestellt hat. Es ist die Herausforderung, Möglichkeiten zu finden, wie man die Brillanz und Schärfe des Intellekts mit der mitfühlenden Freundlichkeit und direkten Einsicht des Herzens verbinden kann. Diesen Gegensatz zu überwinden, wäre in der Tat ein authentischer Schritt vorwärts für die gesamte Menschheit.

Obwohl wir hier nicht weiter darauf eingehen können, ist natürlich schon so viel klar, daß es noch sehr vieles zu begreifen gilt, wenn wir ein Verständnis von »Drala« in unsere moderne technologische Gesellschaft integrieren wollen. Beide Aspekte sind, wie ich in diesem Buch immer wieder dargelegt habe, sicherlich nicht unvereinbar. Es ist sogar gut möglich, daß die Verbindung des Drala-Prinzips mit einer modernen Sichtweise der Grund für die Stärke des modernen Japan ist. Auf jeden Fall bringt uns die Shambhala-Lehre wieder mit einem sehr mächtigen Aspekt unserer Welt in Kontakt, den wir lange Zeit vergessen hatten. Wichtig ist auch, sich immer über die nicht-dualistische, nicht-theistische Grundlage, die nicht-bedingte Wirklichkeit, im klaren zu sein, aus der heraus all dies entsteht. Freundlichkeit und Nichtaggression, die aus der Erkenntnis dieses Urgrunds entstehen, sind nach Trungpa der einzige Weg, mit der Drala-Energie in Verbindung zu kommen: »Aber es stellt sich noch immer die Frage danach, was es uns ermöglicht, diese Verbindung herzustellen. Das Drala-Prinzip wurde mit der Sonne verglichen. Die Sonne ist immer am Himmel, aber was bringt dich dazu aufzublicken und zu sehen, daß sie da ist? Die Magie ist immer verfügbar, aber was ermöglicht es dir, sie zu entdecken? Die grundlegende Definition von Drala ist ›Energie jenseits von Aggression‹. Die einzige Möglichkeit, mit dieser Energie in Kontakt zu kommen, besteht darin, einen sanften Seinszustand in dir selbst zu erfahren. Die Entdeckung von Drala geschieht also nicht zufällig. Um mit der fundamentalen Magie der Wirklichkeit in Verbindung treten zu können, müssen bereits Sanftheit und Offenheit in dir vorhanden sein. Es gibt keine andere Möglichkeit, die Energie der Nichtaggression, die Energie von Drala in der Welt zu erkennen. Das individuelle Training und die Disziplin des Shambhala-Kriegers sind also die notwendigen Grundlagen für die Erfahrung von Drala.«[10]

Ich habe versucht, in diesem Buch zu zeigen, daß eine solche Transformation des menschlichen Lebens, die Möglichkeit, in einer Gesellschaft zusammenzuleben, die von Freundlichkeit und Bewußtheit bestimmt ist, nicht bloß eine utopische Phantasie, eine philosophische Spekulation oder eine religiöse Offenbarung ist. Diese Anschauung von der Welt und davon, wie wir in ihr leben, ist vollkommen anders als die »Common-sense«-Sichtweise des zwanzigsten Jahrhunderts. Aber sie ist sorgfältig begründet durch ein genaues Verständnis vom Wesen des menschlichen Körpers und Geistes und von der Welt, in der die Menschlichkeit ihren Platz hat. Die Transformation der Wahrnehmung, die ich beschrieben habe, und der spirituelle Weg des Trainings, durch den man sie erreichen kann, sind nichts Mysteriöses. Dieser Weg ist ganz alltäglich; doch er erfordert Energie und Wärme, Hingabe und Humor.

Anmerkungen

Kapitel 1

[1] Mortimer, J. A., *The Paedeia Proposal.*
[2] Toffler, A., *Die dritte Welle. Zukunftschance.*
[3] Naisbitt, J., *Megatrends.*
[4] Ferguson, M., *Die sanfte Verschwörung.*
[5] Ramana Maharshi, *Seine Lehren. Zusammengestellt von Arthur Osborne;* Gurdjieff, G. I., *In Search of the Miraculous;* Krishnamurti, *Talks and Dialogues;* Tschögyam Trungpa, *Shambhala: The Sacred Path of the Warrior.*
[6] Trungpa, *Shambhala: The Sacred Path of the Warrior.*
[7] Welbon, *Buddhist Nirvana and its Western Interpreters;* Fields, *How the Swans Came to the Lake.*
[8] Tomkins, *The Bride and the Bachelor.*
[9] Yankelovitch, *New Rules.*
[10] James, *Psychology: A Brief Course.*
[11] Goleman, *The Varieties of Meditative Experience.*
[12] Pelletier, *Unser Wissen vom Bewußtsein.*

Kapitel 2

[1] Whitehead, *Wissenschaft und moderne Welt.*
[2] Die Sanskrit-Begriffe für die drei Wirklichkeiten *(trisvabhava)* sind (a) *parinispanna,* (b) *paratantra* und (c) *parikalpita.* Informative Ausführungen dazu findet man bei Guenther, *Buddhist Philosophy in Theory and Practice;* Willis, *On Knowing Reality;* und Kochumulton, *A Buddhist Doctrine of Experience.*
Die Interpretation der drei Wirklichkeiten, die wir hier dargestellt haben, ist die ursprüngliche Sichtweise der indischen Gründer der *Yogacara-*Tradition Asanga und Vasubandhu, eine Sichtweise, die von den tibetischen Vajrayana-Schulen übernommen wurde; sie wird auch bei Guenther und Willis zugrunde gelegt. Die chinesische Interpretation, die von Kochumulton wiedergegeben wird, unterscheidet sich insofern, als eine klarere Trennung zwischen *parinispanna* und *paratantra* gezogen wird. *Paratantra* hat eine engere Verbindung mit *parikalpita.* Bei dieser Interpretation, die spe-

zifisch chinesisch ist, die aber auch nach Japan weitergegeben wurde, besteht die Möglichkeit, daß sich die Anschauung einschleicht, *parinispanna*, die absolute Wahrheit, sei völlig transzendent oder »jenseitig«.

[3] Zum Thema Substantialismus und Nihilismus in der buddhistischen Philosophie siehe z. B. Ramanan, *Nagarjuna's Philosophy*.

[4] Willis, *On Knowing Reality*.

[5] Korzybski, Teile von *Science and Sanity*.

[6] Spencer-Brown, *Laws of Form*.

[7] Bohm, *Die implizite Ordnung*.

[8] Guenther, *Buddhist Philosophy in Theory and Practice*.

[9] Guenther, *Tibetan Buddhism in Western Perspective*.

[10] Trungpa, *Shambhala: The Sacred Path of the Warrior*.

Kapitel 3

[1] Zitiert in Miner, *An Introduction to Japanese Court Poetry*.

[2] Eine Einführung in die linguistische Philosophie findet man bei Rorty, *The Linguistic Turn*.

[3] Zitiert in Barret, *The Illusion of Technique*.

[4] Brown, *Perception, Theory and Commitment*.

[5] Popper, *Objective Knowledge*.

[6] Lyons, *Semantik*, Bd. 1.

[7] Lakoff & Johnson, *Metaphors We Live By*.

[8] Palmer, *Semantik. Eine Einführung*.

[9] Becker, *Text-Building, Epistemology and Aesthetics in Javanese Shadow Theatre*.

[10] Gute elementare Einführungen in die verschiedenen Schulen der Linguistik findet man bei Lyons, *Die Sprache*; Sampson, *Schools of Linguistics* und Palmer, *Semantik. Eine Einführung.* Eine fortgeschrittenere Abhandlung der Semantik findet man bei Lyons, *Semantik*, Bd. 1. Das meiste der folgenden Diskussion beruht auf Materialien aus diesen Quellen.

[11] Zitiert in: Sampson, *Schools of Linguistics*.

[12] Whorf, *Sprache, Denken, Wirklichkeit*.

[13] Eine Darstellung von Chomskys Arbeit, die nicht zu technisch ist, findet man in seinem Buch *Language and Responsibility*.

[14] Eine Darstellung von Poppers drei Welten findet man besonders in seinem Buch *Objektive Erkenntnis. Ein evolutionärer Ent-*

wurf und in seinem gemeinsam mit Eccles geschriebenen Buch *Das Ich und sein Gehirn*.

[15] Popper, *Objective Knowledge*.

[16] Lakoff & Johnson, *Metaphors We Live By*.

[17] Miner, *An Introduction to Japanese Court Poetry*.

[18] Heidegger, *What is Called Thinking*.

Kapitel 4

[1] Goldstein, *Dawn of Modern Science*.

[2] Heer, *The Medieval World*.

[3] Clark, *Glorie des Abendlandes*.

[4] Butterfield, *The Origins of Modern Science*.

[5] Gute einführende Darstellungen zu den Ursprüngen der modernen Wissenschaft findet man bei: Goldstein, *Dawn of Modern Science;* Whitehead, *Wissenschaft und moderne Welt;* Butterfield, *The Origins of Modern Science;* Collingwood, *The Idea of Nature* und Singer, *A Short History of Scientific Ideas*.

[6] Yates, *Giordano Bruno and the Hermetic Tradition*.

[7] Berman, *Wiederverzauberung der Welt*.

[8] Pagels, *Cosmic Code. Quantenphysik als Sprache der Natur*.

Kapitel 5

[1] Davies, *Mehrfachwelten*.

[2] Heer, *The Medieval World*.

[3] *Ibid.*

[4] Kaptchuk, *The Web That Has No Weaver*.

[5] Katz, *Boiling Energy: Community Healing Among the Kalahari Kung*.

[6] McClosky, *Intuitive Physics*.

[7] Capra, *Wendezeit*.

[8] Popper, *Logik der Forschung*.

[9] Popper, *Quantum Mechanics and the Schism in Physics.*

[10] Popper, *Objective Knowledge*.

[11] Einfache, prägnante Beschreibungen dieses entscheidenden Schrittes findet man bei: Brown, *Perception, Theory and Commitment;* Chalmers, *What is This Thing Called Science*. Eine tiefergehende, wissenschaftliche Darstellung findet man bei: Suppe, *The Struc-*

ture of Scientific Theories. Einige entscheidende Arbeiten, die zu dieser Revolution beigetragen haben, sind: Kuhn, *The Structure of Scientific Revolutions*; Toulmin, *Voraussicht und Verstehen*; Hanson, *Patterns of Discovery* und Feyerabend, *Wider den Methodenzwang.*

[12] Eysenck & Sargent, *Der übersinnliche Mensch.*
[13] Priestley, *Man and Time.*
[14] Comfort, *Reality and Empathy.*
[15] Shallis, *On Time.*
[16] Popper, *Objective Knowledge.* Argumente für die Ablehnung von Präkognition als Quelle brauchbarer Beobachtungsdaten findet man z. B. bei Taylor, *Science and the Supernatural* und bei Abell & Singer, *Science and the Paranormal.*

Kapitel 6

[1] Darwin, *Die Entstehung der Arten.*
[2] Butterfield, *The Origins of Modern Science.*
[3] Darwin, *Die Entstehung der Arten.*
[4] Spencer, *Social Statics.*
[5] Huxley, *The Struggle for Existence in Human Society.*
[6] Zitiert in Rifkin, *Algeny.*
[7] Dawkins, *Das egoistische Gen.*
[8] Grassé, *Evolution of Living Organisms.*
[9] Popper, *Objective Knowledge.*
[10] Leonard Matthews, Einleitung zu: *The Origin of Species,* London 1971.
[11] Darwin, *Die Entstehung der Arten.*
[12] Nilsson, *Synthetische Artbildung.*
[13] Hitching, *The Neck of the Giraffe.*
[14] Konner, *Die unvollkommene Gattung.*
[15] Robert Axelrod und Wilber Hamilton in: Smith, *Evolution Now.*
[16] Stebbins, *Darwin to DNA, Molecules to Men.*

Kapitel 7

[1] Kropotkin, *Mutual Aid.*
[2] Thompson & Geddes, *Life: Outlines of General Biology,* zitiert in: Rifkin, *Algeny.*

[3] Wilson, *Sociobiology*.
[4] Dawkins, *Das egoistische Gen*.
[5] Bonner, *Kultur-Evolution bei Tieren*.
[6] Wilson & Lumsden, *Das Feuer des Prometheus*.
[7] Wilson, *On Human Nature*; Breuer, *Sociobiology and the Human Dimension*; Midgley, *Beast and Man*; Stent, *Morality as a Biological Phenomenon*.
[8] Konner, *Die unvollkommene Gattung*.
[9] H. B. Barlow, *Nature's Joke: A Conjecture on the Biological Role of Consciousness*, und N. K. Humphrey, *Nature's Psychologists* in: Josephson & Ramachandran, *Consciousness in the Physical World*.
[10] Wilson, *On Human Nature*.

Kapitel 8

[1] Taylor, *Das Geheimnis der Evolution*. Eine Übersicht über die neo-darwinistische Reaktion auf einige dieser Kritikpunkte findet man bei: Smith, *Evolution Now*.
[2] Taylor, *ibid*.
[3] *Ibid*.
[4] Stebbins, *Darwin to DNA, Molecules to Men*.
[5] Prigogine, *Vom Sein zum Werden; Order out of Chaos: Man's New Dialogue With Nature*.
[6] Jantsch, *Die Selbstorganisation des Universums*.
[7] Feinberg & Shapiro, *Life Beyond Earth*.
[8] Lovelock, *Unsere Erde wird überleben*.
[9] Maturana & Varela, *Autopoiesis and Cognition*.
[10] *Ibid*.
[11] Varela, *Principles of Biological Autonomy*.
[12] Bateson, *Geist und Natur. Eine notwendige Einheit*.

Kapitel 9

[1] Es gibt viele gute einführende Bücher über die Relativität. Einfach und leicht zu lesen sind: Bondi, *Relativity and Common Sense*; Calder, *Einsteins Universum* und Einstein & Infeld, *Die Evolution der Physik*.
[2] Diese spezielle Version des allgemein bekannten Zwillingsparadoxes wurde aus Shallis, *On Time* übernommen.

[3] Zitiert in: Holton, *Zur Ideengeschichte der Wissenschaft*.
[4] Prigogine, *Order Out of Chaos*.
[5] Shallis, *On Time*.
[6] *Ibid*.
[7] Becker, *Text-Building, Epistemology and Aesthetics in Javenese Shadow Theatre*.
[8] Zitiert in: Jung, *Synchronizität*.
[9] Wilhelm, H., *Heaven, Earth and Man in the Book of Changes*.
[10] Wilhelm, R., *Lectures on the I Ching: Constancy and Change*.
[11] Davies, *Mehrfachwelten*.
[12] Heelan, *Space Perception and the Philosophy of Science*.

Kapitel 10

[1] Es gibt mehrere ausgezeichnete und für den Nichtfachmann geeignete Bücher über Elementarteilchen und Quantenmechanik, die Themen dieses und des nächsten Kapitels. Die besten sind: Pagels, *Cosmic Code. Quantenphysik als Sprache der Natur*; Davies, *Mehrfachwelten* und Polkinghorne, *The Particle Play*.
[2] Bohm, *Die implizite Ordnung*.
[3] Diese sehr einfallsreiche und klare Version des berühmten »Doppelschlitzexperiments« verdanken wir Richard Feynman; sie ist beschrieben in: Pagel, *Cosmic Code. Quantenphysik als Sprache der Natur*.
[4] Espagnat, *Quantum Theory and Reality*.
[5] Beschrieben in: Andrade e Silve & Lochak, *Quanta*.
[6] Zitiert in: Pagels, *Cosmic Code. Quantenphysik als Sprache der Natur*.

Kapitel 11

[1] Die besten Zusammenfassungen der verschiedenen Interpretationen der Quantenmechanik finden sich in: Pagels, *The Quantum Code* und Davies, *Mehrfachwelten*. Ein ausgezeichneter, aber eher wissenschaftlicher Überblick ist: Espagnat, *The Conceptual Foundations of Quantum Mechanics*. Einige der frühen entscheidenden Aufsätze zu diesem Thema finden sich bei: Toulmin, *Physical Reality*.
[2] Bohr, *Atomic Physics and Human Knowledge; Essays 1958–1962*; und Moore, *Niels Bohr*.

[3] Jammer, *Conceptual Development of Quantum Mechanics.*

[4] James, *The Principles of Psychology*, zitiert in: Holton, *Zur Ideengeschichte der Wissenschaft.*

[5] Zitiert in: Holton, *Zur Ideengeschichte der Wissenschaft.*

[6] Bohr, »Quantum Physics and Philosophy«, in: *Essays 1958–1962.*

[7] Zitiert in: Holton, *Zur Ideengeschichte der Wissenschaft.*

[8] Heisenberg, *Physik und Philosophie.*

[9] Popper, *Objektive Erkenntnis. Ein evolutionärer Entwurf* und *Quantum Physics and the Schism in Physics.*

[10] Heisenberg, *Physik und Philosophie.*

[11] Popper & Eccles, *Das Ich und sein Gehirn.*

[12] John Eccles, zitiert in: Davies, *God and the New Physics.*

[13] Wigner, *Symmetries and Reflections.*

[14] Evans Harris Walker in: Puhanak, *The Iceland Papers.*

[15] deWitt & Graham, *The Many Worlds Interpretation of Quantum Mechanics.*

[16] Davies, *Am Ende ein neuer Anfang. Die Biographie des Universums.*

[17] Bohm, *Die implizite Ordnung.*

[18] Wilber, *Das holographische Weltbild.*

[19] Comfort, *Reality and Empathy.*

Kapitel 12

[1] Popper und Eccles, *Das Ich und sein Gehirn.*

[2] Maclean, »The Paranoid Streak in Man«, in *Beyond Reductionism.*

[3] Hampden-Turner, *Modelle des Menschen.* Dieses Buch gibt eine ausgezeichnete Zusammenfassung von Macleans Gedanken, auf denen die folgende Beschreibung beruht.

[4] Zitiert in: Popper & Eccles, *Das Ich und sein Gehirn.*

[5] Mountcastle, »The View from Within«.

[6] Gregory, *The Intelligent Eye; Mind in Science;* und in: Miller, *States of Mind.*

[7] James, J. Gibson in: Shaw & Bransford, *Perceiving, Acting, Knowing.*

[8] Bowlby, *Das Glück und die Trauer.*

[9] Hebb, *On the Nature of Fear.*

[10] Konner, *Die unvollkommene Gattung.*

[11] Siehe Popper & Eccles, *Das Ich und sein Gehirn.*

[12] Penfield, *The Mystery of the Mind.*

[13] Weiskrantz et al., *Blindsight.*

Kapitel 13

[1] Varela, *Living Ways of Sense-Making.*
[2] Bateson, *Geist und Natur. Eine notwendige Einheit.*
[3] Bateson, *Ökologie des Geistes.*
[4] *Ibid.*
[5] *Ibid.*
[6] Land, *Our »Polar Partnership« with the World Around Us.*
[7] Davies, *God and the New Physics.*
[8] Frankl, V., zitiert in: Hampden-Turner, *Modelle des Menschen.*

Kapitel 14

[1] Eine einfache, gute Einführung in die Prozeßphilosophie gibt: Leclerc, *Whiteheads Metaphysics* und Lowe, *Understanding Whitehead.* Die eigentliche Darstellung der Prozeßphilosophie findet man in: Whitehead, *Prozeß und Realität.* Eine hilfreiche Einführung und ein Schlüssel zu diesem recht schwierigen Buch ist Sherburnes *A Key to Whiteheads Process and Reality.* Andere Arbeiten aus Whiteheads späterer Periode, die sich mit einzelnen Aspekten der Prozeßphilosophie beschäftigen, sind: *Wissenschaft und moderne Welt; Abenteuer der Ideen; Symbolism* und *Modes of Thought.*
[2] Whiteheads Auseinandersetzung mit der Religion findet man in seinem Buch *Religion in the Making.* Die Parallelen zwischen Prozeßphilosophie und Buddhismus werden in *Philosophy East and West* diskutiert. Der ganze Band ist einer Konferenz über Mahayana-Buddhismus und Whitehead gewidmet, die im November 1974 an der Universität von Hawaii abgehalten wurde.
[3] Es gibt sehr wenig biographisches Material. Ein Gefühl für seinen Stil wird liebevoll in dem Buch von Lucien Price *Dialogues of Alfred North Whitehead* übermittelt. Eine kurze autobiographische Skizze findet sich in: Whitehead, *Essays in Science and Philosophy.* Dieser Band enthält auch Aufsätze über Erziehung, ein Thema, auf das Whitehead während seines ganzen Lebens immer wieder zurückgekommen ist. Andere Schriften über Erziehung finden sich in: Whitehead, *The Aims of Education.*
[4] Whitehead, *Prozeß und Realität* (im Original S. 9).
[5] Whitehead, *Abenteuer der Ideen* (im Orig. S. 133).
[6] Leclerc, *Whiteheads Metaphysics.*

7 Whitehead, *Modes of Thought*, S. 111.

8 *Ibid.*, S. 112.

9 *Ibid.*, S. 116.

10 Leclerc, *Whiteheads Metaphysics*.

11 Whitehead, *Prozeß und Realität*, S. 329 (im Orig. S. 204).

12 *Ibid.* (im Orig. S. 207).

13 Sherburne, *A Key to Whiteheads Process and Reality*.

14 Whitehead, *Prozeß und Realität* (im Orig. S. 208).

15 *Ibid.* (im Orig. S. 109).

16 *Ibid.*

17 Palter, *Whiteheads Philosophy of Science*.

18 Sheldrake, *Das schöpferische Universum*.

19 Whitehead, *Prozeß und Realität* (im Orig. S. 407).

20 Whitehead, *Abenteuer der Ideen*, S. 493 (im Orig. S. 285).

Kapitel 15

1 Viel von dem in diesem sowie im nächsten Kapitel verwendeten Material stammt aus den mündlichen Belehrungen von Tschögyam Trungpa. Jedes Jahr trifft sich Trungpa mit ungefähr dreihundert seiner Schüler in einem Drei-Monats-Retreat, das der Praxis und dem Studium der Mahayana- und der Vajrayana-Lehren gewidmet ist – dem Vajradhatu-Seminar. Im Laufe der letzten zehn Jahre hat Trungpa während dieser Retreats Belehrungen gegeben, die auf traditionellen Texten beruhen, besonders auf denen der Rimé-Tradition des tibetischen Buddhismus, die von dem im neunzehnten Jahrhundert lebenden Lehrer Jamgön Kongtrül dem Großen gesammelt worden sind. Diese Belehrungen wurden aufgezeichnet und in begrenzter Auflage nur für autorisierte Schüler zugänglich gemacht. Teile dieser Aufzeichnungen werden jetzt für eine allgemeine Veröffentlichung vorbereitet. Andere Quellen, in denen man einiges von dem Material dieses Kapitels finden kann, sind: Trungpa, *Glimpses of Abhidharma; Spiritueller Materialismus; Shambhala: The Sacred Path of the Warrior* und Rinbochay & Napper, *Mind in Tibetan Buddhism*; Guenther, *Kindley Bent to Ease Us*; Geshe Rabten, *The Mind and Its Functions*.

2 Conze, *Buddhist Thought in India*.

3 Trungpa, *Shambhala: The Sacred Path of the Warrior*.

4 Trungpa, *Vajradhatu Seminary Transcripts, 1979*.

5 Trungpa, *Spiritueller Materialismus*; Conze, *Buddhist Thought in India*.

[6] Guenther, *Buddhist Philosophy in Theory and Practice.* Wir folgen besonders der Entwicklung, wie sie von den praktizierenden Linien der Kagyü- und Nyingma-Schulen beschrieben wird.

[7] Kanakura, *Hindu and Buddhist Thought in India.*

[8] Suzuki, *The Lankavatara Sutra.*

[9] Ramana, *Nagarjuna's Philosophy.* Über die Madhyamika-Kritik der frühen Stufen findet man etwas bei: Geshe Kelsang Gyatso, *Meaningful to Behold.*

[10] Guenther, *Tibetan Buddhism in Western Perspective.*

[11] Trungpa, *Spiritueller Materialismus.*

[12] Trungpa, *Shambhala: The Sacred Path of the Warrior.*

[13] *Ibid.*

Kapitel 16

[1] Zitiert in: Shannon, *Thomas Merton's Dark Path.*

[2] Roberts, *The Experience of No-Self.*

[3] Elgin, *Voluntary Simplicity.*

[4] Trungpa, *Garuda IV: The Foundations of Mindfulness.*

[5] *Ibid.*, und Nyanaponika Thera, *The Heart of Buddhist Meditation.*

[6] Guenther & Kawamura, *Mind in Buddhist Psychology.*

[7] *Ibid.*

[8] Herrigel, *Zen in der Kunst der Blumenzeremonie.*

[9] Trungpa, *Kalapa Ikebana Newsletter.*

[10] Trungpa, *Shambhala: The Sacred Path of the Warrior.*

Kapitel 17

[1] Walsh, *Überleben.*

[2] Drei gute einführende Bücher über die Buddhistische Tradition sind: Ösel Tendzin, *Buddha in the Palm of Your Hand;* Walpola Rahula, *What the Buddha Taught* und Robinson, *The Buddhist Religion.* Das erste ist vom Standpunkt eines Praktizierenden geschrieben, das zweite ist eine einfache Darstellung der grundlegenden Lehren, und das dritte ist historisch orientiert.

[3] Eine sehr einfache, aber außerordentlich kenntnisreiche Einführung in die Prinzipien des Konfuzianismus ist das Buch von Fingarette, *Confucianism: The Secular as Sacred.* Eine ausgezeichnete einführende Darstellung der Rolle des Konfuzianismus in der Ge-

sellschaft, der Politik und den Künsten des alten China ist: Hucker, *China's Imperial Past*. Eine weitere leicht verständliche Möglichkeit, sich mit Konfuzius bekannt zu machen, ist: Dawson, *Confucius*.

4 Mencius, zitiert in: *Chang, A Source Book in Chinese Philosophy*.
5 Watson, *Hsun Tzu: Basic Writings*.
6 Zitiert in: Neeham & Ronan, *The Shorter Science and Civilisation in China*.
7 Bary, *The Unfolding of Neo-Confucianism*.
8 Hucker, *China's Imperial Past*.
9 Wilhelm, *Heaven, Earth and Man in the Book of Changes*; Chang, *A Source Book in Chinese Philosophy* und Trungpa, *Shambhala: The Sacred Path of the Warrior*.
10 Hucker, *China's Imperial Past*.

Kapitel 18

1 Wilber, *Eye to Eye*.
2 David-Neel, *Heilige und Hexer*.
3 Gurdjieffs eigene Schriften sind: *Beelzebubs Erzählungen für seinen Enkel; Begegnung mit bemerkenswerten Menschen; Life is Only Real Then, When »I Am«*.
4 Beschreibungen des Vierten Weges findet man in mehreren Büchern von Ouspensky, und zwar besonders in: *Die Psychologie der möglichen Evolution des Menschen; Der Vierte Weg* und *Auf der Suche nach dem Wunderbaren*. Kommentare zu den Lehren von Gurdjieff und Ouspensky hinsichtlich ihrer Umsetzung im alltäglichen Leben findet man bei Nicoll, *Psychological Commentaries on the Teachings of Gurdjieff and Ouspensky*.
5 Trungpa, *Born in Tibet*. Bücher von Trungpa über den Buddhismus sind: *Meditation in Aktion; Spiritueller Materialismus; Das Märchen von der Freiheit; Glimpses of Abhidharma* und *Journey Without Goal*.
6 Das einzige bisher veröffentlichte Buch über die Lehren von Shambhala ist: Trungpa, *Shambhala: The Sacred Path of the Warrior*.
7 Goldstein, *Dawn of Modern Science*.
8 Ono, *Shinto: The Kami Way*.
9 Berman, *Wiederverzauberung der Welt*.
10 Trungpa, *Shambhala: The Sacred Path of the Warrior*.

Literaturverzeichnis

Abell, G. & Singer, B., *Science and the Paranormal*, New York 1981

Adler, M. J., *The Paedeia Proposal*, New York 1982

Barret, W., *The Illusion of Technique*, New York 1978

Bary, W. T., *The Unfolding of Neoconfucianism*, New York 1970

Bateson, G., *Ökologie des Geistes*, Frankfurt a. M. 1983

–, *Geist und Natur. Eine notwendige Einheit*, Frankfurt a. M. 1982

Becker, A., *Text-Building, Epistemology and Aesthetics in Javanese Shadow Theatre*, unveröffentlichtes Manuskript 1977

Berman, M., *Wiederverzauberung der Welt*, München 1983

Bohm, D., *Die implizite Ordnung*, München 1985

Bohr, N., *Atomic Physics and Human Knowledge*, Science Editions 1958

–, *Essays 1958–1962*, Interscience 1963

Bondi, H., *Relativity and Common Sense*, New York 1980

Bonner, J. T., *Kultur-Evolution bei Tieren*, Hamburg 1983

Bowlby, J., *Das Glück und die Trauer*, Stuttgart

Breuer, G., *Sociobiology and the Human Dimension*, Cambridge 1982

Brown, H., *Perception, Theory and Commitment*, Chicago 1977

Butterfield, H., *The Origins of Modern Science*, New York 1965

Calder, N., *Einsteins Universum*, Frankfurt a. M. 1980

Capra, F., *Wendezeit*, München 1983

Chalmers, A. F., *What is This Thing Called Science*, Queensland 1982

Chang, Wing-Tsit, Hrsg., *A Source Book in Chinese Philosophy*, Princeton, N.J. 1963

Chomsky, N., *Language and Responsibility*, New York 1979

Clark, K., *Glorie des Abendlandes*, Hamburg 1977

Collingwood, R. G., *The Idea of Nature*, Oxford 1960

Comfort, A., *Reality and Empathy*, Albany, N.Y. 1984

Conze, E., *Buddhist Thought in India*, Ann Arbor 1970

Darwin, Ch., *Die Entstehung der Arten*, Reclam

David-Neel, A., *Heilige und Hexer*, Wuppertal 1984

Davies, P., *Mehrfachwelten*, Köln 1981

–, *Am Ende ein neuer Anfang. Die Biographie des Universums*, Berlin 1984

–, *God and the New Physics*, New York 1983

Dawkins, R., *Das egoistische Gen*, Berlin 1978

Dawson, R., *Confucius*, New York 1981

Einstein, A. & Infeld, L., *Die Evolution der Physik*, Hamburg

Elgin, D., *Voluntary Simplicity*, New York 1981

Espagnat, B. de, »Quantum Theory and Reality« in: *Scientific American*, Nov. 1979

–, *The Conceptual Foundations of Quantum Mechanics*, London 1971

Eysenck, H. & Sargent, C., *Der übersinnliche Mensch*, München 1984

Feinberg, G. & Shapiro, R., *Life Beyond Earth*, Oxford 1979

Ferguson, M., *Die sanfte Verschwörung*, München 1984

Feyerabend, P., *Wider den Methodenzwang*, Frankfurt a. M. 1981

Fields, R., *How the Swans Came to the Lake*, Boulder, Co. 1982

Fingarette, H., *Confucianism: The Secular as Sacred*, New York 1972

Goldstein, T., *Dawn of Modern Science*, Boston 1980

Goleman, D., *The Varieties of Meditative Experience*, New York 1977

Grassé, P., *Evolution of Living Organisms*, New York 1977

Gregory, R. L., *The Intelligent Eye*, New York 1970

–, *Mind in Science*, Cambridge 1981

Guenther, H., *Buddhist Philosophy in Theory and Practice*, New York 1972

–, *Kindly Bent to Ease Us*, Berkeley 1975

–, *Tibetan Buddhism in Western Perspective*, Berkeley 1977

Guenther, H. & Kawamura, L., *Mind in Buddhist Psychology*.

Gurdjieff, G. I., *Beelzebubs Erzählungen für seinen Enkel*, Basel 1983

–, *Begegnung mit bemerkenswerten Menschen*, Freiburg i. Br. 1982

–, *Life is Only Real Then, When »I Am«*, New York 1981

Gyatso, Geshe Kalsang, *Meaningful to Behold*, Ulverston, U. K. 1980

Hampden-Turner, Ch., *Modelle des Menschen*, Weinheim 1982

Hanson, N., *Patterns of Discovery*, Cambridge 1958

Hebb, D. O., *On the Nature of Fear*, Psychological Review 53, 1946

Heelan, P., *Space Perception and the Philosophy of Science*, Berkeley 1983

Heer, F., *The Medieval World*, New York 1964

Heidegger, M., *What is Called Thinking*, New York 1968

Heisenberg, W., *Physik und Philosophie*, Stuttgart 1984

Herrigel, G. L., *Zen in der Kunst der Blumenzeremonie*, München 1979

Hitching, F., *The Neck of the Giraffe*, New York 1982

Holton, G., *Zur Ideengeschichte der Wissenschaft*, Wiesbaden 1984

Hucker, Ch. O., *China's Imperial Past*, Palo Alto, Ca. 1975

Huxley, T., »The Struggle for Existence in Human Society«, in: *The Nineteenth Century*, Feb. 1888

James, W., *The Principles of Psychology*, New York 1950

–, *Psychology: A Brief Course*, New York 1961

Jammer, M., *Conceptual Development of Quantum Mechanics*, New York 1966

Jantsch, E., *Die Selbstorganisation des Universums*, München

Josephson & Ramachandra, Hrsg., *Consciousness and the Physical World*, Elmsford, N.Y. 1980

Jung, C. G., *Synchronizität*, in: Jung, C. G. & Pauli, W., *Naturerklärung und Psyche*, Zürich 1952

Kanakura, Y., »Hindu and Buddhist Thought in India«, *Hokke Journal*, Tokyo 1980

Kaptchuk, T. J., *The Web That Has No Weaver*, New York 1983

Katz, R., *Boiling Energy: Community Healing Among the Kalahari Kung*, Cambridge, Ma. 1982

Kochumulton, T., *A Buddhist Doctrine of Experience*, Delhi 1982

Konner, M., *Die unvollkommene Gattung*, Berlin 1984

Korzybski, A., *Science and Sanity*, International non-Aristotelian Library 1972

Krishnamurti, *Talks and Dialogues*, New York 1970

Kropotkin, P., *Mutual Aid*, London 1954

Kuhn, T., *The Structure of Scientific Revolutions*, Chicago 1962

Lakoff, G. & Johnson, M., *Metaphors We Live By*, Chicago 1980

Land, E., »Our ›Polar Partnership‹ with the World Around Us«, *Havard Magazine* 1978

Leclerc, I., *Whiteheads Metaphysics*, London 1958

Lochak, G. & Andrade e Silve, Joao, *Quanta*, London 1969

Lovelock, J. E., *Unsere Erde wird überleben*, München 1982

Lowe, V., *Understanding Whitehead*, Baltimore 1966

Lyons, J., *Semantik*, Bd. 1, München 1980

–, *Die Sprache*, München 1983

Maclean, P., »The Paranoid Streak in Man«, in: *Beyond Reductionism*, London 1969

Maharshi, Ramana, *Seine Lehren. Zusammengestellt von Arthur Osborne*, München 1983

Maturana, H. & Varela, F., *Autopoiesis and Cognition*, Dordrecht, Niederlande 1979

McCloskey, M., »Intuitive Physics« *Scientific American*, April 1983

Midgley, M., *Beast and Man*, Ithaca 1982

Miller, J., *States of Mind*, New York 1983

Miner, E., *An Introduction to Japanese Court Poetry*, Palo Alto, Ca. 1968

Moore, R., *Niels Bohr*, New York 1966

Mountcastle, V., »The View from Within«, *Johns Hopkins Medical Journal* Ausgabe 136

Naisbitt, J., *Megatrends*, Bayreuth 1984

Neeham, J. & Ronan, C., *The Shorter Science and Civilisation in China*, Vol. I, Cambridge 1978

Nicoll, M., *Psychological Commentries on the Teachings of Gurdjieff and Ouspensky*, Volumes I–V, Boulder, Co. 1984

Nilsson, H., *Synthetische Artbildung*, Stockholm 1954

Ono, S., *Shinto, The Kami Way*, Rutland, Vt. 1962

Ouspensky, P. D., *Auf der Suche nach dem Wunderbaren*, München 1978

–, *Die Psychologie der möglichen Evolution des Menschen*, Berlin 1981

–, *Der Vierte Weg*, Basel 1983

Pagels, H., *The Quantum Code*, New York 1982

–, *Cosmic Code. Quantenphysik als Sprache der Natur*, Berlin 1983

Palmer, F., *Semantik. Eine Einführung*, München 1977

Palter, R., *Whiteheads Philosophy of Science*, Chicago 1960

Pelletier, K., *Unser Wissen vom Bewußtsein*, München 1982

Penfield, W., *The Mystery of the Mind*, Princeton, N.J. 1975

Philosophy East and West, Volume XXV Nr. 4, Okt. 1975

Polkinghorne, J. C., *The Particle Play*, San Francisco 1981

Popper, K., *Logik der Forschung*, Tübingen 1984

–, *Conjectures and Refutations*, London 1963

–, *Objective Knowledge*, Oxford 1977

–, *Quantum Mechanics and the Schism in Physics*, London 1982

–, *Objektive Erkenntnis. Ein evolutionärer Entwurf*, Hamburg 1984

Popper & Eccles, *Das Ich und sein Gehirn*, München 1982

Priestley, J. B., *Man and Time*, London 1964

Prigogine, I., *Vom Sein zum Werden*, München 1982

–, *Order out of Chaos: Man's New Dialogue With Nature*, Boulder 1984

Pouhanak, A., Hrsg., *The Iceland Papers*, Essentia Association 1979

Rabten, Geshe, *The Mind and Its Functions*, Gelong Tubkay, Übers., Tharpa Choeling 1978

Rahula, W., *What the Buddha Taught*, London 1978

Ramanan, *Nagarjuna's Philosophy*, Bombay 1971

Rifkin, J., *Algeny*, New York 1983

Rinbochay, L. & Napper, E., *Mind in Tibetan Buddhism*, Valois, N.Y. 1980

Roberts, B., *The Experience of No-Self*, Boulder, Co. 1984

Robinson, R. H., *The Buddhist Religion*, 1970

Rorty, R., Hrsg., *The Linguistic Turn*, Chicago 1967

Sampson, G., *Schools of Linguistics*, Palo Alto 1980

Shallis, M., *On Time*, New York 1983

Shannon, W. H., *Thomas Merton's Dark Path*, New York 1982

Shaw, R. & Bransford, J., Hrsg., *Perceiving, Acting, Knowing*, New York 1977

Sheldrake, R., *Das schöpferische Universum*, München 1983

Sherburne, D. W., *A Key to Whiteheads Process and Reality*, Bloomington, Ind. 1966

Singer, Ch., *A Short History of Scientific Ideas*, Oxford 1959

Smith, J. M., Hrsg., *Evolution Now*, San Francisco 1983

Spence-Brown, G., *Laws of Form*, New York 1973

Spencer, H., *Social Statics*, London 1851

Stebbins, G. L., *Darwin to DNA, Molecules to Men*, San Francisco 1982

Stent, G. S., Hrsg., *Morality as a Biological Phenomenon*, Berkeley 1980

Suppe, F., *The Structure of Scientific Theories.*

Suzuki, D. T., *The Lankavatara Sutra*, Boulder, Co. 1982

Taylor, J., *Science and the Supernatural*, New York 1980

Taylor, G. R., *Das Geheimnis der Evolution*, Frankfurt a. M. 1983

Tendzin, Ösel, *Buddha in the Palm of Your Hand*, Boulder, Co. 1982

Thera, Nyanaponika, *The Heart of Buddhist Meditation*, New York 1979

Thompson, F. A. & Geddes, P. G., *Life: Outlines of General Biology.*

Toffler, A., *Der Zukunftsschock*, München

–, *Die dritte Welle. Zukunftschance*, München

Tomkins, C., *The Bride and the Bachelors*, New York 1976

Toulmin, S., *Voraussicht und Verstehen*, Frankfurt a. M.

–, Hrsg., *Physical Reality*, New York 1970

Trungpa, Tschögyam, *Meditation in Action*, Boulder, Co. 1969

–, *Spiritueller Materialismus*, Freiburg i. Br. 1975

–, *Garuda IV: The Foundations of Mindfulness*, Boulder, Co. 1975

–, *Born in Tibet*, Boulder, Co. 1977

–, *Glimpses of Abhidharma*, Boulder, Co. 1977

–, *Das Märchen von der Freiheit*, Freiburg i. Br. 1978

–, *Vajradhatu Seminary Transcripts 1979*, Boulder, Co. 1980

–, *Journey Without Goal*, Boulder, Co. 1981

–, *Kalapa Ikebana Newsletter*, Winter 1984

–, *Shambhala: The Sacred Path of the Warrior*, Boulder, Co. 1984

Varela, F., *Principles of Biological Autonomy*, Amsterdam 1979

–, »Living Ways of Sense-Making«, Vortrag beim International Symposion on Order and Disorder, Stanford Univ. 1981

Walsh, R., *Überleben*, Basel 1985

Watson, B., Übers., *Hsun Tzu: Basic Writings*, New York 1963

Weiskrantz et al., »Blindsight«, *The Lancet*, April 1974

Welbon, G. R., *Buddhist Nirvana and its Western Interpreters*, Chicago 1968

Whitehead, A. N., *Essays in Science and Philosophy*, Philosophical Library 1947

–, *Symbolism*, New York 1959

–, *The Aims of Education*, Tonbridge, U.K. 1966

–, *Wissenschaft und moderne Welt*, Frankfurt a. M. 1984

–, *Modes of Thought*, New York 1968

–, *Prozeß und Realität*, Frankfurt a. M. 1984

–, *Abenteuer der Ideen*, Frankfurt a. M. 1971

Whorf, B., *Sprache, Denken, Wirklichkeit*, Reinbek

Wigner, E., *Symmetries and Reflections*, Cambridge, Ma. 1970

Wilber, K., *Eye to Eye*, New York 1983

–, Hrsg., *Das holographische Weltbild*, München 1986

Wilhelm, H., *Heaven, Earth and Man in the Book of Changes*, Seattle 1979

Wilhelm, R., *Lectures on the I Ching: Constancy and Change*, Princeton, N.J. 1979

Willis, J. D., *On Knowing Reality*, New York 1979

Wilson, E. O., *Sociobiology*, Cambridge, Ma. 1975

–, *On Human Nature*, Cambridge, Ma. 1978

Wilson, E. O. & Lumsden, Ch. J., *Das Feuer des Prometheus*, München 1984

deWitt, B. & Graham, N., *The Many Worlds Interpretation of Quantum Mechanics*, Princeton, N.J. 1973

Yankelovitch, D., *New Rules*, New York 1982

Yates, F., *Giordano Bruno and the Hermetic Tradition*, Chicago 1964

Register

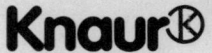

Band 4123
528 Seiten
ISBN 3-426-04123-5

Den Ausgangspunkt dieses Grundlagenwerkes zum New-Age-Bewußtsein bildet eine Studie über führende Persönlichkeiten aus allen Lebensbereichen. Das Resultat ist verblüffend: denn Ansichten und Engagement vieler Befragter weichen entscheidend von allgemein akzeptierten Normen und Denkstrukturen ab. An der Schwelle vom Fische- zum Wassermann-Zeitalter vollziehen sich Quantensprünge auf allen Ebenen. »Die sanfte Verschwörung« betreibt keine allmählichen Verhaltensmodifikationen, sondern entdeckt Möglichkeiten und die Notwendigkeit zu völliger Umpolung und Neuorientierung.